Handeln, das nach Einsicht fragt

TVZ

reformiert!

herausgeben von
Matthias Felder, Magdalene L. Frettlöh,
Frank Mathwig, Matthias Zeindler

Band 10 – 2021

Frank Mathwig

Handeln, das nach Einsicht fragt
Beiträge zur theologischen Ethik

herausgegeben von Magdalene L. Frettlöh und Matthias Zeindler

Theologischer Verlag Zürich

Der Theologische Verlag Zürich wird vom Bundesamt für Kultur
für die Jahre 2021–2024 unterstützt.

Bibliografische Informationen der Deutschen Nationalbibliothek
Die Deutsche Nationalbibliothek verzeichnet diese Publikation in der Deutschen
Nationalbibliografie; detaillierte bibliografische Daten sind im Internet über
http://dnb.dnb.de abrufbar.

Umschlaggestaltung
Simone Ackermann, Zürich
Unter Verwendung des Bildes: Broken Cities 47 – Münster bei Nacht
© Jutta Engelage, VG Bild-Kunst

Druck
CPI books GmbH, Leck

ISBN 978-3-290-18440-7 (Print)
ISBN 978-3-290-18441-4 (E-Book: PDF)
© 2021 Theologischer Verlag Zürich
www.tvz-verlag.ch

Alle Rechte vorbehalten

Vorwort zur Reihe

Die Schweizer Reformation war die erfolgreichste Reformation sowohl im Blick auf ihre Reichweite als auch auf ihre Nachhaltigkeit. Das Ausrufezeichen im Reihentitel «reformiert!» hebt den Finger im deutschsprachigen Raum der lutherischen Erbengemeinschaft. Die reformierte Tradition steht für Offenheit gegenüber anderen Konfessionen und Religionsgemeinschaften, für ein kritisch-engagiertes und zugleich aufmerksam-widerständiges Verhältnis gegenüber dem Staat und für einen revisionsfreudigen Gegenwartsbezug ihrer Glaubensinhalte.

Das Ausrufezeichen fällt auf und bekräftigt sichtbar dasjenige, worauf es bezogen ist. Ausrufezeichen sind – wie Theodor W. Adorno bemerkt hat – ein Stilmittel des Expressionismus, das zugleich Auflehnung und Ohnmacht signalisiert. Ein Widerspruch wird über- oder zugespitzt – Karl Barths «Nein!» – oder ein Protest als kollektive Bewegung stilisiert – Stéphane Hessels «Empört euch!». Der Strich mit dem Punkt hat Konjunktur in den sozialen Medien als Satzzeichen der ewig Unverstandenen. Das Ausrufezeichen reagiert auf eine gestellte oder unterstellte Frage und versucht die Zweifel zu überspringen, die der Satz selbst nicht auszuräumen vermag. Das Ausrufezeichen in «reformiert!» steht für all das: eine Position, ihre Bekräftigung und den dadurch alsbald provozierten Widerspruch.

Mit dem Ausrufezeichen unterscheiden sich die Reformierten vom Punkt der Lutheraner. Was bei Letzteren zum Abschluss kommt, wird bei Ersteren offengehalten. Wer ein Ausrufezeichen setzt, rechnet mit Fragezeichen: Nachfragen, Einwänden, Kritik und der Nötigung, noch einmal und immer wieder neu zu beginnen. In diesem Sinn folgen die reformierten Reformatoren dem Humanisten Erasmus, der den Ausdruck *logos* in Johannes 1,1 nicht mit *verbum* «Wort», sondern mit *sermo* «Gespräch»/«Rede» übersetzte. Reformiertes Bekennen gehört seither in das Gespräch der Kirche über den Glauben und tritt nicht an seine Stelle. Kirche nach reformiertem Verständnis ist entsprechend geistbegabte Kommunikationsgemeinschaft in der Nachfolge ihres Herrn.

Die Geschichte und Gegenwart der reformierten Kirchen und Theologien besteht aus einem Netz solcher Kommunikationsgeschichten. Das machte sie einerseits zum weltweit wirkungsmächtigsten schweizerischen Exportartikel. Andererseits erzeugt dieses Selbstverständnis bis heute ein vielstimmiges Gemurmel, in dem das eigene Wort manchmal untergeht, Missverständnisse und Dissense zum Alltag gehören und der Streit um die Wahrheit zum Dauerbrenner wurde.

Vorwort zur Reihe

Die Zumutung, die Debatte nicht abreissen zu lassen oder gar doktrinär abzubrechen, kann so ermüdend werden, wie sie unverzichtbar ist und bleibt.

Die Reihe «reformiert!» greift diese lange Tradition des reformierten Gesprächs auf: zeitgenössisch, herkunftsbewusst, kontrovers, innovativ. Reformiert steht nach dem Verständnis der Herausgebenden für einen lebendigen Streit um die Sache ohne Schlusspunkt, aber mit deutlichem, zur kritischen Reflexion herausforderndem Ausrufezeichen.

Matthias Felder Bern, im November 2017
Magdalene L. Frettlöh
Frank Mathwig
Matthias Zeindler

Inhalt

Vorwort von Magdalene L. Frettlöh und Matthias Zeindler ... 9

Vorbemerkung ... 13

I. Geordnetes

Der Mensch – die Menschen – die Menschheit. Zur Rede über den Menschen zwischen Sein und Sollen ... 19

Norma normans – norma normata? Zur Frage nach der Autorität kirchlicher Bekenntnisse aus reformierter Sicht ... 55

«... als ob wir ohne ihn etwas wären». Zur Aktualität von Zwinglis Gerechtigkeitsverständnis ... 81

II. Bedrohliches

Diesseits der Projektion: Aus dem Alltag religionspolitischer Konflikte ... 101

Kirchenschiffe. Zur biblisch-theologischen Begründung der Seenotrettung aus aktuellem Anlass ... 125

Rationalität, Vergessen und Demenz. Über ein komplexes Verhältnis ... 139

III. Gefährdetes

«Das ist mein Leib». Zum Verhältnis von Würde und Leiblichkeit ... 159

All inclusive? Inklusion und Menschenwürde mit einem Seitenblick auf die Gehörlosenseelsorge ... 175

Das Kind beim Namen nennen?! Zur metaphorischen Sprache in der Bioethik ... 195

Lächeln bitte! Dem Tod ins Gesicht sehen ... 219

Inhalt

IV. Entzogenes

«... damit man die Sterne sehen kann». Zum schwierigen Verhältnis von Eschatologie und Ethik 231

Lebensbeginn zwischen Biologie und Biografie 249

Von Jerusalem nach Athen und zurück über Newark/New Jersey. Philip Roth's Operation Shylock 267

Zwischen Heimweh und Heimat. Theologisch-ethische Exkursionen in die Heimat 295

V. Nachweis der Erstveröffentlichungen 311

VI. Bibliografie 313

Vorwort

Handeln versteht sich nicht von selbst. Häufig wissen wir nicht, was wir tun sollen. Aber auch dort, wo wir handeln, wissen wir nicht immer, warum wir genau dies tun und nicht etwas anderes. Und wo wir ausdrücklich danach gefragt werden, aus welchen Gründen oder gemäss welchen Kriterien wir uns für ein bestimmtes Handeln – oder auch Nicht-Handeln, Sein-Lassen oder Unter-Lassen – entschieden haben, fällt uns die Auskunft nicht selten schwer. Ethik ist der Versuch, das Handeln, das sich nicht von selbst versteht, auf seine Gründe hin zu befragen und damit zu orientieren. Als solches geht es ihr darum, menschliches Handeln vernünftiger Einsicht zuzuführen und damit diskursfähig zu machen. Ethik ist damit von ihrem Ansatz her eine eminent gemeinschaftliche und gesellschaftliche Angelegenheit.

Theologische Ethik ist dies in einem nochmals gesteigerten Sinne, versteht sie sich doch als Unternehmen unter der Voraussetzung, dass Menschen Geschöpfe eines an der Gemeinschaft mit seiner Schöpfung interessierten, ja in sich selbst zutiefst gemeinschaftlichen Gottes sind. Im Horizont des Glaubens an den biblischen Gott sucht sie danach, menschliches Sich-Verhalten und Handeln zu verstehen, über seine Gründe vernünftig Auskunft zu geben und es – in Entsprechung statt Konkurrenz – am göttlichen Handeln zu orientieren.

Obwohl das Evangelium, die gute Botschaft von der Gnade Gottes, höchst einfach ist, verhält es sich nicht selten sperrig, um nicht zu sagen: widerständig gegenüber einem menschlichen Handeln und Denken, das seine Gründe, Motive, Kriterien und Ziele von anderswoher empfängt. Die Logik theologischer Ethik ist deshalb nicht immer leicht nachvollziehbar, und zwar nicht nur in säkularen Zusammenhängen, sondern durchaus auch in den Kirchen.

Frank Mathwigs Beiträge zur Ethik sind dezidiert theologisch, und sie sind gerade deshalb anspruchsvoll zu lesen. Die intellektuelle Herausforderung seiner Texte ist nicht irgendwelchem akademischen Dünkel geschuldet, sondern – neben einer beeindruckenden Schärfe und Stringenz im Denken – der nicht selbstverständlichen und nicht selten provokativen Logik des Evangeliums. Frank Mathwig versucht in seiner ethischen Arbeit in verschiedensten Zusammenhängen dieser Logik auf die Spur zu kommen, und es ist ein Denkereignis, ihm bei diesen Erkundungen zu folgen. Selbst wenn es dafür der mehrfachen Lektüre seiner Texte bedarf. Wer diese Mühe auf sich nimmt, wird reichlich belohnt. Er oder sie begegnet auf Schritt und Tritt überraschend Neuem, Irritierendem und

Erfreulichem, nebst einer stupenden Belesenheit und einer Lust an der Zuspitzung und einem immer wieder aufblitzenden Humor.

Der vorliegende Band präsentiert nur eine schmale, exemplarische Auswahl aus einem reichen Fundus ethischer Forschung. Für weitere Lektüren sei auf die Publikationsliste am Ende des Bandes verwiesen. Frank Mathwig war und ist als Beauftragter für Theologie und Ethik bei der Evangelischen Kirche Schweiz EKS (bis 2019 Schweizerischer Evangelischer Kirchenbund SEK), aber auch in seiner akademischen Lehre mit einer Vielfalt von Themen angewandter Ethik befasst: Menschenrechte, Medizinethik, Ethik am Beginn und am Ende des Lebens, Migration ... Schon bei der Lektüre der hier versammelten Aufsätze und Vorträge werden die Lesenden wahrnehmen, in welch hohem Masse bei Mathwigs ethischem Nachdenken stets eine fundamentalethische Reflexion mitläuft, und es überrascht deshalb nicht, dass er bei seiner Arbeit immer wieder auf Begründungsfragen zurückkommt, auf grundsätzliche theologisch-ethische Reflexionen, die dank ihrer grossen Konsequenz regelmässig in dogmatische Erörterungen münden. Im Vollzug seines ethischen Werks bezeugt Frank Mathwig, dass theologische Ethik von der Dogmatik nicht getrennt werden kann. Und auch nicht von Literatur oder Kunst – unser Autor zeigt in seinen Beiträgen eine hohe Sensibilität für die Künste, in diesem Band etwa in seinen fulminanten Interpretationen des Romanwerks von Philipp Roth. Und macht uns damit darauf aufmerksam: Wer nur Theologe ist, ist auch kein Theologe.

Frank Mathwig vereinigt vieles in seiner Person: Er stammt aus Deutschland und arbeitet seit Jahrzehnten in der Schweiz; er ist ein Mann theologischer Theorie und – nicht zuletzt als gelernter Krankenpfleger – tief in der Praxis verwurzelt; ein Brückenbauer zwischen Kirche und Universität sowie zwischen Kirche und Politik; ein fundierter Forscher und eine gefragte Stimme in den Medien. Mathwigs enorme Vielseitigkeit ermöglicht es ihm, zwischen diesen Welten zu vermitteln und sie auf kreative Weise miteinander in Verbindung zu bringen, beschert ihm dabei aber bisweilen auch einen Platz zwischen allen Stühlen und eine gewisse Heimatlosigkeit, die uns Theolog:innen ja ohnehin eigen sein sollte.

Im Dezember 2020 konnte Frank Mathwig seinen 60. Geburtstag feiern. Zu diesem Termin waren ein Studientag zum Thema «Handeln, das nach Einsicht fragt» und mit ihm eine Aufsatzsammlung unter demselben Titel geplant. Wie so vieles andere musste der Studientag wegen der Pandemie um ein Jahr verschoben werden, und für die Herausgebenden war klar, dass damit auch der vorliegende Band erst zu diesem nachgeholten Festakt erscheinen soll.

Vorwort

Dieses Buch wurde nur mit der Hilfe zahlreicher Unterstützender möglich. Beate Heiniger und Manuel Zimmermann haben sich um Layout und Korrekturlektüren verdient gemacht, die Fotografin Jutta Engelage hat das Titelbild zur Verfügung gestellt. Die Evangelische Kirche Schweiz sowie die Reformierten Kirchen Bern-Jura-Solothurn steuerten namhafte Publikationszuschüsse bei. Und Lisa Briner begleitete das Entstehen des Buches mit ihrer gewohnt charmanten wie professionellen Umsichtigkeit.

Uns, den Herausgebenden, ist es eine Freude, Frank Mathwig mit diesem Buch zu ehren. Wir verdanken ihm viele Jahre höchst erfreulicher, freundschaftlicher Zusammenarbeit, zu der neben zahlreichen Veranstaltungen und Buchprojekten auch viele lange, festliche Abende und intrinsische Gespräche gehören. Für die gemeinsame Zeit sind wir dankbar und hoffen, dass davon noch einiges vor uns liegt. Darum ergeht der akademische Geburtstagswunsch ein klein wenig auch aus Eigennutz, vor allem aber von Herzen an den Jubilar: ad multos annos!

Bern, im August 2021

Magdalene L. Frettlöh und Matthias Zeindler

Vorbemerkung

I.

Theologie hat etwas Karikaturistisches – unvermeidbar als menschliches Nachdenken über Gott und Welt und «selbst verschuldet» durch die diskursive Rationalisierung geschöpflichen Lebens. Eine Karikatur (ital. *caricare*) übersteigt oder überzeichnet die Wirklichkeit, ursprünglich die Physiognomie von Personen.[1] Wie der Witz steht sie im «Dienst unterdrückter Tendenzen» und ist «ein Mittel [...], das Verlorene wiederzugewinnen».[2] Der karikaturistische Blick zielt auf eine Öffnung oder Verschiebung vertrauter Wahrnehmungshorizonte durch mutwillige Überspitzung oder irritierende Verzerrung der (sichtbaren) Realität. Diese Verrücktheiten bewegen sich auf dünnem Eis, weil sie Aufmerksamkeit erzeugen und bündeln, ohne die provozierten Deutungen im Griff zu haben. Die Frage, ob die Karikatur das Bild der Welt oder umgekehrt die Welt dem Bild anpasst, bleibt in der Schwebe. Auf diese *krisis* setzt die Wirkung der Karikatur. Die karikaturistische Geste der Theologie spiegelt die unmögliche Spannung, das eine – der Welt das Wort zu lassen – tun zu müssen, ohne das andere – von Gott zu reden – unterlassen zu können. Das Problem ist nicht die Rede von Gott *an sich*, sondern die Rede von Gott *in der Welt*. Modernitätstheoretisch gesprochen bilden Gottvergessenheit[3] und Gottversessenheit die beiden Seiten der einen theologischen Medaille.

In besonderer Weise begegnet diese Konstellation in der theologischen Ethik. Darauf verweist bereits ihre erst nachreformatorisch einsetzende Disziplingeschichte. Die Auflösung der zuvor selbstverständlichen Einheit von Theologie und Ethik – die viel mehr kirchliche Implikationen hat, als allgemein gesehen

---

[1] Vgl. Clemens Schwender/Doreen Grahl/Thomas Knieper, Comics und Karikaturen in der Kommunikationsforschung: Katharina Lobinger (Hg.), Handbuch Visuelle Kommunikationsforschung, Wiesbaden 2019, 377–402 (389).

[2] Sigmund Freud, Der Witz und seine Beziehung zum Unbewussten: ders., Psychologische Schriften. Studienausgabe Band IV, Frankfurt a. M. 2000, 13–168 (127. 96); vgl. Anna Grosskopf, Die Arbeit des Künstlers in der Karikatur. Eine Diskursgeschichte künstlerischer Techniken in der Moderne, Bielefeld 2016, 12; vgl. dazu auch Karl Barth, Kirchliche Dogmatik. Bd. III/4, Zollikon-Zürich 1951, 765f.; Frank Mathwig, Lachen können. Karl Barth über Humor: ders./Matthias Zeindler, Gott trifft Mensch. Themen der Theologie Karl Barths, Bern 2019, 8–10.

[3] Vgl. Stephan Leimgruber/Max Schoch (Hg.), Gegen die Gottvergessenheit. Schweizer Theologen im 19. und 20. Jahrhundert, Freiburg i. Br. 1990.

Vorbemerkung

wird – führt zu einer seltsamen Alternative: An die Stelle des theologischen Einheitsfokus auf Gott (systematisch-theologisch) und Welt (ethisch-theologisch) treten alternative – optionale und/oder oppositionelle – Erkenntnisweisen bzw. -kategorien. Mit allen Konsequenzen zeigt sich die disziplinäre Transformation in den akademisch-theologischen Entwicklungen nach dem Zweiten Weltkrieg. Sie wird verschärft durch die technologisch bedingte Ausdifferenzierungsdynamik der *Applied* oder *Practical Ethics* seit den 1960er Jahren. Sie zeigt sich äusserst folgenreich in der allgemeinen Schwerpunktverschiebung von der politischen und Gerechtigkeitsethik hin zu einer auf das Individuum fokussierenden Ethik der *life sciences*.

Methodisch geleitete Reflexion rückt Weltwahrnehmungen in den kontrollierten Horizont (Laborsituation) diskursiv (re-)konstruierter und entfalteter Geschichten. «Ein Mann hat eine Erfahrung gemacht, jetzt sucht er die Geschichte dazu – man kann nicht leben mit einer Erfahrung, die ohne Geschichte bleibt, scheint es.»[4] Die vom Icherzähler in Max Frischs *Mein Name sei Gantenbein* erwogene Identitätskonstellation gilt auch für die methodische Reflexion *im* Leben *über* das Leben: «Ich probiere Geschichten an wie Kleider!»[5] Wissenschaftliche «Objektivität» liefert – gemäss diesem Bild – lediglich kategorisierende Konfektionsgrössen. Sie können passen, schlabbern oder zwicken – je nachdem, in welchem Sprachspiel sie begegnen. Die Begriffe und ihre Bedeutungen gewinnen ihre Plausibilität in und durch die Geschichten, die geteilt oder verweigert werden. Über die Begriffe und ihre Bedeutungen zu streiten, heisst, die Geschichten, in denen sie Relevanz haben, zu hinterfragen.

Wissenschaften erfinden und erzählen Geschichten, in denen Wahrnehmungen als spezifische Sachverhalte rekonstruiert und verortet werden. Die Theologie greift auf den biblisch vorgegebenen Geschichtskanon zurück. Gegen die Risiken hermeneutischer Kurzschlüsse und Verkürzungen bestimmt Dietrich Ritschl die theologische Aufgabe als das praktische Bewohnen der biblischen Geschichten.[6] Theologisch geht es um die Verortung im «biblischen Sprachstrom»,[7] theologisch-ethisch um die Korrespondenz zwischen normativem Urteil und den

---

[4] Max Frisch, Mein Name sei Gantenbein, Frankfurt a. M. 2015, 11.
[5] Frisch, Name (Anm. 4), 20; vgl. dazu Max Frisch, Schwarzes Quadrat. Zwei Poetikvorlesungen, hg. von Daniel de Vin, mit einem Nachwort von Peter Bichsel, Frankfurt a. M. 2008, bes. 28–30.
[6] Vgl. Dietrich Ritschl, Die Protestanten und das Wort: ders., Theorie und Konkretion in der Ökumenischen Theologie. Kann es eine Hermeneutik des Vertrauens inmitten differenter semiotischer Systeme geben?, Münster 2005, 159–163 (163).
[7] Ritschl, Protestanten (Anm. 6), 163.

Lebenserfahrungen der biblischen Menschen.⁸ Dahinter stehen zwei fundamentale Einsichten, die der Theologe in dem ungewöhnlichsten Vorwort einer deutschsprachigen akademisch-theologischen Fachpublikation, das ich kenne, geäussert hat. Erstens: «Schriftliches ersetzt nicht das Mündliche, es gibt Anlass dazu.»⁹ Und zweitens: «Menschen [sind] wichtiger als Bücher, die Kirche wesentlicher als die Theologie».¹⁰ Beide Sätze halten die theologischen Türen offen trotz aller berechtigten Skepsis gegenüber systemisch geschuldeten und verfestigten Positionen.

II.

Die Texte des Bandes sind in zwei Jahrzehnten zu unterschiedlichen Anlässen im Rahmen der kirchlich- und akademisch-theologischen Arbeit entstanden. Sie diskutieren aktuelle gesellschaftliche Fragestellungen aus eher grundlegender oder stärker praxisbezogener theologisch-ethischer Sicht. Genre, Duktus und thematische Zuspitzung sind dem jeweiligen Entstehungskontext geschuldet. Motiviert sind sie nicht durch ein stringentes Anliegen oder ein kohärentes Leitthema, sondern einerseits durch aktuelle Fragestellungen sowie einen institutionell verankerten Klärungsbedarf und andererseits durch das Interesse, disparate Diskurskontexte in praktischer Absicht miteinander ins Gespräch zu bringen. Die unterschiedlichen Absichten und Zugänge spiegeln sich im Aufbau des Bandes und den Überschriften der Teile wider.

Die drei Texte im ersten Teil *Geordnetes* beschäftigen sich mit theologisch-ethischen Grundlegungsfragen zur Anthropologie, zum normativen Status theologischer Aussagen aus reformiert-ekklesiologischer Sicht und zur ethisch-politischen Kategorie der Gerechtigkeit aus reformiert-reformatorischer Perspektive. Während der erste Text philosophische und theologische Perspektiven in begriffskritischer Absicht aufeinander bezieht, bieten die beiden nachfolgenden Texte profiliert reformiert-reformatorische Beiträge zu politisch-philosophisch ausgewiesenen Diskurskontexten. Auf je eigene Weise versuchen die Aufsätze,

---

8   Vgl. Dietrich Ritschl, Die Herausforderung von Kirche und Gesellschaft durch medizin-ethische Probleme. Ein Exposé zu einer Landkarte der medizinischen Ethik: ders., Konzepte. Ökumene, Medizin, Ethik. Gesammelte Aufsätze, München 1986, 213–244 (226).
9   Dietrich Ritschl, Zur Logik der Theologie. Kurze Darstellung der Zusammenhänge theologischer Grundgedanken, München 1984, 17.
10 Ritschl, Logik (Anm. 9), 17.

normative Grundkategorien der politischen und gesellschaftlichen Diskurse aus theologisch-ethischer Sicht auf ihre ordnungsstiftenden Potenziale hin zu befragen.

Der zweite Teil *Bedrohliches* behandelt drei intensiv diskutierte Themen der jüngeren Vergangenheit: Islam, Flüchtlinge und Demenz. Die drei Begriffe stehen für gesellschaftliche Gefährdungslagen, wobei die ersten beiden als Bedrohungen von aussen, die dritte als Gefahr von innen wahrgenommen werden. Das Gefährliche bei allen drei Phänomenen besteht im drohenden Souveränitätsverlust von Bekanntem und Vertrautem durch das Eindringen von Fremdem oder Befremdlichem. Umgekehrt geht es um die Frage, ob und wie Erfahrungen von Normalitätsabweichung und Kontrollverlust lebensweltlich eingeholt und integriert werden können.

Die im dritten Teil *Gefährdetes* präsentierten Überlegungen greifen bioethische Fragen auf: die umstrittene Kategorie der Menschenwürde, die gesellschaftliche Inklusion von Menschen mit Behinderung, der Status von Embryonen und der Umgang mit Sterben und Tod. Bioethische Diskussionen gehen über fachspezifische Sachdiskurse weit hinaus. In der jüngeren Vergangenheit übernehmen sie zunehmend die Rolle von gesellschaftlichen Selbstvergewisserungsdebatten.[11] Kompensatorisch bündeln sie wichtige und existenzielle gesellschaftliche Fragen. Symbolisch werden darin paradigmatische Verständnisse vom Menschen ausgelotet. Schliesslich erlauben die Diskussionen ein öffentliches Engagement, ohne persönliche Konsequenzen ziehen zu müssen. Die bioethische, -technologische und -politische Definitionsmacht über Geschütztes und Gefährdetes bildet einen zentralen Aspekt theologisch-ethischer Reflexion.

Der letzte Teil *Entzogenes* versammelt vier Beiträge, die auf den ersten Blick völlig unverbunden nebeneinanderstehen: das Verhältnis von Eschatologie und Ethik, die Vermittlung der biografischen Vorstellung vom Lebensbeginn mit dem biologischen Begriff des Lebensanfangs, die unbehauste Identität zwischen Diaspora und Exil sowie das Heimweh als theologisch-ekklesiologische Kategorie. Die Texte buchstabieren auf sehr unterschiedliche Weise Aspekte von Unverfügbarkeit als unverzichtbares Gegengewicht zum ethischen Fokus auf das handelnd Verfügbare. Dem ethischen Gegenstandsbereich der *vita activa* steht der ethische Reflexionshorizont in der konstitutiven Verbindung von *vita activa* und *vita passiva* gegenüber. Diese, in der Phase der *Applied/Practical Ethics* zu-

---

[11] Vgl. Peter Dabrock, Bioethik des Menschen: Wolfgang Huber/Torsten Meireis/Hans-Richard Reuter (Hg.), Handbuch der Evangelischen Ethik, München 2015, 517–583.

nehmend in den Hintergrund getretene ethische Grundkonstellation wachzuhalten und wiederzugewinnen, gehört zu den vordringlichen Aufgaben theologischer Ethik.

Mit den vier Titelbegriffen werden Grundkonstellationen lebensweltlicher Wahrnehmungen und Erfahrungen bezeichnet. Sie bleiben häufig diffus und lassen sich auch auf theoretischer Ebene nicht trennscharf unterscheiden. In den vorliegenden Texten begegnen die vier Dimensionen – ungeachtet ihrer idealtypisch kategorialen Funktion – als komplementäre, sich wechselseitig bedingende Aspekte menschlichen Erlebens, Handelns und Erleidens. Die Rahmung durch die Kategorien des *Geordneten* und *Entzogenen* paraphrasiert die theologische Dialektik von Schöpfungs- und Heilsgeschichte. In theologiekritischer Absicht legt die theologisch-ethische Perspektive die symbolischen Ordnungen tiefer und rückt sie in den Kontext ihrer sozialen Manifestationen. Theologische Ethik wird damit in einem Zwischenraum verortet, der die im Mythos aufgeworfene, aber unbeantwortet gebliebene Frage aufbewahrt hat, «wie die Welt der Gesetze aussehen müsste, in der Antigone am Leben geblieben wäre, hätte leben können, in der das Leben für sie lebenswert gewesen wäre».[12]

---

[12] Judith Butler, Eine Welt, in der Antigone am Leben geblieben wäre. Interview mit Carolin Emcke und Martin Saar: Deutsche Zeitschrift für Philosophie 49/4, 2001, 587–599 (589).

Der Mensch – die Menschen – die Menschheit

Zur Rede über den Menschen zwischen Sein und Sollen

> «We reduce things to mere Nature *in order that* we may ‹conquer› them. We are always conquering Nature, because ‹Nature› is the name for what we have, to some extent, conquered.»
> *Clive Staples Lewis*[1]

> «Mithin, sagte ich ein wenig zerstreut, müssten wir wieder von dem Baum der Erkenntnis essen, um in den Stand der Unschuld zu verfallen? Allerdings, antwortete er; das ist das letzte Kapitel von der Geschichte der Welt.»
> *Heinrich von Kleist*[2]

I. Homo interrogans – vom befragten, fragenden und fraglichen Menschen

Es gibt viele Gründe, nach dem Menschen zu fragen. Im Alltag taucht die Frage eher implizit und in aussergewöhnlichen Zusammenhängen auf, die Erstaunen, Entsetzen, Trauer, Zweifel, Verzweiflung oder Ärger hervorrufen. Ein explizites Nachdenken – und damit die «Definitionsmacht» – bleibt häufig auf literarische, akademische oder bestimmte professionelle Kreise beschränkt. Manchmal endet ein längeres Nachdenken über ganz verschiedene Themen bei der Frage «Was ist der Mensch?». In anderen Fällen wird sie zum Gegenstand spekulativer Glasperlenspiele. Und dann gibt es Situationen, in denen sich die Frage – in unterschiedlichen Variationen – scheinbar ganz von selbst und mit aller Macht aufdrängt. Allen genannten Zusammenhängen gemeinsam ist eine Grundbefindlichkeit des Menschen, die bereits eine erste Antwort auf die Frage selbst bereithält: Der Mensch *kann* fragen.

---

[1] C. S. Lewis, The Abolition of Man or Reflections on education with special reference to the teaching of English in the upper forms of schools, San Francisco 2001, 71.
[2] Heinrich von Kleist, Über das Marionettentheater: ders., Werke und Briefe in vier Bänden, hg von Siegfried Streller, Bd. 3, Berlin/Weimar 1978, 473–480 (480).

I. Geordnetes

Das komplexe Sprachspiel des Fragens beruht im Kern auf drei Voraussetzungen: Sprache, Rationalität und Sozialität. Wer eine Frage stellen will, muss über das entsprechende Medium verfügen – die Sprache. Er benötigt ein Wissen über die sozialen Regeln des Fragens und ihrer Anwendung. Und er braucht Mitspielerinnen, die ebenfalls die Regeln beherrschen und so zu Adressatinnen seiner Fragen werden können. Damit sind zugleich drei grundlegende Wesensmerkmale des Menschen benannt. Die beiden ersten Fähigkeiten begegnen in der antiken Philosophie seit dem sechsten vorchristlichen Jahrhundert (Alkmaion von Kroton) in der Deutung des Menschen als vernunftbegabtes Lebewesen *(zoon logon echon)*. Der Mensch hat *logos,* er ist das sprach- und vernunftbegabte Tier. Die dritte Bestimmung hat Aristoteles wegweisend in die abendländische Philosophie eingeführt: der Mensch als *physei politikon zoon*, als politisches Tier.[3] Die drei Charakteristika verweisen auf Fähigkeiten, die dem Menschen «von Natur aus» *(physei)* zukommen. Sprache, Vernunft und Sozialität sind dem Menschen «als solchem» (Otfried Höffe) gegeben.

Der Mensch gilt als von Natur aus auf Geselligkeit und Austausch hin angelegt. Als kommunikatives Wesen ist er zugleich ein fragendes. Dass er Fragen stellen kann, erklärt aber noch nicht, warum er nicht darum herumkommt zu fragen. Warum fragt der Mensch? Ein Blick weit zurück in die Anfänge der Menschheitsgeschichte liefert eine äusserst weitreichende Erklärung. Der erste Auftritt der Menschen nach dem Sündenfall wird eingeleitet mit einer Frage: «Und Adonaj rief den Menschen *[adam]* und sprach zu ihm: Wo bist du? Er antwortete: Dich habe ich im Garten kommen hören, und ich hatte Angst, weil ich nackt bin; so verbarg ich mich» (Gen 3,9). Bekanntlich gehen die Fragen Adonajs weiter: Woher der Mensch wisse, dass er nackt sei, und ob dieses Wissen auf einer Missachtung des Verbotes, vom Baum der Erkenntnis zu essen, beruhe. Gleich die erste Befragung des Menschen, noch im Paradies und mit Gott «auf der gleichen Ebene»[4], gestaltet sich als «Rechtsakt», «Vernehmung und Verteidigung»[5] – als Fragen und (sich Ver-)Antworten.

Die im Text genannten Verhaltensweisen – Sich-Schämen, Sich-Fürchten, Sich-Verstecken – werden als das «Neue» des Menschen vorgestellt und direkt

---

[3] Vgl. einführend und mit weiterführender Literatur: Dominic O'Meara, Der Mensch als politisches Lebewesen. Zum Verhältnis zwischen Platon und Aristoteles: Otfried Höffe (Hg.), Der Mensch – ein politisches Tier. Essays zur politischen Anthropologie, Stuttgart 1992, 14–25; Otfried Höffe, Ethik und Politik, Frankfurt a. M. 1979.

[4] Claus Westermann, Genesis 1–11. Biblischer Kommentar Altes Testament, Bd. 1/1, Neukirchen-Vluyn 1974, 345.

[5] Westermann, Genesis 1–11 (Anm. 4), 345.

aus seiner Fähigkeit, Gut und Böse zu erkennen, abgeleitet. Drei Aspekte fallen in dieser Situation unmittelbar zusammen: *Selbsterkenntnis*, *Scham* und das aufdeckende *Fragen*. Der jüdische Psychoanalytiker Aaron R. Bodenheimer bemerkt zu der Szene, mit der Frage «Adam, wo bist du?» käme «zum erstenmal das Fragen ins Bewusstsein des Menschen: das Fragen als zunächst unverhülltes Beschuldigen; als Präludium des Paradiesfluches. Als Beginn der Geistesgeschichte.»[6] Bodenheimer erläutert an der Paradiesgeschichte seine These von dem wesentlich obszönen Charakter des Fragens: «Ohne Fragen gibt es nun freilich auch kein Befragtwerden. Zur menschlichen Grundverfassung: der Scham, deren physiologisches Korrelat das Erröten ist, gehört somit beides. Und dies macht auch die Situation der Obszönität aus, welche der Unschuld erwächst – dem Wissen: wir sind nackt; dem Umstand mithin, dass wir uns eine Blösse gegeben haben: die Blösse der Erkenntnis [...] das ist die Furcht aller Erkenntnis, bei Ödipus gleichwie bei Adam und Eva: Erkenntnis ist allemal ein Vorgang, welcher zur Beschämung führt.»[7]

Das «Wissen um» steht am Anfang zweier wechselseitig aufeinander bezogener Bewegungen. Es bringt einerseits das Motiv des Ver- und Entbergens – letzteres auch im Sinne der Heideggerschen Deutung der griechischen *aletheia* – hervor und andererseits die Modi des Fragens und Befragt-Werdens. Erstaunlicherweise antworten die Menschen auf die ihnen vorgelegten Fragen von Beginn an völlig korrekt. Sie fühlen sich angesprochen. Sie wissen, was Adonaj mit dem «Wo?», «Woher?», «Hast du etwa?» und «Was?» meint und worauf die Fragen zielen. Sie sind in der Lage, *über sich* Auskunft zu geben, was das Vermögen voraussetzt, *über sich selbst* nachdenken, *zu sich selbst* auf Distanz gehen zu können. Jede Antwort setzt beim Befragten die Fähigkeit zur Selbst-Befragung im Sinne einer «Simulation» des Frage-Antwort-Spiels voraus. Im Sich-Fragen tritt der Mensch in eine ursprüngliche Distanz zu sich selbst. Die Antworten sind Antworten auf diese Selbstdistanzierung.

Distanz kennzeichnet die Situation des Menschen nach dem Sündenfall: Jenseits des Paradieses, in ein Verhältnis – *coram deo* – zu seinem Schöpfer gerückt, in einem Selbstwahrnehmung und -deutung ermöglichenden Abstand zu sich selbst und – als Klammer – in eine mehrstellige dialogische Relation zwischen *ego, alter* und Gott gesetzt. Die fundamentale Entzweiung begründet einen Seinsmodus, der durch ein komplexes Beziehungsverhältnis gekennzeichnet ist und der hier in der ursprünglichen Form, der Anrede «Mensch», erscheint. Nur das

---

[6] Aaron R. Bodenheimer, Warum? Von der Obszönität des Fragens, Stuttgart [5]1999, 73.
[7] Bodenheimer, Obszönität des Fragens (Anm. 6), 72f.

I. Geordnetes

Erkannte hat einen Namen, nur die oder der Erkannte kann sich als Angesprochene oder Angesprochener begreifen.

Damit kommt zugleich das dem Fragen gegenüber komplementäre Moment ins Spiel, das Antworten und Sich-Verantworten. Der Mensch entdeckt sich als die für sich zuständige Instanz. Er wird – eine für das alttestamentliche Verständnis vom Menschen typische Vorstellung – zum «voll verantwortlichen Partner Gottes».[8] Er hat einen Kopf, den er hinhalten muss für das, was in diesem vor sich geht und daraus folgt. Er verhält sich nicht mehr nur, sondern wird eigensinnig und so zu einem Adressaten (nicht mehr nur Empfänger), einem wollenden, handelnden und für sich selbst geschichtlichen Wesen. Das ist die Geburtsstunde von *homo sapiens* und *homo faber*. Die Schöpfungsgeschichte erklärt nicht nur das Sosein des Menschen, sondern spiegelt *als Erklärung* zugleich ein wesentliches Merkmal seiner Existenz: sein fragendes und fragliches Sein. Am Anfang steht also nicht die Tat, denn sie müsste alles daraus Folgende schon voraussetzen, sondern die Frage, die das fragliche Geschehen *als* menschliche Tat überhaupt erst hervorbringt. Die «Anthropologie» des Sündenfalls – die Komposition der nichtpriesterlichen Schöpfungsgeschichte antwortet ja ebenfalls auf eine Frage – gestaltet das Bild eines fragenden und befragten Menschen. Der Mensch im Alten Testament kommt als *homo interrogans* zu sich und auf die Welt.

Das zweite und dritte Kapitel der Genesis zeichnet ein Bild vom Menschen, in dem die Beschwerden und Bedrohungen seines Lebens, die leidvolle *conditio humana*, seine Fragen, Ängste und Zweifel genauso in den Blick kommen wie sein Erfahrungs- und Erinnerungsvermögen, *know that* und *know how*, seine Neugierde, als Kehrseite seiner Scham, und seine Verantwortung. Beide Seiten der menschlichen Existenz gehören untrennbar zusammen. Sein Dasein ist nicht nur ein fragliches, sondern auch fragendes, und die viel jüngere Anthropologie thematisiert diesen Wesenszug – evolutionstheoretisch gewendet – als *Über*lebensmechanismus. An der Grundeinsicht der biblischen Urgeschichte über den Menschen wird auch die gesamte abendländische Philosophie- und Theologiegeschichte nichts ändern: Der Mensch kann sich vor seinem *logos* ebenso wenig verstecken wie das erste Menschenpaar in der Schöpfungsgeschichte vor Gott. Es gehört – wie Kant in der Vorrede zur ersten Auflage seiner *Kritik der reinen Vernunft* bemerkt – zum «Schicksal» der menschlichen Vernunft, «dass sie durch Fragen belästigt wird, die sie nicht abweisen kann, denn sie sind ihr durch die

---

[8] Rainer Albertz, Art. Mensch II. Altes Testament: TRE XXII, Berlin/New York 1992, 464–474 (468).

Natur der Vernunft selbst aufgegeben, die sie aber auch nicht beantworten kann, denn sie übersteigen alles Vermögen der menschlichen Vernunft».[9]

Fragen setzen eine Frage-Kultur voraus. Dies ist in einem ganz wörtlichen Sinn gemeint. Die wohl fundamentalste Kulturleistung des Menschen ist seine Sprache, die Fähigkeit, Begriffe zu bilden, zu verstehen und zu kommunizieren («homo symbolicus»[10]). Das Bedürfnis und die Notwendigkeit, sich selbst zu verstehen, die eigene Herkunft zu erklären, die wahrgenommene und erlebte Aktualität in ein Kontinuum aus Vorher und Nachher einzuordnen oder die Idee einer übergreifenden Ordnung sind Ausdruck komplexer Kulturalität. Schöpfungsmythen, Religion, Menschen- und Weltbilder gelten als ihr signifikantes Merkmal. Menschen haben nicht eine Kultur, sie *sind* ihre Kultur. Die «zweite Natur»[11] des Menschen ist ihm genauso Aufgabe wie seine erste biologisch-genetische. Aus einer funktionalistischen Perspektive, die Kultur als Anpassungsleistung des Menschen an seine (natürliche) Umwelt begreift, sieht sich der Mensch mit einer doppelten Kompatibilitätsanforderung konfrontiert. Er kann sich seiner natürlichen Bedingungen nicht entledigen. Er kann sich nur mithilfe einer kompensatorischen «zweiten Natur» in – nicht *gegenüber,* wie manche Stimmen in den aktuellen biotechnologischen Debatten suggerieren wollen – der ersten überlebensfähig machen. Kultur ist zuerst eine Not. Zur Tugend wird sie erst durch die gelungene Anpassung an die «zweite Natur».

Diese zweite Anpassung vollzieht sich im Modus der Selbstthematisierung vor den Kulissen der jeweiligen Kultur. Der Mensch ist somit seine Kultur in einem doppelten Sinne: als kulturelles Wesen und als immer nur aus dem spezifischen kulturellen Blickwinkel heraus wahrnehmendes, wollendes, agierendes, leidendes und reflektierendes Wesen. Gäbe es so etwas wie eine rein beschreibende (empirische) Ethnologie und Anthropologie, dann hätte sie hier ihren Ort. Aber bereits die Behauptung, der Mensch sei seine Kultur, der professionelle Blick der Ethnologin oder des Anthropologen, sprengt den gezogenen Reflexionsrahmen. Selbstthematisierung impliziert notwendig die Thematisierung der Bedingungen der Selbstreflexion, der konstitutiven Voraussetzungen und An-

---

[9] Immanuel Kant, Kritik der reinen Vernunft: ders., Werke in sechs Bänden, hg. von Wilhelm Weischedel, Bd. 2, Darmstadt ⁴1983, A VII.

[10] Ernst Cassirer, Versuch über den Menschen. Einführung in eine Philosophie der Kultur, Hamburg 2007, 51.

[11] Vgl. Georg Wilhelm Friedrich Hegel, Enzyklopädie der philosophischen Wissenschaften III: ders., Werke. Auf der Grundlage der Werke von 1832–1845 neu edierte Ausgabe, Red. Eva Moldenhauer und Karl Markus Michel, Bd. 10, Frankfurt a. M. 1970, § 410.

I. Geordnetes

nahmen der kulturellen Interpretationsgemeinschaft. Diese «Selbstthematisierung von Thematisierungsweisen»[12], die Selbstvergewisserung der Fragemotive und -hinsichten, reflektiert die (relationalen) Bedingungen, unter denen eine Frage als aufgeworfene, sich stellende oder sich aufdrängende Frage überhaupt erst plausibel wird. Was lenkt das ethnologische Auge, welche Perspektive positioniert den anthropologischen Blick? Und was folgt daraus für das Nachdenken über den Menschen? Die – im weitesten Sinne – anthropologische Frage weist unmittelbar auf das methodische Problem der Bedingungen des Fragens oder – wie Martin Heidegger formuliert hat – der «Fraglichkeit des Fragens nach dem Menschen»[13] zurück. Zu der kantischen Fragestellung der Natur der menschlichen Vernunft, den Bedingungen der menschlichen Erkenntnis a priori, bemerkt Heidegger in seiner Kant-Vorlesung: «Nicht die Antwort gilt es zu suchen auf die Frage, was der Mensch sei, sondern es gilt, allererst zu fragen, wie denn in einer Grundlegung der Metaphysik überhaupt nach dem Menschen allein gefragt werden kann und muss.»[14]

II. Antworten – der Mensch auf der Grenze

Die Frage «Was ist der Mensch?» richtet sich – nach allgemeinem Verständnis und dem üblichen Verweis auf die Logikvorlesung Kants – an den Menschen selbst. Anthropologie bildet die Klammer einer Philosophie in «weltbürgerliche[r] Bedeutung», die die Fragen der Metaphysik «Was kann ich wissen?», der Moral «Was soll ich tun?» und der Religion «Was darf ich hoffen?» auf die Frage nach dem Menschen hin ausrichtet.[15] Angesichts der häufigen Bezugnahme

---

[12] Herbert Schnädelbach, Reflexion und Diskurs. Fragen einer Logik der Philosophie, Frankfurt a. M. 1977, 9.
[13] Martin Heidegger, Kant und das Problem der Metaphysik, Frankfurt a. M. 1973, 208.
[14] Martin Heidegger, Kant und das Problem der Metaphysik, 1929 (GA 3), hg. von Friedrich-Wilhelm Herrmann, Tübingen 1991, 215.
[15] Immanuel Kant, Logik: ders., Werke in sechs Bänden, hg. von Wilhelm Weischedel, Bd. 3, Darmstadt ⁴1983, A 25. Reinhard Brandt hat darauf aufmerksam gemacht, dass die vierte Frage gegenüber den drei ersten erst Ende der 90er Jahre bei Kant auftaucht. Der zitierte Passus ist wahrscheinlich fälschlich in den Nachdruck der Logikvorlesung geraten und gehört ursprünglich zur Metaphysik (Reinhard Brandt, D'Artagnan und die Urteilstafel. Über ein Ordnungsprinzip der europäischen Kulturgeschichte 1, 2, 3/4, München 1998, 217–234 [217], Anm. 444). In der Architektonik der vier Fragen spiegelt sich die «europäische Organisationsform des Denkens» wider, ein Muster, «das offenbar besonders gut geeignet ist, Wirklichkeit für die menschliche Erfassung zu formieren und zu handhaben. Dieses Muster hat die simple Form einer in sich abgeschlossenen Dreiheit von

lohnt es sich, auf zwei Aspekte in der Formulierung der kantischen Fragestellung hinzuweisen.

Zunächst hat die letzte Frage in dem Quartett als einzige nicht das konkrete «Ich» der oder des Fragenden zum Gegenstand. Warum hebt Kant – anstelle des folgerichtigen, an die eigene Person gerichteten «Wer bin *ich?*» – auf den abstrakten *Gattungsbegriff* «Was ist der *Mensch?*» ab? Das konkrete «ich» tritt hinter die natürlichen und kulturellen Bedingungen seines Gewordenseins zurück. Für Volker Gerhardt kommt in der Frage des Königsberger Philosophen der «Anspruch einer praktisch bedeutsamen Selbsterkenntnis nach Massgabe der *Menschheit*» zum Ausdruck. «So hat die *von* ihm selbst *an* ihn selbst gerichtete Frage nach dem Wesen des Menschen nicht nur die Dimension einer historisch aufgeladenen Natur, sondern auch eine implizite Intelligibilität, der sich keine Antwort, wenn sie denn überzeugen können soll, entziehen kann.»[16] Damit hat Kant seiner Zeit ein anspruchsvolles, äusserst komplexes und – wie es heute heissen würde – globales, inter- und multidisziplinäres Programm menschlicher (Selbst-)Reflexion aufgegeben. Sein Thema lautet: das *Tier* im Menschen und der Mensch in der *Menschheit*. Das Untersuchungsgebiet wird strukturiert durch das Netz, aufgespannt zwischen den Polen von Allgemeinheit und Notwendigkeit, Gott und Welt, Natur und Freiheit, Individualität und Universalität, Moralität und Legalität, Erfahrung und Vernunft.

Sodann ist an einen viel älteren, zunehmend weniger bekannten Vorläufer der kantischen Fragestellung zu erinnern. Kant streicht mit dem zweiten Halbsatz der Frage des Psalmisten «Was ist doch der Mensch, dass du seiner gedenkst?» (Ps 8,5; 144,3) das «Du» des Adressaten und reicht so die Frage – in aufgeklärter Manier – an das fragende Subjekt selbst zurück. Das integrale, dialogische Verhältnis des Menschen zu Gott wird ersetzt durch die Selbstreflexion des sich seiner eigenen Vernunft bewusst gewordenen, autonomen Subjekts. Auf dem Richterstuhl im «Gerichtshof der Vernunft» macht der neuzeitliche Mensch der (eigenen) Natur und sich selbst den Prozess. Nebenbei: Auch die «zweite Geburt» des Menschen – diesmal als mündiges, autonomes Subjekt – bedient sich der Gerichtsmetapher.

Elementen, zu denen eine vierte Grösse hinzutritt; die Trias also ist vollständig, sie bedarf jedoch einer weiteren Komponente, sei es nun als ihres Fundaments, sei es als ihrer Verknüpfung mit der Wirklichkeit, als eines Impulses der Bewegung oder aus einem anderen Grund» (Brandt, D'Artagnan, 15).

[16] Volker Gerhardt, Immanuel Kant. Vernunft und Leben, Stuttgart 2002, 296.

I. Geordnetes

Die Diskrepanz in den Fragehinsichten, die auf den ersten Blick Gott als Adressaten des fragenden Menschen überflüssig macht, ist aber eher eine vordergründige. Eine genauere Betrachtung zeigt, dass die kantische Zuspitzung nur zu Ende führt, was in dem Lob Gottes des Psalmisten bereits angelegt ist. «Du machtest ihn [den Menschen] wenig geringer als Engel, mit Ehre und Hoheit kröntest du ihn. Du setztest ihn zum Herrscher über das Werk deiner Hände, alles hast du ihm unter die Füsse gelegt» (Ps 8,6f.). Der Mensch, positioniert zwischen den Engeln und der übrigen Kreatur,[17] wird – gemäss der priesterlichen Urgeschichte, die der Psalmist paraphrasiert – von Gott zum Herrscher über die Schöpfung bestimmt: «Machet euch die Erde untertan» (Gen 1,28).

Diese Aufforderung hat dem Christentum in der jüngeren Vergangenheit viel Kritik eingebracht. Wirkungsgeschichtlich bedeutsam haben vor allem Lynn White Jr. und Carl Amery die globale Umweltkrise als geistesgeschichtliche Folge des Christentums, seiner Naturverachtung und eines jüdischen Anthropozentrismus diagnostiziert. Die alttestamentliche Wissenschaft hat darauf reagiert und dem königlichen Herrschen das komplementäre Bild von der Sorge des Hirten zur Seite gestellt. Die Interpretation des *dominium terrae* als «Beherrschen» ist unter dem Eindruck der rasanten technologischen Entwicklungen und ihrer Zerstörungspotentiale in jüngerer Zeit zunehmend dem Topos des «Bewahrens» gewichen. Gleichzeitig wird das Verhältnis zwischen dem Menschen und der übrigen Schöpfung zunehmend egalitär gedeutet. Die Hierarchie zwischen Herrscher und Beherrschten wandelt sich zu einem stärker kooperativen Verständnis von «Mitgeschöpflichkeit». Die *imago dei*-Auszeichnung des Menschen ändert quasi ihre Richtung. Sie kennzeichnet nicht mehr vornehmlich einen exklusiven Status *gegenüber* der (übrigen) Schöpfung, sondern einen exklusiven Auftrag *für* diese aus dem spezifischen Gottesverhältnis heraus. Gottebenbildlichkeit ist somit «kein geheimnisvoller ontologischer Titel, sondern Einweisung in eine Aufgabe. Sie gibt nicht primär Antwort auf die moderne Frage, wer oder was der Mensch *ist*, sondern sagt, *wozu* er da ist.»[18] Die moderne Lesart einer doppelten «Moralisierung» ist den beiden Urgeschichten fremd. Sie wird genau in dem Augenblick plausibel, wo die in dem Lob Gottes gespiegelte, ausgezeichnete Stellung des Menschen angesichts seiner ständig wachsenden Verfügungsmacht in ein immer schieferes Licht gerät. Treffend bemerkt Christian Link: «Wir haben

---

[17] Vgl. Aurelius Augustinus, Vom Gottesstaat (De civitate dei), übers. von Wilhelm Thimme, hg. und eingel. von Carl Andresen, Buch 11 bis 22, München 1978, XII 22 (99).
[18] Christian Link, Menschenbild – Theologische Grundlegung aus evangelischer Sicht: Wolfgang Kraus (Hg.), Bioethik und Menschenbild bei Juden und Christen. Bewährungsfeld Anthropologie, Neukirchen-Vluyn 1999, 57–71 (65).

mit unserer Technik die Pointe des Psalms verdorben.»[19] Wie hätte der Psalmist unter dem Eindruck der Begegnung mit Goethes «Zauberlehrling» formuliert? Die aktuellen Biotechnologien markieren einen neuen Höhepunkt in der Welt von *homo faber*. Sie rücken die Frage nach dem Menschen in eine – in ihrer Radikalität – neue Perspektive. Nicht zufällig verweist Trutz Rendtorff in der Einführung eines Diskussionsbandes evangelischer Ethiker zur Biomedizin auf Ps 8 und kommentiert: «Die eigentliche theologische und darin eben anthropologische (‹Menschbild›!) Pointe dieser Aussage liegt in der Unhintergehbarkeit der Subjektstellung des Menschen; sie ist, wenn irgendetwas, ihm nicht verfügbar, so dass er von ihr auch ablassen, auf sie, etwa aus Gründen der unabsehbaren Folgen, verzichten, sie negieren könnte.»[20] Die «Subjektstellung des Menschen im Gegenüber zur natürlichen Welt», die in seiner Gottebenbildlichkeit gründet, kennzeichnet an dieser Stelle genau den Akteur, der auf dem Kantischen Richterstuhl Platz genommen hat. Sie ist aber – das gilt es gegen andere mögliche Deutungen festzuhalten – weder Antwort, noch Begründung, sondern überhaupt erst und immer wieder neu zu bewältigende Herausforderung.

Die «Entlastung vom Absoluten», die Odo Marquard[21] in der neuzeitlichen Emanzipation der (Natur-)Wissenschaften gegenüber der Theologie angelegt und bei Kant eingelöst findet, radikalisiert wohl die Frage nach den Bezugspunkten menschlichen Wissens, Könnens, Wollens und Handelns. Das auch gegen traditionelle Autoritäten gewandte neuzeitliche Gedankenspiel des «etsi deus non daretur»[22] bildet aber weder die Antithese zu einem jüdisch-christlichen *coram deo*, noch stellt es den Menschen umgekehrt in ein gänzlich neues Verhältnis zu sich und seiner Umwelt. Die Einsicht in den – modern gesprochen – permanent zu entrichtenden Preis für den evolutionsbiologischen Vorteil, für die in seiner gattungsspezifischen (genetischen) Ausstattung begründeten Überlegenheit und seine Fähigkeit, alles Leben zu domestizieren – und zu zerstören –, besteht in dem unausweichlichen Dilemma, sich selbst zum Problem zu werden.

---

[19] Link, Menschenbild (Anm. 18), 58.
[20] Trutz Rendtorff, Evangelische Ethik im Disput um die Biomedizin. Eine Einführung: Reiner Anselm/Ulrich H. J. Körtner (Hg.), Streitfall Biomedizin. Urteilsfindung in christlicher Verantwortung, Göttingen 2003, 11–24 (19). Vgl. zum Verhältnis von Ps 8 und den Naturwissenschaften auch Daniel J. Price, Karl Barth's Anthropology in Light of Modern Thought, Grand Rapids/Cambridge 2002, 1–5.
[21] Odo Marquard, Entlastung vom Absoluten: Franz Josef Wetz/Hermann Timm (Hg.), Die Kunst des Überlebens. Nachdenken über Hans Blumenberg, Frankfurt a. M. 1999, 17–27 (20).
[22] Hugo Grotius, De Iure Belli ac Pacis libri tres, Paris 1625, hg. v. Philip Christiaan Molhuysen, Clark NJ 2005, Prolegomena 11, 7.

I. Geordnetes

Diese Einsicht ist kein Kind der Neuzeit, sondern bestimmendes Motiv seit den Anfängen der abendländischen Kulturgeschichte.

Ein eindrucksvolles, ganz und gar typisches Bild der ambivalenten Folgen menschlicher Aktivität zeichnen schon die dem Sündenfall folgenden Kapitel der Genesis. Zivilisatorischen und kulturellen Entwicklungen – wie Arbeitsteilung (4,2), Städtebau (4,17), Kunst (4,21), Technik (4,22), Landwirtschaft (5,29; 9,20), politische Konsolidierung (11,1–3) – auf der einen Seite stehen Gefährdungen und Destruktivität – etwa Brudermord (4,2–8), Rache (4,23f.), Sucht und ihre sozialen Folgen (9,20–25), technische Hybris (11,4–8) – auf der anderen Seite gegenüber.[23]

Die Komplementarität von Grenzenlosigkeit und Herrschaft wird für Dietrich Bonhoeffer – in der Zeit der nationalsozialistischen Machtergreifung in Deutschland – bereits in Gen 1 bis 3 greifbar.[24] In *Schöpfung und Fall* wird der Baum der Erkenntnis als Symbol der Grenze gedeutet. «*Die Grenze des Menschen ist in der Mitte seines Daseins,* nicht am Rand; die Grenze, die am Rand des Menschen gesucht wird, ist Grenze seiner Beschaffenheit, Grenze seiner Technik, Grenze seiner Möglichkeit. Die Grenze in der Mitte ist Grenze seiner *Wirklichkeit,* seines *Daseins schlechthin.*» Die Grenze in der Mitte des Menschen ist Ausdruck seiner Geschöpflichkeit. Im Sündenfall überschreitet der Mensch diese Grenze und betritt die Mitte. «[N]un steht der Mensch in der Mitte, nun ist er ohne Grenze. Dass er in der Mitte steht, heisst, dass er nun aus sich selbst lebt und nicht aus der Mitte heraus; dass er grenzenlos ist, heisst, dass er allein ist.»[25] «Adam ist nicht mehr Geschöpf. Er hat sich seiner Geschöpflichkeit entrissen. Er *ist* sicut deus, und dieses ‹ist› ist ganz ernst gemeint, nicht: er fühlt sich so, sondern er ist es. Mit *der Grenze* verliert Adam *seine Geschöpflichkeit.*»[26]

---

[23] Albertz, Mensch (Anm. 8), 468.
[24] Vgl. Link, Menschenbild (Anm. 18).
[25] Dietrich Bonhoeffer, Schöpfung und Fall (DBW 3), hg. von Martin Rüter und Ilse Tödt, Gütersloh 1989, 80.
[26] Bonhoeffer, Schöpfung und Fall (Anm. 25), 107. Vgl. Enno Rudolph, der mit Verweis auf Hans Blumenbergs Paradiesdeutung in *Lebenszeit und Weltzeit* bemerkt: «Der Mythos gibt eine raffinierte Antwort: nicht weil der Mensch sich als paradiesunwürdig erwies, musste er ins ausserparadiesische Leben der Geschichte auswandern, sondern weil er im Paradies bereits an Grenzen stossen sollte, die seiner Natur – seiner natürlichen und damit gottgewollten Neugier, seinem Streben nach Horizonterweiterung – zuwider waren. Im Paradies konnte er eben nicht mit sich und seiner Natur im Einklang leben.» (Enno Rudolph, Geschichte statt Wahrheit. Zur Metakritik der historischen Vernunft: Wetz/Timm [Hg.], Kunst, [Anm. 21] 288–306 [304]).

Das «neue» Sein als «sicut-deus-Schöpfer-Mensch», sein Alleinsein, findet eine Entsprechung in der kantischen Gerichtsszene, in der der Mensch – ebenfalls allein – alle Rollen selbst übernehmen muss. Und er kann sie spielen, aufgrund – und zugleich um den Preis, wie Nietzsche später konstatieren wird[27] – seiner Fähigkeit zur Selbst-Distanzierung. Die Bonhoeffersche Unterscheidung zwischen «imago-dei-» und «sicut-deus-Mensch» findet eine – bis in die Wortwahl hinein gehende – Entsprechung in Helmuth Plessners Unterscheidung zwischen Tier und Mensch in seinem 1928 erschienenen anthropologischen Hauptwerk *Die Stufen des Organischen und der Mensch*:

«Die Schranke der tierischen Organisation liegt darin, dass dem Individuum sein selber Sein verborgen ist, weil es nicht in Beziehung zur positionalen Mitte steht, während Medium und eigener Körperleib ihm gegeben, auf die positionale Mitte, das absolute Hier-Jetzt bezogen sind. Sein Existieren im Hier-Jetzt ist nicht noch einmal bezogen, denn es ist kein Gegenpunkt mehr für eine mögliche Beziehung da. Insoweit das Tier selbst ist, geht es im Hier-Jetzt auf.»[28]

Plessner fragt nun weiter, welche Bedingungen gegeben sein müssen, damit ein Lebewesen zum Bewusstsein seiner selbst kommen kann und folgert:

«Offenbar als Grundbedingung die, dass das Zentrum der Positionalität, auf dessen Distanz zum eigenen Leib die Möglichkeit aller Gegebenheit ruht, zu sich selbst Distanz hat.»[29] Während das Tier «im eigenen Körper, dessen natürlicher Ort die ihm verborgene Mitte seiner Existenz ist», lebt, ist der Mensch «in die Mitte seiner Existenz gestellt [...], weiss diese Mitte, erlebt sie und ist darum über sie hinaus. [...] Ist das Leben des Tieres zentrisch, so ist das Leben des Menschen, ohne die Zentrierung durchbrechen zu können, zugleich aus ihr heraus, *exzentrisch*. *Exzentrizität* ist die für den Menschen charakteristische Form seiner frontalen Gestelltheit gegen das Umfeld.»[30]

---

[27] Für Nietzsche entspringt die Sehnsucht des Menschen nach dem «verlorenen Paradies» gerade der Einsicht in die eigene Geschichtlichkeit. Dem Menschen ist «das Glück des Tieres, als des vollendeten Cynikers» abhandengekommen, das in dem Vermögen besteht, «während seiner Dauer unhistorisch zu empfinden» (Friedrich Nietzsche: Unzeitgemässe Betrachtungen. KSA 1, hg. von Giorgio Colli/Mazzino Montinari, München 1999, 249f.).
[28] Helmuth Plessner: Die Stufen des Organischen und der Mensch. Einleitung in die philosophische Anthropologie (1928), Berlin/New York 1975, 288. Zu den Plessnerschen Begriffen «Positionalität» und «Exzentrizität» vgl. Stephan Pietrowicz, Helmut Plessner, Freiburg i. Br./München 1992, 419–435 sowie Johannes Fischer, Exzentrische Positionalität. Plessners Grundkategorie der Philosophischen Aufklärung: Deutsche Zeitschrift für Philosophie 48, 2000, 265–288.
[29] Plessner, Stufen des Organischen (Anm. 28), 289.
[30] Plessner, Stufen des Organischen (Anm. 28), 291f. Bemerkenswert ist an dieser

I. Geordnetes

In einem späten Text resümiert Plessner – unter dem für theologische Ohren provokanten Titel «Homo absconditus» – noch einmal die Konsequenzen dieses dialektischen Oszillierens des Menschen zwischen (exzentrischem) Körper-Haben und (zentrischem) Leib-Sein:

> «Die Verborgenheit des Menschen für sich selbst wie für seine Mitmenschen – *homo absconditus* – ist die Nachtseite seiner Weltoffenheit. Er kann sich nie *ganz* in seinen Taten erkennen – nur seinen Schatten, der ihm vorausläuft und hinter ihm zurückbleibt, einen Ausdruck, einen Fingerzeig auf sich selbst.»[31]

Der Schatten in der platonischen Höhle – ein anderes, erkenntniskritisches Bild für die menschliche Selbstdistanzierung (oder gar seinen Selbstverlust?) – steht für die Befangenheit des menschlichen Blicks – oder in der Terminologie Plessners: für die «vermittelte Unmittelbarkeit» menschlicher Existenz. Anders als in Platons Politeia führt für Plessner kein Weg aus der Höhle, und keine Instanz befördert mehr den Menschen – auch gegen seinen Willen – ans Licht. Der Konsequenz des (späten) Sieges der Sophisten[32] über Platon – oder der Rhetorik über die Philosophie – leuchtet grell im Schein der Grubenlampe des anderen Höhlenforschers Hans Blumenberg: der Verlust (Verzicht?) auf (metaphysische) Wahrheit als Geburtsstunde der Anthropologie. Weil die Menschen Gott nicht aushalten, erfinden sie – als erste Überwindung der

---

Stelle eine zunehmende anthropologische Abwertungstendenz des Menschen gegenüber den Tieren, die ersteren als mangelhafte Variante von letzteren begreift. Die australische Kulturwissenschaftlerin Kay Anderson etwa diagnostiziert analog zum «linguistic turn» einen «‹animal turn› in the social sciences» (Kay Anderson, A walk on the wild side. A critical geography of domestication: Progress in Human Geography 21, 1994, 463–485 [465]).

[31] Helmuth Plessner, Homo absconditus: ders., Conditio humana (GS VIII), Frankfurt a. M. 1969, 353–363 (359).

[32] Zu erinnern wäre hier etwa an den «Homo-mensura-Satz» des Sophisten Protagoras. Die Sonderstellung des Menschen als Mass aller Dinge generiert einen Zustand der «Ort-» und «Grenzenlosigkeit», der dem Menschen den direkten Zugang zu einer vorgegebenen Ordnung der Dinge verwehrt. Ihm «fehlt jenes Einverständnis mit seiner Welt, das in der subhumanen Welt ohne Bewusstsein bloss vollzogen wird und das in der Welt der Götter nicht einmal zum Problem werden kann» (Jean-Pierre Wils, Anmerkungen zur Wiederkehr der Anthropologie: ders. [Hg.], Anthropologie und Ethik. Biologische, sozialwissenschaftliche und philosophische Überlegungen, Tübingen, Basel 1997, 9–40 [18]). Und aus moderner Perspektive wäre zu ergänzen: Die weltlichen Ordnungen und politischen Herrschaftsstrukturen – die «sekundären Ordnungen» – haben den Blick für diese grundsätzliche Ortlosigkeit schnell verstellt. Das Korsett der «zweiten Natur» wirkt nach wie vor für die meisten Menschen auf dem Globus kaum weniger zwingend, häufig sogar bedrängender und bedrohlicher als die erste. Andererseits kann die Macht und Gewalt menschlicher Ordnungen gerade als Indiz für die fehlende *Ein*ordnung oder Offenheit des Menschen gelesen werden.

Gnosis – das Mittelalter, das dann mit der Erfindung der Neuzeit noch überboten wird.[33] Oder aus theologischer Perspektive: Der «anthropologischen» Variante des augustinischen Dualismus in der lutherischen Gegenüberstellung von «deus absconditus» (Jes 45,15) und «deus revelatus» fehlt das Pendant eines homo revelatus, eines offenbaren Menschen. Anstelle der christologisch-soteriologischen[34] Pointe Luthers und Bonhoeffers bleibt dem Anthropologen Plessner nur die reflexive Wendung des *absconditus* als «Selbst-Verborgenheit».[35]

Diese Auszeichnung des Menschen hat eine theologische Pointe, die wiederum in grosse Nähe zur Bonhoefferschen Anthropologie in *Schöpfung und Fall* rückt. Während bei dem Theologen die exzentrische, «enträumlichende» Bewegung ihren Ausdruck in dem Verlust des *imago-dei*-Seins des Menschen findet, folgt sie bei dem Anthropologen aus der Negation jedes möglichen Gleichgewichts im Sinne eines Fichteschen Ideals von der Einswerdung des Ich mit sich selbst und dem Absoluten. Dem *sicut-deus*-Sein auf der einen Seite korrespondiert ein radikaler Anthropozentrismus auf der anderen, der nicht Gott leugnet, aber *wissend* jede Idee einer transzendenten Wirklichkeit verweigert. Die distanzlose Distanz exzentrischer Existenz negiert nicht Transzendenz *an sich*, gesteht dieser aber keinen eigenen, ursprünglichen Ort zu, der notwendig wäre, damit der Mensch einen Halt – einen Punkt ausserhalb seiner Welt – finden könnte. Die Selbstreflexivität des Geistes suspendiert jede Relationalität ausserhalb seiner selbst, die nur noch – das betont auch Plessner – im Glauben zugänglich ist.[36]

---

[33] So lautet Odo Marquards *abstract* von Blumenbergs *Legitimität der Neuzeit* (Marquard, Entlastung vom Absoluten [Anm. 21], 20).

[34] Vgl. Wils, Anmerkungen zur Wiederkehr (Anm. 32), 20f.: «So sehr auch innerhalb der Bibel die Auffassungen im einzelnen differieren – erst im Horizont einer *Heilsgeschichte* bzw. unter dem Gesichtspunkt der Erlösungsbedürftigkeit bekommt der Mensch seine Kontur. Dort, wo nicht, wie in den Weisheitsbüchern, auf eine Lebenserfahrung und Lebensklugheit rekurriert wird, sind *anthropologische* Aussagen immer *normativ-soteriologischer* Natur. Wenn etwa der menschliche Körper thematisiert wird, dann geschieht dies immer unter dem Aspekt der Heils- und Unheilssituation des Menschen (1 Kor 6,13; Röm 1,24–27; Gal 5,24). Der Leib wird somit zur *Metapher*, zur *metaphorischen Indikation der Heilsbedürftigkeit* des Menschen.»

[35] In diesem Zirkel zeigt sich zunächst jene «*antidualistische* Stossrichtung», die Annette Barkhaus u. a., Einleitung: dies. (Hg.): Identität, Leiblichkeit, Normativität. Neue Horizonte anthropologischen Denkens, Frankfurt a. M. 1996, 11–25 (16), der neuzeitlichen Anthropologie attestieren.

[36] Aus einer anderen Perspektive schafft die Plessnersche Relation gerade Raum für eine ganz ursprüngliche, mit dem alttestamentlichen Gottesbegriff verbundene Vorstellung. Der Religionswissenschaftler und -philosoph Klaus Heinrich hat in seiner Habilitationsschrift (Klaus Heinrich, Versuch über die Schwierigkeit nein zu sagen, Frankfurt

I. Geordnetes

Folgerichtig weist Plessner jede geschichtsphilosophische Deutung im Sinne Hegels, Marx' oder H. Marcuses als Spekulation zurück. Genauso dementiert werden aristotelisch-christliche *ordo*-Vorstellungen oder Schelers Welt als Kosmos. Und auch die Heideggersche Anrufung des Gottes Hölderlins, angesichts einer immer weiter fortschreitenden Technik, wäre Plessner absurd erschienen. Was bleibt, so fragt Plessner im Jahr der ersten Mondlandung in der Menschheitsgeschichte, wenn sich die menschliche «Fähigkeit des Schauderns – der Menschheit bester Teil» verflüchtigt hat, weil «die Keplerschen Planetenbahnen endgültig dem Touristenverkehr geöffnet sind»? Nur die «Begegnung mit der offenen Leere». Aber auch sie wird «sich sehr bald für immer [...] verlieren».[37] Was übrig bleibt, ist: «der Mensch hat *sich* nie verlassen. Keine Art von Arbeit hat ihn je von *sich* entfremdet. [...] So kehrt denn der Mensch auch nie zurück.»[38] Eine andere Quintessenz hat Plessner allerdings bei seinem Resümee des Menschen in der technischen Zivilisation ausgelassen: Der Mensch hat *sich* (bisher) nie selbst ausgelöscht.

Die Frage nach dem Verhältnis von Gott und Mensch stellt sich aus der Perspektive neuzeitlicher Anthropologie im Kern als erkenntnistheoretisches Problem, das aber, wie bei Plessner deutlich wird, quasi vom Kopf auf die Füsse, das heisst: existentiell gewendet wird. Entsprechend klar fällt sein Urteil über die Theologie aus: «Anthropologie löst Theologie ab, eine Aufgabe, der sich Feuerbach unterzogen hat. Strittig bleibt, ob sie ihr Rechtsnachfolger, Platzhalter oder ein

---

a. M./Basel [4]2002, 105f.) die Auflösung «der Spannung von deus revelatus und deus absconditus», der Gleichzeitigkeit von «Dunkel» und «Tiefe des Seins» sowie «Oberfläche und Licht» im alttestamentlichen Gottesverständnis durch den neuzeitlichen Vernunftbegriff nachgezeichnet. Der neuzeitliche (cartesianische) Vernunftbegriff eliminierte die dunkle Seite um den Preis, dass «die Vernunft zu einem Instrument gemacht [wurde], das der Wiederkehr der von ihr verdrängten Mächte hilflos gegenübersteht. Die Vertreibung des deus absconditus aus dem Begriff der göttlichen Vernunft, entsprechend der Vertreibung des deus revelatus aus dem zum Fetisch gemachten Gottesbegriff vernunftfeindlicher Theologen, hat sich an den Begriffen selbst gerächt, die, so wie Vernunft einmal imago dei war, jetzt als imagines der Vernunft deren bedrohte Einheit verbürgen sollte. Darum war der Begriff des ‹Ich› als der Bewusstseinsidentität so fragwürdig geworden, darum ist in einer Bewegung wie der, die sich mit dem Namen Freud verknüpft, in nicht-theologischen Begriffen ein Versuch gemacht, dem deus absconditus wieder zu seinem Recht zu verhelfen.»

[37] Plessner, Homo absconditus (Anm. 31), 356f.
[38] Plessner, Homo absconditus (Anm. 31), 366. Ganz ähnliche Formulierungen finden sich bei Jacob Burckhardt und Wilhelm Dilthey, vgl. Odo Marquard, Zur Geschichte des philosophischen Begriffs «Anthropologie» seit dem Ende des achtzehnten Jahrhunderts (1965): ders., Schwierigkeiten mit der Geschichtsphilosophie. Aufsätze, Frankfurt a. M. 1982, 122–144 (132).

von der allmächtigen Zeit eingesetzter Lückenbüsser sei».[39] Als Gewährsmann bietet er den jungen Hegel auf: «Da der feste Standpunkt, den die allmächtige Zeit und ihre Kultur für die Philosophie fixiert haben, eine mit Sinnlichkeit affizierte Vernunft ist, so ist das, worauf solche Philosophie ausgehen kann, nicht, Gott zu erkennen, sondern, was man heisst den Menschen.»[40] Der Verzicht auf die Erkenntnis Gottes angesichts der Begrenztheit des menschlichen Erkenntnisvermögens führe bei Hegel – so Plessner – zu einer «Interessenverlagerung nach der Seite des Menschen». Daher musste die Theologie der Anthropologie weichen.[41] Und deshalb kann konsequenterweise auch nicht mehr über einen *deus* gesprochen werden, sondern nur noch vom Menschen und selbst über diesen ausschliesslich in den engen Grenzen seiner biologischen Natur. Alles darüber hinaus Gehende bleibt ihm (und der Anthropologie) verborgen.

III. Schatten – vom Sichtbaren und Unsichtbaren des Menschen

Damit ist die grundsätzliche Frage aufgeworfen, *wie* denn der *nach*-paradiesische, -metaphysische oder auch -theologische Mensch über den *nach*-paradiesischen usw. Menschen noch sprechen kann. Die kursorischen Verweise im letzten Abschnitt haben bereits *das* Thema der abendländischen Anthropologie angedeutet: «die Frage nach dem *Verhältnis von Vernunft und Trieb* oder grundsätzlicher gesagt: *von Geist und Leib.*»[42] Die anfangs erwähnte Bestimmung des Menschen als *zoon logon echon* markiert weniger eine Antwort, als vielmehr «eine interpretationsbedürftige und -fällige Problemformel»,[43] die Aristoteles dem abendländischen Menschen unauslöschbar in sein Aufgabenheft diktiert hat. Zwischen den Stühlen der reinen Vernunft, als Prädikat Gottes, und der reinen

---

[39] Plessner, Homo absconditus (Anm. 31), 354.
[40] Georg Wilhelm Friedrich Hegel, Jenaer Schriften 1801–1807. Werke in zwanzig Bänden, Red. Eva Moldenhauer und Karl Markus Michel, Bd. 2, Frankfurt a. M. 1970, 299.
[41] Ein gutes Jahrzehnt vorher hatte Arnold Gehlen eine etwas anders akzentuierte Interpretation des Hegelzitats vorgetragen: «Es ist hier die Rede von einer philosophischen Lehre vom Menschen, die aus Gründen der allmächtigen Zeit in den Vordergrund trete, eine sehr kluge Ansicht, die mit meint und mit aussagt, dass eine anthropologische Philosophie keineswegs atheistisch sein muss, aber die Frage nach Gott doch nicht eigens aufwirft.» (Arnold Gehlen, Zur Geschichte der Anthropologie: Werner Schüssler [Hg.], Philosophische Anthropologie. Texte, Freiburg i. Br./München 2000, 85–106 [86]).
[42] Walter Schulz, Philosophie in der veränderten Welt, Pfullingen 1972, 336.
[43] Helmut Fahrenbach, Mensch: Handbuch philosophischer Grundbegriffe, hg. von Hermann Krings, Hans-Michael Baumgartner und Christoph Wild, Bd. 4, München 1973, 888–912 (895).

I. Geordnetes

Lebendigkeit der Tiere schwankt das Zwitterwesen Mensch durch die abendländische Philosophie- und Theologiegeschichte mit wechselnden Schlagseiten. Die Entwicklung *in the long run* ist unübersehbar: Nach einer langen metaphysischen Phase der «Vergeistigung», die entgegengesetzte, ebenfalls ontologisch fundierte Phase einer «Verleiblichung»[44] mit der allmählichen Umkehrung der ursprünglichen Dominanz der Vernunft über den Willen und die Triebhaftigkeit, bis hin zur nachmetaphysischen Anthropologie des 20. Jahrhunderts, die – fast zwangsläufig – in eine «nachanthropologische» Gegenwart mündet.

Die Frage nach dem Menschen stellt sich heute in zweifacher Weise. Die erste Aufgabe besteht in der über alle Zeiten hinweg gleichbleibenden Frage, wie der Mensch «zur Einheit und zur Ordnung seiner selbst»[45] zusammengeschlossen werden kann. Die zweite, sich im Fortgang der Geschichte radikalisierende Aufgabe betrifft die Frage, wie – angesichts einer zunehmenden Skepsis gegenüber *der* Vernunft – überhaupt noch Aussagen über *den* Menschen möglich sind. Die Vernunft ist ja nicht nur der Gegenstand, über den (auch) zu reden wäre, sondern zugleich Ort und Medium, an dem und mit dem über den Menschen verhandelt wird – Anthropologie- und Vernunftkritik gehören ins selbe Boot. Das Dilemma besteht – auf die Spitze getrieben – darin, dass eine – wie auch immer vorstellbare – umfassende Diskreditierung der Vernünftigkeit des Menschen zugunsten seiner Triebhaftigkeit oder reinen Vitalität weder kommunizierbar, noch begründbar wäre. In diesem Fall gäbe es nichts mehr zu verteidigen, die Unterscheidung wäre hinfällig. Denn die Menschen hätten – wie Nietzsches Vieh – sogleich wieder «vergessen», wonach sie eben noch gefragt haben. Zugleich wäre damit das wesentliche Motiv der Reflexion über den Menschen abhandengekommen, die «Idee», es gäbe etwas, das alle Menschen zu allen Zeiten teilen, einen sozusagen (universellen, transzendenten) *gemeinsamen Nenner,* der dazu berechtigen würde, von *dem* Menschen zu sprechen.

Die Problemanzeige impliziert bereits das Antwortprogramm – genauer: die philosophisch-theologische Herausforderung, die seit dem 16. Jahrhundert unter dem Titel «Anthropologie» verhandelt wird und sich im 19. Jahrhundert zu einer eigenen philosophischen Teildisziplin verselbstständigt.[46] Philosophische Anthropologie muss – im Rückgriff auf ihr von Platon bis Marquard formuliertes, zentrales Konstrukt von *homo compensator* – selbst als Kompensationsdisziplin

---

44 Schulz, Philosophie (Anm. 42), 335.
45 Schulz, Philosophie (Anm. 42), 336.
46 Der Ausdruck «Anthropologie» taucht erstmals 1501 in der physiologischen Abhandlung von Magnus Hundt, *Anthropologium de hominis dignitate, natura et proprietatibus* auf (Werner Schüssler, Einleitung: ders., Anthropologie [Anm. 41], 9).

begriffen werden, die jene durch die Abkehr von der «traditionellen Schulmetaphysik» sowie «mathematischen Naturwissenschaft» und die Wende zur «Lebenswelt»[47] entstandene Lücke zu füllen versucht. Anthropologie stellt somit den Versuch dar, an einer überkommenen Einheit festzuhalten, die in Folge des Bruchs mit den geistesgeschichtlichen Traditionen, die diese plausibel machten, auseinander zu fallen droht.

Anthropologie ist – auf eine kurze Blumenbergsche Formel gebracht – die «Theorie des Menschen ausserhalb der Idealität»[48] und hat ihre Wurzeln, als Anthropologie *avant la lettre,* in der platonischen Philosophie, genauer: in der *Rhetorik* seiner sophistischen Gegner, welche «*die* Anthropologie der Antike» enthält.[49] An ihrem Ausgangspunkt steht eine folgenreiche Verweigerung, der Widerstand der Bewohner der platonischen Höhle, ihren unbequemen, aber bekannten, vertrauten und verlässlichen Ort zu verlassen, um ans Tageslicht zu treten. Anthropologie beginnt im Dunkel der Höhle, als Höhlenforschung oder Theorie des Höhlenmenschen, und wird in dem Masse plausibel, wie sie «das Platonische Unverständnis für den Unwillen der Höhlenbewohner, die Höhle zu verlassen, nicht mehr zu teilen vermöchte».[50] Die Höhle als sophistische Welt des blossen Meinens *(doxa)* ist «der Spatz in der Hand» gegenüber der «Taube auf dem Dach» über der Höhle im gleissenden Licht der platonischen Erkenntnis *(episteme)*. Hans Blumenberg kann Rhetorik und Anthropologie kurzschliessen, weil er beide auf eine verblüffend einfache, analoge Alternative verdichtet: Wie der Mensch als armes oder reiches Wesen betrachtet werden kann, je nachdem, ob seine defizitäre Umweltausstattung als Mangel oder Freiheit gelesen wird, unterscheidet er parallel zwischen einer Rhetorik, die aus dem Besitz von Wahrheit folgt, und einer, die sich aus der Verlegenheit der Unmöglichkeit von Wahrheit ergibt.[51] Die beiden positiven Varianten widersprechen der *conditio humana* und scheiden folglich aus, sodass gilt:

> «Der Mensch als das arme Wesen bedarf der Rhetorik als der Kunst des Scheins, die ihn mit seinem Mangel an Wahrheit fertig werden lässt. Die erkenntnistheoretische Situation, die Plato der Sophistik unterstellt hatte, radikalisiert sich anthropologisch

---

[47] Marquard, Geschichte (Anm. 38), 124; vgl. ders.: Art. Anthropologie: Historisches Wörterbuch der Philosophie, Bd. 1, Darmstadt 1971, 362–374.
[48] Hans Blumenberg, Anthropologische Annäherung an die Rhetorik: ders., Wirklichkeiten, in denen wir leben, Stuttgart 1981, 104–136 (107).
[49] Heinrich Niehues-Pröbsting, zitiert nach Josef Kopperschmidt, Was weiss die Rhetorik vom Menschen? Thematisch einleitende Bemerkungen: ders. (Hg.), Rhetorische Anthropologie. Studien zum Homo rhetoricus, München 2000, 7–38 (8).
[50] Kopperschmidt, Rhetorik (Anm. 49), 10.
[51] Vgl. Blumenberg, Anthropologische Annäherung (Anm. 48), 104.

I. Geordnetes

zu der des ‹Mängelwesens› dem alles in die Ökonomie seines Instrumentariums zum Überleben rückt und das sich Rhetorik folglich nicht leisten kann, es sei denn, dass es sich sie leisten muss.»[52]

Bevor diese Positionsbestimmung aber vorschnell mit dem postmodernen Slogan vom «Ende der grossen Erzählungen» (Jean-François Lyotard) konfundiert wird,[53] muss die erkenntnistheoretische Hürde genommen werden, die darin besteht, «dass man in einer Höhle nicht darstellen kann, was eine Höhle ist. Nicht zufällig muss Sokrates den einen, der dies programmgemäss erfahren soll, mit Gewalt aus dem innerirdischen Gehäuse hinausschleppen lassen. Nichts hätte vermocht, ihn zum Selbergehen zu bringen.»[54]

Brave New World: Wer keine Alternative zum Höhlendasein kennt, wessen ganze Welt die Höhle *ist,* der kann zwar Schatten sehen, nicht aber Schatten *als Schatten* erkennen. Den Höhlenmenschen im platonischen Mythos fehlt der Blick auf die optische Konstruktion der Schattenrisse, die sie sehen. Sie wissen nicht, wie die Bilder zustande kommen. Sie wissen nicht einmal, dass sie zustande kommen. Sie haben sich mit ihrer Schwarz-Weiss-Welt arrangiert und kein Problem damit. So frustrierend diese Erkenntnis für Platon auch sein mochte, er musste sie – neidvoll, wie Nietzsche behauptet hat – den sophistischen Fesselkünstlern gegenüber zugeben. Aber: «Wer ist nun der wirkliche Mensch, der der Höhle oder die Idee des Menschen ausserhalb der Höhle?»[55]

---

52 Blumenberg, Anthropologische Annäherungen (Anm. 48), 105f.
53 So Kopperschmidt, Rhetorik (Anm. 49), 11.
54 Hans Blumenberg, Höhlenausgänge, Frankfurt a. M. 1996, 89.
55 Heinrich Niehues-Pröbsting, Platonvorlesungen. Eigenschatten – Lächerlichkeiten: Wetz/Timm (Hg.), Kunst des Überlebens (Anm. 21), 341–368 (352).
Im Zeitalter von «Artificial Intelligence» kehrt diese Frage wieder in Putnams bekannter Konstruktion der «Gehirne im Tank», denen – in Glasbehältern mit Nährflüssigkeit am Leben erhalten – durch Stromstösse mittels implantierter Drähte eine menschliche Existenz «simuliert» wird. Die cineastische Auseinandersetzung mit der Grenze zwischen wirklichem und künstlichem Menschen in Ridley Scotts *Blade Runner* von 1982 ist im Science-Fiction-Bereich sogar genrebildend geworden. Im Jahr 2019 kehren unerlaubterweise künstliche Menschen, sogenannte «Replikanten», nach Los Angeles zurück. Deckard (Descartes!), Spezialist für die Enttarnung dieser zu eliminierenden Imitationen (? – «she» oder «it»?), unterhält sich mit deren Erfinder Dr. Tyrell über seine spätere Geliebte Rachel: «*Deckard:* She's a replicant, isn't she? [...] She doesn't know?! *Tyrell:* She's beginning to suspect, I think. *Deckard:* Suspect? How can it not know what it is? *Tyrell:* Commerce, is our goal here at Tyrell. More human than human is our motto. Rachel is an experiment, nothing more. We began to recognize in them strange obsessions. After all they are emotional inexperienced with only a few years in which to store up the experiences, which you and I take for granted. If we give them the past we create a cushion or

Der moderne Mensch betrachtet das platonische Höhlengleichnis sozusagen mit gedrückter Review-Taste: Der Mensch draussen steigt in die Höhle hinab, lässt sich Fesseln anlegen und starrt stumm geradeaus auf die Schatten an der Felswand. Titel des *remake* im Rückwärtsgang: «*homo homini lupus* und *Leviathan*», sein Regisseur: Thomas Hobbes, die Story: vom lebensbedrohlichen Naturzustand zur lebensermöglichenden Institution des mächtigen Staates.[56] Die Pointe und der Erfolg des Streifens bestehen in der Unwissenheit des Publikums darüber, dass der Film vor ihren Augen, gegenüber der ursprünglichen Fassung – «in Wirklichkeit» –, rückwärtsläuft. Aber woran sollte es die Umkehrung der Richtung auch erkennen können? Wie wirklich ist die Wirklichkeit? Die platonische Höhle ist nicht der Ort des sokratischen Gesprächs, das durch die dialektische Methode der Widerlegung eine Selbsttäuschung provoziert, die zum Ausgangspunkt für gesichertere Überzeugungen und schliesslich ein Wissen wird. Platon hat, wie Blumenberg[57] immer wieder moniert, vergessen, die Höhlenmenschen mit *anamnesis* auszustatten, jenem Konzept, «nach dem jeder Mensch das Wissen schon hat, zunächst allerdings als vergessenes».[58] Genau an dieser Stelle hakt es. Und sollte Blumenberg Recht haben, dann hat Platon hier ein weitaus gravierenderes Problem aufgetischt, als er zu seiner Zeit ahnen konnte. Denn ohne *anamnesis,* ohne Erinnerung an eine universale «präexistente Erfahrung», gibt es keine «*selbstverschuldete* Unmündigkeit» und damit keinen «Ausgang» daraus. Selbsttäuschung und Mangel an Erkenntnis wären schlicht unumgehbares und unumkehrbares Schicksal. Basta!

Bekanntlich gibt es kein Problem, das nicht bereits den Keim einer Lösung in sich trägt. Entsprechend hat Heinrich Niehues-Pröbsting auf einen Konstruktionsfehler in der Versuchsanordnung seines Lehrers aufmerksam gemacht. Dieser besteht in der Architektur der Mauer im Rücken der Höhlenmenschen. Blumenberg nimmt an, dass die Mauer, hinter der sich das Feuer als Lichtquelle

---

pillow for their emotions and consequently we can control them better. *Deckard:* Memories. You're talking about memories.» (Zitiert nach Raimar Zons, Die Philosophie des *Blade Runner:* ders., Die Zeit des Menschen. Zur Kritik des Posthumanismus, Frankfurt a. M. 2001, 220–243 [230]; vgl. ders., Ethik der *Matrix.* Ein Höhlengleichnis: ders., Zeit, 244–259).

[56] Vgl. Blumenberg, Anthropologische Annäherung (Anm. 42), 110: «Rhetorik schafft Institutionen, wo Evidenzen fehlen.» Am Ende seiner *Höhlenausgänge* verweist Blumenberg auf Gehlens Institutionentheorie, der zwar den Begriff der Höhle vermeidet, dafür aber die «soziologisch respektabler[e]» Metapher vom «Sicherheitspalast»» verwendet (vgl. Blumenberg, Höhlenausgänge [Anm. 54], 814).

[57] Vgl. Blumenberg, Höhlenausgänge (Anm. 54), 45.

[58] Niehues-Pröbsting, Platonvorlesungen (Anm. 55), 349.

befindet, so hoch sei, dass die Gefesselten selbst im Schatten der Mauer verschwinden. In der platonischen Höhle fällt die Mauer dagegen eindeutig niedriger aus:

> «Denn zuerst, meinst du wohl, dass dergleichen Menschen von sich selbst und voneinander je etwas anderes gesehen haben als die Schatten, welche das Feuer auf die ihnen gegenüberstehende Wand der Höhle wirft? – Wie sollten sie, sprach er, wenn sie gezwungen sind, zeitlebens den Kopf unbeweglich zu halten.»[59]

Die Selbsttäuschungen – die Blumenbergs Höhlenbewohner nicht erkennen, weil sie ihre Schatten nicht sehen können – sind die Eigenschatten der Höhlenmenschen, die sich in ihrer Starrheit von den bewegten Schattenspielen des Geschehens ausserhalb der Höhle abheben. Die Unterscheidung zwischen bewegten und unbewegten Schatten liefert das erkenntniskritische Kriterium, an dem sich «die Geister scheiden». Die Höhlenmenschen sehen also nicht nur mehr als ihre Höhlenwelt, sie erhalten auch einen Massstab an die Hand, der es erlaubt, zwischen innen und aussen zu unterscheiden, ohne das jeweilige schattenwerfende «Ding an sich» zu erkennen. So muss auch der Verteidiger des «aufgeklärten Höhlenbewohners» (Kopperschmidt) anerkennen: «Die Höhle lebt von dem, was ausserhalb der Höhle ist. Schon diese Höhlenwelt ist parasitär.»[60]

Bei der Fixierung auf die Schattenspiele wird leicht übersehen, wie die fraglichen Bilder zustande kommen. Die Position des Feuers im Verhältnis zu den beleuchteten Gegenständen bestimmt, gemäss der physikalischen Gesetze der Optik, was sichtbar *(gemacht)* wird und was nicht. Im Gegensatz zum Tageslicht, das durch den Höhleneingang scheint, ist jedoch das Feuer, das die Menschheit dem Prototyp des *homo faber,* Prometheus verdankt, ein künstliches Erkenntnismedium. Es *wirkt* – aber ist es auch *wirklich?* Blumenberg lehnt die Burckhardtsche Antithese von Wirklichkeit und Wirkung in der Frage als oberflächlich ab, «denn die rhetorische Wirkung ist nicht die wählbare Alternative zu einer Einsicht, die man *auch* haben könnte, sondern zu der Evidenz, die man *nicht* oder noch nicht, jedenfalls hier und jetzt nicht, haben kann.»[61] Wie kann aber über Evidenzverlust (oder – angesichts der Mauerarchitektur in der Versuchsanordnung – *Evidenzverzicht!)* gesprochen werden, diesseits ihres Abhandenseins? Doch nur solange, wie das Abhandensein *als Abhandensein* im Bewusstsein ist.

---

[59] Platon, Politeia: ders., Werke in acht Bänden. Griechisch/Deutsch, hg. von Günther Eigler, Bd. 4, Darmstadt ²1990, 515 a–b.
[60] Blumenberg, Höhlenausgänge (Anm. 54), 813.
[61] Blumenberg, Anthropologische Annäherung (Anm. 48), 111f.

Die Alternative zwischen dem Handwerkszeug des antiken und modernen Höhlenarchitekten, zwischen einem *lumen naturale* und Edisons Glühbirne im Filmprojektor, ist ja nur eine scheinbare. Der Mythos arbeitet deshalb mit einer Stereoprojektion, die in der Lage ist, die Differenz zwischen der – neuzeitlich gesprochen – intelligiblen und der Erfahrungswelt sichtbar zu machen und offen zu halten. Diese Differenz kann lediglich funktionalistisch unterlaufen werden in der «anthropologische[n] Zentralfrage», «wie dieses Wesen trotz seiner biologischen Indisposition zu existieren vermag».[62]

Um dennoch einen Hinweis für die Weiterarbeit an der erkenntnistheoretischen Frage zu erhalten, lohnt es sich, die Höhle zu verlassen und in die Epoche zu wechseln, die das «enlightenment» zum Programm erhoben hat. Der französische Enzyklopädist Abbé Mallet betont in seiner Anthropologie-Definition das konstitutive Verhältnis von Anthropologie und Anthropomorphismus – im Sinne der schon in der Antike verbreiteten Übertragung menschlicher Eigenschaften auf die Götterwelt. Anthropologie ist danach «eine Ausdrucksweise, mittels welcher die heiligen Schriftsteller Gott Wesenszüge, Handlungen und Gefühle zuschreiben, die strenggenommen nur dem Menschen zukommen, und dies, um sich der Schwäche unserer Intelligenz anzupassen und anzugleichen».[63] Bemerkenswert an dieser Bestimmung ist die Übernahme der in der antiken Anthropomorphismus-Vorstellung angelegten, analogischen Erkenntnis in das Methodenarsenal neuzeitlicher Anthropologie. Die Frage nach Gott biegt sich – wie Wittgensteins Spaten – zum Fragenden selbst zurück. Jenseits der trivialen Einsicht, dass jede Frage nach Gott auf die oder den Fragenden zurückverweist,[64] markiert der Zusammenhang eine *erkenntnistheoretische* Spitze, die Plessner klarer gesehen hat als Scheler oder Gehlen und die ins Zentrum der Frage nach den Bedingungen der Erkenntnis des Menschen über den Menschen vorstösst.

Am Ende des dritten Teils seiner *Prolegomena* greift Kant unter der Überschrift «Von der Grenzbestimmung der reinen Vernunft» die Frage nach den Möglichkeiten der Erkenntnis eines höchsten Wesens auf. In Auseinandersetzung mit der Humeschen Theismuskritik unterscheidet er zwischen einem «dogmatischen» und einem «symbolischen Anthropomorphismus». Als Differenzkriterium gelten die Gegenstände, auf die ihre jeweiligen Aussagen (über ein höchstes Wesen) referieren: auf Dinge (in der Welt) oder auf Verhältnisse (in der

---

[62] Blumenberg, Anthropologische Annäherung (Anm. 48), 115.
[63] Abbé Mallet, Anthropologie: Encyclopédie ou Dict. raisonne (1779), zitiert nach Wils, Anmerkungen zur Wiederkehr (Anm. 32), 10.
[64] Vgl. etwa Brechts bekannte Herr-Keuner-Geschichte *Die Frage, ob es einen Gott gibt* (Bertolt Brecht, Geschichten von Herrn Keuner, Frankfurt a. M. 1971, 8).

I. Geordnetes

Sprache). Was der symbolische Anthropomorphismus erlaubt – und was ihn notwendig macht –, ist die Markierung der *Grenze* menschlichen Erkenntnisvermögens,

«denn diese [Grenze] gehöret ebenso so wohl zum Felde der Erfahrung, als dem der Gedankenwesen, und wir werden dadurch zugleich belehrt, wie jene so merkwürdige Ideen lediglich zur Grenzbestimmung der menschlichen Vernunft dienen, nämlich, einerseits Erfahrungserkenntnis nicht unbegrenzt auszudehnen, so dass gar nichts mehr als bloss Welt von uns zu erkennen übrig bliebe, und andererseits dennoch nicht über die Grenze der Erfahrung hinauszugehen, und von Dingen ausserhalb der selben, als Dingen an sich selbst, urteilen zu wollen.»[65]

Und methodisch gewendet fährt Kant wenig später fort: «Eine solche Erkenntnis ist nach der Analogie welche nicht etwa, wie man das Wort gemeiniglich nimmt, eine unvollkommene Ähnlichkeit zweener Dinge, sondern eine vollkommene Ähnlichkeit zweener Verhältnisse zwischen ganz unähnlichen Dingen bedeutet.»[66] Philosophisch gesprochen hiesse es, einen Kategorienfehler zu begehen, die einen «Dinge» mit den anderen «Verhältnissen» zu verwechseln, ein Kurzschluss, dem gerade aktuelle biowissenschaftliche Aussagen über den Menschen zu erliegen drohen.[67]

So paradox es klingen mag, die logischen und erkenntnistheoretischen Bedingungen, wie *die* Menschen über *den* Menschen *sprechen*, unterscheiden sich nicht wesentlich von den Bedingungen, unter denen Menschen von Gott reden können. Oder – ontologisch gewendet – mit Plessner:

«An der eigenen Haltlosigkeit, die dem Menschen zugleich den Halt an der Welt verbietet und ihm als Bedingtheit der Welt aufgeht, kommt ihm die Nichtigkeit des Wirklichen und die Idee des Weltgrundes. Exzentrische Positionsform und Gott als das absolute, notwendige, weltbegründende Sein stehen in Wesenskorrelation. [...] Dem Anthropomorphismus der Wesensbestimmung des Absoluten entspricht notwendig ein Theomorphismus der Wesensbestimmung des Menschen – ein Schelersches Wort –, solange der Mensch an der Idee des Absoluten auch nur als des Weltgrundes festhält. Diese Idee aufgeben, heisst aber die Idee der Einen Welt aufgeben. Atheismus ist leichter gesagt als getan.»[68]

---

[65] Immanuel Kant, Prolegomena zu einer jeden künftigen Metaphysik, die als Wissenschaft wird auftreten können: ders., Werke in sechs Bänden, hg. von Wilhelm Weischedel, Bd. 3, Darmstadt [4]1983, III. § 57, A 175.
[66] Kant, Prolegomena (Anm. 55), III § 59, A 176.
[67] Vgl. im Zusammenhang der Sequenzierung des Genoms die Studie von Lilly E. Kay, Who Wrote the Book of Life? A History of the Genetic Code, Stanford 2000.
[68] Plessner, Stufen des Organischen (Anm. 28), 345f. Natürlich fährt Plessner dann

Aus erkenntniskritischer Perspektive präsentiert sich Anthropologie an dieser Stelle als Wissenschaft von den Grenzen menschlicher Erkenntnis, als Grenzwissenschaft, in der der Mensch, aus seiner neuzeitlichen Subjektstellung heraus, in der Rede über sich an die Grenzen seiner eigenen Objektivierbarkeit stösst. Die Herausforderung klingt verblüffend: Nicht in der (emanzipatorischen) Subjektwerdung liegt das Problem des Menschen, sondern in seiner begrenzten Fähigkeit, sich selbst zum Objekt zu werden – eben als Folge seines autonomen Subjektstatus. Das ist die Situation des Menschen nach der «Kopernikanischen Wende», der Umkehrung der Perspektive von den Erkenntnisgegenständen auf das Erkenntnissubjekt. Gerade sein Subjektsein, die unumgängliche Erfahrungskontaminiertheit seiner Existenz, lenkt den menschlichen Blick wie in einem Spiegelkabinett immer wieder auf sich selbst zurück. Er ist immer schon anwesend. Zugleich aber ist seine Welt – genauer: sein Fragen – immer schon «parasitär» und damit, im Sinne des Verhältnisses zwischen bewegten und starren Schatten, über ihn hinausgehend und entlarvend.

IV. Ausgänge – Anthropologie zwischen Sein und Sollen

Die Fragen zu Beginn der jüdisch-christlichen Religions- und abendländischen Philosophie- und Theologiegeschichte ruhen auf anderen Fundamenten als die Problemstellungen des 17. und 18., geschweige denn die Herausforderungen des 20. und 21. Jahrhunderts. Es sind gerade die fundamentalen Brüche in den Bezügen, die sich in dem historischen Wandel der «Selbstverständnisse» und «-bilder» vom Menschen zu verschiedenen Zeiten widerspiegeln. Die Genesis entwickelt – wie das gesamte Alte Testament – keine Anthropologie nach heutigen Massstäben. Sokrates formuliert zwar schon explizit die Frage nach dem Menschen (*Ti pot hyn ho anthropos*, Alkibiades I, 129 e), allerdings unter anderen Voraussetzungen und in anderer Hinsicht. Als Gegenspieler der sophistischen Rhetorik gerät Platon geradezu in den Verdacht der Anthropologiefeindlichkeit. In den aristotelischen Schriften begegnet der Ausdruck *anthropologos* ein einziges Mal

---

aber fort: «Und doch vermag der Mensch diesen Gedanken zu denken. Die Exzentrizität seiner Lebensform, sein Stehen im Nirgendwo, sein utopischer Standort zwingt ihn, den Zweifel gegen die göttliche Existenz, gegen den Grund für diese Welt und damit gegen die Einheit der Welt zu richten. Gäbe es einen ontologischen Gottesbeweis, so dürfte der Mensch nach dem Gesetz seiner Natur kein Mittel unversucht lassen, ihn zu zerbrechen.» (346).

I. Geordnetes

(EN IV 9, 1125a5) zur Bezeichnung einer zwar ganz menschlichen, aber philosophisch-anthropologisch kaum beachteten Eigenschaft, der «Geschwätzigkeit». Ansonsten ist der aristotelische Mensch aus substanz-ontologischer Perspektive genau das, was er sein *soll,* Bürger in der «Natur-Kultur» (Brandt) der athenischen Polis.[69]

Die neuzeitliche Anthropologie entwickelt sich in kritischer Absetzbewegung gegen jeden geschichtsphilosophischen Impuls – einschliesslich jeder theologischen, chiliastischen oder utopischen Denkweise. Sie balanciert auf dem Seil, das zwischen den Traditionspflöcken von Geschichts- und Naturphilosophie gespannt ist. Mit der einen sympathisiert sie gegen dominierende, theologisch orientierte metaphysische Traditionen, der anderen verdankt sie die nach wie vor aktuellen Motive ihres Fragens. Sich beider Traditionslinien bedienend, sucht die entstehende Anthropologie zugleich deren grösstmöglichen Abstand. Ihre, der Stoa entlehnte und dann vor allem durch Dilthey vermittelte Fragestellung nach dem *te physei zen* macht sie koalitionsfähig mit den sich parallel entwickelnden Natur- und Humanwissenschaften (Physiologie, «psychologia empirica», ethnologische und ethnografische Forschungen, «physische Geographie» oder «geographische Anthropologie»). Bezeichnenderweise – und damit ganz aktuell – begegnet eine Anthropologie, die den Titel trägt, zuerst als medizinische. «Aus den Händen der Anatomen und Ärzte muss diese Lehre herkommen», fordert 1810 der Münchener Professor für Physik, Chemie, Zootomie und Anthropologie Franz von Paula Gruithuisen in seiner *Anthropologie [...] für angehende Philosophen und Ärzte* programmatisch.[70] Der Medizin mit ihrem Wissen von der Natur des Menschen soll eine Schlüsselposition zukommen. «Natur» wird zur alternativen Lehrmeisterin gegenüber der Philosophie. Im Anschluss an die kantische Anthropologie erlebt die neue Disziplin in der ersten Hälfte des 19. Jahrhunderts ihre erste Hochphase. «Die A[nthropologie] wird romantisch fundamental als jene radikale Form der Naturphilosophie, die nicht neben der Philosophie des Menschen, sondern als Philosophie des Menschen agiert.»[71]

Angesichts der äusserst komplexen und heterogenen *Erfahrungen* der neuzeitlichen Menschen fällt es schwer, einen gemeinsamen Nenner des Menschen

---

[69] Unabhängig davon entwickelt sich aber – wie Otfried Höffe bemerkt – eine «methodische Reflexion auf *ta anthropina,* auf die Angelegenheiten, auch auf die Wesenseigentümlichkeiten des Menschen» parallel zur Philosophie selbst. (Otfried Höffe, Einführung. Wiederbelebung im Seiteneinstieg: ders. [Hg.], Mensch [Anm. 3], 5–13 [5]).

[70] Vgl. Marquard, Geschichte (Anm. 38), 130.

[71] Marquard, Anthropologie (Anm. 47), 367.

auszumachen. In einer (politisch, kulturell und religiös) hermetisch geschlossenen Welt kann – trotz internationaler Seefahrt und Expeditionen in andere Erdteile – ungleich leichter von *dem* Menschen gesprochen werden. Die Horizonterweiterung, die grösser werdende – und damit zugleich näher rückende – Welt, konfrontiert *den* Menschen mit einer Vielzahl *anderer* Menschen und anderer Kulturen. Die Auflösung metaphysischer Gewissheiten verlangt zugleich einen neuen Umgang damit: Integration anstatt Exkommunikation. Menschen- und Weltbilder bedingen sich wechselseitig. Was ist der Mensch vor dem Hintergrund der Erfahrung von der Verschiedenheit der Menschen? Nicht von ungefähr formuliert Kant seine Anthropologie «in pragmatischer Hinsicht»[72] und bestimmt seinen Ansatz als «Weltkenntnis», als «Erkenntnis des Menschen als Weltbürger».[73] Für das anthropologische Studium empfiehlt er «Reisen» und als Lektüre: «Weltgeschichte, Biographien, ja Schauspiele und Romane».[74]

Der Erfolg und die (erkenntnistheoretische) Bescheidenheit der Methoden und Fragestellungen der neuzeitlichen Natur- und Humanwissenschaften, Paläontologie, Ethnologie oder Verhaltensforschung bieten eine Lösung des multikulturellen Dilemmas – genauer: sie ersetzen (zumindest theoretisch) universelle, metaphysisch-spekulative Erklärungen durch multi-, interkulturelle und -disziplinare Perspektivität. Im Mittelpunkt ihres Interesses steht eine empirisch-funktionale Beschreibung dessen, «was die Natur aus dem Menschen macht».[75] Ins Zentrum rückt hier ein Wissen, das nicht nur die Welt *kennt,* sondern auch *hat,* das nicht das «Spiel versteht», weil es «zugesehen», sondern «mitgespielt hat».[76] Das ist die Domäne vom «homo compensator»,[77] vom «Mängelwesen» Mensch,[78] der um des eigenen Überlebens willen lernen muss, *Hand und Wort*[79]

---

[72] Zur Bedeutung des Ausdrucks «pragmatisch» im Kontext der kantischen Anthropologie vgl. einführend Gerd Irrlitz, Kant-Handbuch. Leben und Werk, Stuttgart, Weimar 2002, 440–447.

[73] Immanuel Kant, Anthropologie in pragmatischer Hinsicht: ders., Werke in sechs Bänden, hg. von Wilhelm Weischedel. Bd. 6, Darmstadt [4]1983, BA VI.

[74] Kant, Anthropologie (Anm. 73), BA VIff.

[75] Kant, Anthropologie (Anm. 73), BA IV.

[76] Kant, Anthropologie (Anm. 73), BA VIII.

[77] Odo Marquard, Homo compensator. Zur anthropologischen Karriere eines metaphysischen Begriffs: ders., Philosophie des Stattdessen. Studien, Stuttgart 2000, 11–29.

[78] Vgl. Arnold Gehlen, Anthropologische Forschung, Reinbek bei Hamburg 1961, 46; ders., Studien zur Anthropologie und Soziologie, Neuwied/Berlin 1963, 34f. Der Soziologe übernimmt den Begriff aus Johann Gottfried Herders «Abhandlung über den Ursprung der Sprache», vgl. Arnold Gehlen, Der Mensch. Seine Natur und seine Stellung in der Welt, Wiesbaden [13]1986, 82f.

[79] Vgl. André Leroi-Gourhan, Hand und Wort. Die Evolution von Technik, Sprache

I. Geordnetes

als «Organentlastung», «-verstärkung» und «-ersatz»[80] kreativ einzusetzen. Der in seiner natürlichen Ausstattung gegenüber den Tieren arg benachteiligte Mensch – «nackt, unbeschuht, unbedeckt, unbewaffnet» (Platon, *Protagoras* 321c) – verdankt im Mythos sein Überleben dem Urvater aller Technikerinnen, Prometheus, der den Menschen das Feuer bringt. Die sich seit dem 19. Jahrhundert um die Anthropologie herum ausdifferenzierenden Wissenschaften befassen sich entsprechend vor allem mit der *poietischen* Seite des Menschen. Anstelle der Frage nach der Natur des Menschen rückt die Betrachtung und Rekonstruktion seiner von ihm geschaffenen «zweiten Natur», seiner künstlichen (Um-)Welt.[81]

Unter der unabweisbaren Einsicht in den «sekundären» und heterogenen Charakter der menschlichen Lebenswelten kommt Anthropologie nicht mehr um die Frage herum, «whether anthropology can be a science. The question of how it is possible to understand cultures different from one's own, and to transmit that knowledge to others is central to anthropology because its answer determines the nature of the discipline.»[82] Was berechtigt aus dieser Perspektive noch dazu, von *dem* Menschen zu sprechen? Tappt nicht jede Rede vom Menschen im Singular zwangsläufig in die Falle eines elitären, diskriminierenden und in aller Regel eurozentrischen Denkens?[83] Wiegen nicht diesseits der Antropozentrismuskritik die Vorwürfe von Rassismus, Androzentrismus und Sexismus weitaus schwerer? Warum findet sich etwa bei den klassischen Anthropologen nicht die grundlegende Unterscheidung Charlotte von Kirschbaums: «Der Mensch an sich ist nicht der wirkliche Mensch, sondern eine Idee des Menschen. Der wirkliche Mensch existiert als Mann *mit* der Frau, als Frau *mit* dem Mann»?[84]

---

und Kunst, Frankfurt a. M. 1980.

[80] Vgl. Arnold Gehlen, Die Seele im technischen Zeitalter. Sozialpsychologische Probleme in der industriellen Gesellschaft, Reinbek bei Hamburg 1957.

[81] Zum Verhältnis «natürlich» – «künstlich» vgl. Robert Spaemann, Das Natürliche und das Vernünftige: ders., Grenzen. Zur ethischen Dimension des Handelns, Stuttgart 2001, 123–136.

[82] Merrilee H. Salmon, Philosophy of Anthropology: Concise Routledge Encyclopedia of Philosophy, London/New York 2000, 39–40 (40). Vgl. auch Ludwig Wittgenstein, Bemerkungen über Frazers «The Golden Bough»: Rolf Wiggershaus (Hg.), Sprachanalyse und Soziologie. Die sozialwissenschaftliche Relevanz von Wittgensteins Sprachphilosophie, Frankfurt a. M. 1975, 37–57.

[83] Vgl. Barkhaus u. a., Einleitung (Anm. 30), 17: «Der Anthropos hat sich als (mindestens) metaphysisch, neuzeitlich, westlich, männlich, weiss oder szientistisch erwiesen.»

[84] Charlotte von Kirschbaum, Die wirkliche Frau, Zollikon-Zürich 1949, 7. Zur Genderfrage in der Theologie vgl. den für die damalige Zeit visionären Briefwechsel zwischen Henriette Visser't Hooft und Karl Barth in Gudrun Kaper u. a. (Hg.), Eva, wo bist du?

Was kann aber – andersherum – eine kultur-, rassen- gender-, klassen- und epochenspezifische oder -relative «Bescheidenheit» zur Beantwortung der Frage nach dem Menschen beitragen? Vor allem: «Gibt» es ihn überhaupt: *den* Menschen, oder ist die Frage nach ihm nicht längst überholt?

Der Mensch und *die* Menschen – an dieser Unterscheidung im Zentrum philosophischer Anthropologie kondensieren viele fundamentale Kontroversen der (post-)modernen Welt. «Pluralität», «Partikularität», «Relationalität», «Relativität» oder «Rationalität» lauten einige Stichwörter. Modern sind die damit verbundenen Denkweisen, weil ihnen die wohl grösste Errungenschaft jenes Zeitalters zugrunde liegt, die Idee des autonomen Subjekts. Die Differenz *der* Mensch versus *die* Menschen spiegelt in gewisser Weise die Unterscheidung zwischen traditionellem *telos* und moderner *Intentionalität* wider. Philosophische Anthropologie unter den Bedingungen der Freiheit (neuzeitlicher Subjektivität) ersetzt die natur-teleologische Tradition durch das formale Prinzip der Universalität und – als seine Voraussetzung – die regulative Idee des Vernunftwesens, die dann, in der Ablösung der idealistischen Bewusstseins- durch die Lebensphilosophien, zusehends selbst in Misskredit gerät.

Die soeben vorgetragene Problemanzeige wäre unvollständig, würde sie nicht um eine weitere Perspektive ergänzt. Dazu eine Geschichte: Ein amerikanischer Ökonom hält einen Vortrag über die gelungene Integration von Ökonomie und traditionellen Lebensformen in Indien, die er mit einem Beispiel dokumentiert: «Genauso, wie man zu Hause von der menstruierenden Frau annimmt, sie verunreinige die Küche, die sie deshalb auch nicht betreten darf, nimmt man von der menstruierenden Frau an, sie verunreinige den Webstuhl; deshalb darf sie einen Raum, in dem sich Webstühle befinden, nicht betreten.» Gegen die Kritik eines indischen Ökonomen (Amartya Sen) an dem Beispiel kommt dem Redner dessen Assistentin, eine Ethnologin, zur Hilfe: «Ob er [Sen] nicht einsehe, dass es in diesen Dingen keinen privilegierten Standpunkt gebe? [...] Ob er denn nicht wisse, dass er die radikale Andersheit dieser traditionsgebundenen Menschen ausser Acht lasse, wenn er seine westlichen essentialistischen Werte ins Spiel bringe?» Danach hält die Ethnologin selbst einen Vortrag, in dem sie über die Ausrottung des uralten Kults von Sittala Devi – einen Kult der Götter, die zur Abwendung der Pockenerkrankung angebetet wurden – durch die Einführung der Pockenschutzimpfung in Indien seitens der Engländer berichtet. Hier läge

---

Frauen in internationalen Organisationen der Ökumene. Eine Dokumentation, Gelnhausen u. a. 1981, 14–36; sowie grundsätzlich Ina Praetorius, Anthropologie und Frauenbild in der deutschsprachigen protestantischen Ethik seit 1949, Gütersloh 1993.

I. Geordnetes

«ein weiteres Beispiel für die westliche Missachtung von Differenz und Gemeinschaft vor».[85]

Das Beispiel ist suggestiv und die Art, wie es Martha Nussbaum im Original vorträgt, verstärkt diesen Effekt noch. Hinzu kommt, dass die Philosophin den Bericht als Präludium für ihre Verteidigung eines (neo-)aristotelischen Essentialismus anführt. Wird da nicht – bei aller Sympathie für ihre Empörung – «das Kind mit dem Bade ausgeschüttet» und für ein reaktionäres, neokolonialistisches Programm Stimmung gemacht? Wie immer die vorgetragenen impliziten und expliziten Forderungen gewichtet werden, feststeht – darauf soll es hier zunächst ankommen –, dass es sich um *Forderungen* handelt im Hinblick auf etwas, das getan oder unterlassen werden *soll*. Damit wäre die Grenze von der Anthropologie zur Ethik überschritten. Es geht nicht mehr darum, was *ist,* sondern was *gilt* und was daraus folgen *sollte*. Der *Wert* kultureller Traditionen kollidiert bei den Tagungsteilnehmerinnen mit zentralen humanitären *Werten* etwa der Gleichberechtigung oder des Schutzes des Lebens. Wie verhalten sich die in der vorausgehenden Rassismus-, Euro- und Androzentrismuskritik intendierten Werte dazu? Auch hier entstehen starke Dissonanzen, denn zumindest beim Fall der menstruierenden Frau liegt der Einwand nahe, dass jede Genderargumentation eine westliche, kulturdiskriminierende Einmischung darstellt. Oder umgekehrt: Unbestreitbar sind viele menschenverachtende Formen von Diskriminierung, Stigmatisierung und Unterdrückung kulturell sedimentiert, erhalten also zu einer bestimmten Zeit den Status kultureller *Werte*. In diesem Sinne ist Sexismus nicht nur ein moralisch angreifbares Verhalten, sondern auch Ausdruck einer patriarchalen *Kultur,* Fremdenfeindlichkeit nicht nur die Folge einer ungünstigen Sozialisation oder schlechter sozioökonomischer Bedingungen, sondern immer auch Seismograf rassistischer Potenziale in der jeweiligen *Kultur*. Kein Rassist oder Sexist *erfindet* seine Gesinnungen und Haltungen – er *findet* sie in seiner Kultur immer schon vor und schreibt sie in seinen Haltungen fort. Nussbaums Gegnerinnen verteidigen die kulturellen Eigenarten Indiens gegen den westli-

---

[85] Martha C. Nussbaum berichtet hier über eine Konferenz, an der sie als langjährige Forschungsberaterin an einer der UNO angeschlossenen internationalen Institution in Helsinki teilgenommen hat (Martha C. Nussbaum, Menschliches Tun und soziale Gerechtigkeit. Zur Verteidigung des aristotelischen Essentialismus: Micha Brumlik/Hauke Brunkhorst [Hg.], Gemeinschaft und Gerechtigkeit, Frankfurt a. M. 1993, 323–361).

chen Kulturimperialismus der Protagonistin. Ein analoger Vorwurf wird seit einiger Zeit in der internationalen Menschenrechtsdiskussion laut.[86] Sollte angesichts dieses Weiterdrehens an Unterdrückungs- und Diskriminierungsspiralen (auf beiden Seiten) nicht besser auf Anthropologie überhaupt verzichtet werden?[87] Verschleiert und rechtfertigt die Rede von dem, was angeblich *ist*, nicht nur das, was besser nicht sein *sollte* – nach dem Motto «Whatever is, is right»?[88]

An dieser Stelle wäre an einen dritten, aktuellen Zusammenhang zu erinnern: Die neuen sogenannten «Lebenswissenschaften» haben – im Fahrwasser der «biotechnologischen Revolution» – längst begonnen, die Frage nach dem Menschen (wohlgemerkt: im Singular!) auf ihre Weise zu beantworten. Was der Mensch ist, was Menschen wann mit ihresgleichen tun dürfen, sind Fragen von brennender Aktualität – inzwischen weniger laut gedacht in der philosophischen und theologischen *academia*, als in biologischen und medizinischen Labors. Der ehemalige Präsident der Deutschen Forschungsgemeinschaft und Max-Planck-Gesellschaft Hubert Markl fordert im Kontext der kontroversen Debatten um die Embryonenforschung nicht nur, neben der bekannten lutherischen, eine «Freiheit für den Nicht-Christenmenschen»[89] ein, sondern räsoniert, wie bei Vertreterinnen seines Lagers nicht ungewöhnlich, ausgiebig über den Schwangerschaftsabbruch und kulturellen Wertrelativismus, um schliesslich doch «die Katze aus dem Sack zu lassen», dass angesichts des überall anzutreffenden (Kultur-)Relativismus dieser doch auch für die von ihm vertretenen Interessen zu gelten habe.[90] Wiederum unabhängig von der eigenen Meinung zum Thema zeigt dieses

---

[86] Vgl. Wolfgang Lienemann, Partikulare und universale Geltung der Menschenrechte: Ökumenische Rundschau 45, 1996, 301–311; Hans-Richard Reuter (Hg.), Ethik der Menschenrechte. Zum Streit um die Universalität einer Idee. Bd. 1, Tübingen 1999; Hauke Brunkhorst/Wolfgang R. Köhler/Matthias Lutz-Bachmann (Hg.), Recht auf Menschenrechte. Menschenrechte, Demokratie und internationale Politik, Frankfurt a. M. 1999; Stefan Gosepath/Georg Lohmann (Hg.), Philosophie der Menschenrechte, Frankfurt a. M. 1998.

[87] An dieser Stelle greift die Kritik von Hegel über Lukács bis Horkheimer an der systemstabilisierenden, den *Status quo* legitimierenden Funktion von Anthropologie – als Konsequenz ihrer Alternativstellung zur Geschichtsphilosophie.

[88] Alexander Pope, An Essay on Man. Moral essays and satires, London, Paris, Melbourne 1891, Epistle I: www.gutenberg.org/files/2428/2428-h/2428-h.htm (17.05.2021).

[89] Hubert Markl, Freiheit, Verantwortung, Menschenwürde. Warum Lebenswissenschaften mehr sind als Biologie: Christian Geyer (Hg,), Biopolitik, Die Positionen, Frankfurt a. M. 2001, 177–193 (185).

[90] Die zuvor hochgehaltene «gesellschafts- und kulturabhängige […] Zuschreibung des Menschseins mit allen Rechtsfolgen», die dazu führt, dass in Grossbritannien mehr Forschung möglich ist als in Deutschland, wird auf der nächsten Seite gleich wieder zurückgenommen mit der kaum verhohlenen Drohung, Deutschland könne wählen, ob es

I. Geordnetes

Beispiel zweierlei: erstens, dass die Frage nach dem Menschen auch bei dem Verzicht auf eine Antwort beantwortet wird, und zweitens, dass es bei dieser Frage keineswegs nur um akademische Spitzfindigkeiten geht, sondern um ganz handfeste Probleme mit gravierenden, kaum absehbaren Folgen – ganz zu schweigen von dem naiven Eintreten für kulturellen Partikularismus vor dem Hintergrund globaler technologisch-ökonomischer Interessenkoalitionen.[91]

Was folgt nun aus den hier schlaglichtartig skizzierten drei Problemkreisen für die anthropologische Fragestellung? Zunächst die naheliegende Konsequenz, dass die Frage, was der Mensch ist, nicht abgelöst werden kann von der Frage, was der Mensch sein soll. Entsprechend formuliert Kant programmatisch am Anfang seiner Anthropologievorlesung: «Eine Lehre von der Kenntnis des Menschen, systematisch abgefasst (Anthropologie), kann es entweder in physiologischer oder in pragmatischer Hinsicht sein. – Die physiologische Menschenkenntnis geht auf die Erforschung dessen, was die Natur aus dem Menschen macht, die pragmatische auf das, was er, als freihandelndes Wesen, aus sich selber macht, oder machen kann und soll.»[92] Dieser Bezug von Anthropologie und Pragmatik findet sich – wie Blumenberg ausführt – im Kern schon in der antiken Sophistik, ethisch gewendet freilich erst bei Aristoteles. «Handeln ist die Kompensation von ‹Unbestimmtheit› des Wesens Mensch, und Rhetorik ist die angestrengte Herstellung derjenigen Übereinstimmungen, die anstelle des ‹substantiellen› Fundus an Regulationen treten müssen, damit Handeln möglich wird.»[93] Oder anders formuliert: «Sich unter dem Aspekt der Rhetorik zu verstehen, heisst, sich des Handlungszwanges ebenso wie der Normentbehrung in einer endlichen Situation bewusst zu sein.»[94] Darin steckt der tiefere Sinn der Rede vom «Mängelwesen Mensch». Er ist das «nicht festgestellte Thier»[95], oder, in der Terminologie Bonhoeffers und Plessners, «ohne Grenze»; er geht nicht in seinem *Verhalten* auf, sondern muss (*poietisch* und *praktisch*) handeln, weil er lebt – er

---

auf der Seite der Europäer stehen oder «mit dem Vatikan das Hochufer moralischer Letztbegründungen» besetzen wolle (Markl, Freiheit [Anm. 89], 184). Zur Debatte vgl., neben der genannten Textsammlung von Geyer, Marcus Düwell/Klaus Steigleder (Hg.), Bioethik. Eine Einführung, Frankfurt a. M. 2003; Julian Nida-Rümelin, Ethische Essays, Frankfurt a. M. 2002, Teil 4; sowie grundsätzlich Karl Otto Hondrich, Der Neue Mensch, Frankfurt a. M. 2001 und Giorgio Agamben, Homo sacer. Die souveräne Macht und das nackte Leben, Frankfurt a. M. 2002, bes. Teil III.

[91] Vgl. hierzu Thomas Kesselring, Ethik der Entwicklungspolitik. Gerechtigkeit im Zeitalter der Globalisierung, München 2003.
[92] Kant, Anthropologie (Anm. 73), BA IV.
[93] Blumenberg, Anthropologische Annäherung (Anm. 48), 108.
[94] Blumenberg, Anthropologische Annäherung (Anm. 48), 113.
[95] Friedrich Nietzsche, Jenseits von Gut und Böse. KSA 5, München 1999, 62 (81).

muss sich die Regeln seines Verhaltens selbst erfinden. Reflexive Selbstbezüglichkeit bestimmt in gleicher Weise die Möglichkeiten und Grenzen seiner Erkenntnis wie die Art und Weise des Umgangs mit seiner Welt. Auch sein Handeln ist «parasitär» in dem Sinne, dass er in seinen Zwecksetzungen ein bloss instinktives, reiz-reaktions-gesteuertes Verhalten transzendiert. Sein Leben ist nicht einfach Geschehen, sondern Produkt seines Handelns und das seiner Mitmenschen. Der Mensch hat und ist seine Praxis. Ins Zentrum rückt damit die Frage nach dem Verhältnis von Natur und Freiheit, Anthropologie und Ethik – oder zugespitzt die Frage: Warum Anthropologie?

Beide Disziplinen haben danach ihren Bezugspunkt in der Praxis, genauer: in einer Praxis, die nicht mehr selbst-verständlich, sondern fraglich, brüchig oder problematisch geworden ist. Es sind zunächst ganz einfache, unspezifische Wahrnehmungen, die verdächtig werden, weil sie nicht ins Bild passen. Sie kollidieren mit den überkommenen, vertrauten Vorstellungen darüber, wie es sein sollte. Eine solche Ausgangslage geht allen hier vorgestellten Überlegungen und Reflexionen voraus. Der ätiologische Charakter der Priesterschrift spiegelt die existenzielle Bedrohung eines seiner Identität beraubten Volkes im Exil wider. Der platonische Sokrates streitet mit den Sophisten um die angemessene Regierungsform. Aristoteles verfasst seine Ethiken vor dem Hintergrund der sich innerlich unwiderruflich auflösenden athenischen *polis*. Kants kritische Philosophie stellt selbst einen epochalen Umbruch in der Zeit der Französischen Revolution dar. Bonhoeffers Leben und Theologie sind bestimmt durch die existentielle Auseinandersetzung mit der nationalsozialistischen Diktatur in Deutschland. Plessners anthropologisches Hauptwerk fällt in die weltpolitisch und -ökonomisch schwierige Zwischenkriegszeit im letzten Jahrhundert. Und auch dem späten Aufsatz ist der konkrete Zeitbezug, das Gespür dafür unmittelbar anzumerken, dass mit der wissenschaftlich-technischen Meisterleistung der Landung auf dem *Mond* die *Welt* eine andere geworden ist.

Anthropologie ist Ausdruck einer tiefen Skepsis gegenüber dem Menschen und Ethik die ebenfalls skeptische Reaktion darauf. Aber noch einmal: Was sollte eine Ethik – einmal abgesehen von dem eher akademischen Problem des «naturalistischen Fehlschlusses»[96] – ausrichten können, wenn es doch so ist, wie es *ist*!

---

[96] Vgl. dazu im Kontext von Anthropologie und Ethik Theda Rehbock, Warum und wozu Anthropologie in der Ethik?: Wils (Hg.), Anthropologie und Ethik (Anm. 32), 64–109; Ludwig Siep, Ethik und Menschenbild: Gerda Henkel Stiftung (Hg.), Das Bild des Menschen in den Wissenschaften, Münster 2002, 31–52; ders., Ethik und Anthropologie: Barkhaus u. a. (Hg.), Identität (Anm. 35), 274–298.

I. Geordnetes

Die *crux* steckt wiederum in dem «ist» –diesmal in der Frage, was aus der Behauptung eines «ist» für die menschliche Praxis folgt.
Es geht hier nicht um die erkenntnistheoretische Fragestellung, worauf mit dem Ausdruck «ist» referiert wird, sondern um die ethische Frage nach der Rolle solcher Behauptungen in der Kommunikation über menschliche Praxis. Der oben dargestellte Streit darüber, was aus irgendwelchen Behauptungen über den Menschen folgen sollte, hat schon erkennen lassen, dass anthropologische Aussagen ihren festen Platz in den Legitimationsdiskursen der Lebenswelt haben. Sie sind evaluativ und haben die Funktion, menschliche Urteile, Entscheidungen und Handlungen zu begründen. Auch hier gilt: Das Ideal der wertfreien Wissenschaft existiert nur jenseits menschlicher Praxis – mit anderen Worten: gar nicht.[97]

Die Einsicht in das anthropologische «Faktum» der Subjekt-Objekt-Identität muss nach Dietmar Kamper auf der methodologischen Ebene von Anthropologie selbst eingeholt werden: «Die Frage nach dem Menschen wäre so zu erweisen, dass das historische Faktum Anthropologie für die Anthropologie selbst ins Gewicht fällt. Was nämlich einer ungeschichtlichen Erörterung von Geschichte und menschlicher Natur jederzeit verstellt wird, das ist die historische Qualität der Erörterung selbst.»[98] Die Forderung nach einem provisorischen Status von Anthropologie, durchaus analog zur cartesianischen *morale par provision*,[99] hat vor dem Hintergrund der Legitimationsfunktion von Anthropologie auch eine ethische Pointe. Gerade der Widerstand der Anthropologie gegen eine solche Vermittlung (mit der Praxis), der – wie gezeigt – in der Geschichte der Disziplin selbst zu suchen ist, bestätigt den konstitutiven Charakter dieses Zusammenhangs. Der Unwille speist sich nicht zuletzt aus einer menschlichen Sehnsucht nach Gewissheiten, die in einer Welt «diesseits des Dogmas» (Rudolph) abhandengekommen sind. Insofern muss jeder Rede von der «Natur» des Menschen mit Skepsis begegnet werden im Hinblick darauf, welche Funktion ihr in Diskursen

---

[97] Der Habermassche Gedanke des «Erkenntnisinteresses» ist bereits bei Kant ausgeführt: «Der spekulativen Vernunft aber untergeordnet zu sein, und also die Ordnung umzukehren, kann man der reinen praktischen gar nicht zumuten, weil alles Interesse zuletzt praktisch ist, und selbst das der spekulativen Vernunft nur bedingt und im praktischen Gebrauche allein vollständig ist.» (Immanuel Kant, Kritik der praktischen Vernunft: ders., Werke in sechs Bänden, hg. von Wilhelm Weischedel, Bd. 4, Darmstadt ⁴1983, A 219).
[98] Dietmar Kamper, Geschichte der menschlichen Natur. Die Tragweite gegenwärtiger Anthropologiekritik, München 1973, 15; vgl. ders., Horizontwechsel. Die Sonne neu jeden Tag, nichts Neues unter der Sonne aber, München 2001, bes. 4.2: Die Geschossbahn der Frage: Was ist der Mensch?
[99] Vgl. René Descartes, Discours de la méthode, Hamburg 1990, 37–39.

zukommt und welche Diskurse damit gerade ausgehebelt werden. Dass umgekehrt eine relativistische «Bescheidenheit» kaum weniger verheerend wirkt, dokumentieren die Beispiele von Nussbaum und Co.

Das Paradox besteht darin, dass jede Vorstellung von der «Natur» des Menschen als Angriff auf den Autonomiegedanken gelesen werden kann, aber die Idee des neuzeitlichen Subjekts zugleich nicht – wollte sie nicht im luftleeren Raum verharren – ohne solche Vorstellungen über die menschliche Natur auskommt. Ludwig Siep kritisiert die von ihm so genannten «‹anthropologiefreien› Minimalethiken» der Neuzeit («von Spinoza über Locke und Kant bis Hare und Apel»), die Anthropologie durch Anthropozentrik ersetzen, und fordert: «Keine Ethik kommt ohne Anthropologie aus.»[100] Dieser Satz gilt unbestreitbar (auch für die genannten Kandidaten), aber er muss ergänzt werden: Anthropologie ohne Ethik läuft in der Konsequenz (ihrer Anwendung) auf einen kruden (nominalistischen) Dogmatismus hinaus. Worauf es an dieser Stelle ankäme, wäre ein *tertium comparationis*, auf das beide Disziplinen bezogen sind.

Kant hat in seiner praktischen Philosophie mit der Unterscheidung zwischen «Mensch» und «Menschheit» einen solchen Bezugspunkt entwickelt:[101] «Mensch» bezeichnet einerseits die Gattung und die ihr zugehörigen Individuen, andererseits das mit den «physischen Bestimmungen» ausgestattete Subjekt *(homo phaenomenon)*. «Menschheit» steht einerseits wiederum für die Gattung, andererseits, als Gegenbegriff zum *homo phaenomenon*, für die «von physischen Bestimmungen unabhängige Persönlichkeit» («homo noumenon»). «‹Menschheit› bezeichnet den Menschen, insofern er der intelligiblen Welt angehört: ‹nach der Eigenschaft seines Freiheitsvermögens, welches ganz übersinnlich ist›.»[102] Die Selbstzweckformel des kategorischen Imperativs[103] enthält mit dem *homo phaenomenon* «einen empirischen Begriff, genauer die Leerstelle für einen empirischen Begriff, der inhaltlich von der empirischen Anthropologie zu bestimmen ist».[104] Der Grund für die reziproke Achtung des Menschen besteht in

---

[100] Siep, Ethik und Menschenbild (Anm. 96), 274f.
[101] Zum Folgenden vgl. Friedo Ricken, Homo noumenon und homo phaenomenon. Ableitung, Begründung und Anwendbarkeit der Formel von der Menschheit als Zweck an sich selbst: Otfried Höffe (Hg.), Grundlegung zur Metaphysik der Sitten. Ein kooperativer Kommentar, 3., ergänzte Auflage, Frankfurt a. M. 2000, 234–252.
[102] Ricken, Homo (Anm. 101), 239; Verweise siehe dort.
[103] Immanuel Kant, Grundlegung der Metaphysik der Sitten: ders., Werke in sechs Bänden, hg. von Wilhlem Weischedel, Bd. 4, Darmstadt, ⁴1983, BA 66f.: «Handle so, dass du die Menschheit, sowohl in deiner Person, als in der Person eines jeden anderen, jederzeit zugleich als Zweck, niemals bloss als Mittel brauchest.»
[104] Ricken, Homo (Anm. 101), 251.

I. Geordnetes

der Idee der Menschheit. Die konkreten Pflichten ergeben sich erst aus dem Zusammengehen von *homo noumenon* und *homo phaenomenon* in der Person.

Anthropologie und Ethik stehen danach in einem arbeitsteiligen Verhältnis. Die *ethische* Frage, was der Mensch sein *soll,* wird – heruntergebrochen auf die Praxis – begrenzt durch den *anthropologischen* Rahmen dessen, was der Mensch *sein* kann. Das Bild moralischer Forderungen muss also in den anthropologischen Rahmen «Mensch» passen. Das ist die eine Seite. Die andere Seite betrifft den Ort, an dem das gerahmte Bild aufgestellt wird. Es ist der intelligible Raum der «Menschheit» als letzter Bezugspunkt ethischer Begründungen. Der Irrtum Sieps und das Verhängnis der oben beschriebenen Kontroversen besteht in der Reduktion der Verhältnisbestimmung von Anthropologie und Ethik auf die Zweidimensionalität von Bild und Rahmen unter Ausblendung der dritten Dimension ihrer Verortung. Zugespitzt: Die Menschen bewegen sich im Bild innerhalb des Rahmens und damit in dem Raum, in dem sich das Bild befindet. Die Architektur wäre – um im Bild zu bleiben – eine surrealistische, ein Bild, das «den Rahmen sprengt», wie die Kunstwerke Rene Magrittes oder Marcel Duchamps. Methodologisch gewendet verweist die Komposition auf einen anderen Zusammenhang, der im Grunde mit ganz ähnlichen Problemen wie die Anthropologie zu kämpfen hat: das Naturrecht. Es gibt gute Gründe für die Frage, ob der Aufschwung der Anthropologie nicht eng mit der Diskreditierung des Naturrechts zusammen gesehen werden muss, ob Anthropologie nicht aus normativer Perspektive seinen freigewordenen Platz, quasi als Naturrecht mit anderen Mitteln, übernommen hat.[105] Die *agraphoi nomoi,* auf die sich Antigone gegen die staatlichen Gesetze beruft, wurden spätestens nach dem Zusammenbruch der rassistischen, menschenverachtenden Rechtsordnung des Nationalsozialismus wieder zum Thema, als die Frage im Raum stand, worauf positives Recht jenseits seiner Setzungen gegründet werden kann. Karl-Heinz Illting definiert Naturrecht als «das System rechtlicher Normen, die für alle Menschen als Vernunftwesen,

---

[105] Verstärkt werden kann diese Vermutung durch eine andere Beobachtung. Wenn die These von Josef Kopperschmidt zutrifft, «dass das Gericht (wahrscheinlich) der Ort der *historischen Entstehung* der Rhetorik ist», liegt die Vermutung einer (konstitutiven) Beziehung zwischen Recht und Anthropologie nicht fern. Vgl. Josef Kopperschmidt: Zur Anthropologie des forensischen Menschen. Oder: Wo der «homo rhetoricus» entdeckt wurde: ders. (Hg.), Rhetorische Anthropologie (Anm. 49), 205–243 (208); sowie Ernst-Wolfgang Böckenförde, Vom Wandel des Menschenbildes im Recht: Gerda Henkel Stiftung (Hg.), Bild des Menschen (Anm. 96), 193–224.

auch ohne und im Konfliktfall sogar gegen alle positiven, insbesondere staatlichen Gesetze und Weisungen, überall und jederzeit verbindlich sind».[106] Natürlich hat das Naturrecht mit den gleichen Problemen zu kämpfen wie die Vernunft selbst, unabhängig davon, ob es von ihr erkannt oder aus ihr abgeleitet wird. Auch hier stellt sich das Problem der Erfahrungskontaminiertheit.

Dass diese Legierungen nicht nur ein Problem, sondern auch eine Lösung bereithalten, hat Wolfgang Lienemann im Rahmen der Menschenrechtsdiskussion gezeigt. Ausgehend von der historischen Einsicht, «dass Entdeckung und Einforderung von Menschenrechten immer wieder aus elementaren Unrechtserfahrungen hervorgegangen sind», entwickelt er mit Verweis auf Judith N. Shklar ein Verständnis von Gerechtigkeit, «das in erster Linie als bestimmte Negation geschichtlichen Unrechts aufzufassen ist. Um Gerechtigkeit geht es zuerst dort, wo als schlechthin unerträglich empfundene Verhältnisse und Handlungen der Kritik und dem Abscheu anheimfallen.»[107] Die Wahrnehmung von Gewalt und Unterdrückung, die ja *als Gewalt* und *als Unterdrückung* bereits ein Urteil impliziert und somit, als Interpretation von Wahrnehmung, schon normativ aufgeladen ist, gehört – kantisch gesprochen – auf die Ebene des *homo phaenomenon*. Die Kriterien, die etwas als Gewalt ausweisen, verdanken sich nicht einem Rückgriff auf eine intelligible Idee der «Menschheit», sondern ganz konkreten – und damit auch kulturrelativen – *Erfahrungen* von Menschen. Wie lässt sich nun aus solchen heterogenen Erfahrungen und Urteilen ein universales Verständnis von Gerechtigkeit gewinnen? Dazu muss von den partikularen Erfahrungen zu der nichtpartikularen *«allgemeine[n] Anerkennung der Unerträglichkeit und Unzumutbarkeit der Opfer und Leiden»* übergegangen werden. Die Transformation besteht genau genommen aus zwei Schritten: erstens der historisch-empirischen Herausbildung von Negativ-Kriterien vor dem Hintergrund *konkreter Erfahrungen* (im Plural!) und zweitens in der *prinzipiellen* (universalisierbaren) Ächtung bestimmter unmenschlicher (im Singular!) Praktiken. Der Übergang besteht nicht in der Addition sämtlicher singulärer Erfahrungen der Opfer selbst, sondern in der *Anerkennung der Verallgemeinerungsfähigkeit* ihrer Erfahrungen *als Opfer*. «Der Gegenbegriff des Natur-Unrechts bestimmt insofern die Gerechtigkeit nicht im Sinne einer übergeschichtlichen Norm der Natur oder Vernunft,

---

[106] Karl-Heinz Illting, zitiert nach Wolfgang Huber, Gerechtigkeit und Recht. Grundlinien christlicher Rechtsethik, Gütersloh ²1999, 88. Vgl. auch Wolfgang Lienemann, Gerechtigkeit, Göttingen 1995; Hans-Richard Reuter, Gerechtigkeit. Zur theologischen Dimension eines sozialethischen Grundbegriffs: ders., Rechtsethik in theologischer Perspektive. Studien zur Grundlegung und Konkretion, Gütersloh 1999, 25–43.

[107] Lienemann, Gerechtigkeit (Anm. 106), 194.197.

I. Geordnetes

sondern ist selbst das Ergebnis geschichtlich vermittelter, vielschichtiger Erfahrungen und Interaktionen.»[108] Weil aber Wahrnehmungen elementaren Unrechts «anscheinend alle partikularen Prägungen von Rasse, Kultur, Klasse und Religion transzendieren, liegt in ihnen das Potential der Universalisierbarkeit».[109] Elementare Menschenrechtsverletzungen als «Naturunrecht via negationis»[110] haben ihren empirischen Kern in der «praktischen Bedeutung, dass *die Verallgemeinerungs- und Zustimmungsfähigkeit von (vor allem: elementaren) Menschenrechten noch niemals von den Opfern von Menschenrechtsverletzungen in Zweifel gezogen worden sind».*[111] Ihre universale Geltung gewinnen elementare Menschenrechte vor dem Hintergrund einer regulativen Idee der «Menschheit», des *homo noumenon*, insofern ihre Zuerkennung kontrafaktisch, also *unabhängig* von den je eigenen Erfahrungen, allen Menschen (zu allen Zeiten) gilt.

Eine Anthropologie, die den zuletzt genannten Herausforderungen gerecht werden will, müsste den Gedanken wachhalten, dass der Handlungszwang des Mängelwesens Mensch immer auch den Weg in die Barbarei einschliesst.[112] Das effektivste Mittel der Kompensation von *homo compensator* ist nicht selten, wie die Geschichte lange vor Sigmund Freud und über ihn hinaus bis heute zeigt, die Gewalt. Parallel zu der Forderung von Hannah Arendt nach einem «Recht auf Rechte» muss eine Anthropologie unter den Bedingungen der Neuzeit an einem *Recht auf Fragen* festhalten. Mehr noch, es gibt gute Gründe für die Zumutung, dass die Aktualität und vordringliche Aufgabe der Frage nach dem Menschen gerade darin besteht, ihre Antworten immer wieder neu infrage zu stellen. «Wir können sagen, dass in jeder Frage ein ‹Antrag auf Solidarität› enthalten ist, denn wir ‹teilen› die Erschütterung mit dem, wonach wir fragen. Wir bemerken, dass wir in der Frage, die die Trennung formuliert, uns zugleich mit dem vereinigen, wonach wir fragen.»[113]

---

[108] Lienemann, Gerechtigkeit (Anm. 106), 198f.
[109] Lienemann, Geltung (Anm. 86), 308.
[110] Lienemann, Geltung (Anm. 86), 306.
[111] Lienemann, Gerechtigkeit (Anm. 106), 196.
[112] Vgl. dazu Walter Dietrich/Wolfgang Lienemann (Hg.), Gewalt wahrnehmen – von Gewalt heilen. Theologische und religionswissenschaftliche Perspektiven, Stuttgart/Berlin/Köln 2004.
[113] Heinrich, Versuch (Anm. 36), 99.

Norma normans – norma normata?

Zur Frage nach der Autorität kirchlicher Bekenntnisse aus reformierter Sicht

> «Getraut man sich nicht (oder getraut man sich doch nicht ausdrücklich) *damnamus* zu sagen, dann möge man das *credimus, docemus* fürs erste nur fein unterlassen und stattdessen fernerhin Theologie studieren, wie man es zuvor getan hatte. Die Sache ist dann gewiss nicht bekenntnisreif.»
>
> *Karl Barth*[1]

I. Vorbemerkungen[2]

In der Alltagssprache werden die Unterschiede selten deutlich: Wer sich in seinem Handeln auf geltende Normen berufen kann, ist auf der sichereren Seite. Der Hinweis auf einen solchen Massstab macht das eigene Tun nicht nur verständlich, sondern legitimiert es auch. Entscheidend ist, dass die Norm in irgendeiner Weise «autorisiert», also ihre Geltung anerkannt ist. Alternativ kann zur Rechtfertigung auf eine Autorität verwiesen werden, der man in seinem Handeln folgt – entweder freiwillig oder unter Zwang. Im ersten Fall würde der handelnden Person ihre Tat zugerechnet, d. h. sie wäre für die Handlung und deren Folgen verantwortlich, im zweiten Fall nicht. Autorität und Norm gehen – jedenfalls in rechtlichen und ethischen Kontexten – nur zusammen, wenn die beteiligten Personen aus freien Stücken entschieden und gehandelt haben.

Zwischen Norm und Autorität besteht ein komplexes Bedingungsverhältnis. Exemplarisch und im Sinne einer Problemexposition soll dieser Beziehung anhand der Frage nach der Autorität von Bekenntnissen aus reformierter Sicht ein Stück weit nachgegangen werden. Thema und Titel sind selbstverständlich nicht

---

[1] Karl Barth, Die Kirchliche Dogmatik I/2, Zollikon-Zürich 1948, 705.
[2] Für hilfreiche und klärende Diskussionen und Anregungen danke ich Marco Hofheinz, Gottfried Wilhelm Locher, Matthias D. Wüthrich und Matthias Zeindler.

neu. So begegnet das Thema etwa in der am Ende des 17. Jahrhunderts einsetzenden evangelischen Diskussion über das Bedingende und Bedingte der konkreten Kirche als Institution. Den Titel *norma normans – norma normata* wählte auch der Theologe Pierre Bühler für seinen Vortrag anlässlich der TENOR-Tagung 2009. Der Untertitel lautete: *Zum Umgang mit der Normativität in der Auslegung der Heiligen Schrift.*[3] Der Zürcher Systematiker interpretiert die im reformatorischen Schriftprinzip *(sola scriptura)* behauptete Autorität der Bibel im Sinne der Ricœurschen Kategorie des «Sich-Verstehen[s] *vor* dem Text».[4] Im Prozess der Textrezeption kommt es zu einem Subjektwechsel: Textauslegung wird – wie Bühler im Anschluss an Gerhard Ebeling feststellt – zur Auslegung *durch* den Text. «Dass ein Text ein solches Sich-Verstehen *autorisiert*, stiftet und mehrt *(augere!)*, macht gerade seine Autorität aus, im Sinne einer nicht nur normierten Norm, sondern einer im höchsten Grad normierenden Norm.»[5] Diese eindrucksvolle hermeneutische Rekonstruktion wird allerdings ergänzungsbedürftig, wenn Bibellektüre nicht nur als ein literarischer Rezeptionsprozess zur Sprache kommen, sondern als integraler Bestandteil einer gemeinschaftlichen, Kirche konstituierenden Praxis expliziert werden soll.

Die Frage nach der Autorität kirchlicher Bekenntnisse ist – zumindest aus evangelisch-reformierter Sicht – alles andere als selbstverständlich.[6] Sie muss bei der Einsicht von Lukas Vischer ansetzen, «dass sich ein einheitliches Verständnis von Bekenntnis und Bekennen in den Kirchen, die der reformierten Tradition angehören, nicht findet».[7] Für «einzelne Kirchen» sind ein oder mehrere Bekenntnisse «verbindliche Grundlage» oder «wegweisende Orientierung für die

---

[3] Vgl. Pierre Bühler, Norma normans – norma normata. Zum Umgang mit der Normativität in der Auslegung der Heiligen Schrift: Michele Luminati u. a. (Hg.), Spielräume und Grenzen der Interpretation. Philosophie, Theologie und Rechtswissenschaft im Gespräch, Basel 2010, 89–103.
[4] Bühler, Norma (Anm. 3), 99 (Hervorhebung FM).
[5] Bühler, Norma (Anm. 3), 101.
[6] Zur historischen Entwicklung reformierter Bekenntnisse in der Schweiz vgl. Ernst Saxer, Bekenntnis, Bekenntnisschriften und Kirchenordnung in der reformierten Reformation: Pierre Bühler/Emidio Campi/Hans Jürgen Luibl (Hg.), Freiheit im Bekenntnis. Das Glaubensbekenntnis der Kirche in theologischer Perspektive, Zürich, Freiburg i. Br. 2000, 47–71 und Emidio Campi, Bekenntnis und Bekennen: Matthias Krieg/Hans Jürgen Luibl (Hg.), In Freiheit Gesicht zeigen. Zur Wiederaufnahme des liturgischen Bekennens im reformierten Gottesdienst, Zürich 1999, 53–61.
[7] Lukas Vischer, Bekenntnis und Bekennen in der reformierten Kirche: Una Sancta 37, 1982, 111–116 (111).

Verkündigung und Unterweisung», andere Kirchen haben die Bekenntnisbindung in der Vergangenheit abgeschafft, wieder andere Kirchen haben die Verpflichtung auf ein Bekenntnis «nie gekannt».[8]

Der spezifisch reformierte Bekenntnispluralismus formuliert zweifellos eine Vorentscheidung beim Nachdenken über die autoritative Valenz von Bekenntnissen. Im Folgenden soll ein kirchengeschichtlicher und theologischer Parcours skizziert werden, den es so nicht gibt, der aber einen Beitrag zur Rekonstruktion der Genese und Geschichte der Fragestellung leisten kann. Die reformatorischen Kirchen, allen voran die reformierten, haben ein dezidiert herrschaftskritisches Autoritätsverständnis entwickelt, nach dem allein der «Schrift» *(sola scriptura)* – als Zeugnis des geoffenbarten Wortes Gottes – Autorität zukommt. Relativ zu dieser *Schriftautorität* haben kirchliche Bekenntnisse ihre Berechtigung, sofern und solange sie daraus abgeleitet werden, darauf bezogen sind und ihr untergeordnet bleiben. Problematisch wird das Ableitungsverhältnis, sobald das kritische Regulativ der Schriftautorität selbst zum Gegenstand kritischer Überprüfung wird. Historisch nötigt die aufklärerische Bibelkritik das reformatorische Schriftprinzip dazu, die eigenen Autoritätsansprüche neu zu überdenken und auszuweisen. Zur reformatorischen Differenzierung zwischen *Schrift und Tradition* tritt mit der Aufklärung die Unterscheidung zwischen *Schrift und Wort Gottes* hinzu. Der Preis dieser Binnendifferenzierung – oder -relativierung – besteht in einer dogmatischen Zumutung, die sowohl als «Krise des Schriftprinzips» (Wolfhart Pannenberg) oder «Autoritätskrise» (Eberhard Jüngel) sichtbar wird, wie – unter umgekehrtem Vorzeichen – auch in der globalen «Bekenntnisfreude» (Eberhard Busch) der Reformierten im 20. Jahrhundert. Der reformierten Autoritätskritik wohnt scheinbar eine Tendenz inne, die eigene Autoritätskrise entweder auszublenden oder geradezu als Kennzeichen reformierter Kirche zu affirmieren.

II. Autorität jenseits der Norm

«Im Namen Gottes des Allmächtigen!» Die ersten Worte der Präambel der schweizerischen Bundesverfassung führen beispielhaft die Autorität von Texten vor Augen: Der besonderen Dignität bzw. dem hervorragenden Rang des Verfassungstextes soll offenbar damit Ausdruck verliehen werden, dass er in ein Ver-

---

[8] Vischer, Bekenntnis (Anm. 7), 111.

I. Geordnetes

hältnis zu einer bestimmten Autorität gesetzt wird. Wer der Gott der Bundesverfassung ist, muss an dieser Stelle dahingestellt bleiben.[9] Aber welche Funktion haben die *invocatio Dei* und ihre prominente Platzierung am Beginn der Präambel des Rechtstextes?

«Ich glaube an Gott, den Vater, den Allmächtigen»: Karl Barth hat anlässlich des 650. Jubiläums des Bundesbriefes von 1291 – der mit den Worten beginnt: «*In nomini domini amen*» – auf die Ähnlichkeit zwischen den Eingangsworten der Verfassungspräambel und dem Apostolischen Glaubensbekenntnis hingewiesen und etwas provokant die Frage nachgeschoben: «Ob sich das Schweizervolk mit diesen Worten in den Dienst Gottes oder ob es umgekehrt den lieben Gott in seinen eigenen Dienst stellen wollte?»[10] Worauf zielt die Anrufung Gottes? Ist sie *Souveränitätsbekundung* oder *Demutsgeste*? Der Verfassungsrechtler Horst Dreier deutet die *nominatio Dei* im deutschen Grundgesetz als Hinweis auf die «Endlichkeit und Fehlbarkeit auch einer demokratischen Verfassungsordnung». Der Gottesbezug rufe «vor allem die ‹Begrenztheit der positiven Verfassungsgebung› wie die Relativität aller staatlichen Macht in Erinnerung, ohne sich an bestimmte Inhalte überpositiver, metaphysischer, natur- oder vernunftrechtlicher Lehren zu binden oder von deren Nimbus zehren zu wollen».[11] Der Gottesbezug hat für Dreier also die rein formale, negative Funktion eines Platzhalters oder – mit Niklas Luhmann – einer *attention rule*. Rechtsphilosophisch steckt dahinter der bekannte Gedanke von Ernst-Wolfgang Böckenförde, dass der freiheitliche, säkularisierte Staat von Voraussetzungen lebt, «die er selbst nicht garantieren kann. Das ist das grosse Wagnis, das er, um der Freiheit willen, eingegangen ist.»[12] Theologisch gewendet geht es – mit Arthur Rich – darum:

---

[9] Vgl. aus theologischer Sicht Matthias Zeindler, «Im Namen Gottes des Allmächtigen!» Theologische Überlegungen zur Anrufung Gottes in der Präambel der Schweizerischen Bundesverfassung: Schweizerisches Jahrbuch für Kirchenrecht 5, 2001, 47–71, und kritisch Marco Hofheinz, Der Gott des Grundgesetzes. Zur Problematik der Rede von Gott in deutschen Verfassungstexten, Waltrop 2001; aus juristischer Perspektive Andreas Kley, Sakralisierung von Staatsrecht und Politik: Benoît Bovay/Minh Son Nguyen (Hg.), Mélanges en l'honneur de Pierre Moor, Théorie du droit – Droit administratif – Organisation du territoire, Bern 2005, 95–114, sowie grundlegend Tine Stein, Himmlische Quellen und irdisches Recht. Religiöse Voraussetzungen des freiheitlichen Verfassungsstaates, Frankfurt a. M. 2007.
[10] Karl Barth, Im Namen Gottes des Allmächtigen! 1291–1941, St. Gallen 1941, 3.
[11] Horst Dreier (Hg.), Grundgesetz. Kommentar, Bd. 1, Tübingen 1996, 13.
[12] Ernst-Wolfgang Böckenförde, Die Entstehung des Staates als Vorgang der Säkularisation: ders., Recht, Staat, Freiheit. Studien zur Rechtsphilosophie, Staatstheorie und Verfassungsgeschichte, Frankfurt a. M. 1991, 92–114 (112).

«‹Allmacht Gottes› korreliert nämlich mit ‹Ohnmacht des Menschen›.»[13] Diesen Zusammenhang will der Zürcher Theologe durchaus als Problemanzeige verstanden wissen, insofern eine deterministische Lesart der *invocatio Dei* die «Freiheit und damit die Verantwortlichkeit des Menschen»[14] zu unterlaufen drohe. Dagegen plädiert er für ein Verständnis, das auf die «Autorität» von Recht abhebt, «weil aus ihm ein Anspruch spricht, der über den individuellen Freiheits- wie über den staatlichen Souveränitätsrechten steht und alle [...] zur Verantwortung zieht».[15]

Zwei Beobachtungen zur Autorität lassen sich bereits an dieser Stelle festhalten: Die Frage nach der Autorität der Texte ist erstens nicht abzulösen von der Frage nach den Autoritäten, die über *Reichweite* und *Grenzen* der Autorität der Texte bestimmen. Paradox formuliert zeigt sich Autorität gerade in dem Vermögen, Autorität und Autoritäten zu begrenzen. Dieser Zusammenhang erinnert an das – ursprünglich aus den Satiren des römischen Dichters Juvenal stammende – Konstruktionsprinzip des Hobbesschen Leviathan: *«Doctrinae quidem verae esse possunt, sed auctoritas non veritas facit legem.»*[16] Noch unmittelbarer provoziert das Paradox vielleicht Assoziationen mit der berüchtigten Souveränitätsdefinition des Hobbes-Interpreten Carl Schmitt, die ausformuliert lautet: «Der Ausnahmefall offenbart das Wesen der staatlichen Autorität am klarsten. Hier sondert sich die Entscheidung von der Rechtsnorm, und (um es paradox zu formulieren) die Autorität beweist, dass sie, um Recht zu schaffen, nicht Recht zu haben braucht.»[17] So gesehen steht der Souverän kraft seiner Autorität nicht unter dem Zugriff normativer Verbindlichkeit. Aber er verletzt die Norm nicht, sondern bestätigt ihre Geltung, indem er sich selbst als die *alleinige* Ausnahme deklariert.[18] Aus dieser Perspektive zeigt sich: Autorität besteht in dem Vermögen, sich von der Befolgung einer geltenden Norm zu dispensieren. Autorität ist in

---

[13] Arthur Rich, Theologische Erwägungen zur Präambel der Schweizerischen Bundesverfassung: Reformatio 25, 1976, H. 1, 29–33 (31).
[14] Rich, Erwägungen (Anm. 13), 31.
[15] Rich, Erwägungen (Anm. 13), 30.
[16] Thomas Hobbes, Leviathan, Sive De materia, forma, et potestate civitatis ecclesiasticae et civilis: W. Molesworth (Ed.): Thomas Hobbes Malmesburiensis Opera Quae Latine Scripsit, Vol. III (1670), Reprint, Aalen 1961, 132.
[17] Vgl. Carl Schmitt, Politische Theologie. Vier Kapitel zur Lehre von der Souveränität, Berlin ⁹2009, 19.
[18] Michel Foucault, Überwachen und Strafen. Die Geburt des Gefängnisses, Frankfurt a. M. 1977, cap. 3, expliziert Macht als allgegenwärtige Techniken zur Disziplinierung und Normierung, also zur Verhinderung von Delinquenz; vgl. Judith Butler, Noch einmal: Körper und Macht: Axel Honneth/Martin Saar (Hg.), Michel Foucault. Zwischenbilanz einer Rezeption. Frankfurter Foucault-Konferenz 2001, Frankfurt a. M. 2003, 52–67.

I. Geordnetes

diesem Sinne eine Funktion von Normativität.[19] Als Befähigung zur Normabweichung muss Autorität die allgemeine Anerkennung der Geltung der Norm voraussetzen. Denn grundsätzlich können die Spielregeln von allen Mitspielerinnen und -spielern verletzt werden. Insofern kann der Behauptung von Schmitt zugestimmt werden: «Jede Ordnung [...] beruht auf einer Entscheidung und nicht auf einer Norm.»[20] Denn die Anerkennung der Geltung einer Norm liegt jenseits dessen, worauf die durch sie ausgedrückte Forderung zielt.

Autorität wird zweitens in sozialen und in – im weitesten Sinne – kommunikativen Zusammenhängen konstituiert. Eine besondere Bedeutung kommt deshalb den Autoritäten – den Autoritäts*subjekten* – zu: der Autorin und dem Autor, dem Souverän und dem Gesetzgeber, einem Rechtsprinzip, göttlichen Attributen oder Gott selbst. Autorität – im Sinne der römischen *auctoritas* – bildet die eine Seite von *Macht* mit der *potestas* als Gegenüber. Beide Formen von Macht lassen sich durch ihre jeweilige Verortung näher bestimmen und voneinander abgrenzen. Für Cicero gehört die «Herrschaftsmacht» dem Volk, die «*Überzeugungsmacht*» dem Senat: «*cum potestas in populo, auctoritas in senatu sit.*»[21] In der Spätantike und im Mittelalter dienen beide Begriffe zur Regelung des Verhältnisses zwischen Staat und Kirche: dem Staat die amtliche Vollmacht, der Kirche die Autorität. *Potestas* meint vor allem die Möglichkeit, «das Verhalten anderer Menschen zu bestimmen, indem man unerwünschte Handlungen mit negativen Sanktionen belegt. [...] Sie ist *Herrschaftsmacht*, die nicht unmittelbar die Willensbildung der anderen beeinflusst, sondern deren Willen mit einer verschobenen Wahl konfrontiert: Sie versieht fremde Optionen mit negativen Folgen.»[22] *Auctoritas* bestimmt fremdes Verhalten, nicht indem durch Sanktionen «das Optionenspektrum verschoben» wird, sondern durch die «Fähigkeit, bereits das Denken der anderen zu formen. Sie ist *Überzeugungsmacht*, die durch Persönlichkeit und Vorbildtauglichkeit, durch Qualifikation und Argumentation gewonnen wird.»[23]

---

[19] In Abgrenzung zu Schmitt könnte zugespitzt werden: Die Autorität *dispensiert* von der Norm, die Diktatur *suspendiert* die Norm.
[20] Schmitt, Theologie (Anm. 17), 16; zur Norm und Entscheidung resp. Dezision als grundlegende Elemente des Rechts bei Schmitt vgl. Georgio Agamben, Ausnahmezustand. Homo sacer II.I, Frankfurt a. M. 2004, 44–45.
[21] Dietmar Hübner, Der Ort der Macht. *Potestas* und *auctoritas* als Deutungslinien für Markt und Medien: Deutsche Zeitschrift für Philosophie 58, 2010, 395–415 (401); mit dem Cicero-Zitat aus De legibus, Buch III, § 28.
[22] Hübner, Ort (Anm. 21), 401.
[23] Hübner, Ort (Anm. 21), 402.

Vor dem Hintergrund von Max Webers Unterscheidung zwischen Macht und Herrschaft differenziert der Tübinger Theologe Eberhard Jüngel weiter zwischen «*autoritären* und *autoritativen* Autoritäten»:

> «Autoritär sind Autoritäten, die ihren Anspruch gewaltsam durchsetzen oder durchzusetzen versuchen, *ohne* die Notwendigkeit ihres Anspruches bei den Beanspruchten *so einsichtig* (evident) werden zu lassen, dass diese Notwendigkeit von den Beanspruchten *in Freiheit bejaht* werden kann. [...] Autoritativ sind solche Autoritäten, die ihren Anspruch durchsetzen, indem sie die Notwendigkeit ihres Anspruchs bei den Beanspruchten *so einsichtig* (evident) machen, dass diese Notwendigkeit von den Beanspruchten angesichts der Möglichkeit des Einspruchs *bejaht* wird.»[24]

Unabhängig davon, dass *autoritative Autorität* mit unserem neuzeitlichen Staats-, Rechts- und Autonomieverständnis grundsätzlich übereinstimmt, handelt sie sich gegenüber ihrer *autoritären* Alternative ein massives Begründungsproblem ein: Wenn eine Autorität aus Freiheit und kraft eigener Einsicht anerkannt sein will, muss sie Gründe für ihre Anerkennung vorbringen. Nicht nur aus theologischer Perspektive kommt an dieser Stelle die Verbindung von Autorität und Wahrheit ins Spiel und damit das Verhältnis von Autorität, Wahrheit und Text. In diesem Sinne noch einmal Jüngel: «Autorität wird also durch Wahrheit konstituiert, niemals aber Wahrheit durch Autorität. [...] Autorität ist die Funktion des notwendigen Anspruchs der Wahrheit auf Infallibilität.»[25] Damit wäre die binnenreformatorische Provokation des Themas signalisiert: Nach der *autoritativen* Autorität von Bekenntnissen zu fragen bedeutet, die Frage nach dem *Wahrheitsbezug* und dem damit erhobenen *Unfehlbarkeitsanspruch* von evangelisch-reformierten Bekenntnissen aufzuwerfen.[26]

---

[24] Eberhard Jüngel, Die Autorität des bittenden Gottes. Eine These zur materialen Begründung der Eigenart des Wortes Gottes. Erwägungen zum Problem der Infallibilität in der Theologie: ders., Unterwegs zur Sache. Theologische Erörterungen I, 3., erw. Aufl., Tübingen 2000, 179–188 (182–184).
[25] Jüngel, Autorität (Anm. 24), 182.
[26] Zur Vorstellung der Unfehlbarkeit der Schrift (Verbalinspiration) in der evangelischen Schuldogmatik im 17. Jh. vgl. Eilert Herms, Offenbarung V: TRE, Bd. 25, 1995, 146–210 (165–167).

I. Geordnetes

III. Konkurrierende Autoritäten: zwischen Autorität und Souveränität

Wer im kirchlichen Raum nach der Autorität von Bekenntnissen fragt, muss – grob gesprochen – mit drei Diskurskonstellationen rechnen: Entweder stellt sich die Frage gar nicht, weil sie dogmengeschichtlich längst entschieden wurde, oder die Frage provoziert eher akademische Detaildiskurse etwa über den Status, die Verbindlichkeit und Sanktionsbewährtheit kirchlicher Äusserungen, oder die Frage gibt tatsächlich Anlass für Kontroversen, weil Uneinigkeit bereits darüber besteht, ob Bekenntnisse überhaupt mit irgendeiner Autorität ausgestattet sind bzw. als mit einer solchen versehen behauptet werden können. Die genannten Reaktionen lassen sich – wiederum holzschnittartig – konfessionell zuordnen: überflüssig ist die Frage aus *römisch-katholischer* Sicht, allenfalls Bedarf nach theologischem *fine tuning* ergibt sich aus evangelisch-lutherischer Perspektive,[27] echtes Diskussionspotential bietet die Frage nach der Autorität von Bekenntnissen eigentlich nur für Evangelisch-Reformierte.

Präziser müsste die letzte Bemerkung lauten: Die Reformierten *hätten* allen Grund, darüber zu streiten. Denn faktisch wurde die Auseinandersetzung um die Autorität von Bekenntnissen mit dem Ende des Apostolikumstreits in der Deutschschweiz im Jahr 1880 *ad acta* gelegt. Der Konflikt zwischen Liberalen und Positiven in und um Zürich betraf die Frage, ob das altkirchliche Bekenntnis, das *symbolum apostolicum*, für die Taufliturgie obligatorisch bleiben sollte oder nicht. Das war bereits der zweite Schlag im Prozess einer «Dekatholisierung»,[28] denn bereits 1803 hatte die Zürcher Synode die reformierten Bekenntnisschriften für ihre Pfarrerschaft als nicht mehr bindend erklärt. Die Reformatoren hatten sich noch ausdrücklich zum Apostolikum bekannt, das in seiner heutigen Form zuerst im 8. Jahrhundert begegnet, aber auf Formulierungen von Glaubensregeln bis ins 4. Jahrhundert zurückverfolgt werden kann.[29] Der *regula fidei* oder *regula*

---

[27] Vgl. die Diskussion über eine Vereinheitlichung des Evangelischen Bekenntnisses in Deutschland: Kirchenamt der Evangelischen Kirche in Deutschland (Hg.), Soll das Augsburger Bekenntnis Grundbekenntnis der Evangelischen Kirche in Deutschland werden? Ein Votum der Kammer der Evangelischen Kirche in Deutschland für Theologie. EKD-Texte 103, Hannover 2009.
[28] Vgl. Ralph Kunz, Reformierte Katholizität – Eine Leerstelle?: Wolfgang W. Müller (Hg.), Katholizität – Eine ökumenische Chance, Zürich 2006, 117–146 (125–129).
[29] Vgl. Frederick Ercolo Vokes, Apostolisches Glaubensbekenntnis I: TRE, Bd. 3, 1978, 528–554; Hans-Martin Barth, Apostolisches Glaubensbekenntnis II: TRE, Bd. 3, 1978, 554–566; Jan Milič Lochman, Apostolikum: EKL, Bd. 1, ³1986, 229–230; Eberhard Busch, Credo. Das Apostolische Glaubensbekenntnis, Göttingen 2003.

veritatis kommt in der Alten Kirche als «*principalis auctoritas regulae*» eine Verbindlichkeit zu, die analog zur Autorität der kaiserlichen Gesetze verstanden wird.[30] Die Autorität blitzt noch auf in Heinrich Bullingers Bekenntnis zum Apostolikum als Massstab für die «Wahrheit und Einheit des katholischen christlichen Glaubens. Der katholische christliche Glaube ist uns aber nicht durch menschliche Satzungen überliefert, sondern durch die göttliche Schrift, deren Zusammenfassung das Apostolische Glaubensbekenntnis ist.»[31] Und Luther begründet bezeichnenderweise die Autorität des *Credo* nicht nur mit der – von ihm angenommenen – Autorschaft der Apostel, sondern auch mit seiner langen Tradition in der Kirche: «Das ist meine Bibel, die ist so lang gestanden und stehet noch unumbgestossen, Da bleib ich bey, da bin ich auff getaufft.»[32]

Genau diese Verbindlichkeit und Orientierungsfunktion gerieten im 19. Jahrhundert – nicht zuletzt unter dem Eindruck von Aufklärung und historischer Bibelkritik[33] – immer stärker ins Wanken. Der liberale Geist war gegen das autoritative Denken und Auftreten einer auf überkommene Traditionen verhafteten Kirche (Orthodoxie) gerichtet. So fordert der Theologe Alois Emanuel Biedermann ganz hegelianisch: «Der christliche Glaube muss sich seiner symbolischen Äusserlichkeit entkleiden und als Geist in den Geist eingehen.»[34] Der teilweise heftig ausgetragene und sich über ein halbes Jahrhundert hinziehende Konflikt zeigt deutlich: Die Abschaffung der Bekenntnisbindung muss eine Autorität auf ihrer Seite haben, die mindestens so viel Gewicht in die Waagschale werfen kann, wie die Autorität, die die Bekenntnistradition für sich in

---

[30] Jürgen Miethke, Autorität I: TRE, Bd. 5, 1980, 17–32 (20). Vgl. Horst Rabe, Autorität: Otto Brunner/Werner Conze/Reinhart Koselleck (Hg.), Geschichtliche Grundbegriffe. Historisches Lexikon zur politisch-sozialen Sprache in Deutschland, Bd. 1, 1972, 382–406 (385): «Wie nämlich nach römischem Privatrecht der Verkäufer dem Käufer als seinem Rechtsnachfolger dafür haftete, dass die verkaufte Ware nicht etwa einem Dritten gehörte (eben diese Gewährleistung hiess ja ‹auctoritas›), so bürgten nach Tertullian die Bischöfe als Rechtsnachfolger der Apostel für die Unversehrtheit des Glaubensguts, wie es in der ‹regula fidei› seinen Niederschlag gefunden hatte.»

[31] Confessio Helvetica posterior: Georg Plasger/Matthias Freudenberg (Hg.), Reformierte Bekenntnisschriften. Eine Auswahl von den Anfängen bis zur Gegenwart, Göttingen 2005, 189–220 (219).

[32] Martin Luther, Predigten, WA 37, 55,12–16.

[33] Vgl. Kants brieflichen Kommentar an Johann Caspar Lavater über dessen Abhandlung vom Glauben und vom Gebet: «Nun gestehe ich frey: dass in Ansehung des historischen unsere neutestamentlichen Schriften niemals in das Ansehen können gebracht werden, dass wir es wagen dürften ieder Zeile derselben mit ungemessenem Zutrauen uns zu übergeben» (Immanuel Kant, Brief vom 28.4.1775: ders., Briefwechsel 1747–1788. Akademie Ausgabe, Bd. 10, Berlin ²1922, 178,11–15).

[34] Zitiert nach Kunz, Katholizität (Anm. 28), 127.

I. Geordnetes

Anspruch nimmt. Welche Autorität war es, die jene andere, dem traditionellen Bekenntnistext zugeschriebene am Ende dominiert?

Die konkurrierenden Autoritäten im Apostolikumstreit begegnen im Kern bereits in der antiken Rhetorik als alternative Verfahren der Beweisführung mit Bezug auf die *auctoritas* oder *ratio*. Die Stützung einer Meinung entweder durch das Zeugnis *(testimonium) ex auctoritate* oder durch vernünftiges Argumentieren *(ratio)* standen sich gegenüber.[35] Übertragen auf den ekklesiologischen Konflikt im 19. Jahrhundert: Soll die dogmengeschichtliche Tradition gelten oder haben sich kirchliches Selbstverständnis und ihre Verkündigung am jeweiligen wissenschaftlichen Erkenntnisstand zu orientieren?[36] In der Bekenntniskritik spiegelte sich die kritische Bibelexegese konsequent wider. Verworfen wurden die Jungfrauengeburt, die Höllenfahrt Jesu und die Auferstehung von den Toten. Die Radikalität der theologischen Kritik im Namen von Wissenschaft und Zeitgeist[37] verdeutlicht ein Brief des Pfarrers Friedrich Salomon Vögelin von Uster aus den 1860er Jahren:

> «Ich predige, dass Jesus an Weihnachten *nicht* von dem Heiligen Geist oder von der Jungfrau Maria geboren, an Ostern, dass er nicht auferstanden, an Auffahrt, dass er nicht gen Himmel gefahren sei; im Übrigen leugne ich seine Gottheit, seine Wunder, den Einfluss seines Todes auf eine Versöhnung Gottes, kurz alle Skandale der Ortodoxie, resp. der Bibel für unser modernes Bewusstsein.»[38]

---

[35] Vgl. Walter Veit, Autorität I: HWPh, Bd. 1, 1971, 724–727. In der Scholastik rücken beide Verfahren in ein methodisches Verhältnis: die *auctoritas* ist die «erste und konstitutive Erkenntnisquelle der Theologie, *ratio* die zweite und erläuternde» (726).

[36] Vgl. die Charakterisierung der Zürcher Situation von Emidio Campi, Die Bekenntnisfrage in Geschichte und Gegenwart der evangelisch-reformierten Landeskirche des Kantons Zürich: Bühler/Campi/Luibl (Hg.), Freiheit (Anm. 6), 75–89 (81–82.85): «Die Liberalen nahmen dezidiert die Spannung zwischen christlicher Tradition und Modernität auf, setzten auf Versöhnung zwischen Christentum, Wissenschaft und Kultur, lehnten die traditionellen Bindungen in der Glaubenslehre ab, waren distanziert gegenüber der Institution Kirche und eher auf die ausserkirchlichen Wirkungen des Protestantismus zentriert. [...] Ein weiteres Merkmal des zürcherischen Apostolikumstreits [...] bestand darin, dass er von einem tiefen Vertrauen in die Geschichtswissenschaft als theologische Autorität getragen war. Das Bemühen, das Christentum geschichtlich-historisch, d. h. also mit den Mitteln der Geschichtswissenschaft, zu erforschen, gehört zur Raison d'être des religiösen Liberalismus.»

[37] Hinzugefügt werden muss die Bedeutung der politischen Verhältnisse und des engen Verhältnisses von Staat und Kirche, vgl. dazu Campi, Bekenntnisfrage (Anm. 36), 84–85.

[38] Zitiert nach Rudolf Gebhard, Umstrittene Bekenntnisfreiheit. Der Apostolikumstreit in den Reformierten Kirchen der Deutschschweiz im 19. Jahrhundert, Zürich 2003, 73–74.

Norma normans – norma normata?

Zwar wurde auf solche Selbstbezichtigungen mit ebenso pointierten Entgegnungen gekontert. Aber der Streit endete – nicht zuletzt um eine Kirchenspaltung abzuwenden – mit der Freigabe des Bekenntnisses in der Liturgie der reformierten Kirchen. Seither sind die Bekenntnisse «in allen Landeskirchen der Schweiz nur noch fakultativ in Gebrauch» und «kein Bekenntnistext aus nachneutestamentlicher Zeit [ist] für Pfarrer oder für Laien mehr verbindlich».[39]

Es wäre verkürzt, diese Entwicklung lediglich als Resultat einer entautorisierenden Traditionskritik zu begreifen. Liberale und Positive stritten nicht um die Alternativen «Autorität auf keinen Fall» versus «Autorität um jeden Preis».[40] Vielmehr drehte sich der Konflikt um die richtige – um nicht zu sagen: mächtigere – Autorität: die dogmengeschichtliche Tradition oder die historisch gesicherten Tatsachen, also das, was von der überkommenen Lehre einer eingehenden wissenschaftlichen Prüfung standhält. In diesem Zusammenhang bemerkt Emidio Campi, dass der Streit «von einem tiefen Vertrauen in die Geschichtswissenschaft als theologische Autorität geprägt war. In den zahlreichen Streitschriften der Zeit wird immer wieder die Auffassung vertreten, die Historie habe die Aufgabe, den Protestantismus von den dogmatischen Relikten der Vergangenheit, die zur Last geworden sind, zu befreien, um in der Gegenwart das Richtige zu tun.»[41]

Von dem hier skizzierten Autoritätskonflikt auf die Konkurrenz zwischen *theologischer Wahrheit und historischer Objektivität* zu schliessen, liegt nahe. So angemessen eine solche Beschreibung ist, erfasst sie doch nur einen Teil der damaligen Umwälzungen. Die aufklärerische Theologie jener Zeit hatte – insgesamt betrachtet – weder eine Bankrotterklärung jeglicher *auctoritas* im Sinn, noch die schlichte Etablierung eines Wissenschaftskonzepts als Alternative. Zumindest auf der Theorieebene verbinden sich Autoritätsvorstellungen – über die neuzeitliche Konzeption von Freiheit als Autonomie der Person – mit Souveränitätskonstrukten und bewegen sich damit auf das synonyme Verständnis beider Begriffe zu, das sich in der politischen Theorie von Hobbes vorbereitet findet. Die Herausforderung besteht nicht in den vernünftigen Urteilen über die Schrift, sondern in deren Verortung im Gerichtshof der Vernunft des autonomen Subjekts. Kants *«Sapere aude!»*[42] setzt auch im Apostolikumstreit die eigentliche Pointe. Die folgenreiche Konsequenz der damaligen Entwicklungen – zu der sich

---

[39] Gebhard, Bekenntnisfreiheit (Anm. 38), 13.
[40] Jüngel, Autorität (Anm. 24), 180.
[41] Campi, Bekenntnis (Anm. 6), 55f.
[42] Immanuel Kant, Beantwortung der Frage: Was ist Aufklärung?, Werke, Ed. Weischedel, Bd. 9, Darmstadt 1983, 53–61 (53).

I. Geordnetes

die konkrete Auseinandersetzung symptomatisch verhält – besteht nicht in irgendeiner wissenschaftlichen *Erkenntnis* (unabhängig von den bedeutenden Erkenntnisfortschritten durch die historisch-kritische Erforschung der Bibel), sondern in der *Selbstautorisierung* des – im Sinne der Selbstgesetzgebung souveränen – *Erkenntnissubjekts.*

Die reformierte Lösung des Bekenntniskonflikts, die sachlich eher seine *Auflösung* darstellte, mag für nicht reformierte Ohren ungewöhnlich klingen. Auf den ersten Blick könnte man meinen, hier würde Texten, selbst vom Rang kirchlicher Bekenntnisse (!), jeglicher Autoritätsanspruch *prinzipiell* abgesprochen. Tatsächlich schwingt an dieser Stelle ein urreformatorischer Grundsatz mit: das sogenannte Schriftprinzip *sola scriptura* – allein die Schrift.

IV. Autorität und Autoritätskritik

1. Autoritätskritik I: Sola Scriptura – die Identität von Text und Schrift

Sola scriptura – eindrücklicher kann die Autorität eines Textes kaum behauptet werden. Hinter diesem theologischen Grundsatz steckt ein eminent autoritätskritisches Motiv: Die Kirchen-, Theologie- und Moralkritik der Reformatoren zielt auf eine Entkontaminierung der christlichen Heilsbotschaft von kirchlichen Umdeutungen, moralischen Instrumentalisierungen und politischen Machtansprüchen. *Back to the roots!* – nicht zur reinen Lehre, sondern zum Wort Gottes und seiner reinen Verkündigung. Die Bibel ist für die Reformatoren göttliches Wort *(verba divina),* Ursprung und oberstes Kriterium der Christen *(Christianorum prima principia).*[43] Prägnant bringt es die Confessio Helvetica posterior auf den Punkt: «Wir glauben und bekennen, dass die kanonischen Schriften der heiligen Propheten und Apostel beider Testamente das wahre Wort Gottes sind *[ipsum verum esse verbum Dei],* und dass sie aus sich selbst heraus Kraft und Grund genug haben, ohne Bestätigung durch Menschen zu bedürfen *[et authoritatem sufficientem ex semetipsis non ex hominibus habere].*»[44] Und in der Konkordienformel von 1580 heisst es:

> «Wir glauben, lehren und bekennen, dass die einige Regel und Richtschnur *[unicam regulam et normam],* nach welcher zugleich alle Lehren und Lehrer gerichtet und geurteilt werden sollen, sind allein die prophetischen und apostolischen Schriften Altes

---

[43] Martin Luther, Assertio (1520), WA 7, 98,4.
[44] Confessio Helvetica posterior (Anm. 31), 192.

Ihre Bestellungen und Ideen sind jederzeit willkommen.

___ Expl. von Reinhold Bernhardt: Jesus Christus – Repräsentant Gottes
Christologie im Kontext de- Religionstheologie
ISBN 978-3-290-18436-0, CHF 58.00 - EUR 53.00

☐ Post aus dem Verlag zu weiteren Neuerscheinungen
(2 × im Jahr)

☐ Newsletter, direkt aufs Hardy oder in die Mailbox
(monatlich)

💡 Ideen an info@tvz-verlag.ch

Name

Strasse

PLZ/Ort

E-Mail-Adresse

TVZ Theologischer Verlag Zürich
Badenerstrasse 73
8004 Zürich
Schweiz

Reinhold Bernhardt
Jesus Christus –
Repräsentant Gottes
Christologie im Kontext
der Religionstheologie

TVZ | Beiträge zu einer Theologie der Religionen, Band 23

Ein Buch, das sich nicht hinter Gelehrsamkeit verbirgt

Dem Bekenntnis von Petrus geht die Frage Jesu voraus: «Ihr aber, für wen haltet ihr mich?» (Mt 16,15) Reinhold Bernhardt legt mit seiner Christologie eine Antwort vor, die die Vielfalt der Religionen berücksichtigt, ohne die biblischen Grundlagen zu relativieren.

«Nach meinem Verständnis ist ‹Repräsentation› mehr als nur die Darstellung oder die Proklamation der machtvollen Gegenwart Gottes. Es geht um deren Inkraftsetzung, um die Ereignung, die Realisierung dieser Gegenwart in personaler Präsenz.»

Aus dem Inhalt

TVZ Theologischer Verlag Zürich
www.tvz-verlag.ch

TVZ
orientiert reformiert

und Neues Testamentes, wie geschrieben stehet: ‹Dein Wort ist meines Fusses Leuchte und ein Licht auf meinem Wege›, Ps. 119. Und St. Paulus: ‹Wenn ein Engel vom Himmel käme und predigte anders, der soll verflucht sein›, Gal. 1. Andere Schriften aber der alten oder neuen Lehrer, wie sie Namen haben, sollen der Heiligen Schrift nicht gleich gehalten, sondern alle zumal miteinander derselben unterworfen und anders oder weiter nicht angenommen werden dann als Zeugen, welchergestalt nach der Apostel Zeit und an welchen Orten solche Lehre der Propheten und Apostel erhalten worden.»[45]

Kirchliche Bekenntnisse haben nach reformatorischem Verständnis keinen genuinen Status. Sie sind weder unfehlbar noch irreversibel. Vielmehr werden sie als menschliche Deutungen der biblischen Botschaft von der Selbstoffenbarung Gottes formuliert und verstanden.[46] Dabei stehen Schrift und Bekenntnis in einem zirkulären Verweisungszusammenhang. Haben Bekenntnisse die Funktion, strittige biblische Überlieferungen zu interpretieren und zu klären,[47] muss die Plausibilität ihrer Aussagen und Lehrsätze am Kriterium der Schriftgemässheit – im Sinne des *sola scriptura* – ausgewiesen werden. Anders formuliert: Kirchliche Bekenntnisse haben eine *anleitende* Funktion, indem sie den rechten Zugang zur Botschaft der Bibel erschliessen. Diese Funktion können sie aber nur wahrnehmen, sofern sie selbst aus den biblischen Überlieferungen *abgeleitet* sind.[48] In der evangelisch-lutherischen Tradition wird dieses Verhältnis mithilfe des Normbegriffs expliziert: Die Schrift als *normierende* Instanz wird mit der Formel *norma normans* bezeichnet, der *normierte* Status der Bekenntnisse als *norma normata*.

Auch bei dieser Zuordnung ist die – von der reformatorischen Theologie so scharf ins Auge gefasste – Gefahr einer Verselbständigung oder Verabsolutierung der menschlichen Äusserung gegenüber dem göttlichen Wort nicht völlig gebannt, dann nämlich, wenn die *norma normata* im Sinne eines ein für alle Mal festgestellten «Es *ist* normiert» aufgefasst würde. Dagegen schlägt Wilfried Härle eine alternative Interpretation vor:

«Die qualitative Differenz zwischen norma normans und norma normata droht verlorenzugehen, wenn die norma normata als definitiv mit der norma normans überein-

---

[45] BSLK, 767–768.
[46] Wilfried Härle, Dogmatik. 2., überarbeitete Auflage, Berlin/New York 2000, 150.
[47] Der junge Luther bezeichnet kirchliche Bekenntnisse als «Kinderpredigt oder der Laien Biblia». Darauf wird zu Beginn des ersten Teils der Konkordienformel hingewiesen (BSLK 769,6–10).
[48] Vgl. Härle, Dogmatik (Anm. 46), 151.

I. Geordnetes

stimmend erwiesen und folglich als gleichermassen gültig gedacht wird. Um die prinzipielle (und darum auch dauerhafte) Überordnung der Bibel als norma normans über das kirchliche Bekenntnis auszudrücken, sollte man letzteres genauer als ‹norma normata et normanda› bezeichnen.»[49]

Das Verständnis von Bekenntnis als normierter und (immer wieder) zu normierender Norm führt die Zeitdimension ein, um die für das Bedingungsverhältnis von Schrift und Bekenntnis konstitutive Differenz zu sichern. Es fragt sich aber, ob die Unterscheidung zeitlos/ewig vs. historisch/kontingent einem *theologischen* Verständnis von Schrift und Bekenntnis gerecht wird und eine Verhältnisbestimmung, die der Theologe im Blick hat, möglich macht. Die Präzisierung «Interpretationen des biblischen Offenbarungszeugnisses unter bestimmten *geschichtlichen Bedingungen*»[50] nimmt zwar wesentliche Aspekte eines reformatorischen Bekenntnisbegriffs auf, aber Historizität taugt nicht als Differenzkriterium, denn: «Und das Wort, der Logos, wurde Fleisch und wohnte unter uns» (Joh 1,14a) – «Gott wohnt in der Zeit».[51]

Um die Konsequenzen für die Frage nach der Autorität des Textes noch pointierter sichtbar werden zu lassen, lohnt ein kurzer Blick auf die elaborierteste Form dieses Schriftverständnisses. In der altprotestantischen Orthodoxie wird das reformatorische Schriftprinzip zu einem wissenschaftlich-theologischen System ausgebaut. Im Zentrum steht die Bibel. Gott ist ihr Autor, sie *ist* die heilige Schrift und als solche das *ausschliessliche* Fundament theologischer Erkenntnis. «Alles, was die Heilige Schrift lehrt, ist unfehlbar wahr, weil die Schrift inspiriert ist.»[52] Aus ihrer Göttlichkeit *(divinitas)* und ihrer Inspiration durch den heiligen Geist ergibt sich ihre unbedingte Autorität *(auctoritas)*, in der doppelten Weise von *auctoritas causativa* und *auctoritas normativa*. «Als ursächliche Autorität führt die Schrift zu Glaube und Heilsgewissheit.» Die normative Autorität «besteht darin, dass die Schrift als norma normans aller Lehre und allen christlichen Lebens anerkannt wird».[53] Die Schrift ist im umfassenden Sinne heilsnotwendig *(necessitas* und *sufficientia)*. Die Autorität der heiligen Schrift hat hermeneutische Implikationen: Sie ist in sich selbst klar *(perspicuitas/claritas)*; sie erklärt sich

---

49 Härle, Dogmatik (Anm. 46), 152.
50 Härle, Dogmatik (Anm. 46), 154.
51 Dietrich Ritschl, Gott wohnt in der Zeit. Auf der Suche nach dem verlorenen Gott: Hermann Deuser u. a. (Hg.), Gottes Zukunft – Zukunft der Welt. FS für Jürgen Moltmann, München 1986, 250–261.
52 Zitiert nach Herms, Offenbarung (Anm. 26), 165.
53 Ulrich H. J. Körtner, Theologie des Wortes Gottes. Positionen – Probleme – Perspektiven, Göttingen 2001, 88.

durch sich selbst *(sui ipsius interpres)* und sie trägt ihre (Heils-)Wirksamkeit in sich selber *(efficacia)*.⁵⁴

Ein in dieser Weise entfaltetes Schriftprinzip läuft auf eine Identifikation von Text und Autorität hinaus. Autorität verleiht ihm weder ein Autor oder eine Autorin noch seine Rezipientinnen und Rezipienten oder eine bestimmte historische Konstellation: Der Text *ist* – als Resultat der Verbalinspiration – sein Autor *(auctoritas)*, Gott handelt machtvoll *(potestas)* mit der und durch die Schrift. Das wirkende Wort *(verbum efficax)* ist selbst souveräner Akteur, unabhängig von allen Prozessen des Verstehens – es erschliesst sich im Hören auf das Wort. Karl Barth hat in diesem Zusammenhang bemerkt: «Die heilige Schrift ist die vollkommene Offenbarung, oder: sie ist das Werk des heiligen Geistes. Ein Werk des heiligen Geistes ist aber auch dieses Urteil über die Schrift.»⁵⁵ Eine derart «radikale paradoxe Begründung durch Nichtbegründung»⁵⁶ treibt die Idee von der Autorität des Textes auf die Spitze, freilich um den Preis, dass der autoritative Text – die Bibel *als* Wort Gottes – seinen Charakter als Text einzubüssen droht.⁵⁷

---

54 Matthias Zeindler, Gemeinsam unter dem Wort Gottes. Die Kirche als Interpretationsgemeinschaft der Schrift: Marco Hofheinz/Frank Mathwig/ders. (Hg.), Wie kommt die Bibel in die Ethik? Beiträge zu einer Grundfrage theologischer Ethik, Zürich 2011, 323–351 (330–339). Dabei ist die Einschränkung von Herms, Offenbarung (Anm. 26), 166, zu bedenken: «Demgegenüber wurde in der *reformierten Schule* nie übersehen, dass die Gewissheit über Ursprung und ursprungsbestimmte Autorität der Schrift zwar in deren objektiven Wesen die Bedingungen ihrer Möglichkeit findet, nicht aber zugleich die hinreichenden Bedingungen ihrer Wirklichkeit, die vielmehr erst durch das kontingente Hinzutreten des *testimonium Spiritus Sancti internum* gegeben sind.» Vgl. in diesem Sinne Heinrich Heppe, Die Dogmatik der evangelisch-reformierten Kirche. Dargestellt und aus den Quellen belegt. Neu durchgesehen und hg. von Ernst Bizer, Neukirchen 1935, Locus XX. De vocatione, 404–411.

55 Karl Barth, Theologie der reformierten Bekenntnisschriften. Vorlesung Göttingen Sommersemester 1923, hg. von der Karl Barth-Forschungsstelle an der Universität Göttingen (Leitung Eberhard Busch), Zürich 1998, 89.

56 Barth, Theologie (Anm. 55), 102.

57 Dabei wird ein weites Verständnis von «Text» vorausgesetzt: «a text is a unit of language in use» (Werner Kallmeyer/Reinhard Meyer-Herrmann, Textlinguistik: Helmut Henne/Herbert Ernst Wiegand [Hg.], Lexikon der Germanistischen Linguistik, Bd. 1, 2., vollständig neu bearbeitete und erweiterte Auflage, Tübingen 1980, 242–258 [242]).

I. Geordnetes

2. Autoritätskritik II: semper reformanda – die Selbstrelativierung des Textes

Das reformatorische Schriftverständnis erzeugt quasi am Rand einen weiteren Effekt, der die Autoritätskritik noch einmal selbstreflexiv zuspitzt. Wird das biblisch bezeugte Wort Gottes im Sinne der altprotestantischen Orthodoxie absolut gesetzt, welchen Status haben dann die kirchlichen Bekenntnisse, die ein bestimmtes Verständnis der Schrift *als schriftgemäss* festhalten? Konsequenterweise kann ein von der Kirche bekanntes Schriftverständnis nur so lange Geltung beanspruchen, bis von ihm aufgrund besserer Einsicht abgewichen wird. Die prinzipielle Selbstrelativierung der reformierten Bekenntnistradition wird an dieser Stelle als Zukunftsoffenheit in der Bekenntnisentwicklung greifbar. Das *«semper reformanda»* der reformierten Kirchen gilt selbstverständlich ebenso im Hinblick auf ihre Bekenntnistraditionen. Weitere Symptome dieses kirchlichen Selbstverständnisses sind das Fehlen eines universal gültigen Bekenntnistextes und eines allgemein anerkannten Bekenntniskorpus (positiv formuliert: die Bekenntnisfreiheit), die synchrone und diachrone Vielfalt von Bekenntnissen, ihre zeitliche und räumliche Begrenztheit und ihre sachliche Konkretion und Kontextualisierung.[58]

Allerdings erfolgt die Relativierung immer im Blick auf die Schrift und betrifft den Bekenntnisgegenstand. Die Übereinstimmung mit der Schrift autorisiert das Bekenntnis und setzt seiner Autorität zugleich die Grenze in seiner Subordination unter die Autorität der Schrift. Der Siegener Theologe Georg Plasger bemerkt dazu: «Es ist also von einer bleibenden Unterordnung des Bekenntnisses unter die Schrift auszugehen; das aber mindert nicht die Autorität des Bekenntnisses, es ist ja nicht Autorität in Bezug auf die Bibel, sondern auf die Kirche.»[59] Für die frühen Bekenntnisse ist kennzeichnend: «Die Schrift wird so als alleinige Norm verstanden, an der sich das Bekenntnis ständig neu zu messen hat. Damit wird die Möglichkeit der Revision und gegebenenfalls Abrogation von Bekenntnissen selbst bekenntnismässig verankert.»[60] In diesem Sinne hält die Confessio Helvetica posterior fest: «Deshalb lassen wir uns in strittigen Punkten der Religion und des Glaubens weder durch blosse Sätze der Kirchenväter oder durch

---

[58] Zu Einzelheiten siehe Matthias D. Wüthrich, Theologische Überlegungen zur reformierten Bekenntnisbildung in der Schweiz: Schweizerisches Jahrbuch für Kirchenrecht 15, 2010, 37–62, sowie Vischer, Bekenntnis (Anm. 7).

[59] Georg Plasger, Die relative Autorität des Bekenntnisses bei Karl Barth, Neukirchen-Vluyn 2000, 199.

[60] Jan Rohls, Theologie reformierter Bekenntnisschriften. Von Zürich bis Barmen, Göttingen 1987, 317.

Konzilsbeschlüsse, noch viel weniger durch angenommene Gewohnheiten oder durch die Menge derer, die derselben Meinung sind, noch durch die Einrede des Besitzes während langer Zeit in die Enge treiben. Darum anerkennen wir in Sachen des Glaubens keinen anderen Richter als Gott selbst, der durch die heiligen Schriften verkündigt, was wahr und was falsch sei, was man befolgen und was man fliehen müsse. So geben wir uns bloss zufrieden mit Urteilen, die von geisterfüllten Menschen stammen und aus dem Worte Gottes gewonnen sind.»[61]

Der Erkenntnisvorbehalt kann sogar explizit Teil des Bekenntnisses werden, wie im Basler Bekenntnis von 1534: «zuletzt wollen wir dieses unser Bekenntnis dem Urteil göttlicher biblischer Schrift unterwerfen, und uns dabei erboten haben, ob wir aus angeregten heiligen Schriften etwas besseren berichtet, dass wir jederzeit Gott und seinem heiligen Wort mit grosser Danksagung Gehorsam wollen».[62] Matthias D. Wüthrich kommentiert: «In diesem Bekenntnis wird nicht einfach die Übereinstimmung mit der Schrift bekannt, sondern der Wille, das vorliegende Bekenntnis von dort her auch zu reformieren.»[63]

Das Schriftprinzip bildet, wie Barth bemerkt, den «articulus stantis et cadentis ecclesiae. Er ist es in der Tat. Er ist im reformierten Bekenntnis nicht ein Satz unter anderen, sondern der das ganze Bekenntnis erst erzeugende Satz.»[64] Die Folgen der Autorität der Schrift für das Bekenntnis – im Vergleich zur römisch-katholischen und evangelisch-lutherischen Kirche – entgehen dem Theologen nicht:

«Das reformierte *Schriftprinzip* ist es im letzten Grunde, das das reformierte *Bekenntnis* so an die Wand drückt, so zersplittert, so entweiht, so menschlich-zeitlich, so wenig bindend macht. Wehe mir, ich vergehe! [Jes. 6,5], heisst es da, und wie von deinem verzehrenden Feuer [vgl. Jes. 30,27] wird von der *Schrift*wahrheit, die da bekannt wird, alle *Bekenntnis*wahrheit angegriffen, in Frage gestellt, zunichte gemacht, sofern sie nicht mehr glüht in demselben Feuer, das sie aufzehrt. Das reformierte Bekenntnis ist Bekenntnis zur Schriftwahrheit; solange und sofern es das ist, hat es nicht aufgehört zu sein.»[65]

---

[61] Confessio Helvetica posterior (Anm. 31), 195.
[62] Zitiert nach Wüthrich, Überlegungen (Anm. 58), 44.
[63] Wüthrich, Überlegungen (Anm. 58), 44.
[64] Barth, Bekenntnisschriften (Anm. 55), 67.
[65] Barth, Bekenntnisschriften (Anm. 55), 65.

I. Geordnetes

V. Die Autorität des Wortes über den Text

Die Bibel ist nicht Gottes Wort – jedenfalls nicht nur! So lässt sich etwas zugespitzt die theologische, durch die historisch-kritische Bibelexegese geprägte Einsicht zusammenfassen. Der biblische Kanon erscheint unter diesem Paradigma als das kulturgeschichtliche Resultat komplexer mündlicher und schriftlicher Tradierungs- und Kompositionsprozesse. Der Ansatzpunkt für die Unterscheidung zwischen Schrift und Tradition – die die Reformatoren so nachdrücklich im Sinn hatten, freilich ohne daraus eine simple Antithetik zu konstruieren[66] – wurde brüchig und musste, sozusagen quer durch die Schrift selbst, neu justiert werden. Damit war auch die Voraussetzung jener Variante des reformatorischen Schriftprinzips, die die Identität von Bibel und Gottes Wort behauptete, unhaltbar geworden. An dieser Stelle ergeben sich grundsätzlich zwei Möglichkeiten: Die eine wird im oben angesprochenen Apostolikumstreit durchexerziert: Die Wahrheit des mit dem Wort Gottes identischen $Text_1$[67] wird ersetzt durch seine Verifikation *qua* wissenschaftlicher Erkenntnis, wobei die Frage nach der Herkunft an die Betrachtung des (überlieferten) Resultats zurückgebunden wurde. Damit wird nicht die Bibel als exklusive Offenbarungsquelle von Gottes Wort in Zweifel gezogen. Vielmehr stellt sich die Frage nach dem Status einer mit regulativen Ansprüchen auftretenden Bibelexegese: Entweder bleibt die Diagnose von sekundären Zusätzen, Übertragungsfehlern, nachträglichen Kompilationen etc. völlig unerheblich für die Frage, wie, wo und in welcher Weise Gott sich den Menschen offenbart. Oder die Forschung beansprucht, die Frage beantworten zu können, welcher $Text_1$ als Wort Gottes gilt und welche Passagen nur irrtümlich dafür gehalten werden.[68] Dann würden die historisch-kritische Bibelexegese und ein diesen Ansprüchen genügendes, auslegendes Bekenntnis ($Text_2$) zu einer Offenbarungsquelle *sui generis* – zumindest aber zum Wahrheitskriterium von $Text_1$.

Damit würde undurchsichtig, in welchem Text das geoffenbarte Wort Gottes eigentlich begegnet. Die Krise des Schriftprinzips führt mindestens zu einer Egalisierung der Hierarchie zwischen Schrift und Interpretation, wenn nicht gar

---

[66] Vgl. Matthias Zeindler, Gotteserfahrung in der christlichen Gemeinde. Eine systematisch-theologische Untersuchung, Stuttgart 2001, 300–309.

[67] Um kenntlich zu machen, dass hier von unterschiedlichen Konstitutionsbedingungen des biblischen Textes die Rede ist, wird im Folgenden zwischen «$Text_1$» im Sinne von der Schrift als Gottes Wort und «$Text_2$» als historisch-kritisch bewährtem Bibeltext unterschieden.

[68] Ob sie das tatsächlich (noch) tut, ist eine andere Frage.

zu ihrer Umkehrung. Kirchlich-theologische Aussagen müssen dem *state of the art* zeitgenössischer Wissenschaft genügen. Das Bekenntnis, das diese Ansprüche einzulösen versucht, wird zum Text$_2$ über den Text$_1$. Die lexikalisch gedachte Zuordnung von Schrift und Bekenntnis wird hinfällig. Die Theologie – nicht der Glauben – bedient sich zur Plausibilisierung ihrer Aussagen solcher Kategorien (Kriterien, Leitcodierungen), die die Gesellschaft (und ihre Subsysteme) bereithält, deren Teil sie ist. Daraus folgen dann theologische Abhandlungen etwa zu den Überschriften «Die Bibel als Ausdrucksuniversum religiöser Erfahrung» oder die «Bibel als abendländisches Kulturgut religiöser Lebensdeutung».[69]

Die Alternative besteht – wiederum grundsätzlich – darin, die «Krise des Schriftprinzips» als Stein des Anstosses im Sinne eines erkenntniskritischen Regulativs in die *theologische* Rede vom Wort Gottes zu integrieren. Hinsichtlich der Rekonstruktion des Verhältnisses von Autorität und Text besteht ein wesentlicher Unterschied zwischen beiden Zugängen darin, dass im ersten Fall die theologische Rede von der Autorität der Schrift auf eine Beschreibung reziproker Normierungsprozesse (im Sinne sozialer Normen als Erwartungs-Erwartungen) hinauslaufen muss, während im zweiten Fall zugunsten der These von der *Autorität der Schrift* nur über den Umweg und im Horizont einer offenbarungstheologischen und christologischen Fundierung der *Autorität des Wortes* argumentiert werden kann.[70] Beide Wege stimmen in den Einsichten überein, dass es erstens keinen methodischen Übergang von den Resultaten der Bibelkritik zur Wahrheit – resp. einem Wahrheitskriterium – der Schrift gibt[71] und dass damit zweitens die Machtfrage[72] ins Spiel kommt – entweder in Form sanktionsbewährter Normen *(potestas)* oder in Form eines nicht mehr hintergehbaren *(sola fidei)* Überzeugtseins von etwas *(auctoritas)*.

---

[69] So zwei Kapitelüberschriften in Jörg Lauster, Zwischen Entzauberung und Remythisierung. Zum Verhältnis von Bibel und Dogma, Leipzig 2008.

[70] Diese Differenz bildet für Wüthrich, Überlegungen (Anm. 58), 53–57, den Ausgangspunkt für seine ekklesiologische Entfaltung der These von der Bedeutung der Verkündigung für die Erschliessung der Schrift als Wort Gottes.

[71] Die wissenschaftliche Überprüfung der Aussagen des biblischen Textes führt nicht zur Verifikation des göttlichen Wortes. Ebenso wenig lässt sich das theologische Konstrukt des *verbum efficax* auf die Wirkweise performativer Sprechakte abkürzen; vgl. Ingolf U. Dalferth, Wirkendes Wort. Handeln durch Sprechen in der christlichen Verkündigung: Hans-Günter Heimbrock/Heinz Streib (Hg.), Magie. Katastrophenreligion und Kritik des Glaubens. Eine theologische und religionstheoretische Kontroverse um die Kraft des Wortes, Kampen 1994, 105–143.

[72] Vgl. dazu Philipp Stoellger, Souveränität im Spiel der Zeichen. Zum Schein der Macht in religiöser Rede: ders. (Hg.), Sprachen der Macht. Gesten der Er- und Entmächtigung in Text und Interpretation, Würzburg 2008, 189–211.

I. Geordnetes

Die bisherigen Überlegungen zur Frage nach der Autorität reformierter Bekenntnisse legen drei Thesen nahe: 1. Die (relative) Autorität reformierter Bekenntnisse verdankt sich der Autorität der Schrift als dem Wort des souveränen Gottes. 2. Die Autorität der Schrift ergibt sich (früher) aus ihrer Identität mit dem bzw. (heute) ihrem dezidierten Bezug auf das Wort Gottes.[73] Und 3. Das Bekenntnis kann – theologisch betrachtet – nur von relativer Autorität sein, weil es Gottes Wort auslegt, ohne *per se* Wort Gottes zu sein – wobei nicht ausgeschlossen ist, dass Gott durch das Bekenntnis ‹sein Wort› spricht.

Die Autorität des Textes hängt von der *Präsenz* Gottes in seinem und durch sein Wort ab. Barth entwirft im § 4 der Kirchlichen Dogmatik eine Lehre von der dreifachen Gestalt des Wortes Gottes: Zwischen dem verkündigten, geschriebenen und geoffenbarten Wort besteht ein komplexes Wechselverhältnis mit der Offenbarung Gottes im Zentrum, die dem Menschen nur in dem zweifach vermittelten Verhältnis von Schrift und Verkündigung zugänglich wird.[74] Offenbarung «ereignet sich in der sie bezeugenden Schrift».[75] Verkündigung oder Schrift sind *an sich* noch nicht Wort Gottes.

«Zum Wort Gottes wird die Schrift erst im Ereignis der Selbstoffenbarung Gottes in seinem von ihr bezeugten Wort Gottes in der Verkündigung. Die Schriftautorität wird externalisiert und in das Ereignis des Wortes Gottes verlagert und darf nicht mehr aus dem applikativen Kontext der Verkündigung gelöst werden. Es ist nicht mehr das *sola scriptura,* das Jesus Christus zugänglich macht, sondern nunmehr das – bei den vier traditionellen reformatorischen Exklusivpartikeln bezeichnenderweise noch nicht erwähnte – *solus verbum.* Jesus Christus erschliesst sich in seinem Wort (als Wort) selbst!»[76]

---

[73] Vgl. Barth, Theologie (Anm. 55), 67, aus umgekehrter Perspektive: «Die Kirche erkennt die Regel ihrer Verkündigung allein im Worte Gottes und findet das Wort Gottes allein in der heiligen Schrift.»
[74] Vgl. Karl Barth, Die Kirchliche Dogmatik I/1, Zollikon-Zürich 1947, 89–128. Vgl. auch das aus anderer Perspektive formulierte Ensemble von vier, die Autorität der Schrift konstituierenden Faktoren bei Hermann Deuser, Kleine Einführung in die Systematische Theologie, Stuttgart 1999, 36: überlieferter (heiliger) Text, geschichtliche Traditionsbildung, lebensgeschichtliche Erfahrungen und Überzeugungen und kritische Vernunft.
[75] Wüthrich, Überlegungen (Anm. 58), 54.
[76] Wüthrich, Überlegungen (Anm. 58), 55. Diese Verbindung bildet auch den sachlichen Hintergrund für die bekannte Zuspitzung Bullingers im Zweiten Helvetischen Bekenntnis: «Die Predigt des Wortes Gottes ist Wort Gottes [Praedicatio verbi dei est verbum dei]» (Heinrich Bullinger, Das Zweite Helvetische Bekenntnis, Zürich [5]1998, 18); vgl. dazu Gottfried W. Locher, Praedicatio verbi dei est verbum dei. Ein Beitrag zur Charakteristik der Theologie Heinrich Bullingers: Zwingliana 10 (1954–1958), 47–57, und Isolde Karle, «Praedicatio verbi dei est verbum dei». Bullingers Formel neu gelesen: EvTh 64, 2004, 140–147.

Oder Karl Barth kurz und knapp: «Das Wort Gottes wird erkennbar, indem es sich erkennbar macht.»[77]

Was folgt daraus für den Bekenntnisbegriff? Wenn die Erkenntnis des Wortes Gottes nicht abgelöst werden kann von der Verkündigung der Selbstoffenbarung Gottes in seinem Wort, dann lassen sich kirchliche Bekenntnisse kaum im Sinne der normativen Relation von *norma normans* und *norma normata* explizieren. Die normative, orientierende Kraft des Bekenntnisses soll nicht bestritten oder für überflüssig erklärt werden. Aber es ist fraglich, ob mit der formalen Unterordnung unter die Schrift und ihrer Funktionalisierung als *norma normata (et normanda)* die theologische Dimension und Rolle des Bekenntnisses angemessen erfasst wird.[78] Die normative Perspektive ist – nach Härle – gekennzeichnet durch das Verhältnis der «*normativen Unterordnung des B[ekenntnisses] unter den biblischen Kanon*» bei gleichzeitiger «*hermeneutische[r] Vorordnung des B[ekenntnisses] vor die Bibel*».[79] Normen richten sich auf Handlungsroutinen, die befolgt, aber weder bekannt werden, noch (notwendig) ein Verstehen voraussetzen müssen.

Die Schwierigkeit der dialektischen Relation besteht darin, dass eine Beziehung zwischen normiertem Textverstehen und normierendem Text nur unter der Voraussetzung eines metanormativen Beobachterstandpunktes als *tertium comparationis* gedacht werden kann. Denn ich kann eine Norm befolgen, ohne zu erkennen, dass ich ihr folge. «Wenn ich der Regel folge, wähle ich nicht. Ich folge der Regel *blind*.»[80] Ich kann aber nicht wissen, dass ich einer Norm folge, ohne mich zu dieser Norm – im Sinne einer intentionalen Bezugnahme (als Resultat eines Entschlusses, im Nachkommen einer Aufforderung oder in dem Gehorsam gegenüber einem Befehl) – zu verhalten. Ich kann nur wissen, dass ich einer Norm folge, wenn ich in der Lage bin, von der Faktizität meiner Normbefolgung – durch Selbstreflexion meines Normverhaltens – zu abstrahieren.

Einer Norm zu folgen ist etwas anderes als eine Entscheidung zu treffen oder von einem Anspruch getroffen zu werden. Eine normenorientierte Auffassung von Bekenntnis verwischt die Differenz zwischen Normbefolgung und Entscheidung, auf die bereits eingangs hingewiesen wurde. Natürlich hat ein Bekenntnis eine normative Dimension, insofern es die Gemeinde unter ein gemeinsam und öffentlich bekundetes Urteil stellt, das (grundsätzlich) begründet werden kann.

---

[77] Barth, KD I/1 (Anm. 74), 260.
[78] Zur Kritik des Normbegriffs vgl. Plasger, Autorität (Anm. 59), 208f.
[79] Wilfried Härle, Bekenntnis IV: RGG⁴, Bd. 1, 1998, 1257–1262 (1261).
[80] Ludwig Wittgenstein, Philosophische Untersuchungen, Werkausgabe, Bd. 1, Frankfurt a. M. 1984, § 219.

I. Geordnetes

Aber die Gemeinde *befolgt* im Bekennen keine Norm – im Sinne einer Regelbefolgung oder Normerfüllung –, sondern *folgt als Kirche – unter seinem Wort stehend – dem Anspruch ihres Herrn* in einer konkreten Situation: «Wir, hier, jetzt – bekennen dies!»[81]

VI. Autorität zwischen Text und Wort – anschliessende Thesen

Die Schwierigkeiten bei der Frage nach der Autorität kirchlicher Texte hängen eng mit der Kategorie «Text» selbst zusammen, wie die im Vorangegangenen stillschweigend getroffene Unterscheidung zwischen $Text_1$ und $Text_2$ deutlich macht. Wenngleich die Differenz zwischen der «Schrift» als «Gottes Wort» ($Text_1$) und dem Bekenntnis als (menschliche) kirchliche Äusserung ($Text_2$) intuitiv verständlich erscheint, bleibt das Differenzkriterium unklar. Denn die naheliegende Unterscheidung zwischen den Autoren Gott und Kirche/Mensch oder dem Souverän und der bedingten Autorität (der Kirche bzw. des kirchlichen Amtes) wird erst dann auf der Textebene relevant, wenn für beide Fälle eine analoge Beziehung zwischen Schreiber und Geschriebenem unterstellt werden kann, wenn also Gott ebenso als *Poet*[82] der «Schrift» infrage kommt, wie etwa eine kirchliche Gruppe als Verfasserin eines Bekenntnisses. Ist Gott ein Schriftsteller, wie Johann Georg Hamann – mit Ausrufezeichen versehen – behauptet hat?[83] Die Bibel berichtet von einem einzigen schriftlichen Dokument Gottes, den Gebotstafeln, die alsbald zerstört und durch Duplikate von Menschenhand ersetzt wurden.

Umgekehrt gilt mit Luther: «Ubi est verbum, ibi est ecclesia (Wo das Wort ist, da ist die Kirche).»[84] Die Vorstellung von Kirche als *corpus permixtum* bezieht sich auch darauf, was aus der Wahrnehmung des Auftrags der Kirche folgt. Kirchliche Verkündigung ist nicht einfach menschliche Rede von Gott, sondern Gott selbst spricht durch die kirchliche Verkündigung. Sie ist als menschliche Äusserung *zugleich* Medium des göttlichen Wortes. Die Bestimmung der Kirche

---

[81] Karl Barth, Wünschbarkeit und Möglichkeit eines allgemeinen reformierten Bekenntnisses: ders., Vorträge und kleinere Arbeiten 1922–1925, hg. von Holger Finze, Zürich 1990, 604–643 (616).

[82] Zu Gott als *Deus poeta* vgl. Oswald Bayer, Gott als Autor. Zu einer poietologischen Theologie, Tübingen 1999, 2–3 et passim.

[83] Bayer, Gott (Anm. 82), 30–33; Andreas Mauz, Göttliches Schreiben. Zur Genealogie des Schreibens und ihrer Nützlichkeit für eine Poetik des «heiligen Textes»: Stoellger (Hg.), Sprachen (Anm. 72), 225–261.

[84] Martin Luther, WA 39/II, 176,8f.

als die eine heilige, durch Gottes Wort konstituierte Gemeinschaft enthält eine doppelte Autoritätsauszeichnung: einerseits *Gottes Wort* als Anfang, Grund und Ziel der Kirche *(creatura verbi divini)* und andererseits die in rechter Weise um Wort und Sakrament versammelte *Gemeinschaft der Heiligen*. Kirchliches Reden und Handeln kann sich also nicht auf eine «Autorität zu ...» berufen, sondern hat ihren Ausgangspunkt in einer «Autorisierung von ...». Von einer der Kirche selbst innewohnenden Autorität *(auctoritas ecclesiae)* kann – das ist die bereits von Augustinus betonte Kehrseite von Kirche als *corpus permixtum* – nur in eschatologischer Perspektive gesprochen werden. Dass die Kirche keine eigene Autorität hat, zeigt sich auch darin, dass sie sich zu der göttlichen Autorisierung in ihrem Reden und Handeln nicht beliebig verhalten kann. In Anlehnung an eine Bestimmung von Georg Picht gilt: Der Auftrag, zu dem Gott autorisiert, konstituiert Kirche als das Subjekt der Beauftragung. Dieser Relationalität entspricht die, von den Reformatoren betonte Passivität[85] der christlichen Gemeinde im gemeinsamen Hören auf Gottes Wort.

Die Rede von einer «Autorisierung von ...» hat eine autoritätskritische Pointe, die weiter reicht als die rückfragend-reflexiven Impulse historischer Bibelkritik. Es geht nicht um die Ersetzung der einen schriftinspirierten Autorität durch die andere wissenschaftsfundierte. Auch ein Relativismus lässt sich überzeugend nur mit entsprechender Autorität behaupten. «Autorisierung von ...» zielt dagegen auf eine «Dekonstruktion der Souveränität».[86] Der mit der Unterscheidung zwischen Text$_1$ zu Text$_2$ angedeutete Graben markiert den unhintergehbaren Wagnischarakter im Prozess des Verstehens und Bekennens des Wortes Gottes (wie er bereits bei den Zeugen der Evangelien oder bei Paulus begegnet). Es gibt keinen theoretisch geschlossenen und methodisch angeleiteten Übergang zwischen beiden Texten im Sinne einer Ableitung, Übersetzung etc. Wir verfügen über keine Norm, die es uns ermöglicht, die richtige Anwendung einer Interpretationsregel von einer falschen zu unterscheiden.

Die Vieldeutigkeit des Textes bleibt hinter der Eindeutigkeit des Wortes, das einen Menschen trifft, zurück. Darin spiegelt sich die alte Erfahrung des Zenon im *Parmenides,* dessen entwendetes Manuskript ihn der Möglichkeit beraubt, Autor in eigener Sache zu sein. Folgerichtig resümiert Jacques Derrida den anderen platonischen Dialog zwischen Sokrates und Phaidros über den Verlust der Schrift

---

[85] Zur *vita passiva* als dritter Dimension und Bezugspunkt der traditionellen Unterscheidung zwischen *vita activa* und *vita contemplativa* vgl. Bayer, Gott (Anm. 82), 256–259.
[86] Stoellger, Souveränität (Anm. 72), 209.

I. Geordnetes

gegenüber der Rede: «Die Schrift ist Vatermord.»[87] Besteht genau darin die Autorität des Textes (gegenüber dem Wort)? Die Befürchtung, dass es so sein könnte, liefert zumindest ein starkes und plausibles Motiv für die Zurückhaltung und prinzipielle Hintergehbarkeit reformierter Bekenntnistexte. Diese Bescheidenheit darf nicht missverstanden werden. Reformiertes Bekenntnis ist grundsätzlich universales Bekenntnis.

> «Das ist rechte Lehre, richtige Erkenntnis, nicht nur für die Kirche in Schottland im Jahre 1560, sondern es ist *die* rechte Lehre, *die* richtige Erkenntnis – schlechthin, für die gesamte Kirche, ja, für die ganze Welt. [...] [I]m Bekenntnis behauptet die Kirche ja nichts weniger, als dass ihre Erkenntnis der Heiligen Schrift richtig und gültig ist – und bekennt zuweilen auch explizit, dass andere Erkenntnisse als häretisch anzusehen sind. Die universale Valenz eines Bekenntnisses resultiert nach reformiertem Verständnis aus der Referenz auf die Universalität Gottes, der das Partikulare erwählt, indem er in Jesus Christus in Israel zur Welt kommt. Insofern ist jedes reformierte Bekenntnis als Zeugnis von präzise dieser Universalität zu verstehen.»[88]

Die Autorität des reformierten Bekenntnisses steckt nicht in den Worten, in denen sie formuliert sind, auch nicht in dem Entschluss der Kirche, sie laut und vernehmbar zu sagen, sondern verdankt sich allein demjenigen, der dort bekannt wird. Deshalb kann kirchliches Bekenntnis nicht *normativ* sein, in dem Sinne, dass es die Befolgung einer Norm normiert. Das Bekenntnis der Kirche ist *dialogisch:* Es *antwortet* auf das an sie ergangene *Wort.* Die Antwort des Glaubens *als* Bekenntnis verweist auf eine spezifische Autorisierung. In dem Zusammenhang hat Emidio Campi auf den toten Winkel der reformierten Bekenntnisfreiheit hingewiesen:

> «Denn trotz aller Betonung der Bekenntnisfreiheit darf man sich nicht darüber hinwegtäuschen lassen, dass seit der Genehmigung der neuen Liturgie durch den Kantonsrat (1870) die Reflexion über das Bekennen nicht weitergeführt wurde. Eines ist seit diesem Jahr evident: dass lediglich das altkirchliche Glaubenssymbol in den Hintergrund gedrängt wurde. Somit verschwand einfach die ekklesiologische Dimension, die dem Bekenntnisakt angemessen ist.»[89]

---

[87] Jacques Derrida, Platons Pharmazie: ders., Dissemination, Wien 1995, 69–190 (182).
[88] Georg Plasger, Die Confessio Augustana als Grundbekenntnis der Evangelischen Kirche in Deutschland? Anmerkungen und Überlegungen aus reformierter Perspektive: ZThK 105, 2008, 315–331 (324).
[89] Campi, Bekenntnisfrage (Anm. 36), 87.

Den Reformatoren ging es darum, die Autorität der Schrift als exklusive Offenbarungsquelle zu verteidigen. Heute besteht die Aufgabe der bekennenden Kirche darin, die Autorität des Wortes Gottes gegenüber der Relativität der Texte zu bezeugen.

«... als ob wir ohne ihn etwas wären»

Zur Aktualität von Zwinglis Gerechtigkeitsverständnis

> «Im Wort lernt man, wie gerecht zu sein
> wir schuldig sind.»
> *Huldrych Zwingli*[1]

I. Einleitung

«Die Gerechtigkeit ist die erste Tugend sozialer Institutionen, so wie die Wahrheit bei Gedankensystemen. Eine noch so elegante und mit sparsamen Mitteln arbeitende Theorie muss fallengelassen werden, wenn sie nicht wahr ist; ebenso müssen noch so gut funktionierende und wohlabgestimmte Gesetze und Institutionen abgeändert oder abgeschafft werden, wenn sie ungerecht sind. Jeder Mensch besitzt eine aus der Gerechtigkeit entspringende Unverletzlichkeit, die auch im Namen des Wohles der ganzen Gesellschaft nicht aufgehoben werden kann.»[2]

Diese eindringlichen Sätze hatte der politische Philosoph John Rawls (1921–2002) 1971 der liberalen Welt ins Stammbuch geschrieben. Die Bedeutung des US-amerikanischen Philosophen zeigt sich nicht zuletzt darin, wie plausibel und selbstverständlich uns seine Äusserungen heute erscheinen. Dabei sind die wenigen Sätze äusserst komplex und theoretisch hoch aufgeladen: Da werden Tugenden festgestellt und auf soziale Institutionen bezogen, Ungerechtigkeiten als Grund für die Änderung von staatlichen und rechtlichen Ordnungen behauptet und aus der Gerechtigkeit der Vorrang des Schutzes der Person vor dem Gemeinwohl abgeleitet. Aus ethischer und gerechtigkeitstheoretischer Sicht ist das eine geradezu schwindelerregende Mischung aus Annahmen, Hypothesen, theoriegeleiteten Behauptungen, gemischt mit einer sympathischen Prise Pathos.

Dass wir uns mit der Gerechtigkeit doch nicht so leichttun – oder richtiger formuliert: dass es die Gerechtigkeit mit uns nicht so leicht hat –, zeigen das himmelschreiende Unrecht und die masslosen Ungerechtigkeiten, die uns Tag für Tag in den Nachrichtenmedien entgegenkommen. So sehr von allen Seiten

---

[1] Huldrych Zwingli, Göttliche und menschliche Gerechtigkeit (1523). Übersetzt von Ernst Saxer, Schriften I, im Auftrag des Zwinglivereins hg. von Thomas Brunnschweiler und Samuel Lutz, Zürich 1995 (ZS I), 155–213 (211); Titelzitat: 162.
[2] John Rawls, Eine Theorie der Gerechtigkeit, Frankfurt a. M. 1979, 19.

I. Geordnetes

die menschliche Sehnsucht nach Gerechtigkeit betont und beschworen wird, so schlecht steht es um sie im realen Leben. Das kann kein Zufall sein. In seinem grossen Matthäus-Kommentar kommt der emeritierte Berner Neutestamentler Ulrich Luz im Abschnitt über «Die bessere Gerechtigkeit» in den Antithesen der Bergpredigt (Mt 5,21–48) zu dem ernüchternden Befund, dass die kirchlich-theologische Wirkungsgeschichte «weitgehend eine Geschichte der Milderung» gewesen sei und «von Versuchen bestimmt, dem Text seinen Stachel zu nehmen und seine Forderung zu erleichtern oder zu umgehen».[3] Wie eine Bestätigung lesen sich aktuell manche ethischen Debatten akademischer Theologie, in denen mehr Energie auf die Relativierung von Gerechtigkeitsintuitionen als auf deren biblisch-theologische Stützung verwendet wird.[4]

So selbstverständlich Gerechtigkeit gefordert und beansprucht wird, so umstritten sind ihr Grund, ihre Reichweite, Zielperspektiven, Absichten und Wirkungen, wie eine exemplarisch herausgegriffene Definition verdeutlicht:

> «Eine Gerechtigkeitskonzeption muss eine begründete Antwort auf die Frage geben: Wer schuldet in welchen Umständen wem was, auf welche Weise, warum, aus welcher Perspektive, aufgrund welchen Prinzips und mit welcher Anwendung? Fragen der Gerechtigkeit betreffen demnach mindestens folgende neun Dimensionen: (1) die Umstände, (2) die Objekte, (3) die Subjekte, (4) den Umfang, (5) die Perspektive, (6) die Gründe, (7) die Arten, (8) den Inhalt, die Prinzipien und Kriterien sowie (9) die Anwendung.»

So lassen sich die wesentlichen methodischen Zumutungen juristischer, politologischer, philosophischer, ethischer und sozialwissenschaftlicher Gerechtigkeitsdiskurse zusammenfassen. Klar ist lediglich der Ruf nach gerechten Verhältnissen, unklar bleibt, worin sie bestehen sollen. Im Folgenden geht es um einen Zugang zur Gerechtigkeit, der weder die Aussagen der Bergpredigt ermässigt und auf die leichte Schulter nimmt, noch alle Aspekte von Gerechtigkeit für disponibel erklärt. Der aus einer am 24. Juni 1523 in Zürich gehaltenen Predigt hervorgegangene Traktat *Göttliche und menschliche Gerechtigkeit und wie diese sich zueinander verhalten* des Zürcher Reformators Huldrych Zwingli ist zwar schon 500 Jahre alt, aber immer noch für Überraschungen gut.

---

[3] Ulrich Luz, Das Evangelium nach Matthäus I/1, Zürich/Einsiedeln/Köln 1985, 256 (zu Mt 5,21f.) und 286 (zu Mt 5,33–37).

[4] Vgl. dazu im Kontext der aktuellen Flüchtlings- und Asyldebatten Frank Mathwig, Heimat entdecken. Ein ethisch theologischer Versuch über Heimat: Amélé Adamavi-Aho Ekué/ders./Matthias Zeindler, Heimat(en)? Beiträge zu einer Theologie der Migration, Zürich 2017, 151–207.

II. Politik Gottes und menschliche Ordnungen

1. Hintergründe

«Schafft Recht dem Geringen und der Waise, dem Elenden und Bedürftigen verhelft zum Recht. Rettet den Geringen und den Armen, befreit ihn aus der Hand der Frevler.» (Ps 82,3f.) Diese Forderung verweist bereits auf eine Eigenart der Beschäftigung mit der Gerechtigkeit: Obwohl Gerechtigkeit zweifellos zu den höchsten anzustrebenden Tugenden und gesellschaftlichen Gütern gehört, beginnt das Nachdenken über sie erst mit der Wahrnehmung von Ungerechtigkeit und Unrecht. Wo sie nicht mehr übersehen oder nur noch mit massiver Gewalt vertuscht werden können, wird der Ruf nach Gerechtigkeit laut.[5] Besonders eindrücklich zeigt sich dieser Zusammenhang in der jüngeren reformierten Bekenntnistradition[6] und im ökumenischen Dialog. Die Trias «Frieden, Gerechtigkeit und Bewahrung der Schöpfung» wird spätestens seit der VI. Vollversammlung des ÖRK in Vancouver 1983 – die den bereits auf der IV. Vollversammlung in Uppsala 1968 behandelte Gerechtigkeitstopos wieder aufgriff – zum sozialethischen Leitthema.[7] Die kirchliche Bekenntnisfrage bricht unter dem Eindruck von unerträglicher Ungerechtigkeit und menschenverachtenden Unrechtsverhältnissen auf. Das Nachdenken über Gerechtigkeit ist deshalb ein sicheres Indiz für das Vorliegen prekärer rechtlicher, politischer und gesellschaftlicher Zustände.

Auch der Zürcher Reformator reagierte mit seinem Gerechtigkeitstraktat auf unübersehbar ungerechte Praktiken und Gewohnheiten in Staat und Kirche. Den Hintergrund bildete die im 15. und 16. Jahrhundert aufkommende Massenarmut und zunehmende Kriminalisierung der Armen. Gegen das grassierende Soldnerwesen – das «Reislaufen» –, deren Folgen Zwingli in der brutalen Schlacht von Marignano 1515 als Feldgeistlicher hautnah miterlebt hatte, war er bereits in jungen Jahren angegangen. Darüber hinaus hatte eine Pestepidemie, der auch der Reformator beinahe zum Opfer gefallen wäre, im ersten Amtsjahr Zwinglis in Zürich – zwischen August 1519 und Februar 1520 – die Bevölkerung Zürichs um

---

[5] Vgl. Elisabeth Gräb-Schmidt, Gerechtigkeit systematisch-theologisch: Markus Witte (Hg.), Gerechtigkeit, Tübingen 2012, 125–155 (125); Wolfgang Lienemann, Gerechtigkeit (Ökumenische Studienhefte 3), Göttingen 1995, 197f.

[6] Vgl. dazu Margit Ernst-Habib, Reformierte Identität weltweit. Eine Interpretation neuerer Bekenntnisse aus der reformierten Tradition, Göttingen/Bristol (CT) 2017; Marco Hofheinz/Raphaela J. Meyer zu Hörste-Bührer/Frederike van Oorschot (Hg.), Reformiertes Bekennen heute. Bekenntnistexte der Gegenwart von Belhar bis Kappel, Neukirchen-Vluyn 2015.

[7] Vgl. dazu Lienemann, Gerechtigkeit (Anm. 1).

I. Geordnetes

fast ein Viertel dezimiert.[8] Bereits in dem letzten, 67. Artikel der Schlussreden im Anschluss an die Erste Zürcher Disputation vom Januar 1523 hatte Zwingli die Zins- und Zehntenfrage angesprochen,[9] die im Zentrum des Kampfes der Bauern für eine Senkung oder Abschaffung der bedrückenden Abgabenlast an den Staat standen.[10] Im zweiten Teil des Gerechtigkeitstraktats wird der Reformator dieses Thema vor dem Hintergrund von Röm 13 vertiefen. Anlässlich der Zweiten Zürcher Disputation im Oktober 1523 hatte Zwingli eine Predigt über das kirchliche Amtsverständnis gehalten, die er 1524 unter dem Titel *Der Hirt* veröffentlichte. Darin richtete er sich ausdrücklich gegen die Ausbeutung der Bevölkerung durch die Kirche und ihre Gleichgültigkeit gegenüber ihren Nöten: «Die Reichtümer anhäufen, Sack, Beutel, Speicher und Keller füllen, sind wahre Werwölfe.»[11]

Nicht zuletzt Zwinglis scharfe Sozialkritik machte Zürich in der Anfangszeit der Reformation als Keimzelle von Anarchie und Aufruhr verdächtig. Sich der politischen Brisanz der Lage bewusst, kämpfte der Reformator in seiner Gerechtigkeitspredigt einerseits gegen die katholischen Traditionalisten und «Etablierten» (Arthur Rich), die kirchlich und/oder politisch alles beim Alten lassen wollten, und andererseits gegen die «Radikalen» und Bauern, die mit Verweis auf die göttliche Gerechtigkeit – und häufig auch mit Berufung auf den Reformator – alle menschlichen, positiv-rechtlichen Ordnungen abschaffen wollten.[12]

Gerechtigkeit zielt nach einem antiken und bis heute geltenden Grundsatz darauf, jedem sein Recht zuzuteilen (Ulpian: «*iustitia est constans et perpetua voluntas ius suum unicuique tribuendi*»[13]). Nach Aristoteles ist die Gerechtigkeit

---

[8] Vgl. Peter Stephens, Zwingli. Einführung in sein Denken, Zürich 1997, 26; Ulrich Gäbler, Huldrych Zwingli, Leben und Werk, Zürich 2004; Thomas Martin Schneider, Der Mensch als «Gefäss Gottes» – Huldrych Zwinglis Gebetslied in der Pest und die Frage nach seiner reformatorischen Wende: Zwingliana 35, 2008, 5–21.

[9] Vgl. Huldrych Zwingli, Auslegung und Begründung der Thesen oder Artikel, ZS II, 495–497.

[10] Vgl. Peter Blickle, Das göttliche Recht der Bauern und die göttliche Gerechtigkeit der Reformatoren: Archiv für Kulturgeschichte 68, 1986, 351–370; ders., Gerechtigkeit und Freiheit als Schlüsselbegriffe des Reformationszeitalters in Deutschland: Andreas Dornheim u. a. (Hg.), Gerechtigkeit. Interdisziplinäre Grundlagen, Opladen/Wiesbaden 1999, 78–91.

[11] Huldrych Zwingli, Der Hirt, ZS I, 243–312 (303).

[12] Vgl. Ernst Saxer, Einleitung, ZS I, 157–158; Arthur Rich, Zwingli als sozialpolitischer Denker: Zwingliana 13, 1969, 67–89; vgl. ders., Zwinglis Weg zur Reformation: Zwingliana 8, 1948, 511–535.

[13] Digesten I, 1,10. Aus der unübersehbaren Literatur zur Gerechtigkeit genannt sei nur die kurze, instruktive Einführung von Otfried Höffe, Gerechtigkeit. Eine philosophische Einführung, München 2001; aus theologisch-ethischer Sicht Lienemann, Gerechtigkeit (Anm. 6); Hans-Richard Reuter, Gerechtigkeit. Zur theologischen Dimension eines sozialethischen Begriffs: ders.: Rechtsethik in theologischer Perspektive. Studien zur

zweigeteilt: Die ausgleichende und entschädigende Gerechtigkeit *(iustitia directiva)* betrachtet alle Menschen als Gleiche. Deshalb trägt die Göttin des Rechts Dike bzw. *Iustitia* in vielen Darstellungen eine Augenbinde. Sie steht für die arithmetische Gerechtigkeit des Wegsehens, nach der die Menschen – ohne Ansehung der Person – gleichbehandelt werden. Dagegen ist die austeilende oder soziale Gerechtigkeit *(iustitia distributiva)* eine Gerechtigkeit des Hinsehens, die gerade auf die Ungleichheit der Menschen fokussiert. Sie folgt einer proportionalen Gleichheitsregel, nach der Gleiche Gleiches und Ungleiche Ungleiches erhalten sollen.[14] Nach diesem Prinzip sind die modernen Sozialversicherungssysteme und Sozialpolitiken organisiert. Gerechtigkeit beschäftigt sich also – nach antikem und modernem Verständnis – mit den Regeln der Zuteilung und Verteilung von Rechten und Gütern.

2. Göttliche und menschliche Gerechtigkeit

Vor diesem Hintergrund beginnt Zwingli seinen Gerechtigkeitstraktat mit einem gewaltigen gerechtigkeitstheoretischen Paukenschlag, der die abendländischen Gerechtigkeitstraditionen aus den Angeln hebt und einen ganz eigenen Zugang zum Thema eröffnet:

> «Gott ist nicht allein deswegen gerecht, weil er einem jeden das Seine gibt, wie die Menschen die Gerechtigkeit beschrieben haben. Wenn wir ihn nach dieser Richtschnur messen wollten, so täten wir dergleichen, als ob wir ohne ihn etwas wären. Denn was ist unser? Nichts; es ist alles sein, was wir haben und sind. So können wir nicht von Gott verlangen, dass er uns das Unsere gibt, denn unser ist nichts, sondern was er gibt, ist alles sein.»[15]

Gerechtigkeit als Massstab für die Zuteilung und Verteilung von Rechten und Gütern setzt erstens voraus, dass es etwas gibt, was entschädigt, zugeteilt oder

---

Grundlegung und Konkretion, Gütersloh 1996, 25–43; Wolfgang Huber, Gerechtigkeit und Recht. Grundlinien christlicher Rechtsethik, Gütersloh ³2006; ders., Rechtsethik: ders./Torsten Meireis/Hans-Richard Reuter (Hg.), Handbuch der Evangelischen Ethik, München 2015, 125–193, und zum *suum cuique* aus theologischer Sicht Wilfried Härle, «Suum cuique». Gerechtigkeit als sozialethischer und theologischer Grundbegriff: ZEE 41, 1997, 303–312.

[14] Vgl. Wolfgang Kersting, Gleiches gleich und Ungleiches ungleich. Prinzipien der sozialen Gerechtigkeit: Dornheim u. a. (Hg.), Gerechtigkeit (Anm. 6), 46–77 (46f.).

[15] ZS I, 162.

verteilt werden kann, und zweitens, dass jemand oder eine Gruppe über die nötige Zuteilungs- und Verteilungsmacht verfügt. Insofern kommt für Zwingli – in Übereinstimmung mit der Bibel – Gott allein Gerechtigkeit zu, Gerechtigkeit ist ein Gottesprädikat. Umgekehrt gilt: Weil die Geschöpfe von sich aus über nichts Eigenes verfügen, können sie *vor Gott* keine Ansprüche oder gar Anrechte auf etwas erheben. In dieser Einsicht steckt – nebenbei bemerkt – eine radikale Kritik an den Prämissen der neuzeitlichen Radikalisierung der Theodizeefrage.

Natürlich war Zwingli nicht entgangen, dass Menschen ganz selbstverständlich über Eigentum und Besitz verfügen. Diese triviale Tatsache wird auch durch das 8. Dekaloggebot «Du sollst nicht stehlen» (Ex 20,15) bestätigt, denn ohne Eigentum kein Diebstahl und kein Diebstahlverbot. Zwingli erklärt diesen scheinbaren Widerspruch zu seiner Ausgangsthese von der Besitzlosigkeit der Geschöpfe mit der menschlichen Sündhaftigkeit: «Daraus, dass alles zu Privateigentum geworden ist, lernen wir alle, dass wir Sünder sind. [...] Denn was er uns unentgeltlich gibt, machen wir zu Eigentum.»[16] Obwohl der Reformator – nach Gottfried Wilhelm Locher – die sozialrevolutionäre Formel von Pierre-Joseph Proudhon «Eigentum ist Diebstahl!»[17] «fast [...] streift»,[18] geht es dem Reformator um weitaus Grundsätzlicheres: «Du sollst dein zeitliches Gut nicht als dein Eigentum ansehen: du bist nur als Verwalter eingesetzt.»[19] Als Verwalterin eines Besitzes ist eine Person nicht Eigentümerin, sondern hat nur die Verfügungsgewalt übertragen bekommen für etwas, was ihr nicht gehört. Auf diese theologische – nicht eigentums- oder gerechtigkeitstheoretische – Einsicht kommt es Zwingli an: «Es gibt nur *einen* Eigentümer.»[20]

Von dieser Eigentümer- oder genauer Reich-Gottes-Gerechtigkeit handelt die göttliche Gerechtigkeit, «welche es allein verdient, als Gerechtigkeit bezeichnet zu werden».[21] Sie «ist so rein, so erhaben und von allen Flecken frei»,[22] «lautere, reine unvermischte Gerechtigkeit»,[23] «seine hochheilige Gerechtigkeit»,[24] denn:

---

[16] ZS I, 200.
[17] Pierre-Joseph Proudhon, Qu'est-ce que la propriété?, Paris 1867, 13: «La propriété c'est le vol!»
[18] Gottfried W. Locher, Der Eigentumsbegriff als Problem evangelischer Theologie, Zürich 1954, 32.
[19] ZS II, 492.
[20] Locher, Eigentumsbegriff (Anm. 18), 35.
[21] ZS I, 166.
[22] Huldrych Zwingli, Kommentar über die wahre und falsche Religion, ZS III, 31–452 (106).
[23] ZS I, 162.
[24] ZS III, 105.

Gott «ist dergestalt gerecht, dass er der unversehrte Brunnen aller Unschuld, Untadeligkeit, Gerechtigkeit und alles Guten ist; denn er ist selbst wesenhaft Gerechtigkeit, Untadeligkeit und alles Gute, so dass nichts untadelig, gerecht oder gut ist, als was aus ihm kommt».[25]

Die göttliche Gerechtigkeit ist keine besondere moralische Qualität, sondern Ausdruck des Willens Gottes (Mt 5,48). In Jesu Christi Leben und Lehre ist sie vollständig verwirklicht. Im Hintergrund steht die *lex-Christi*-Vorstellung von Anselm und Erasmus, nach der der alttestamentliche Dekalog und die neutestamentliche Bergpredigt im Gesetz Christi zur Übereinstimmung kommen.[26] Zwingli konkretisiert die göttliche Gerechtigkeit an zehn Forderungen, die er aus den Antithesen der Bergpredigt zur «grösseren Gerechtigkeit» (Mt 5,21–48), dem Nächstenliebegebot (Mt 5,43) sowie aus dem 9. und 10. Dekaloggebot (Ex 20,16f.) kompiliert: Verzeihen, «nicht erst zornig werden», «nicht [...] rechten und [...] streiten», «niemandes Ehegatten [...] begehren», ohne Schwören «zuverlässig [...] sein», ohne Erwartung von Gegenleistung geben, auch Feinden «Gutes [...] tun», «nicht [...] begehren», «kein unnützes Wort reden» und den nächsten Menschen ohne Absicherung «so [...] lieben wie uns selbst».[27]

Drei genuine Akzente der göttlichen Gerechtigkeit bei Zwingli können als Zwischenfazit hervorgehoben werden: Erstens fasst der Reformator ein umfassendes biblisches Tugendethos unter den Begriff der Gerechtigkeit. Damit geht er einerseits weit über die üblichen Normierungsbereiche von Gerechtigkeit und Recht hinaus und platziert andererseits die Gerechtigkeit im Zentrum der reformatorischen Verhältnisbestimmung von Evangelium und Gesetz. Zweitens fordert die göttliche Gerechtigkeit die Kohärenz von innerer Haltung und äusserem Verhalten, um der nächsten Person in ihrer Ganzheit gerecht zu werden. Und drittens sind die Gerechtigkeitsforderungen an keine institutionalisierten, wechselseitigen Erwartungen – wie Kontrakte, Verträge und Rechtsvorschriften – oder soziale Beziehungen – etwa Verpflichtungs-, Verantwortungs- und Sorgeverhältnisse – gebunden. Die nächste Person ist kein Gegenüber, das sich rechtlich fassen oder moralisch definieren liesse, um daraus irgendwelche Pflichten ihm gegenüber abzuleiten. Die und der Nächste erscheinen bei Zwingli vielmehr als eine Art Resonanzkörper der göttlichen Gerechtigkeit, die den Gerechtigkeitssinn der geforderten Person zum Schwingen bringen.

---

[25] ZS I, 162.
[26] Vgl. Matthias Neugebauer, Ulrich Zwinglis Ethik. Stationen – Grundlagen – Konkretionen, Zürich 2017, 113.
[27] ZS I, 166–168.

I. Geordnetes

Obwohl der göttlichen Gerechtigkeit nicht entsprochen werden kann, bildet sie die eigentliche Gerechtigkeitsforderung Gottes an die Menschen. «Dennoch bleibt weiterhin das in Kraft, was Gott fordert, nämlich dass wir zu aller Zeit schuldig sind, so rein, sauber, unbefleckt, recht zu leben, wie Gott es haben will. Denn Christus spricht: ‹Ihr sollt vollkommen sein, wie euer himmlischer Vater vollkommen ist› (Mt 5,48).»[28] Damit ist der Status der menschlichen Gerechtigkeit bereits negativ bestimmt: «Sieh, diese menschliche Gerechtigkeit nenne ich eine armselige, ganz unvollkommene Gerechtigkeit, weil jemand ohne weiteres vor den Menschen für gerecht gehalten werden kann, der doch vor Gott nicht gerecht ist.»[29]

Die Einhaltung der äusseren Gesetze der menschlichen Gerechtigkeit macht nicht gerecht, sondern verhindert lediglich, «dass unser Leben zur viehischen Unvernunft werde».[30] Die menschliche Gerechtigkeit ist sozusagen eine Ordnung unter den Bedingungen menschlicher Eigentumsverhältnisse, «sie ist erst im Blick auf unsere zerbrochene Natur hin geboren worden».[31] Das Nächstenliebegebot – als Tor zu echter Gemeinschaft unter den Menschen[32] – hat in der menschlichen Gerechtigkeit keinen Platz. «Darum straft sie niemanden, der dieses Gebot nicht hält, an dem wir ja alle schuldig werden, [...] das Gebot als Ganzes fällt nicht unter ihr Gericht.»[33] Vor diesem Hintergrund kontrastiert der Reformator die zehn Aspekte der göttlichen Gerechtigkeit mit Forderungen für «das Leben im Gesetz»,[34] die wesentlich der zweiten Dekalogtafel entnommen sind: nicht Richter in eigener Sache sein, sondern den von Gott eingesetzten Oberen und Richtern gehorchen, «nicht [...] töten», «die Ehe nicht brechen», sich «durch den Eid festlegen» lassen, «ohne Zinsen aus[...]leihen», «dem Feind nicht [...] schaden und [...] seinen Schaden [...] in Ordnung [...] bringen», «nicht stehlen», nicht fluchen, verleumden und lügen, «Was du nicht willst, das dir geschehen soll, tue auch niemandem».[35]

---

[28] ZS I, 165.
[29] ZS I, 173.
[30] ZS I, 181.
[31] ZS I, 181
[32] Vgl. ZS I, 181: Denn die menschliche Gerechtigkeit «hat die Selbstsucht derart stark angenommen, dass sie niemanden zur Gemeinschaft führen kann».
[33] ZS I, 181.
[34] ZS I, 176.
[35] ZS I, 175–181.

3. Das Verhältnis von göttlicher und menschlicher Gerechtigkeit

Die Beziehung zwischen menschlicher und göttlicher Gerechtigkeit kann in einer ersten Annäherung analog zum Verhältnis zwischen negativer und positiver Freiheit bestimmt werden.[36] Während das Befolgen der menschlichen Gerechtigkeit *negativ* ein Abgleiten in noch grössere Ungerechtigkeit verhindern soll, ist das Streben nach göttlicher Gerechtigkeit *positiv* auf die wahre Gerechtigkeit bezogen. Es gibt keinen Übergang von der menschlichen zur göttlichen Gerechtigkeit, weil beide auf gegenüberliegende Punkte fokussieren: Die göttliche Gerechtigkeit gewinnt ihre Massstäbe *positiv* aus dem Willen Gottes, dem Gehorsam geschuldet wird. Die menschliche Gerechtigkeit generiert ihre Normen *negativ* aus dem drohenden Chaos völliger Gottesferne, das es zu verhindern gilt. Die göttliche ist der menschlichen Gerechtigkeit genauso wenig als Metakriterium oder kritisches Regulativ vorgeordnet, wie die menschliche Gerechtigkeit eine Vorstufe der göttlichen Gerechtigkeit bildet. Zwischen beiden gibt es keine inhaltliche Schnittmenge. Die einzige Verbindung zwischen ihnen besteht in ihrer göttlichen Urheberschaft. Zwingli betrachtet menschliche Gerechtigkeit rein funktional. Sie ist notwendig, bietet aber weder eine Zielperspektive für die Kirche noch für den Staat.

Der ersten Satzhälfte hätte auch Martin Luther zugestimmt, der zweiten aber widersprochen. Emidio Campi bemerkt dazu:

«Zwingli ist nicht wie Luther an einer Grenzziehung zwischen Reich Gottes und Reich der Welt, zwischen *ecclesia* und *politia* interessiert. Entsprechend entwirft Zwingli, kontrastierend zu Luthers Zwei-Regimente-Modell, ein eigenes Einheitskonzept. Darin werden kirchliche und politische Ordnung nicht als eigengesetzliche Bereiche einander gegenübergestellt, sondern – obwohl voneinander unterschieden – in wechselseitiger Zuordnung auf das göttliche Gebot bezogen. Gerade weil menschliche Gerechtigkeit eine relative ist, muss sie – so Zwingli – ‹in der Regelung dieser [menschlichen] Dinge der göttlichen Gerechtigkeit so nahe zu kommen versuchen, wie es ihr möglich ist›. [...] In seinem Kommentar zu Jeremia macht er in nochmaliger Zuspitzung geltend, dass ‹der Christ nichts anderes als ein treuer und guter Staatsbürger ist und die christliche Stadt nichts anderes als die christliche Kirche›.»[37]

---

[36] Vgl. Isaiah Berlin, Zwei Freiheitsbegriffe: ders., Freiheit. Vier Versuche, Frankfurt a. M. 1995, 197–256.
[37] Emidio Campi, Das theologische Profil: Amy Nelson Burnett/ders. (Hg.), Die schweizerische Reformation. Deutsche Ausgabe im Auftrag des Schweizerischen Evangelischen Kirchenbundes bearbeitet und hg. von Martin Ernst Hirzel/Frank Mathwig, Zürich 2017, 449–493 (470).

I. Geordnetes

Bei Zwingli bleibt das Rechtfertigungsgeschehen nicht auf das Innere des Menschen beschränkt, sondern wird zum Politikum, zur Sache der Gerechtigkeit, die *ipso facto* – und nicht erst als moralische Konsequenz des Glaubens – nach aussen wirkt. «Regnum Christi etiam externum»[38] – das Reich Christi ist auch aussen, es ist nicht nur im Herzen der Gläubigen, sondern wird in der Welt sichtbar, bemerkt Zwingli kritisch gegenüber Luther in einem Brief an seinen Freund Ambrosius Blarer. Hans Rudolf Lavater bemerkt dazu: «‹Etiam› heisst: die Unterscheidung ‹innerlich oder äusserlich› fällt letztlich dahin. Vor dem Reich Christi gibt es nur konkrete Verwirklichung.»[39] Die entscheidende Differenz zwischen beiden Gerechtigkeiten besteht darin, dass die göttliche Gerechtigkeit in der Gemeinschaft mit Christus aufscheint, aber weder mit kirchlichen noch staatlichen Mitteln durchgesetzt, geschweige denn sanktioniert werden kann. Der Wille Gottes kann nicht Gegenstand der Sanktionsgewalt menschlicher Institutionen sein.

Die menschliche Gerechtigkeit liefert *Verhaltensnormen* zur Regelung der äussern Verhältnisse. Die göttliche Gerechtigkeit bietet dagegen *Orientierungsnormen* für das Leben im angebrochenen Gottesreich. Beide Normensysteme sind unverzichtbar und können nicht durch das jeweils andere ersetzt werden. Die Radikalen und Bauern irrten für Zwingli darin, dass sie die menschliche durch die göttliche Gerechtigkeit ersetzen wollten. Die Altgläubigen und das politische Establishment begingen den umgekehrten Fehler, die politische Normierungsmacht von Staat und Kirche mit der göttlichen Gerechtigkeit gleichzusetzen. Der Zürcher Reformator besteht gegen solche Versuchungen auf die bleibende Koexistenz beider Gerechtigkeiten, wobei die Relation von göttlicher und menschlicher Gerechtigkeit quer zum Verhältnis von Kirche und Staat liegt.

Die Scharnierstelle des gesamten Textes bildet eine nicht auf den ersten Blick verständliche Äusserung Zwinglis:

> «Aus dem Sachverhalt, dass wir das einzige Gebot ‹Du sollst deinen Nächsten so liebhaben wie dich selbst› nicht halten, entspringen alle anderen Gebote, die den Nächsten betreffen; denn dies ist das Gebot der Natur, wobei allerdings Christus es mit der Liebe durchsüsst hat, was ihm auch angemessen ist, denn: ‹Er ist die Liebe› (1. Joh 4,10). Das Gesetz der Natur lautet: Was du willst, dass dir geschehen soll, das tue auch einem anderen; und andererseits: Was du nicht willst, dass dir geschehen soll, tue

---

[38] Huldreich Zwinglis sämtliche Werke, Bd. IX, Leipzig 1925 (Corpus Reformatorum, Bd. 96), 454,13f.
[39] Vgl. Hans Rudolf Lavater, Regnum Christi etiam externum – Huldrych Zwinglis Brief vom 4. Mai 1528 an Ambrosius Blarer in Konstanz: Zwingliana 15, 1981, 338–381.

auch niemandem. Dieses Gesetz macht Christus mit der Liebe süss. Denn wenn wir Gott liebhaben, so ist Gott in uns.»[40]

Die Reziprozitätsforderung der Goldenen Regel ist ein Gebot der Natur, das nicht erst durch die Liebe Gottes in Jesus Christus, sondern durch die im Menschen angelegte Vernunftnatur erkannt wird. Das Versüssen der Goldenen Regel durch die Gottesliebe ist aber nicht nur der nachträgliche Zuckerguss auf die Regel nüchtern-rationaler Interessenkalkulation. Vielmehr rückt die Umstellung von *Wollen* auf *Lieben* die Reziprozitätsforderung in ein völlig neues Licht. Bei Zwingli reimt sich Gerechtigkeit nicht auf menschliche Freiheit, sondern auf die befreiende Liebe Gottes in Jesus Christus. Das Geschenk der Liebe bildet den unüberwindbaren Graben für die menschliche Moral und die menschliche Gerechtigkeit: «An dieser Stelle lässt uns auch die menschliche Gerechtigkeit vollständig im Stich; denn sie hat die Selbstsucht derart stark angenommen, dass sie niemanden zur Gemeinschaft führen kann.»[41] Göttliche Gerechtigkeit ist einerseits verwirklicht in der Liebe Jesu Christi und zielt andererseits auf die christliche Gemeinschaft. Gerechtigkeit richtet sich somit nicht auf die Befähigung zur Wahrnehmung der eigenen Freiheit – im Sinne der aktuell prominent diskutierten Befähigungsgerechtigkeit[42] –, sondern auf die Liebesgemeinschaft mit Christus.

Von hier aus werden Zwinglis Mahnungen verständlich, sich nicht von dem menschlichen Gesetzesgehorsam blenden zu lassen, «damit niemand von Gott verdammt werde, weil er sich mit der armseligen menschlichen Gerechtigkeit begnügt [...]. Denn für die Gläubigen genügt es nicht, allein die menschliche Gerechtigkeit zu halten, deren Unvollkommenheit sie erkennen, sondern er treibt sie, sich je länger je mehr nach der göttlichen Gerechtigkeit zu gestalten».[43] Heiligung ist für Zwingli eine Frage der Gerechtigkeit – genauer die Überschreitung der Forderungen menschlicher Gerechtigkeit in der liebenden Gemeinschaft unter den Vorzeichen göttlicher Gerechtigkeit. Calvin näher als Luther, beschränkt der Zürcher Reformator diese Dynamik nicht auf die Kirche, sondern macht sie

---

[40] ZS I, 180f. Vgl. dazu Marco Hofheinz, Ethik der Erinnerung oder: «Von göttlicher und menschlicher Gerechtigkeit». Der Einfluss der Sozialethik Huldrych Zwinglis auf Arthur Richs «Wirtschaftsethik»: Thomas K. Kuhn/Nicola Stricker (Hg.), Erinnert. Verdrängt. Verehrt. Was ist Reformierten heilig? Vorträge der 10. Emder Tagung zur Geschichte des reformierten Protestantismus, Neukirchen-Vluyn 2016, 113–130 (119). Wieder abgedruckt: ders., Ethik – reformiert! Studien zur reformierten Reformation und ihrer Rezeption im 20. Jahrhundert, Göttingen 2017, 161–179.
[41] ZS I, 181.
[42] Vgl. aus theologischer Sicht Peter Dabrock, Befähigungsgerechtigkeit. Ein Grundkonzept konkreter Ethik in fundamentaltheologischer Perspektive, Gütersloh 2012.
[43] ZS I, 184.186.

I. Geordnetes

ebenso für den Staat geltend: «Darum dient keine Lehre der Regierung oder Obrigkeit besser als die Lehre Christi, denn sie lehrt, was gut, was böse sei; und lehrt nicht allein äusserlich gerecht zu sein, sondern führt den Oberen zusammen mit dem Untertanen zu inwendiger Gerechtigkeit und grösserer Vollkommenheit, als die menschliche Gerechtigkeit fordert».[44]

In genuiner Weise reflektiert der Zürcher Reformator das Neben- und Ineinander der Politik Gottes («Dein Reich komme»)[45] und der menschlichen Politik. Umso mehr gilt für die Kirche, «das Wort Gottes [nicht] nur in dem Rahmen [zu] predigen, welchen die menschliche Gerechtigkeit der Obrigkeit zulasse [...]. Denn dergestalt würde die göttliche Gerechtigkeit verblassen, und alle Menschen würden sich mit der lahmen menschlichen Gerechtigkeit begnügen. So würde aus der ganzen Gerechtigkeit nichts anderes als eine Heuchelei.»[46]

Zwinglis Kritik an einer Kirche, die in ihrer Verkündigung «nicht Jesus Christus, sondern anderen Herren zu eigen wäre[]»,[47] erhält im Zusammenhang des Gerechtigkeitsthemas noch eine zusätzliche moralkritische Pointe. Die ethische Forderung, die dem Streben nach göttlicher Gerechtigkeit entspringt, ist nicht mit den politischen Massgaben menschlicher Gerechtigkeit und positiven Rechts verrechenbar. Die heilsam-befreiende Einsicht Zwinglis besteht darin, dass es einen solchen Konsens nicht geben kann, aber auch nicht geben muss.

Zwingli bleibt bei seiner anfangs betonten Zurückweisung des griechischrömischen Gerechtigkeitsgrundsatzes, jeder Person das Ihre zukommen zu lassen, nicht stehen. Am Schluss seines Gerechtigkeitstraktats bemerkt er: «Gott fordert aber, man müsse jedem geben, was man ihm schulde. Nun kommt die Schuld daher, dass wir das Gebot Gottes: Du sollst deinen Nächsten liebhaben wie dich selbst, nicht halten.»[48] Der Reformator legt die Formel *«suum cuique»* Gott selbst in den Mund und erklärt sie damit zur Forderung der göttlichen Gerechtigkeit. Die menschliche Gerechtigkeit bleibt dagegen genau das schuldig, was sie mit ihrem Gerechtigkeitsprinzip einzulösen sucht. Denn was jede Person

---

[44] ZS I, 193.

[45] Dieser Bezug scheint in Artur Richs Zwingli-Deutung vor dem Hintergrund des religiösen Sozialismus auf.

[46] ZS I, 183; vgl. die Bemerkung in Peter Opitz/Ernst Saxer (Hg.), Zwingli lesen. Zentrale Texte des Zürcher Reformators in heutigem Deutsch, Zürich 2018, 130, Anm. 93: «Zwingli denkt hier an eine Gruppe (vermutlich Ratsmitglieder), die der Predigt keine Kritik an öffentlichen Zuständen zugestehen wollte.»

[47] Verwerfungssatz der II. These der Barmer Theologischen Erklärung, zit. n. Georg Plasger/Matthias Freudenberg (Hg.), Reformierte Bekenntnisschriften. Eine Auswahl von den Anfängen bis zur Gegenwart, Göttingen 2005, 239–245 (243).

[48] ZS I, 200.

jeder anderen schuldet, ist sie zu lieben wie sich selbst. Aber Zwinglis Dekonstruktion geht noch weiter und mündet in die Behauptung, dass die menschlichen Ordnungen selbst – vom Eigentum bis zur Gerechtigkeit – die Ursache der Ungerechtigkeit seien.

III. Zwingli reloaded

1. Zur Verortung der göttlichen Gerechtigkeit im modernen Gerechtigkeitsdiskurs

Die Frage nach der Aktualität der Gerechtigkeitskonzeption des Zürcher Reformators darf nicht die historische Distanz ausser Acht lassen. Er war genauso ein Kind seiner Zeit wie wir, und die Zeiten haben sich seither grundlegend verändert. Dem religiösen Staat Zwinglis steht heute der säkulare Rechtsstaat gegenüber. Die reformatorische Entdeckung der christlichen Freiheit wurde zwar zur Impulsgeberin der aufklärerischen Autonomierevolution, kannte aber weder unseren modernen Personenbegriff noch ein den Personenstatus schützendes Rechtssystem. Auch wenn es vor allem in der Schweiz jener Zeit bereits demokratische Politikformen gab, waren sie von unseren partizipatorischen Gesellschaftsstrukturen noch weit entfernt. Aber ungeachtet dieser und weiterer Unterschiede teilen wir mit den Menschen der Reformation, der Bibel und Antike ein Leben in Gemeinschaft, die als staatliche Einheit organisiert – oder darin integriert – und an normativen Ordnungen ausgerichtet ist.

Zwinglis Konzept der doppelten Gerechtigkeit steht auf den ersten Blick quer in der Landschaft moderner Gerechtigkeitsdiskurse. Der Einwand, dass es neben dem positiven, demokratisch legitimierten Recht kein zweites, forderndes, aber vom Gesetzgeber nicht selbst hervorgebrachtes Recht geben dürfe, übersieht, dass die Menschenrechte genau diese Rolle in modernen rechtsstaatlichen Demokratien übernehmen. Sie sind, wie der Berner Verfassungs- und Völkerrechtler Walter Kälin formuliert hat, ein «Stachel im Fleisch einer Kultur, welcher die eigenen Traditionen und Gewohnheiten angenehm geworden sind».[49] Auch hier gilt – in struktureller Sicht – die Mahnung Zwinglis, sich nicht «mit der armseligen menschlichen Gerechtigkeit [zu] begnüg[en]».[50]

---

[49] Walter Kälin, Menschenrechte in der kulturellen Vielfalt: Stefan Batzli/Fridolin Kissling/Rudolf Zihlmann (Hg.), Menschenbilder, Menschenrechte. Islam und Okzident. Kulturen im Konflikt, Zürich 1994, 17–22 (20).
[50] ZS I, 184.

I. Geordnetes

Die damit aufbrechende Frage nach einer Autorität *über* dem Recht – einer Gerechtigkeit oder einem überpositiven bzw. Naturrecht – stellte sich historisch vor allem im Blick auf die Legitimität des Rechts von Diktaturen und Unrechtsregimes, in Deutschland nach 1945 und 1989. Der Rechtswissenschaftler und Reichsminister der Weimarer Republik Gustav Radbruch forderte:

> «Der Konflikt zwischen der Gerechtigkeit und der Rechtssicherheit dürfte dahin zu lösen sein, dass das positive, durch Satzung und Macht gesicherte Recht auch dann den Vorrang hat, wenn es inhaltlich ungerecht und unzweckmässig ist, es sei denn, dass der Widerspruch des positiven Gesetzes zur Gerechtigkeit ein so unerträgliches Mass erreicht, dass das Gesetz als ‹unrichtiges Recht› der Gerechtigkeit zu weichen hat.»[51]

Positiv gewendet begegnet der Gedanke in dem bekannten Theorem des Rechtswissenschaftlers und ehemaligen Verfassungsrichters Ernst-Wolfgang Böckenförde:

> «Der freiheitliche, säkularisierte Staat lebt von Voraussetzungen, die er selbst nicht garantieren kann. Das ist das grosse Wagnis, das er, um der Freiheit willen, eingegangen ist. Als freiheitlicher Staat kann er einerseits nur bestehen, wenn sich die Freiheit, die er seinen Bürgerinnen und Bürgern gewährt, von innen her, aus der moralischen Substanz des einzelnen und der Homogenität der Gesellschaft, reguliert. Andererseits kann er diese inneren Regulierungskräfte nicht von sich aus, das heisst mit den Mitteln des Rechtszwanges und autoritativen Gebots, zu garantieren suchen, ohne seine Freiheitlichkeit aufzugeben».[52]

Wird in dieser Grenzbestimmung des Rechts der Freiheitsbegriff in der «menschlichen Gerechtigkeit» verortet, ergibt sich eine moderne Strukturanalogie zu Zwinglis doppelter Gerechtigkeit. Böckenfördes Kritik an einer rechtlichen Formalisierung und Verfahrensgerechtigkeit wäre auf die volle Zustimmung des Zürcher Reformators gestossen. Dieser hätte allerdings darauf bestanden, dass auch die «moralische Substanz», auf die der Staat angewiesen ist, nicht von den Bürgerinnen und Bürgern selbst erbracht werden kann, sondern zu ihnen von aussen kommen muss. Einig sind sich der Theologe und der Jurist darin, dass

---

[51] Gustav Radbruch, Gesetzliches Unrecht und übergesetzliches Recht (1946): ders., Rechtsphilosophie, hg. v. Erik Wolf, Stuttgart 1950, 347–357 (353); vgl. Wolfgang Lienemann, Recht und Moral. Unterschiedlich, aber aufeinander bezogen: NZZ 17.04.2002, 16.

[52] Erst-Wolfgang Böckenförde, Die Entstehung des Staates als Vorgang der Säkularisation: ders., Recht, Staat, Freiheit. Studien zur Rechtsphilosophie, Staatstheorie und Verfassungsgeschichte, Frankfurt a. M. 1991, 92–114 (112f.).

Obrigkeit und Staat ohne diese moralische Substanz ihrer bzw. seiner Bürgerinnen und Bürger nicht bestehen kann.

2. Zur Wahrnehmung von Ungerechtigkeit

Die Frage der Gerechtigkeit beginnt bei der unmittelbaren Wahrnehmung von Unrecht. Der Sinn für Ungerechtigkeit, das Gespür für das Unfaire, Diskriminierende, Ausgrenzende oder Unabgegoltene geht jeder Gerechtigkeitskonzeption voraus und stellt diese als das «Unzureichende und damit *de facto* auch das Ungerechte der Gerechtigkeit»[53] immer wieder auf den Prüfstand. Die Gerechtigkeit selbst wird so mit jeder neuen Unrechtserfahrung erneut infrage gestellt und zu kritischer Überprüfung genötigt. Nicht das Recht gibt vor, was als Ungerechtigkeit gelten kann, sondern die Wahrnehmung von Ungerechtigkeit wirft die Frage auf, ob das Recht in der Lage ist, das Prekäre überhaupt als Unrecht in den Blick nehmen zu können. Eine Gesellschaft, die ihre normativen Konflikte zunehmend als Rechtsstreitigkeiten austrägt – und es muss hinzugefügt werden: eine theologische Ethik, die immer stärker auf Rechtsfragen und -begründungen fokussiert –, verliert ihre Aufmerksamkeit für die problematischen Gerechtigkeitslücken im alltäglichen Zusammenleben und im Recht. Denn nicht die *geschehene* Ungerechtigkeit kann die Hürden unseres Aufmerksamkeitspegels für Gerechtigkeit überspringen, sondern allein die *gesehene* Ungerechtigkeit.

Aber: Wollen wir Ungerechtigkeit überhaupt sehen? Nach der lettisch-amerikanischen Politologin Judith N. Shklar hat die moderne Gerechtigkeitsphilosophie nicht nur keinen Sinn für Ungerechtigkeit entwickelt, sondern viel dazu beigetragen, den Blick dafür zu verschleiern, indem sie irrtümlich unterstellt, präzise zwischen Unglück und Ungerechtigkeit unterscheiden zu können:

> «Ist es beispielsweise ein Unglück oder eine Ungerechtigkeit, eine Frau zu sein? Wie steht es mit Hungersnöten? Arbeitslosigkeit? Armut? Unsere Antworten auf solche Fragen werden weitgehend davon abhängen, was wir als unvermeidlich und unveränderbar anerkennen oder dafür halten wollen. Politische Ideologie etwa trägt viel zu unserer Überzeugung bei, etwas sei notwendig. [...] Seit Machiavelli hat *Notwendigkeit* dazu herhalten müssen, die Spannung zwischen moralischen Forderungen und

---

[53] Dabrock, Befähigungsgerechtigkeit (Anm. 42), 100.

politischem Ehrgeiz zu übertünchen. [...] In der Neuzeit hat dieser Taschenspielertrick eine wahrhaft aufsehenerregende Karriere durchlaufen.»[54]

Die Unterscheidung zwischen Unglück und Ungerechtigkeit ist nach Shklar nicht nur arrogant, sondern unerheblich. Denn im Blick auf die Gerechtigkeit kommt es nicht auf den «Ursprung des Schadens» an, sondern auf «die Möglichkeit, ihn zu verhindern».[55]

Diese Unglück-Ungerechtigkeit-Arithmetik bestimmt im Kern die aktuellen Flüchtlings- und Asyldebatten. Gilt ihre Notlage als Unglück, hat das nur sehr eingeschränkte gesellschaftliche und staatliche Pflichten zur Folge. Handelt es sich dagegen um eine Ungerechtigkeit, können sich Staat und Gesellschaft ihrer Zuständigkeit für die Beseitigung und die Herstellung von Gerechtigkeit nicht mehr entziehen. Obwohl die Not der Flüchtenden und Asylsuchenden in beiden Fällen nicht bestritten wird, hat dies für die Betroffenen sehr unterschiedliche Konsequenzen. Es geht also nicht darum, wie, sondern als was diese Menschen angesehen werden. Als was aber die Menschen in den Blick kommen, ist eine politische Frage. Wie ein Menetekel liest sich vor diesem Hintergrund die Mahnung Zwinglis: «Wenn man nämlich nicht täglich am Gotteswort die Missbräuche erkennen lernt und sie nicht mit entsprechenden Massnahmen abschafft, besteht die Gefahr, dass die Entrüstung der Unterdrückten zuletzt derart wächst, dass man sich vor ihr fürchten muss. Darum kurz: Das Wort Gottes kann man weder einfangen noch an die Leine legen.»[56]

3. Wessen Gerechtigkeit?

Eine der anspruchsvollsten Gerechtigkeitstheorien der Gegenwart stammt von dem Frankfurter Philosophen Rainer Forst.[57] Aus seiner Sicht lassen aktuelle Gerechtigkeitskonzeptionen völlig ausser Acht, 1. wie die zu verteilenden Güter

---

[54] Judith N. Shklar, Über Ungerechtigkeit. Erkundungen zu einem moralischen Gefühl, Berlin 1992, 75.90f.; vgl. dazu Oliver Flügel-Martinsen/Franziska Martinsen, Ungerechtigkeit: Anna Goppel/Corinna Mieth/Christian Neuhäuser (Hg.), Handbuch Gerechtigkeit, Stuttgart 2016, 53–59.
[55] Shklar, Ungerechtigkeit (Anm. 50), 102.
[56] ZS I, 213.
[57] Vgl. Rainer Forst, Kontexte der Gerechtigkeit. Politische Philosophie jenseits von Liberalismus und Kommunitarismus, Frankfurt a. M. 1996; ders., Das Recht auf Rechtfertigung. Elemente einer konstruktivistischen Theorie der Gerechtigkeit, Frankfurt a. M 2007; ders., Kritik der Rechtfertigungsverhältnisse. Perspektiven einer kritischen Theorie der Politik, Berlin 2011.

überhaupt in die Welt kommen; 2. «wer auf welche Weise über Strukturen der Produktion und Verteilung bestimmt, also die Frage der Macht»; 3. dass berechtigte Ansprüche nicht vom Himmel fallen, sondern «diskursiv in entsprechenden Rechtfertigungsverfahren ermittelt werden» und 4. worin die Ursachen für zu kompensierende Ungerechtigkeiten bestehen (in einer Naturkatastrophe oder im korrupten Politiksystem).[58] Forst kritisiert die falsche Bindung der Gerechtigkeit an «*subjektive oder vermeintlich objektive Zustände* der Güterversorgung» und setzt dagegen:

> «Der Grundimpuls gegen die Ungerechtigkeit ist nicht primär der des Etwas- oder Mehr-haben-Wollens, sondern der, nicht mehr beherrscht, bedrängt oder übergangen werden zu wollen in seinem Anspruch und *Grund-Recht auf Rechtfertigung.* [...] Darin liegt das zutiefst *politische* Wesen der Gerechtigkeit, dass der Satz des *suum cuique* nicht auffängt, sondern eher verdrängt, denn worum es in der Gerechtigkeit geht, ist, wer bestimmt, wer was erhält – die Dimension also, die bei Platon von der Idee des Guten bzw. den Philosophenkönigen besetzt wird. [...] Als Opfer der Ungerechtigkeit ist nicht primär die Person anzusehen, der bestimmte Güter *fehlen,* sondern die, die bei der Herstellung und Verteilung von Gütern nicht ‹zählt›.»[59]

Wie Zwingli aus theologischer Sicht, stellt der Habermas-Schüler aus säkularphilosophischer Perspektive die – gegen die Selbstgenügsamkeit der antiken Gerechtigkeitsformel gerichtete – Frage nach der Autorität der Gerechtigkeit. Forst antwortet darauf mit seiner Theorie des Rechts auf Rechtfertigung, nach der Menschen sich wechselseitig Begründungen für ihre gegenseitige Behandlung schulden und diese Gründe von den Betroffenen jederzeit – begründet – bestritten werden können. Gerechtigkeit ist nicht davor geschützt, zum Instrument staatlicher oder gesellschaftlicher Macht zu werden. Auch Diktaturen verfügen über Verteilungsalgorithmen. Zugleich gilt: Wo Gerechtigkeitsfragen kritisch gegen geltendes Recht vorgebracht werden, droht immer auch ein Umschlagen in Selbstgerechtigkeit. Deshalb votiert Forst für «eine Art Bescheidenheit [...]: die Einsicht, dass unter Menschen niemand es sich erlauben darf, andere zu benutzen, zu beherrschen, willkürlich zu behandeln, zu belügen und zu betrügen – zu erniedrigen. Dann ist der Wunsch nach und der Glaube an Gerechtigkeit Ausdruck dieser Bescheidenheit, die freilich [...] ‹sehr genau› weiss, was Unmenschlichkeit heisst.»[60]

---

58 Rainer Forst, Zwei Bilder der Gerechtigkeit: ders., Kritik (Anm. 53), 29–52 (31).
59 Forst, Bilder (Anm. 57), 32f.
60 Rainer Forst, Die Ungerechtigkeit der Gerechtigkeit. Normative Dialektik nach Ibsen, Cavell und Adorno: ders., Kritik (Anm. 57), 181–195 (194f.).

I. Geordnetes

Gerechtigkeit als Bescheidenheit liegt Gerechtigkeitskonzepten fern, die die Position derjenigen einnehmen, die die Verfügungs- und Verteilungsmacht über die zu verteilenden Güter und Rechte innehaben. Das entspricht der Perspektive der Gerechtigkeitskonzepte in der Tradition von Platon und Aristoteles. Dazu schreibt Lienemann:

> «Ihre massgeblichen Bezugspunkte sind die Organisation von Macht und Herrschaft in der Polis einerseits, die Ausbildung der individuellen Einstellungen und Haltungen andererseits. [...] Jüdische und christliche Gerechtigkeitskonzepte der antiken Welt sind [dagegen] nicht aus der Perspektive der politischen Machthaber, sondern eher aus der Lage der Beherrschten und Unterdrückten ausgearbeitet worden.»[61]

Zwingli übernimmt diese biblische Sicht «von unten» nicht aufgrund eigener Unterdrückungserfahrungen, sondern weil er einerseits um die menschliche Herrschsucht und Machtversessenheit weiss, und andererseits darum, dass Menschen von sich aus über nichts verfügen und folgerichtig nichts zu verteilen haben. Das Bewusstsein dafür fehlt den modernen Gerechtigkeitstheorien, weil ihnen ein Menschenbild zugrunde liegt, das – mit den Worten des politischen Philosophen Michael Sandel – «den einseitigen Triumph der Absichtlichkeit über das Geschenktsein, der Dominanz über die Ehrfurcht, des Formens über das Betrachten darstellt».[62]

4. Gerechtigkeit für wen?

Die zunehmende Wahrnehmung der Globalisierung und ihrer Folgen hat die Beschränktheit bisheriger Gerechtigkeitskonzeptionen deutlich werden lassen. Die seither breit diskutierte Frage, für wen Gerechtigkeit gelten sollte, hat allerdings einen unübersehbar zynischen Unterton. Denn sie unterstellt, dass zwischen Menschen und Gruppen unterschieden werden könne, denen eine gerechte Behandlung zusteht, und solchen, die davon ausgeschlossen bleiben können. Dahinter stecken zwei grundlegende Konstruktionsprinzipien verteilungsorientierter Gerechtigkeitstheorien: einerseits der funktionale Fokus auf Ausgangslagen, Bedürfnisse, Chancen oder den sozialen Status von Personen, nicht aber auf die Personen selbst; andererseits die Problematisierung der Gemeinschaft als Funda-

---

61 Lienemann, Gerechtigkeit (Anm. 1), 14.
62 Michael J. Sandel, Plädoyer gegen die Perfektion. Ethik im Zeitalter der genetischen Technik. Mit einem Vorwort von Jürgen Habermas, Berlin 2008, 107.

ment der Gerechtigkeit in Gestalt legitimationstheoretischer Gedankenexperimente über den protosozialen Naturzustand der Menschen, in dem vereinzelte Subjekte ausschliesslich ihren egoistischen Interessen folgen.[63] Die notorischen Streitereien über Verantwortlichkeiten und Zuständigkeiten sind nur möglich, weil sie einseitig auf Ressourcen fokussieren und ausblenden, welche Folgen ihre Verteilung oder Verweigerung für die Menschen hat, und anstelle einer «natürlichen» bzw. vorgegebenen Solidargemeinschaft auf die rationale Herausbildung von Vertragsgemeinschaften setzen.

Gerechtigkeit stiftet Gemeinschaft, indem sie denen, die kein Recht auf ihrer Seite haben, zu ihrem Recht verhilft. Das Ziel der Gerechtigkeit ist nicht die Einsicht, dass auch der Ausgegrenzte durchaus im Recht sein kann, sondern wirkliche Teilhabe an der Rechtsgemeinschaft. Viel später, unter dem Eindruck des nationalsozialistischen Unrechtsregimes und dem grenzlosen Elend in Folge des Zweiten Weltkriegs, hat die Philosophin Hannah Arendt diesen Gedanken wieder aufgegriffen. Ihre bemerkenswerte These lautet: Das «Recht, Rechte zu haben», ist das fundamentalste aller Menschenrechte, weil es jedem Menschen garantiert, «in einem Beziehungssystem zu leben», «nach seinen Handlungen und Meinungen beurteilt» zu werden und nicht nach Herkunft, Religion oder Weltanschauung und «einer politisch organisierten Gemeinschaft zuzugehören».[64] Übertragen auf die Frage nach der Gerechtigkeit heisst das: Gerechtigkeit geschieht dort, wo Menschen dazugehören, zu Beteiligten werden, wo ihre Stimme zählt, ihre Bedürfnisse und Interessen wahrgenommen werden und zur Sprache kommen.

In diesem Zusammenhang hat die amerikanische Philosophin Judith Butler verstörende Fragen gestellt: «Wer gilt als Mensch? Wessen Leben zählt als Leben? Und schliesslich: *Was macht ein betrauernswertes Leben aus?*»[65] Butler macht soziale Zugehörigkeit am Kriterium des Betrauerns fest und wendet damit gewissermassen die pathische Aufmerksamkeit des barmherzigen Samaritaners

---

[63] Den menschlichen Urzustand als Krieg aller gegen alle *(bellum omnium in omnes)*, den Thomas Hobbes – vgl. ders., Leviathan. Leviathan oder Stoff, Form und Gewalt eines kirchlichen und bürgerlichen Staates, Frankfurt a. M. 1984; ders., Vom Bürger. Vom Menschen, Hamburg 2017 – zum Ausgangspunkt seiner politischen Philosophie machte, hat John Rawls als Ausgangspunkt seiner Gerechtigkeitstheorie in der Figur des Schleiers des Nichtwissens *(veil of ignorance)* wieder aufgegriffen.

[64] Hannah Arendt, Es gibt nur ein einziges Menschenrecht: Otfried Höffe/Günter Kadelbach/Gerhard Plumpe (Hg.), Praktische Philosophie/Ethik. Reader, Bd. 2, Frankfurt a. M. 1981, 152–167 (158); vgl. Frank Mathwig, Hannah Arendt: Ralf Gröschner/Antje Kapust/Oliver W. Lembcke (Hg.), Wörterbuch der Würde, München 2013, 103–105.

[65] Judith Butler, Gefährdetes Leben. Politische Essays, Frankfurt a. M. 2005, 36.

ins Politische. Den perfidesten Angriff auf unsere Gerechtigkeitsintuitionen bilden Strategien, die Menschen auf irgendwelche Bedürfnisse und Funktionen reduzieren, um ihre Persönlichkeit und ihr Gesicht dahinter verschwinden zu lassen. So funktioniert gemeinschaftliche Exklusion hinter dem Rücken. Exklusion bedeutet für Butler, nicht mehr in den emotional und empathisch konstituierten Raum mitmenschlicher Sozialität zu gehören – ein Leben ausserhalb des Lebens: «Wer nicht betrauerbar ist, lebt ausserhalb des Lebens. Das ist ‹ein Leben, das niemals gelebt worden sein wird›, das durch keine Geltung erhalten wurde, das durch nichts bezeugt wird und um das nicht getrauert wird, wenn es verschwindet.»[66] Getrauert werden kann nur über diejenigen, die zu einer Gemeinschaft gehören und in Beziehungen leben, die ihr Leben relevant machen.

Aus der Sicht Zwinglis besteht darin die ganze Armseligkeit der menschlichen Gerechtigkeit, die die «Selbstsucht» zu kanalisieren versucht, aber «niemanden zur Gemeinschaft führen kann».[67] Die Pointe der doppelten Gerechtigkeit, die mit der Kritik am *suum cuique* einsetzt, besteht in der ungewöhnlichen aber naheliegenden Frage, was die Menschen denn im Blick auf die Gerechtigkeit in die Waagschale werfen können, wenn sie nichts zu verteilen haben. Wenn sie nichts besitzen, dann können sie sich nur selbst mit ihrer ganzen Person den Herausforderungen der Gerechtigkeit stellen. Dann haben sie nicht etwas zu geben, sondern sich selbst – Auge in Auge:

> «Das ist nämlich der humane Sinn des Auges: dass der Mensch dem Menschen Auge in Auge sichtbar werde. [...] Dass das geschieht, dass dieser Andere ihm als *Mensch sichtbar* und von ihm als *Mensch gesehen* wird, das ist der humane Sinn des Auges und seines Sehens. [...] Aber damit ist erst die Hälfte gesagt. Wenn der Eine dem Anderen wirklich in die Augen sieht, dann geschieht ja automatisch auch das, dass er sich vom Anderen in die Augen sehen lässt. Und das gehört notwendig mit zum humanen Sinn des Auges: dass der Mensch *selbst* sich dem anderen Menschen sichtbar macht.»[68]

---

[66] Butler, Leben (Anm. 61), 22.
[67] ZS I, 181.
[68] Karl Barth, Die Kirchliche Dogmatik, Bd. III/2, Zollikon-Zürich, 1948, 299.

Diesseits der Projektion

Aus dem Alltag religionspolitischer Konflikte

«Gott liebt das Monopol nicht»
Kurt Marti[1]

«So war also Augustinus im Irrtum, wenn er Gott auf jeder Seite der *Confessionen* anruft? Aber – kann man sagen – wenn er nicht im Irrtum war, so war es doch der Buddhistische Heilige – oder welcher immer – dessen Religion ganz andere Anschauungen zum Ausdruck bringt. Aber *keiner* von ihnen war im Irrtum, ausser wo er eine Theorie aufstellte.»
Ludwig Wittgenstein[2]

I. Von Phantomen und Projektionen

Der Politologe Claus Leggewie hat im Zusammenhang der jüngsten religionspolitischen Kontroversen in Westeuropa um den Islam eine «Art Phantomschmerz der verblichenen eigenen Glaubensfähigkeit» diagnostiziert, den säkulare Gesellschaften unter dem Eindruck der «Glaubensgewissheit» ihrer zugewanderten muslimischen Mitglieder verspüren würden.[3] In der Medizin wird unter «Phantomschmerz» ein Schmerz an einem Phantomglied verstanden, das selbst nur als «trughafte Wahrnehmung» existiert.[4] Etwas «Nicht-Seiendes» wird danach als in einer bestimmten Weise «Seiendes» erlebt. Die Bestimmung als «Deutung von So-Seiendem (oder Nicht-Seiendem) als anders seiend und anders geltend» hat

---

[1] Kurt Marti, «Ich bin jetzt eigentlich fällig». Gespräch mit Kurt Marti: Der Bund, 28. März 2011, 31.
[2] Ludwig Wittgenstein, Bemerkungen über Frazers «The Golden Bough»: Rolf Wiggershaus (Hg.), Sprachanalyse und Soziologie. Die sozialwissenschaftliche Relevanz von Wittgensteins Sprachphilosophie, Frankfurt a. M. 1975, 37–57 (39).
[3] Bärbel Beinhauer-Köhler/Claus Leggewie, Moscheen in Deutschland. Religiöse Heimat und gesellschaftliche Herausforderung, München 2009, 118.
[4] Pschyrembel. Klinisches Wörterbuch, 254., neubearbeitete Auflage, Berlin/New York 1982, 917.

II. Bedrohliches

aber keine neurophysiologisch-medizinischen Phänomene im Blick, sondern bezieht sich – nach dem Verständnis von Hans-Martin Barth[5] – auf religiöse Projektionen. Bei Phantomschmerzen wie religiösen Projektionen geht es danach a) um die «Erzeugung» von Empfindungen und Vorstellungen in einem Subjekt und b) um die Art und Weise des Erfasstseins eines Subjekts durch die Schmerzwahrnehmungen oder Projektionen. Der Schmerz durch die nicht vorhandenen Gliedmassen bestimmt die Wirklichkeit der leidenden Person ebenso unmittelbar wie die «hervorgebrachten Bilder [...] das Verhalten des Projizierenden»[6] oder – theologisch gesprochen – wie die Wahrnehmung der Wirklichkeit als eine religiös bestimmte *(coram deo).* Während aber im Falle des Phantomgliedes die Differenz zwischen Wahrnehmung und (äusserer) Realität sogleich ins Auge springt, wird sie bei der religiösen Projektion gerade kurzgeschlossen. Der relationalen Wahrnehmung (Schmerz des Beines und seine gleichzeitige Unsichtbarkeit, Nichttastbarkeit etc.) dort steht hier die Totalität des Wahrnehmungshorizontes in der religiösen Projektion gegenüber. Religiöse Projektionen erlauben keinen epistemischen Abstand, wie er dem medizinischen Urteil über die Trughaftigkeit der Phantomwahrnehmung zugrunde liegt.

Nun geht es bei der These der Religionsprojektion in interreligiösen Zusammenhängen – zunächst – nicht um den eigenen Glauben, sondern um die Deutung eines fremden Glaubens- bzw. Glaubenssystems. Würde von Hans-Martin Barths phänomenologischer Deutung von Glaubenspraxis als Projektionsphänomen im Sinne einer Wirklichkeitsdeutung aus der «Erfahrung eines Unbedingten»[7] der konstitutive Glaubenshorizont subtrahiert, bildete das Faktum der Projektion das verbindende (interreligiöse) Fundament, auf dem allenfalls über angemessene Projektionskriterien oder -bedingungen gestritten werden könnte. Mit der Verortung der Wirklichkeitswahrnehmung im Horizont des Glaubens wird dagegen – auf erkenntnistheoretischer Ebene – ein Determinismus behauptet, da die Projektion als Ausdruck des oder Konsequenz aus dem eigenen Glauben den fremden Glauben *per se* nicht spiegeln kann. Einen solchen Totalitätsfokus greift Ludwig Wittgenstein mit Blick auf James Georges Frazers ethnologisches Hauptwerk *The Golden Bough* scharf an:

> «Welche Enge des seelischen Lebens bei Frazer! Daher: Welche Unmöglichkeit, ein anderes Leben zu begreifen als das englische seiner Zeit! Frazer kann sich keinen

---

[5] Hans-Martin Barth, Glaube als Projektion. Zur Auseinandersetzung mit Ludwig Feuerbach: Erich Thies (Hg.), Ludwig Feuerbach, Darmstadt 1976, 202–222 (209f.).

[6] Thilo Holzmüller, Projektion – ein fragwürdiger Begriff in der Feuerbachrezeption?: NZSTh 28, 1986, 77–100.

[7] Barth, Glaube (Anm. 5), 208.

Priester vorstellen, der nicht im Grunde ein englischer Parson unserer Zeit ist, mit seiner ganzen Dummheit und Flauheit.»[8]

Die Projektion liegt – wie der Philosoph mit sprach- und erkenntniskritischem Blick ausführt – auf der Hand und ist in gewisser Weise trivial: Projektionen (wie auch Phantome) ‹existieren› nur für diejenigen, für die sie existieren, und ‹existieren› nur so lange, wie jene sie eben als solche wahrnehmen und erkennen (das gilt für beide Seiten, den Priester und Parson in gleicher Weise). Auf die hermeneutische Pointe zielt auch Johannes Fischers Unterscheidung zwischen theoretischer und praktischer (religiöser) Erkenntnis:

«Indem der Glaube die Wirklichkeit unter Gottes Handeln sieht, lokalisiert er sich selbst in einem anderen Raum oder Wirklichkeitszusammenhang als der Nicht-Glaube, für den die Wirklichkeit remoto deo gegeben ist. Es bedeutet des Weiteren, dass die Wirklichkeitserkenntnis des Glaubens als *praktische Erkenntnis* begriffen werden muss in dem Sinne, dass sie den oder die *Erkennenden* lokalisiert in dem Raum des *Erkannten* im Unterschied zu *theoretischer Erkenntnis,* welche das *Erkannte* lokalisiert in dem Raum des oder der Erkennenden und welche dabei dessen bzw. deren Position unverändert lässt. Praktische Erkenntnis ist m. a. W. diejenige Erkenntnis, in der unser In-der-Welt-Sein, d. h. unser Sein im Raum der *Anwesenheit* bzw. *Abwesenheit* anderer, begründet ist.»[9]

Fischers reformatorisch akzentuierte Bestimmung «praktischer Erkenntnis» verortet die Gläubigen in einer Gemeinschaft, die der typischen Inklusions-Exklusions-Logik folgt: Glauben konstituiert Anwesenheit, wer nicht oder ander(e)s glaubt, ist abwesend, nicht weil er nicht erkennt, sondern weil er durch *seine* Erkenntnis in einem anderen Raum verortet ist. In Abwandlung eines Satzes von Georg Picht: Nicht das erkennende Subjekt konstituiert den Erkenntnisgegenstand, sondern das Erkannte konstituiert das Erkenntnissubjekt. Theologisch spiegelt sich diese Einsicht in der Einheit von *fides qua* und *fides quae creditur,* von Glaubensakt und -inhalt wider.[10] Auf mögliche religionstheologische Konsequenzen daraus haben Dietrich Ritschl und Martin Hailer pointiert hingewiesen. Gegen ein inklusivistisches oder pluralistisches Verständnis einer Theologie der Religionen habe die Realität interreligiöser Konflikte und Dialoge die Wahrnehmung dafür geschärft,

---

[8] Wittgenstein, Bemerkungen (Anm. 2), 42.
[9] Johannes Fischer, Theologische Ethik. Grundwissen und Orientierung, Stuttgart 2002, 18. Hervorhebungen im Original.
[10] Zur Unterscheidung zwischen «belief-in» und «belief-that» vgl. Henry Habberly Price, Belief. The Gifford Lectures (1960). Reprint 2002, London 2002, 426–454.

II. Bedrohliches

> «wie wenig Gemeinsames die Weltreligionen haben, ausser den verschiedenen Versuchen der Lebens- und Krisenbewältigung sowie manchen Riten und religiös bedeutungsvollen Gegenständen, die jedoch im Christentum grossenteils fehlen oder – zumindest im Protestantismus – abgelehnt werden. Auch ein gemeinsames oder ähnliches Gottesverständnis kann nicht beobachtet werden. Die Feststellung universeller ethischer Werte, ist, historisch geprüft, fragwürdig, wenn sie als Ziel auch erfreulich wäre.»[11]

Religionsprojektionen erscheinen vor diesem Hintergrund entweder unvermeidbar, zumindest theologisch alternativlos oder – positiv gewendet – als nüchterner Ausdruck der Anerkennung unüberwindbarer religiöser Differenz.[12] Aus der Perspektive des eigenen Glaubens kommt man nicht weiter, es sei denn, die andere Religion wird schlichtweg ignoriert oder der eigene Glauben verpflichtet *prima facie* auf ein bestimmtes Verhalten gegenüber dem anderen Glauben. Aber auch im letzten Fall bliebe (nicht nur im Christentum) die praktische Verbindlichkeit des Glaubens ebenso umstritten wie die moralischen Pflichten, die daraus folgen sollten.

Ernst Tugendhat hat kürzlich der Feuerbach'schen Projektionsthese eine überraschende Wendung gegeben. Er verwirft die heute gängigen Zugänge zu einem Gottesglauben – die Leugnung der Existenz Gottes (Atheismus), den Offenbarungsglauben und einen gesellschaftlichen Relativismus (Agnostizismus) –, weil sie dem «menschlichen Bedürfnis»[13] nach einem «personalen Gottesbezug» nicht gerecht würden: Die erste Position negiert das Bedürfnis nach einem Gottesbezug, die beiden anderen Haltungen verkennen, dass jenes Bedürfnis «gerade nicht ein Grund, sondern immer nur ein Gegengrund ist».[14] Unabhängig davon, ob der Philosoph die genannten Positionen angemessen darstellt oder ob anders oder weitergehend differenziert werden müsste, lässt sich anschliessen,

---

[11] Dietrich Ritschl/Martin Hailer, Grundkurs Christliche Theologie. Diesseits und jenseits der Worte, 2., durchgesehene Auflage, Neukirchen-Vluyn 2008, 41.

[12] Zu den epistemischen Bedingungen des religiösen Pluralismus vgl. im Anschluss an James W. McClendons und James M. Smiths Zurückweisung eines interreligiösen Relativismus die kritischen Überlegungen von Thomas Schärtl, Was sind religiöse Überzeugungen: Hans Joas (Hg.), Was sind religiöse Überzeugungen?, Göttingen 2003, 18–53 (37–43).

[13] Zum Bedürfnis nach Religion vgl. Enno Rudolph, Religion – eine unentbehrliche Form der Kultur? Sieben Thesen: Martin Baumann/Samuel Behloul (Hg.), Religiöser Pluralismus. Empirische Studien und analytische Perspektiven, Bielefeld 2005, 241–253 (241), der die *religious basic needs* in drei Fragen zusammenfasst: nach der Verantwortung für die Übel in der Welt (Theodizee), nach der Unüberwindbarkeit des Todes und nach der Befähigung der und des Einzelnen zu einer sinnvollen und glücklichen Lebensführung.

[14] Ernst Tugendhat, Über Religion: ders.: Anthropologie statt Metaphysik, München 2010, 191–204 (192).

dass alle drei Haltungen auch für die Frage nach Religionsprojektionen keine Rolle spielen: Für den ersten Typus sind solche Zuschreibungen allenfalls entlarvend, der zweite verwirft sie grundsätzlich im Rahmen seines Offenbarungsverständnisses und der dritte arrangiert sich in der Pluralität der darin zum Ausdruck kommenden gesellschaftlichen Überzeugungen. Relevant werden Religionsprojektionen lediglich in einem Subtyp der dritten Position, dem – im weitesten Sinne – interreligiösen Konflikt, in dem Religionsprojektionen zum Gegenstand oder Vehikel politischer Machtansprüche werden. In gesellschaftspolitischen Konfliktsituationen haben Religionsprojektionen eine machtpolitisch bedeutsame Diskriminierungsfunktion.

II. Zur Rolle des *homo islamicus* in der Minarett-Diskussion[15]

1. Die schweizerische Anti-Minarett-Initiative

Die Behauptung, dass Religionsprojektionen als Form gesellschaftlicher Diskriminierung in religionspolitischen Konflikten verortet sind, legt es nahe, die These an einem konkreten Fall zu diskutieren. Die Anti-Minarett-Initiative in der Schweiz liefert dafür ein aktuelles, in der Öffentlichkeit breit debattiertes, wissenschaftlich eingehend dokumentiertes und analysiertes Beispiel. Die gesamtschweizerische Minarett-Diskussion begann 2005/2006 mit drei Minarett-Baugesuchen in Wangen b. Olten, Langenthal und Wil. Ein Komitee aus Politikerinnen und Politikern national-konservativer Parteien lancierte im Mai 2007 die eidgenössische Volksinitiative «Gegen den Bau von Minaretten», die ein Jahr später mit den nötigen Unterschriften zu Stande kam. Der Initiativtext lautete: «Die Bundesverfassung vom 18. April 1999 wird wie folgt geändert: Art. 72 Abs. 3 (neu) 3 Der Bau von Minaretten ist verboten.» Begründet wurde die Initiative so:

> «Das Minarett bringt einen religiös-politischen Machtanspruch zum Ausdruck: ‹Hier sind wir, von hier weichen wir nicht!› Das Minarett steht somit im Dienst eines An-

---

[15] Zum Begriff des *homo islamicus* vgl. Geert Hendrich, Der «homo islamicus» und die säkulare Moderne. Über Religion und Gesellschaft in der arabischen Kultur der Moderne: Detlef Sack/Gerd Steffens (Hg.), Gewalt statt Anerkennung? Aspekte des 11.9.2001 und seiner Folgen, Frankfurt a. M. 2003, 113–128, und Anastassia Stolovitskaia, The Rise Of Homo Islamicus. American collective identity markers and terrorist identity markers as they reveal themselves in the discursive cohesion of concepts «terrorism» and «Islam» in the Washington Post 2001–2008, Roskilde 2008.

II. Bedrohliches

spruchs, der Toleranz grundsätzlich nicht kennt, der die Welt in Gläubige (die Muslime) und Ungläubige (alle anderen) trennt. Das Minarett ist damit Symbol eines religiös-politischen Machtanspruchs, der von Glaubensfreiheit grundsätzlich nichts wissen will.»[16]

«Das Minarett ist gleichsam Speerspitze der Scharia – eine andere, unserem demokratisch geschaffenen Recht diametral widersprechende Rechtsordnung. [...] Minarette sind nicht aus baurechtlichen Erwägungen abzulehnen, sondern weil sie Symbole religiös-politischer Machtansprüche sind, die den religiösen Frieden bedrohen.»[17]

Gemäss der Verpflichtung von Bund und Kantonen zur Wahrung des religiösen Friedens im Lande (Art. 72 BV) müsse die Kultusfreiheit im öffentlichen Interesse (Art. 36 BV) eingeschränkt werden.[18] Entsprechend betrachteten die Initianten ihren Vorstoss nicht als einen Angriff auf die Religionsfreiheit, sondern umgekehrt als einen Akt zu ihrer Verteidigung. Sie betonen:

«Wer Minarette als Zeichen religiös-politischer Machtansprüche ablehnt, gibt zu erkennen, dass er die Religions- und Kultusfreiheit respektiert, dass er der Wahrung des Religionsfriedens in der Schweiz aber ebenso hohe Priorität einräumt.»[19]

In der Volksabstimmung vom November 2009 wurde die Verfassungsergänzung mit einer Mehrheit von 57,5 % angenommen und steht seither in der Bundesverfassung.[20]

---

[16] Zitiert nach Felix Müller/Mathias Tanner, Muslime, Minarett und die Minarett-Initiative in der Schweiz: Grundlagen: Mathias Tanner/Felix Müller/Frank Mathwig/Wolfgang Lienemann (Hg.), Streit um das Minarett. Zusammenleben in der religiös pluralistischen Gesellschaft, Zürich 2009, 21–43 (40).
[17] Zitiert nach Samuel M. Behloul, Minarett-Initiative. Im Spannungsfeld zwischen Abwehr-Reflex und impliziter Anerkennung neuer gesellschaftlicher Fakten: Tanner u. a. (Hg.), Streit (Anm. 16), 103–122 (107).
[18] Vgl. Felix Müller, Rechtliche und politische Aspekte der eidgenössischen Volksinitiative «Gegen den Bau von Minaretten»: Tanner u. a. (Hg.), Streit (Anm. 16), 61–86; Andreas Kley/Alexander Schaer, Gewährleistet die Religionsfreiheit einen Anspruch auf Minarett und Gebetsruf?: Tanner u. a. (Hg.), Streit (Anm. 16), 87–101; Alexander Schaer, «Man muss Gott mehr gehorchen als den Menschen!» (Apg 5, 29). Das Recht als Löser interkonfessioneller Konflikte am Beispiel des Islams in der Schweiz, Wien/Berlin 2009; Walter Kälin/Judith Wyttenbach, Religiöse Freiheit und ihre Grenzen in der Einwanderungsgesellschaft: Tanner u. a. (Hg.), Streit (Anm. 16), 255–286.
[19] Zitiert nach Behloul, Minarett-Initiative (Anm. 17), 108.
[20] Der Minarett-Verbots-Artikel tritt in gewisser Weise die Nachfolge des im Jahr 2000 ersatzlos aus der Bundesverfassung gestrichenen sogenannten Bistumsartikels an. Dieser besagte, dass «Bistümer nur mit Genehmigung des Bundes errichtet werden»

Die schweizerische Anti-Minarett-Initiative konnte weder auf Gewalttaten noch andere Vorfälle eines extremen oder fundamentalistischen Islamismus in der Schweiz verweisen, um muslimfeindliche[21] Stimmungen oder Reaktionen in der Bevölkerung plausibel zu machen.[22] Zwar stieg die muslimische Bevölkerung von weniger als 20.000 im Jahr 1970 auf heute schätzungsweise 350.000 bis 400.000 (ca. 4,5 % der Gesamtbevölkerung) an. Gleichzeitig hat sich das Herkunftsprofil der Bevölkerung islamischen Glaubens signifikant gewandelt. Stellten 1970 türkische Migrantinnen und Migranten 75 % der muslimischen Bevölkerung, machten sie im Jahr 2000 nur noch 20 % aus. Im gleichen Zeitraum reduzierte sich die Anzahl der aus Afrika eingewanderten Muslime von 13 % auf 6 %. Dagegen verdreifachte sich der Anteil der muslimischen Bevölkerung aus den Nachfolgestaaten Ex-Jugoslawiens allein zwischen 1990 und 2000 und bildete mit 56 % im Jahr 2000 die grösste muslimische Bevölkerungsgruppe.[23] Die Mehrheit von muslimisch geprägten Migranten in der Schweiz stammt also aus Ländern (Bosnien Herzegowina, Mazedonien, Kosovo oder der Türkei),

> «in denen weder Staat und Religion eine untrennbare Einheit bilden noch streng nach den Vorschriften der Scharia gelebt und gehandelt wird. Ausserdem sprechen [...] die

---

(Art. 50 BV von 1874) dürfen. Die Bestimmung war das letzte Relikt aus dem konfessionellen Kulturkampf, der in der Bundesverfassung von 1874 etwa im Verbot des Jesuitenordens (Art. 51), dem Verbot von Klostergründungen (Art. 52) und dem Ausschluss Geistlicher aus dem Nationalrat (Art. 75) Niederschlag fand; vgl. René Pahud de Mortanges (Hg.), Das Religionsrecht der neuen Bundesverfassung. Le droit des religions dans la nouvelle Constitution fédérale, Fribourg 2001; ders. u. a., Religionsrecht. Eine Einführung in das jüdische, christliche und islamische Recht, Zürich 2010; zu Parallelen zwischen Katholizismus-Diskussionen im 19. und 20. Jahrhundert und den heutigen Islam-Debatten vgl. José Casanova, Religion, Politik und Geschlecht im Katholizismus und im Islam: ders., Europas Angst vor der Religion, Berlin 2009, 31–81.

[21] Zum Begriff der Muslimfeindlichkeit vgl. Doris Angst, Muslimfeindlichkeit – Islamophobie: Definitionen: Eidgenössische Kommission gegen Rassismus (Hg.), Tangram 25, Juni 2010, 36–39.

[22] Deshalb greift die Anti-Minarett-Initiative explizit auf weltpolitische Ereignisse wie die Terrorakte von 9/11, den Mord an Theo van Gogh (2004), die Anschläge von Madrid (2004) und London (2005), die Aufstände in den Pariser Banlieues (2005) oder den Streit um die Mohammed-Karikaturen (2005/2006) zurück, um sie als islamische Bedrohungspotentiale auf die Schweiz zu projizieren; vgl. dazu Behloul, Minarett-Initiative (Anm. 17); ders., Islam-Diskurs nach 9/11. Die *Mutter* aller Diskurse? Zur Interdependenz von Religionsdiskurs und Religionsverständnis: Wolfgang W. Müller (Hg.), Christentum und Islam. Plädoyer für den Dialog, Zürich 2009, 229–268; Wolfgang Lienemann, Argumente für ein Minarett-Verbot. Eine kritische Analyse: Tanner u. a. (Hg.), Streit (Anm. 16), 123–139.

[23] Vgl. Bundesamt für Statistik, Eidgenössische Volkszählung 2000. Religionslandschaft in der Schweiz, Neuchâtel 2004; Müller/Tanner, Muslime (Anm. 16), 22–27.

II. Bedrohliches

in ihrer Mehrheit in die westeuropäischen Gesellschaften gut integrierten, muslimisch geprägten Zuwanderer und ihre Nachkommen gegen eine kollektive Personalisierung der alten Dichotomie ‹aufgeklärter und moderner Westen› einerseits, und ‹unaufgeklärte, vormoderne islamische Welt› andererseits.»[24]

Dem korrespondiert die Beobachtung, dass lediglich ca. 15 % der Musliminnen und Muslime ihren Glauben in ungefähr 150 lokalen islamischen Kulturvereinen aktiv praktizieren. In der Schweiz gibt es derzeit vier Gebetshäuser mit Minarett. Bis auf das letzte, nach dreijährigem politisch-rechtlichem Streit 2009 errichtete Minarett in Wangen b. Olten hat es um die 1962 in Zürich, 1975 in Genf und 2005 in Winterthur gebauten keine nennenswerten Konflikte bei der Errichtung und danach gegeben.[25] Andreas Kley hat von einem «Nicht-Problem» gesprochen, das die Minarett-Initiative zu lösen behauptet.[26]

Der Religionswissenschaftler Samuel M. Behloul[27] beobachtet in den aktuellen christlich-islamischen Debatten ein «sich wiederholendes semantisches Muster», eine «Diskursgeschichte» zweier sich wechselseitig bedingender Themen: die Frage «nach der Vereinbarkeit des Islam mit dem westlichen Wertesystem» und die Frage «nach dem kausalen Verhältnis zwischen dem allgemeinen wirtschaftlich-kulturellen und politischen Zustand einer Gesellschaft einerseits und deren religiöser Prägung andererseits». Drei Begründungszusammenhänge stehen im Zentrum:[28] 1. Die wechselvolle Geschichte des Verhältnisses zwischen der westlichen und islamischen Welt zeige, «dass die Dynamiken der Thematisierung und Problematisierung des Islam im europäischen Kontext mit den jeweiligen historischen Schlüsselereignissen korrespondierten». 2. Wiederum wird ebenfalls in diachronischer Hinsicht ein Zusammenhang zwischen Islam-Debatten und gesellschaftlichen oder politischen Umbruchphasen sichtbar. «Die durch wirtschaftlich und politisch bedingte[n] Migrationsströme […] erfolgte Zuwanderung von Menschen aus mehrheitlich muslimisch geprägten Gesellschaften löst seit der zweiten Hälfte der 1990er Jahre zunehmend Diskurse aus über die Präsenz des Islam und der Muslime im europäischen Westen und über die Folgen dieser Präsenz für die zukünftige religiös-kulturelle und politische Identität Europas.» 3. Wie auch in historischen Islam-Diskursen erweckt der aktuelle Konflikt «den Eindruck eines unvermeidlichen Systemkonfliktes, d. h. ei-

---

[24] Behloul, Minarett-Initiative (Anm. 17), 108.
[25] Müller/Tanner, Muslime (Anm. 16), 32–39.
[26] Stephan Landis, Religion – Gefahr und Ressource: reformierte presse 5/2008, 1–3.
[27] Vgl. Behloul, Islam-Diskurs (Anm. 22), 233f.
[28] Zum Folgenden Behloul, Minarett-Initiative (Anm. 17), 117–119.

nes Aufeinanderprallens von zwei in sich normativ abgeschlossenen und in diametralem Gegensatz zueinander stehenden Blöcken». Für Behloul stellen die europäischen Islamdebatten «eine Art Seismograph sowohl für sich das wandelnde Selbst- und Fremdverständnis Europas wie auch für die Wahrnehmung eigener sozialer Umbrüche und Probleme» und nicht blosse «Religions- bzw. Islam-Diskurse dar». Die Verflechtung der Anti-Minarett-Initiative mit der Migrations-Diskussion kennzeichne die Islamdebatten seit 9/11. Waren die Migrationsdebatten bis in die 1980er Jahre durch die Unterscheidung westeuropäisch contra südeuropäisch gekennzeichnet, verlaufe die heutige Konfliktlinie zwischen europäisch und aussereuropäisch.

2. Islamprojektionen

Die Tatsache, dass der Islam *in der Schweiz* als gefährlich beurteilt wird, ohne dass von der muslimischen Bevölkerung eine tatsächliche Bedrohung ausgeht, legt die Vermutung vom Islam als Projektionsfläche für gesellschaftliche Bedrohungslagen, Befürchtungen und Ängste nahe. Politische Kräfte, die sich dieses Instruments bedienen, können auf eine lange Projektionsgeschichte zurückgreifen.

Das durch Samuel Huntington populär gemachte Schlagwort vom «Clash of Civilizations» findet sich bereits als Kapitelüberschrift in einem Aufsatz des politisch ähnlich positionierten Historikers und Islamwissenschaftlers Bernard Lewis, dem Gegenspieler von Edward W. Said, der mit seinem 1978 erschienenen Hauptwerk *Orientalismus* eine neue Phase der Islamdiskussion einleitete. Said rekonstruiert den Orientalismus als das Produkt eines Machtdiskurses des Okzidents über den Orient, der wissenschaftlich auf einem verdinglichenden Kulturbegriff und einem essentialistisch-fundamentalistischen Islamverständnis gründet. In seinem einem modernen Verständnis von Kultur als einem dynamischen Verstehens- und Interpretationsprozess folgenden Verständnis steht der Begriff «Orientalismus» für «jene Denkweise, die sich auf eine ontologische und epistemologische Unterscheidung zwischen ‹dem Orient› und (in den meisten Fällen zumindest) ‹dem Okzident› stützt».[29] Exemplarisch für einen solchen Orientalismusbegriff steht auch Huntingtons partikular-geschlossenes Kulturverständnis,

---

[29] Edward W. Said, Orientalismus, Frankfurt a. M. 2009, 11.

II. Bedrohliches

das die Dichotomie zwischen dem Westen und dem Islam verteidigt. Die kulturellen Gegensätze lassen sich mit Islamwissenschaftler Reinhard Schulze auf das einfache Schema verdichten:[30]

Westen	Islam
Individualismus	Kollektivismus
Homogenität	Fragmentierung
Moderne	Tradition
Freiheit, Demokratie	Sklaverei, Despotie
Globalismus	Lokalismus
Loyalität primär auf den Nationalstaat bezogen	Loyalität primär auf die soziale Gruppe (Familie, ‹Stamm›) bzw. zivilisatorische Identitäten (‹Islam›) bezogen

Schulze bestimmt den Orientalismus im Anschluss an Said als «eine Denkfigur, die seit dem 17. Jahrhundert in westeuropäischen Kreisen die akademischen und öffentlichen Auffassungen von ‹eigener› und ‹fremder› Kultur nachhaltig geprägt hat. Es handelt sich dabei nicht um eine inhaltlich festgelegte Aussage über den Orient, sondern um eine spezifische Prozedur der Interpretation anderer und eigener kultureller Traditionen.»[31] Dieses Interpretationsschema weist fünf stereotype Merkmale auf:

1. Kultur wird als etwas «Wesentliches» oder «Dingliches» aufgefasst, das mit den Menschen quasi genetisch verbunden ist und ihr «Sein» und «Wesen» bestimmt.
2. Kulturen werden «aufgrund der postulierten wesensmässigen Differenz» typisiert.
3. Das Bild von den Kulturen orientiert sich vorrangig an sprachlichen und schriftlichen Zeugnissen.

---

[30] Reinhard Schulze, Orientalism. Zum Diskurs zwischen Orient und Okzident: Iman Attia (Hg.), Orient- und IslamBilder. Interdisziplinäre Beiträge zu Orientalismus und antimuslimischem Rassismus, Münster 2007, 45–68 (49).
[31] Schulze, Orientalism (Anm. 30), 49f.

4. Dabei wird eine «typologische Grunddifferenz» von universalgeschichtlicher Tragweite zwischen dem Standort des westlichen Betrachters und dem Orient als Betrachtungsgegenstand vorausgesetzt.[32]
5. Die Interpretationsprozedur zielt auf die Identifikation von anderen oder orientalischen Stilen und Merkmalen, die sich der Betrachter sowohl selbst aneignen wie dem Betrachteten als wesensmässig zuweisen kann.

Schulze resümiert:

> «Orientalismus ist damit Teil einer Kultur- und Ideengeschichte, die eng mit den intellektuellen Traditionen der Neuzeit verbunden ist. Bedeutung erlangte er aber vor allem dadurch, dass er im Rahmen der kolonialen Kultur in den durch den Orientalismus selbst als orientalisch definierten Ländern realisiert und von den dort lebenden Eliten als konstitutiver Teil der eigenen kulturellen Identität angenommen wurde. Die kulturgeschichtliche Funktion des Orientalismus bestand somit vorrangig in der Konstruktion eines okzidentalen Elitebewusstseins. Die westeuropäischen Eliten verfügten durch den Orientalismus über eine Deutungsprozedur, mittels derer sie den sozialen und kulturellen Kontakt mit ‹Fremden› bewältigen und ihren Machtanspruch auf das ‹Fremde› bestätigen konnten.»[33]

Seit der Mitte des 19. Jahrhunderts adaptierten die Muslime das Interpretationsschema, indem sie ihren eigenen Orientalismus entwarfen, «um über ‹den Okzident› zu sprechen, das heisst sie erschufen sich zur neuen Bestätigung ihrer Orientalität einen essentialisierten Okzident, über dessen Wesen sich die Okzidentalen und Orientalen zwar geeinigt, über dessen Bewertung aber Dissens

---

[32] Die Tragfähigkeit dieser Dichotomie hat Reinhard Schulze am Beispiel der stereotypen Behauptung von der Abschottung des Islam gegenüber Moderne und Säkularisierung überprüft. Auf der Grundlage von Bevölkerungsbefragungen in islamischen Ländern kommt er zum Schluss, «dass der Argwohn der Allgemeinheit gegenüber den Muslimen umgekehrt proportional zunimmt mit der Behauptung der Muslime, dass sie ihre Lebensführung in der Moderne eingepasst hätten. [...] Säkularität – also die säkulare Verfasstheit von Lebenseinstellungen, sozialen Praktiken und Weltsichten – ist in der islamischen Welt heute sehr verbreitet; aufgrund der vorliegenden Zahlen kann – ungeachtet grosser interner Abweichungen – die Zahl der Muslime, die mehr oder weniger eine säkulare Ordnung befürworten, auf zwei Drittel geschätzt werden. Dem widerspricht die Fremdwahrnehmung, wonach eine grosse Mehrheit der nicht muslimischen Bevölkerung Islam und Säkularismus als einen schwarzen Schimmel verstehen» (Reinhard Schulze, Die Dritte Unterscheidung: Islam, Religion und Säkularität: Walter Dietrich/Wolfgang Lienemann [Hg.], Religion – Wahrheitsansprüche – Konflikte. Theologische Perspektiven, Zürich 2007, 147–205 [152]).
[33] Schulze, Orientalism (Anm. 30), 50.

II. Bedrohliches

bestand».[34] Der Partikularismus des Orientalismus bildet einerseits «die wichtigste Denkfigur zur Bewältigung politischer Krisen nicht nur in den USA» und ist andererseits «zur Denkfigur radikaler Islamisten geworden»:

> «Der Westen wird als Kultur ‹wesentlich› und ‹dinglich› definiert und mit entsprechenden Stereotypen ausgestattet. Er wird typologisch vom ‹Islam› getrennt und zu einem Studien- und Handlungsobjekt gemacht. Der Standort eines solchen muslimischen Fundamentalisten gilt als Platz eines universalistischen Geschehens (vertreten durch den Islam).»[35]

3. Islamprojektionen in der Minarett-Diskussion

Die vorangegangenen Überlegungen haben gezeigt, dass die typischen Islam-Konstruktionen weder auf einfache Feindbildprojektionen[36] noch auf hermeneutische Kategorien des Fremd- oder Nicht-Verstehens[37] reduziert werden können, weil damit die konstitutive Bedeutung jener Deutungen für das eigene kulturelle Selbstverständnis ausgeblendet würde. Strategien der Abgrenzung und Dichotomisierung setzen nicht nur Relationalität voraus, sondern sind selbst Ausdruck eines spezifischen Verhältnisses. Darüber hinaus würde eine (ausschliesslich) psychologischen oder hermeneutischen Kategorien verpflichtete Interpretation die politische Dimension der Interpretation des Anderen *als (Repräsentanten einer) fremde(n) Kultur* übersehen. Interreligiöse Auseinandersetzungen sind in unseren Breiten in der Regel ein Aspekt oder Symptom migrationspolitischer Konflikte, in denen Integrations- und Assimilationsforderungen an die Adresse der Zugewanderten im Zentrum stehen.

---

[34] Schulze, Orientalism (Anm. 30), 57.
[35] Schulze, Orientalism (Anm. 30), 57f.
[36] Zum Feindbild Islam vgl. die Texte in Thorsten Gerald Schneiders (Hg.), Islamfeindlichkeit. Wenn die Grenzen der Kritik verschwimmen, Wiesbaden 2009, und Stavros Mentzos, Machtpolitische und psychosoziale ‹Funktionen› der Feindbilder: Willi Brüggen/Michael Jäger (Hg.), Brauchen wir Feinde? Feindbildproduktion nach dem 11. September 2001 in sozialpsychologischer und diskursanalytischer Sicht, Berlin 2003, 63–82.
[37] Zur Hermeneutik des Fremden vgl. Philipp Stoellger, Fremdwahrnehmung. Die Menschenwürde des Fremden und die Fremdheit der Menschenwürde: Petra Bahr/Michael Heinig (Hg.), Menschenwürde in der säkularen Verfassungsordnung, Tübingen 2006, 367–410; ders., Vom Nichtverstehen aus. Ab- und Anfangsgründe einer Hermeneutik der Religion: Ingolf U. Dalferth/Philipp Stoellger (Hg.), Hermeneutik der Religion. Religion in Philosophy and Theology, Tübingen 2007, 59–90; ders., Missverständnisse und die Grenzen des Verstehens. Zum Verstehen diesseits und jenseits der Grenzen historischer Vernunft: ZThK 106, 2009, 223–263.

Bezeichnend nicht nur für die schweizerische Minarett-Diskussion ist das weitgehende Fehlen einer interreligiösen Diskussion, bei der es tatsächlich um die religiösen Überzeugungen der beteiligten Religionsgemeinschaften geht. Auch kirchliche Stellungnahmen argumentierten überwiegend grund- und menschenrechtlich und betonten die humanitären Grundsätze des liberalen Rechtsstaates.[38] Diese Haltung begegnet ebenso in Stellungnahmen islamischer Organisationen, die sich im Vorfeld der Volksabstimmung um eine Deeskalation bemühten.[39]

Der Schweizerische Rat der Religionen (SCR) hat anlässlich der Minarett-Verbots-Abstimmung eine Stellungnahme veröffentlicht, in der sich die Vertreter von Judentum, Islam, Römisch-katholischer und Evangelisch-reformierter Kirche für die unbedingte Geltung der Menschen- und Grundrechte aussprechen und die Minarett-Verbots-Initiative «entschieden» zurückweisen. Aus schöpfungstheologischer Sicht wird das gemeinsame Eintreten für Frieden, Freiheit und Gerechtigkeit betont. «Die Begriffe markieren permanent neu zu verwirklichende Ansprüche der Religionen an die Menschen.»[40] Der SCR zeigt Verständnis für die Verunsicherung und Sorgen in der Bevölkerung und nennt alle gängigen antiislamischen Stereotype:

> «Welche Botschaft wird in den Moscheen gepredigt? Ist der Islam mehr als eine Religion? Welche Bedeutung haben aus islamischer Sicht die Menschenrechte, der demokratische Rechtsstaat, die Gleichberechtigung zwischen Mann und Frau? Strebt der Islam in der Schweiz aufgrund religiöser Vorschriften eine Sonderstellung an?»[41]

Anstelle einer Auseinandersetzung mit diesen Fragen weist der SCR lediglich darauf hin: «Solche und ähnliche Fragen werden gestellt und müssen diskutiert werden können.»[42] Die ausweichende Antwort gibt treffend die brisante gesellschaftliche Stimmungslage wieder. Gemäss einer liberalen *political correctness* werden die Islam-Projektionen nicht zurückgewiesen, ihnen wird in gewisser Weise sogar Verständnis entgegengebracht. Gleichzeitig verzichtet das Doku-

---

[38] Frank Mathwig, Das Kreuz mit den Minaretten. Theologische Bemerkungen zur Rolle der Kirchen in der Minarett-Diskussion: Tanner u. a. (Hg.), Streit (Anm. 16), 141–187.
[39] Vgl. Rifa'at Lenzin, Eine muslimische Perspektive auf die Minarett-Diskussion und das Zusammenleben in der Schweiz von morgen: Tanner u. a. (Hg.), Streit (Anm. 16), 45–60.
[40] Schweizerischer Rat der Religionen, Für ein Zusammenleben der Religionen in Frieden und Freiheit. Stellungnahme des Schweizerischen Rates der Religionen zur Volksinitiative «Gegen den Bau von Minaretten», Bern 2009, 6.
[41] SCR, Zusammenleben (Anm. 40), 7.
[42] SCR, Zusammenleben (Anm. 40), 7.

II. Bedrohliches

ment auf eine sachliche Auseinandersetzung. Die aufgezählten Islam-Projektionen werden inhaltlich unhinterfragt stehengelassen. Ein analoger Befund ergibt sich aus einer Analyse offizieller kirchlicher Stellungnahmen: Klare Zurückweisung der Verbots-Initiative, Eintreten für Religionsfreiheit, Verzicht auf eine inhaltliche Auseinandersetzung mit den propagierten Islam-Bildern. Nur an den kirchlichen Rändern wurde die Konfrontation zwischen Christentum und Islam – mit umgekehrter Stossrichtung – laut und deutlich hörbar. Typisch für diese Stimmen ist das Votum eines Politikers der Evangelisch Demokratischen Union (EDU), die zu den Mitinitiantinnen der Minarett-Verbots-Initiative gehörte:

> «Der Islam verdrängt einerseits zusehends die christlich-abendländischen Werte wie Freiheit, Gleichberechtigung, Religions- und Redefreiheit, Toleranz und Wertschätzung des Individuums und lehnt andererseits Jesus Christus als wahren Gott ab. Deshalb fordert die Minarett-Debatte die gläubigen Christen zum Bekenntnis heraus. Und das Bekenntnis für Jesus Christus als Sohn Gottes beinhaltet die Ablehnung einer Ideologie, die einen anderen Gott als Christus propagiert.»[43]

Und in einem Flugblatt der EDU heisst es mit geradezu prophetischem Pathos:

> «Die Stärke des Islam ist die Schwäche des Christentums. Angesichts des Islams unter uns erscheint die biblische Weisung in neuem Licht: ‹Die Fremden, die bei euch leben, werden ihren Besitz vergrössern und immer mehr Einfluss gewinnen, während es mit euch immer weiter bergab geht.› (5. Mose 28,43) Als Ursache für diese Entwicklung wird die Abkehr von Gott und seinen Ordnungen angesehen. Es braucht eine Belebung des Geistes der Bundesverfassung: ‹Im Namen Gottes des Allmächtigen›. Dazu muss unser Land stehen.»[44]

Interessant sind diese Äusserungen, weil auch hier alle Islam-Stereotype begegnen und der Zusammenprall der Kulturen mit religiösem Eifer beschworen wird. Entsprechend wird die politische Haltung gegenüber dem Islam zu einer theologischen Bekenntnisfrage hochstilisiert. Mit der Präsenz des Islam steht die Zukunft der christlichen Kirchen auf dem Spiel. Solche fundamentalistisch-antidemokratischen Kurzschlüsse begegneten selten offen, füllten aber die Leserbriefseiten und Blogs von Tageszeitungen und digitalen Medien, waren präsent auch in kirchlichen Podiumsdiskussionen und gehörten zur täglichen Post an die Kirchenleitungen. Aber auch auf solche Äusserungen aus den eigenen Reihen reagierten die Kirchen offiziell nicht.

---

[43] Daniel Zingg, Warum gegen Minarette? Warum soll sich ein Christ in der Debatte positionieren, Bollodingen 2009.
[44] Zitiert nach Lienemann, Argumente (Anm. 22), 131.

Stattdessen etablieren kirchliche Kreise ein Jahr vor der Volksabstimmung eine Art Paralleldiskussion. Anfang 2008 nahm die Präsidentin der Arbeitsgemeinschaft für Religionsfreiheit (AGR), Anette Walder-Stückelberger, eine Anfrage der Organisation Islamischer Staaten (OIC) zur Religionsfreiheit in der Schweiz zum Anlass, um die schweizerische Politik zu einem konsequenteren Eintreten für die Religionsfreiheit von Christinnen und Christen in den OIC-Staaten zu bewegen. Wenig später richtet sie die gleiche Forderung an die muslimische Bevölkerung in der Schweiz: «Ab heute erwarten wir von den Muslimen bei uns, dass sie Ungerechtigkeiten in ihrer Heimat ebenfalls deutlich und hörbar verurteilen und sich für Religionsfreiheit einsetzen.»[45] Dadurch angestossen, wurde zunächst in kirchlichen, dann auch in konservativ-politischen Kreisen das Thema verfolgter Christen zunehmend mit der Anti-Minarett-Diskussion verknüpft.[46] Die implizite Androhung einer Vergeltungslogik wurde zwar offiziell zurückgewiesen, verfehlte aber ihre eingängige Wirkung nicht. Religionsfreiheit für Muslime hier wurde nun kausal verbunden mit der Religionsfreiheit für Christen in der islamischen Welt. Die Religionsfreiheit wird damit zu einem konditionalen Recht, dessen Einschränkung nicht nur mit dem Stereotyp von der Demokratie- und Menschenrechtsfeindlichkeit des Islam gerechtfertigt, sondern als selbstverschuldet der muslimischen Bevölkerung zur Lösung überlassen wird. Die Muslime werden im Bulgakov'schen Sinne zu diskriminierten Diskriminierenden.

III. Folgen und Folgerungen

1. Die Rückkehr der Religion und die Renaissance der Toleranz

Die aristotelische Einsicht, die jeder Touristin und den meisten Migranten vertraut sein dürfte: «Man kann ja auch auf Reisen sehen, wie jeder Mensch dem anderen verwandt und freund ist»,[47] kann der Realität religionspolitischer Konflikte offenbar nur wenig entgegensetzen. Die Universalität des «jeder Mensch»

---

[45] Christian Solidarity International (Hg.), Mediendokumentation 200 Millionen Christen verfolgt. Solidaritätskundgebung, Binz 28. Mai 2008, 9.
[46] Auf kirchlicher und bundespolitischer Ebene wurde etwa neben dem normalen Asylverfahren ein zusätzliches «Kontingent für Glaubensverfolgte (insbesondere verfolgte Christen)» gefordert.
[47] Aristoteles, Nikomachische Ethik, übersetzt und kommentiert von Olof Gigon, München 1972, 1155 a 21–22.

II. Bedrohliches

schrumpft (nicht nur) in interreligiösen und migrationspolitischen Konflikten schnell auf die partikulare (kommunitaristische) Kategorie des «verwandt und freund»-Seins zusammen. Wittgensteins sprechender Löwe[48] scheint damit als interreligiöse oder -kulturelle Provokation in jener Realität angekommen zu sein, der das Bild des Philosophen geschuldet ist. Projektionen – als Vorstellungen von dem, was da ist, aber sich nicht unmittelbar oder gar nicht zu verstehen gibt – wären dann als Ausdruck der Lebensformen zu begreifen, in denen sie erzeugt werden. Sie wären der Normalfall und nicht die Ausnahme.[49] Religiöse Projektionen bilden so die Kommunikationsgrundlage von epistemisch gegeneinander abgegrenzten, aber gesellschaftlich und politisch miteinander verbundenen Lebensformen:

> «Für den Gläubigen oder den Reisenden mit grossem metaphysischem Gepäck besteht ein epistemischer Vorrang des Guten vor dem Gerechten. Unter dieser Prämisse hängt die Gültigkeit des Ethos von der Wahrheit des Weltbildes ab, das seinen Kontext bildet. Demnach verbinden sich mit verschiedenen ethischen Lebensorientierungen und konkurrierenden Lebensformen die exklusiven Geltungsansprüche der zugrunde liegenden Weltbilder. Sobald sich die eigene Vorstellung vom richtigen Leben an religiösen Heilswegen oder metaphysischen Konzeptionen des Guten orientiert, entsteht eine göttliche Perspektive (oder ein ‹view from nowhere›), aus der (oder von wo) andere Lebensweisen nicht nur als anders, sondern als verfehlt erscheinen.»[50]

Aus politikphilosophischer und rechtlicher Sicht spricht unter den Bedingungen des gesellschaftlichen Pluralismus[51] einiges für die Wende vom Primat des Gerechten zum Vorrang des Guten. Die zeitliche Parallelität der Rede von der Rückkehr der Religion in der öffentlichen Diskussion und der Renaissance des Toleranzbegriffs im philosophischen Diskurs erscheint nicht zufällig. Die Frage liegt

---

[48] Vgl. Ludwig Wittgenstein, Philosophische Untersuchungen: ders., Werkausgabe, Bd. 1, Frankfurt a. M. 1984, 568: «Wenn ein Löwe sprechen könnte, wir könnten ihn nicht verstehen.»

[49] An dieser Stelle könnte auch im Anschluss an Niklas Luhmann, Normen in soziologischer Perspektive: Soziale Welt 20, 1969, 28–48, mit einem funktionalen Normenverständnis als wechselseitige, rückgekoppelte Projektion von «Erwartungs-Erwartungen» argumentiert werden.

[50] Jürgen Habermas, Religiöse Toleranz als Schrittmacher kultureller Rechte: ders., Zwischen Naturalismus und Religion. Philosophische Aufsätze, Frankfurt a. M. 2005, 258–278 (270).

[51] Zum Pluralismusbegriff (nicht nur) aus protestantischer Sicht vgl. Christoph Schwöbel, Christlicher Glaube im Pluralismus. Studien zu einer Theologie der Kultur, Tübingen 2003; ders., Pluralismus und Toleranz aus Sicht des Christentums. Eine protestantische Perspektive: Christian Augustin/Johannes Wienand/Christiane Winkler (Hg.), Religiöser Pluralismus und Toleranz in Europa, Wiesbaden 2006, 102–122.

nahe, ob und inwiefern die pragmatische Relativierung reflexiv-kritischer Ethik zugunsten einer mehr oder weniger religiös angereicherten Moral der sozialphilosophischen Umstellung von Anerkennungs- auf Toleranzdiskurse korrespondiert. Ist die Toleranzforderung damit auch die politische Antwort auf und der Preis für die Unvermeidbarkeit von Religionsprojektionen? Kann Toleranz die ungebändigten Projektionen bändigen?

Wird von dem bekannten aufklärerischen Diktum Goethes ausgegangen: «Toleranz sollte eigentlich nur eine vorübergehende Gesinnung sein: sie muss zur Anerkennung führen. Dulden heisst beleidigen. Die wahre Liberalität ist Anerkennung»,[52] dann bedeutet die Rückkehr der Toleranz eine markante Zäsur, wenn nicht sogar einen Rückschritt.[53] Die Toleranzforderung ist vor diesem Hintergrund eher ein Gebot aus der Not als eine moralische Pflicht aus tugendhafter Haltung. In diesem Sinne lässt sich jedenfalls Jürgen Habermas' Rede von der «Bürde» der Toleranz für die Mitglieder religiös pluraler Gesellschaften lesen. Toleranz ist «die rechtlich nicht erzwingbare *politische Tugend* von Bürgern im Umgang mit anderen Bürgern, die einer abgelehnten Überzeugung anhängen. [...] Toleranz bewahrt eine pluralistische Gesellschaft davor, als politisches Gemeinwesen durch weltanschauliche Konflikte zerrissen zu werden.»[54]

Die Haltung der Toleranz wird reserviert für eine Ablehnung, die sich auf «eine *vernünftigerweise* fortbestehende Nicht-Übereinstimmung stützen» kann.[55] Toleranz meint weder Indifferenz noch Desinteresse, bezieht sich weder auf partielle oder lösbare Konflikte noch auf das Anders-Sein von Personen.

«Gegenüber dem Anders*sein* ist zunächst die Vermeidung von Diskriminierung, also gleiche Achtung für jeden geboten – und nicht wie gegenüber dem Anders*denkenden* Toleranz. Das führt zu der interessanten Schlussfolgerung, dass Toleranz erst jenseits der Diskriminierung beginnen kann.»[56]

Habermas' behauptete Bürde der Toleranz ist eine doppelte:

---

[52] Johann Wolfgang von Goethe, Maximen und Reflexionen. Hamburger Ausgabe, Bd. 12, 12., durchgesehene Auflage, München 1994, 385.
[53] Das gilt nicht für ein den Anerkennungstopos integrierendes Toleranzkonzept, wie es Rainer Forst entwickelt: Toleranz im Konflikt. Geschichte, Gehalt und Gegenwart eines umstrittenen Begriffs, Frankfurt a. M. 2003; ders., Toleranz und Anerkennung: Augustin u. a. (Hg.), Pluralismus (Anm. 51), 78–83. Einen Diskussionsüberblick bietet Augustin u. a. (Hg.), Pluralismus (Anm. 51).
[54] Habermas, Toleranz (Anm. 50), 265.
[55] Daran könnte die Frage anschliessen, ob die Toleranzforderung letztlich dem ‹Konzept› der Religionsprojektion als Antithese oder dialektischer Kontrapunkt zu einer aufgeklärten Vernunftkritik in der religiös pluralen Gesellschaft geschuldet ist.
[56] Habermas, Toleranz (Anm. 50), 268.

II. Bedrohliches

«Wer tolerant ist, darf einerseits das eigene Ethos nur in den Grenzen dessen, was allen gleichermassen zusteht, realisieren. Andererseits muss er auch das Ethos der anderen in diesen Grenzen respektieren. [...] Die Bürde ergibt sich nicht aus einer Relativierung eigener Überzeugungen, sondern aus der Einschränkung ihrer praktischen Wirksamkeit. Die Zumutung besteht in der Konsequenz, dass die von der eigenen Religion vorgeschriebene Lebensweise oder das dem eigenen Weltbild eingeschriebene Ethos einzig unter der Bedingung gleicher Rechte für jedermann praktiziert werden dürfen.»[57]

Religionsprojektionen werfen vor diesem Hintergrund ein Praxisproblem auf, das darin besteht, wie die mit ihnen konstitutiv verbundenen konkurrierenden Wahrheitsansprüche in einem auf freier wechselseitiger Zustimmung beruhenden Gemeinwesen zusammengehen können. Die Formulierung erinnert nicht nur zufällig an Kants Rechtsdefinition, sie zielt auch auf eine rechtsphilosophische Antwort. Wie real diese Herausforderung ist, zeigt die aktuelle schweizerische Bundesverfassung. Was tun, wenn sozusagen die Religionsprojektion zum Gesetzgeber wird? Die Juristen Daniel Thürer und Jörg Paul Müller haben die Frage im Anschluss an die vom Volk angenommene Minarett-Verbotsinitiative aufgeworfen und schlagen vor, «das Minarettverbot durch eine *allgemeine* Bestimmung zu ersetzen, die von den Religionsgemeinschaften generell in ihrem Auftreten im öffentlichen Raum Rücksichtnahme auf die Anliegen anderer Religionsgemeinschaften sowie der übrigen Bevölkerung verlangt, soweit solche Einbindung mit den Anforderungen eines säkularen Rechtsstaates vereinbar erscheint».[58] Der von ihnen vorgeschlagene Verfassungsartikel lautet:

«Die Religionsgemeinschaften beschränken ihre Selbstdarstellung und ihr Auftreten im öffentlichen Raum (etwa mit Gebäuden, Aufrufen, Symbolen oder Kleidervorschriften) auf ein allgemeinverträgliches Mass. Sie vermeiden ein bedrängendes Auftreten und tragen zu einem von Toleranz gekennzeichneten Zusammenleben bei. Sie fügen sich in ihrem Wirken in die Anforderungen einer demokratischen Gesellschaft ein und respektieren nach Innen und nach Aussen die Menschenrechte aller.»[59]

---

57 Habermas, Toleranz (Anm. 50), 268.
58 Daniel Thürer/Jörg Paul Müller, Toleranz als Bedingung religiöser Freiheit im Zusammenleben fehlbarer Menschen: Zeitschrift für Schweizerisches Recht 130, 2011, 287–298 (291).
59 Thürer/Müller, Toleranz (Anm. 58), 292. Die Autoren verweisen in dem Zusammenhang auf ein Urteil des deutschen Verfassungsgerichts zum obligatorischen Ethikunterricht in Berlin (BVerfG vom 15. März 2007 – I BvR 2780/06). Darin heisst es: «Die Fähigkeit aller Schüler zu Toleranz und Dialog ist eine Grundvoraussetzung nicht nur für die spätere Teilnahme am demokratischen Willensbildungsprozess, sondern auch für ein

Die vorgeschlagene Verfassungsnorm zielt auf die Ermöglichung gesellschaftlicher Kohäsion unter pluralistischen Bedingungen. Zustimmend zitieren die Autoren aus einer Botschaft des Bundesrates im Rahmen der 1973 geführten Diskussion über die Ersetzung des Jesuitenartikels durch einen Toleranzartikel: «In einem Volk, dessen Existenz in der Vergangenheit mehr als einmal durch Konfessionskämpfe radikal in Frage gestellt worden ist, muss die Toleranz als Grundlage des Zusammenlebens nicht näher begründet werden».[60] Auf politischer Ebene ist eine solche Einsicht ein Gebot der Klugheit. Aber kann es Toleranz allein aufgrund von Klugheitsüberlegungen geben? Die politische Geschichte des Toleranzgedankens legt eine positive Antwort nahe. Allerdings zeigt sie auch die Grenzen einer solchen Begründung auf, die dann erreicht wird, wenn sich eine Situation einstellt, in der staatliche Intoleranz zu einem grösseren Nutzen führen würde. Zum Schutz vor der Willkür konsequentialistischer Erwägungen muss Toleranz durch einen Gerechtigkeitsmassstab, das heisst rechtlich abgestützt werden. Bei Thürer und Müller erfolgt diese Abstützung durch eine Rückbindung der Toleranz an die Menschenrechte «nach Innen und nach Aussen». Sie muten den Bürgerinnen und Bürger jene «doppelte Bürde der Toleranz» zu, auf die Habermas hinweist: die Akzeptanz der politischen Beschränkung der praktischen Wirksamkeit der eigenen religiösen Überzeugungen und die wechselseitige Anerkennung der Gleichheit unter einer gemeinsamen und verbindlichen Rechtsordnung.

Es ist unmittelbar einsichtig, dass der Toleranzartikel der beiden Juristen mit der Anerkennung der Menschenrechte als dessen unhintergehbarem Fundament steht und fällt. Denn eine tolerante Haltung bringt nicht die Menschenrechte hervor, sondern setzt sie voraus, insofern ein möglicher Adressat von Toleranz bereits als Rechtssubjekt – im Sinne der Definition von Hannah Arendt als jemand, der über ein Recht, *«Rechte zu haben»*, verfügt – anerkannt sein muss.[61] Toleranz ist ein normativ abhängiger Begriff, der zu seiner Füllung anderer begrifflicher Ressourcen bedarf.[62]

---

gedeihliches Zusammenleben in wechselseitigem Respekt vor den Glaubensüberzeugungen und Weltanschauungen anderer» (295f.).

[60] Zitiert nach Thürer/Müller, Toleranz (Anm. 58), 294.
[61] Hannah Arendt, Es gibt nur ein einziges Menschenrecht: Otfried Höffe/Gerd Kadelbach/Gerhard Plumpe (Hg.), Praktische Philosophie/Ethik. Reader zum Funkkolleg 2, Frankfurt a. M. 1981, 152–167 (158).
[62] Vgl. Forst, Toleranz und Anerkennung (Anm. 53), 83. Deutlich tritt diese Relationalität in Toleranzkonzeptionen hervor, die auf eine Wertorientierung des Staates abheben; vgl. in diesem Sinne die Beiträge in Christian Starck (Hg.), Wo hört Toleranz auf?, Göttingen 2006.

II. Bedrohliches

Mit der starken Rückversicherung der Toleranz durch das menschenrechtliche Egalitätsprinzip droht ein Aspekt interreligiöser Konflikte in einen toten Winkel zu geraten, der in der Entwicklungsgeschichte des Toleranzbegriffs eine zentrale Rolle spielt: die Asymmetrie zwischen denjenigen, die Toleranz gewähren, und denjenigen, denen diese Haltung gilt. Die Tücken stecken im Detail. Was ist mit dem «allgemeinverträglichen Mass» der öffentlichen Präsenz von Religionsgemeinschaften gemeint? Wer bestimmt die «Anforderungen einer demokratischen Gesellschaft»? Minarette überschreiten offenbar für eine Mehrheit der Bevölkerung dieses Mass an religiöser Symbolik in der Öffentlichkeit, und die Anforderungen in demokratischen Gesellschaften legt die Mehrheit des Wahlvolkes *(demos)* für die Gesamtbevölkerung *(populus)* fest.[63] Und auch wenn sich die Mehrheit für eine tolerante Religionspolitik entscheidet, worauf bezieht sich die tolerante Haltung? Soll einer abweichenden Minderheit etwas zugestanden werden (Erlaubnistoleranz), oder wird ein symmtrischer *modus-vivendi*-Kompromiss zwischen allen Beteiligten angestrebt (Koexistenztoleranz), oder begegnen sich alle als moralisch und rechtlich Gleiche im Modus wechselseitiger Achtung (Respekttoleranz), oder sollte sich diese Achtung auch in einer rechtlichen und politischen Gleichheit niederschlagen (Gleichheitstoleranz), oder geht es viel weitergehend darum, dass sich die Angehörigen verschiedener Religionsgemeinschaften nicht nur respektieren, sondern in einem positiv-aktiven Sinne wertschätzen sollten (Wertschätzungstoleranz)?[64] Je nachdem, welche Toleranzkonzeption ins Auge gefasst wird, sind die politischen Folgen sehr unterschiedlich. Wer bestimmt und auf welcher Grundlage, welche Form von Toleranz mit dem Toleranzartikel angestrebt werden soll? In der Minarett-Diskussion wurden Islamprojektionen zu einem Argument für ein rechtliches Verbot. Dass Religionsprojektionen zum Motiv von Gesetzgebung werden, kann kein Toleranzartikel verhindern, der darüber hinaus nur eine Appellfunktion beanspruchen könnte, weil Toleranz *per se* nicht erzwingbar ist.

---

[63] Dass gerade in interreligiösen Konflikten die Wahlberechtigten sehr einseitig eine Interessengruppe repräsentieren, weil sich die Anhängerinnen und Anhänger von religiösen Minderheiten weitgehend mit den Migrantinnen und Migranten einer Gesellschaft decken, die über kein Wahlrecht verfügen, stellt ein gerechtigkeitstheoretisch und rechtsethisch nicht zu unterschätzendes Problem dar.

[64] Zu den Varianten vgl. Forst, Toleranz und Anerkennung (Anm. 53), 81f.

2. «Du meinst etwas ganz und gar anderes»[65]

Die Hinweise auf die Toleranzdiskussion als Reaktion auf das Minarett-Verbot machen auf ein grundsätzliches Dilemma aufmerksam: Während das Recht auf dem Prinzip der *Gleichheit durch Wegsehen* gründet, konstituieren religiöse Überzeugungssysteme eine *Ungleichheit durch Hinsehen*. Hin- und Wegsehen stehen nicht für alternative Wahrnehmungsmodi, sondern verweisen auf inkommensurable Erkenntnisperspektiven, die nur um den Preis eines Kategorienfehlers in ein Verhältnis gesetzt werden können: Toleranz ist keine adäquate Reaktion auf epistemische Falschheit (im Sinne religiös verankerter praktischer Urteile). Sie bleibt religiösen Wahrheitsfragen gegenüber äusserlich. Deshalb prallt ihre Forderung an religiösen Überzeugungssystemen wirkungslos ab. Glaubenssysteme sind – im Gegensatz zu Religionsgemeinschaften und religiösen Organisationen – die falschen Adressaten für Toleranzappelle.[66]

Die Toleranzforderung – sowohl in der Form des vorgeschlagenen Verfassungsartikels wie als Zielbestimmung interreligiöser Konfliktgespräche – scheitert, wenn sie nicht als das deklariert wird, was sie ist: ein politisches Instrument zur äusseren Gestaltung gesellschaftlicher Pluralität und kein religiöses Postulat. Aus religiöser Sicht ist die Toleranzforderung entweder überflüssig oder wirkungslos: überflüssig, sofern sie als moralische Forderung zum religiösen Überzeugungssystem selbst gehört, wirkungslos, wenn versucht wird, sie von aussen in das System religiöser Überzeugungen einzutragen. Das Toleranzprinzip ist zu bescheiden im Blick auf die geforderten Konsequenzen und geht zu weit mit seiner Adressierung an die Religion. Toleranz – wie sie in aktuellen religionspolitischen Konflikten gefordert wird – scheitert, weil sie religiöse Überzeugungen als Meinungen behandelt, zu denen das Subjekt einen Abstand gewinnen kann, um die eigenen Überzeugungen mit von aussen erhobenen Forderungen zu vermitteln. Toleranz lässt sich weder einfach zu religiösen Überzeugungen hinzuaddieren, noch kann von religiösen Überzeugungen alles subtrahiert werden, das einer Kompatibilität mit der Toleranzforderung im Wege steht.

Die Hinweise auf die Orientalismusdiskussion haben einen Eindruck von der Totalität religiöser Überzeugungssysteme vermittelt: Der «göttliche Stand-

---

[65] Ludwig Wittgenstein, Vorlesungen und Gespräche über Ästhetik, Psychologie und Religion, 2., durchgesehene Auflage, Göttingen 1971, 88.
[66] Gegenüber den Wahrheitsansprüchen religiöser Überzeugungen hilft nur der Hobbessche *Leviathan:* im günstigen Fall rechtsstaatlicher Strukturen die Sanktionsgewalt des Rechts.

II. Bedrohliches

punkt» (Thomas Nagels «view from nowhere») ist – paradox formuliert – notwendig partikular. Das führt zu der Frage, ob das gegenseitige Verstehen ein realistisches Ziel interreligiöser Dialoge sein kann oder ob es nicht vielmehr um die Verständigung für das wechselseitige Nicht-Verstehen gehen sollte. Die zweite Frageperspektive reflektiert eine grundsätzliche Differenz zwischen religiöser und interreligiöser Kommunikation. Die Kommunikation *zwischen* Anhängerinnen und Anhängern verschiedener Religionen unterscheidet sich von der Kommunikation von Gläubigen *innerhalb* einer Religionsgemeinschaft dadurch, dass die Teilnehmenden in beiden Sprachspielen die gleichen Wörter und Ausdrücke verschieden verwenden. Die Differenz der Sprachspiele zielt nicht auf den Gedanken einer verständigungsorientierten «rettenden Übersetzung»,[67] sondern markiert eine erkenntnistheoretische Pointe, die Hilary Putnam in seiner Lektüre der Vorlesungen Wittgensteins über Religion in Erinnerung gerufen hat.[68] Für Ludwig Wittgenstein zeichnet sich der religiöse Glaube durch seine «Unerschütterlichkeit» aus. Ein solcher Glauben

> «wird sich nicht beim Argumentieren oder beim Appell an die gewöhnliche Art von Gründen für den Glauben an die Richtigkeit von Annahmen zeigen, sondern vielmehr dadurch, dass er sein ganzes Leben regelt.
> Das ist eine viel stärkere Sache – sich Vergnügungen zu versagen, sich ständig auf diese Bild zu berufen. In einem gewissen Sinne muss man so etwas den festesten Glauben nennen, weil dieser Mensch für diesen Glauben Dinge wagt, die er für andere, ihm weitaus besser demonstrierte Sachen nicht riskieren würde. Obgleich er (sonst) zwischen gut begründeten und nicht gut begründeten Sachen zu unterscheiden pflegt.[69]

Putnam setzt diese Passage in Beziehung zu Wittgensteins Äusserungen über Kierkegaard in den *Philosophischen Bemerkungen*. Die Unerschütterlichkeit des Glaubens eines Menschen besteht darin, dass er – gegenüber einem empirischen Glauben – dem Zweifel standhält, «obwohl sein Glaube von Zweifeln durchsetzt sein kann».[70] Für interreligiöse Kommunikationen bedeutsam ist die Einsicht, «dass das eigene Leben gemäss ganz unterschiedlichen Bildern strukturiert wer-

---

67 Habermas, Toleranz (Anm. 50), 268.
68 Vgl. Hilary Putnam, Für eine Erneuerung der Philosophie, Stuttgart 1997.
69 Wittgenstein, Vorlesungen (Anm. 65), 88. Mit Blick auf die Toleranzforderung folgt daraus: Es gibt keine guten Gründe für Toleranz, es sei denn, sie sind mit dem Glauben selbst gegeben.
70 Putnam, Erneuerung (Anm. 68), 185f.

den kann» und «dass die Religion nicht so sehr etwaige Äusserungen des Glaubens betrifft, sondern eher die Art des Bildes, dem man lebenssteuernde Funktion zuerkennt».[71]

Wittgenstein geht es bei seinen Überlegungen zur Religion nicht um interreligiöse Konflikte. Aber seine Beispiele – etwa dasjenige von zwei Menschen, von denen einer an das Jüngste Gericht glaubt und der andere nicht – können geradezu prototypisch für interreligiöse Auseinandersetzungen stehen: Wenn ich die religiöse Überzeugung eines anderen ablehne,

> «dann erkläre ich ‹Ich glaube nicht an ...›, aber dann glaubt der [anders] Religiöse niemals, was ich beschreibe. Ich kann es nicht sagen. Ich kann ihm nicht widersprechen. In gewissem Sinne verstehe ich alles, was er sagt – die Wörter ‹Gott›, ‹getrennt› usw. Ich verstehe, ich könnte sagen ‹Daran glaube ich nicht›, und das wäre wahr, wenn es heisst, dass ich diese Gedanken oder irgend etwas, was mit ihnen zusammenhängt, nicht habe. Aber es heisst nicht, dass ich der Sache widersprechen könnte. [...] Diese Kontroversen sehen ganz anders aus als gewöhnliche Kontroversen. Die Gründe sehen ganz anders aus als gewöhnliche Gründe. Sie sind, auf irgendeine Art, ganz unschlüssig. In der Tat ist der Witz der Sache, dass die ganze Geschichte zerstört würde, sobald es Beweise gäbe.»[72]

Putnam[73] zeigt in seiner Interpretation dieses Gedankengangs, dass Wittgensteins Behauptung, religiösen Überzeugungen nicht aus Gründen widersprechen zu können, weder mit Verweis auf die Idee der Inkommensurabilität oder der semantischen Unterscheidung zwischen einer buchstäblichen und nicht-buchstäblichen Verwendung von Sprache, noch mithilfe der epistemologischen Differenz zwischen einem kognitiven und nicht-kognitiven Gebrauch von Sprache erklärt werden kann. Die Wirkungslosigkeit des Widersprechens – die etwas völlig anderes ist als eine Immunisierungsstrategie gegen mögliche Einwände – verweist auf die Verankerung religiöser Überzeugungen in der religiösen Praxis: «Im Grunde lässt sich der religiöse Diskurs nur verstehen, wenn man die Lebensform begreift, der er angehört. [...] Das ganze Gewicht einer Lebensform kann in den Bildern liegen, die von dieser Lebensform gebraucht werden.»[74]

---

[71] Putnam, Erneuerung (Anm. 68), 187.
[72] Wittgenstein, Vorlesungen (Anm. 65), 90f.
[73] Putnam, Erneuerung (Anm. 68), 187–197.
[74] Putnam, Erneuerung (Anm. 68), 196.199. Putnam verweist an dieser Stelle auf eine Passage aus Ludwig Wittgenstein, Vermischte Bemerkungen: ders., Werkausgabe, Bd. 8, Frankfurt a. M. 1984, 567f.: «Ein in uns festes Bild kann man freilich dem Aberglauben vergleichen, aber doch auch sagen, dass man *immer* auf irgend einen festen Grund kommen muss, sei er nun ein Bild oder nicht, und so sei ein Bild im Grunde alles Denkens zu respektieren und nicht als ein Aberglaube zu behandeln.»

II. Bedrohliches

Wer diese Lebensform nicht teilt, kann sich allenfalls Bilder davon machen, die wiederum nur Bilder jener Bilder sind, die in der eigenen Lebensform gebraucht werden. Mit der Frage nach der Angemessenheit und Begründung solcher Ein-Bildungen (Projektionen) verhält es sich wie mit der Frage danach, ob wir den religionstheologischen Löwen verstehen würden, wenn er sprechen könnte. Mit Gewissheit sagen lässt sich nur: Löwen sprechen nicht.

Kirchenschiffe

Zur biblisch-theologischen Begründung der Seenotrettung aus aktuellem Anlass

> «Nähme ich die Flügel der Morgenröte und liesse mich nieder am äussersten Ende des Meeres, auch dort würde deine Hand mich leiten und deine Rechte mich fassen.»
>
> *Ps 139,9f.*

> «Ein Schiff, das sich Gemeinde nennt, fährt durch das Meer der Zeit. / Das Ziel, das ihm die Richtung weist, heisst Gottes Ewigkeit. [...] / Ein Schiff, das sich Gemeinde nennt, liegt oft im Hafen fest, / weil sich's in Sicherheit und Ruh, bequemer leben lässt.»
>
> *Martin Gotthard Schneider*[1]

I. Die Bibel in Bewegung – Einleitung

Das kirchlich-theologische Nachdenken über Flucht, Asyl und Migration ist geprägt von den aktuellen politischen und gesellschaftlichen Debatten. Die kirchliche Verantwortung für die Welt gründet auf ihrem biblisch-theologischen Fundament. Die Kirche Jesu Christi folgt nicht den Zielen der Politik und beurteilt die menschlichen Angelegenheiten nicht nur aus der Perspektive des Machbaren. Die Politik Gottes mit seiner Schöpfung, wie sie in der Bibel bezeugt wird, rückt die Welt in einen weiteren Horizont und in ein anderes Licht.

Kirche ist mit Abraham unterwegs in das gelobte Land. Das reformatorische *semper reformanda* bringt diese bewegende und bewegliche Sehnsucht zum Ausdruck. Es fordert dazu auf, immer wieder neu in den Wahrnehmungs-, Orientierungs- und Wirklichkeitsraum der Bibel zu immigrieren. Die christliche Kirche

---

[1] Martin Gotthard Schneider, Ein Schiff, das sich Gemeinde nennt: EG 604.

II. Bedrohliches

ist ihrem Wesen, Auftrag und Ziel nach wanderndes Gottesvolk oder – in zeitgenössischer Sprache – Migrationskirche. Bereits ein erster Blick auf die biblischen Lebensverhältnisse bestätigt diese grundlegende kirchliche Einsicht. Abgesehen von der kurzen Phase des israelitischen Königtums lebte Gottes auserwähltes Volk in Sklaverei, Verbannung, in der Fremde oder im Exil. Die christlichen Gemeinden im Neuen Testament waren allenfalls geduldet, häufig isoliert, diskriminiert oder auch verfolgt. Die Glaubensheimat der Menschen in der Bibel befand sich fast durchgehend in der Fremde oder war fremdbestimmt. Deshalb gleicht die Bibel einem Vademecum für Menschen auf der Wanderschaft und stellt die liebgewonnenen Lebensgewohnheiten der Sesshaften und Etablierten häufig irritierend und unbequem auf den Kopf.

Flucht, Asyl und Migration beginnt aus kirchlich-theologischer Sicht bei der Beobachtung, dass die Bibel den Flüchtlingen und Asylsuchenden viel mehr auf den Leib geschrieben ist, als den Kirchen in der westlichen Welt. In den Geschichten der ankommenden Flüchtlinge und Asylsuchenden spiegeln sich biblische Lebensschicksale in einer Unmittelbarkeit wider, die uns Beheimateten häufig unverständlich und befremdlich erscheint. Die biblischen Texte sind aus der Migrationsperspektive verfasst und setzen Fremdheits-, Flucht oder Exilerfahrungen voraus. Sie vermitteln ein präzises Bild davon, was es heisst, verfolgt, vertrieben, heimatlos oder unerwünscht zu sein. Auch wenn in der globalisierten Welt auf den ersten Blick wenig an die Welt der Bibel erinnert, sind die traumatischen Erfahrungen von Menschen, die ihre Heimat verlassen müssen, erschreckend gleich geblieben: ständig auf der Flucht (Gen 4,12), angetrieben durch lebensbedrohliche ökonomische Notlagen (Gen 12,10–20; 2 Kön 8,1) oder repressive Staatsgewalt (Gen 3,6–9; Ex 1; Mt 2,13–15; Apg 8,1), konfrontiert mit unerbittlichen Grenzwächtern unter dem Damoklesschwert von Sprache und Passwörtern, die über Leben und Tod entscheiden (Ri 12,5–6), verdrängt in lebensfeindliche Regionen als letzte Rückzugsorte (1 Kön 8,2), bis hin zu der Erfahrung, an jedem Ort unerwünscht zu sein (Lk 2,7), und dem verzweifelten Entschluss, das eigene Leben mit maroden Seelenverkäufern oder durch unverantwortliche Entscheidungen der Schiffsbesatzung zu riskieren (Apg 25). Die Menschen der Bibel wissen, wie es sich anfühlt und was es bedeutet, verfolgt zu werden und auf der Flucht zu sein.

Vertreibung, Flucht und Heimatlosigkeit bilden den Normalfall der biblischen Lebensverhältnisse und werden zu Kennzeichen von Gottesgehorsam und Christusnachfolge. Aus biblischer Sicht begründungspflichtig ist nicht das Engagement für Flüchtlinge und Asylsuchende, sondern umgekehrt jede reservierte oder abweisende Haltung gegenüber Menschen in Not. Der jüdische und christliche Gott ist auf der Seite der Flüchtenden und Verfolgten. Viele biblischen Geschichten erzählen von Gottesfügungen und -führungen, ohne die Prüfungen und Verführungen angesichts von Müdigkeit, Mut-, Hoffnungslosigkeit und Verzweiflung zu übergehen. Die biblische Botschaft ist unmissverständlich: keine Deals mit dem unrechten Regime, kein Pragmatismus gegenüber falschen Versprechungen, kein fauler Friede und keine gute Miene zum bösen Spiel.

Auch aus biblischer Sicht gilt: «Es gibt kein richtiges Leben im falschen.»[2] Wenn Gott diese Kompromisslosigkeit von den Bedrängten, Notleidenden und um ihr Leben Fürchtenden erwartet, wie viel mehr ist sie dann gefordert von den Menschen hinter den Grenzzäunen, vor denen die Flüchtenden auftauchen und um Einlass bitten. Christliche Nachfolge ist kompromisslos im Gehorsam gegenüber dem Willen Gottes und seinem Anspruch auf seine ganze Schöpfung.

II. Am Wasser gebaut – nautische Aspekte einer Theologie der Migration

Die Herkunft des Volkes Israel und des Urchristentums aus dem Mittelmeerraum spiegelt sich in der Bedeutung des Meeres wider. Obwohl ohne eigene Seefahrtkultur, sind beide beeinflusst durch maritime Traditionen aus Ägypten, Griechenland und dem römischen Reich.[3] Die abendländische Kulturgeschichte ist aufs engste mit drei Seefahrern verbunden: Noah, der auf Gottes Geheiss mit

---

[2] Theodor W. Adorno, Minima Moralia. Reflexionen aus dem beschädigten Leben, Gesammelte Schriften 4, Frankfurt a. M. 1997, 43; vgl. Judith Butler, Kann man ein gutes Leben im schlechten führen?: Blätter für deutsche und internationale Politik 10/2012, 97–108.

[3] Zur Bedeutung der Seefahrt für die abendländische Theologie- und Kulturgeschichte vgl. Thorsten Feldbusch, Zwischen Land und Meer. Schreiben auf den Grenzen, Würzburg 2003; Arvid Göttlicher, Die Schiffe im Alten Testament, Berlin 1997; ders., Die Schiffe des Neuen Testaments, Berlin 1999; Christoph Hönig, Die Lebensfahrt auf dem Meer der Welt. Der Topos. Texte und Interpretation, Würzburg 2000; Stephan Leibfried/Wolfgang Winter, Kirchen- und Staatsschiffe zwischen Reformation und Gegenreformation im 16. Jahrhundert. Segel hissen für die moderne Staatlichkeit, Bremen 2013; Michael Makropolus, Meer. Aspekte einer Daseins- und Lebensführungsmetapher: Ralf Konersmann (Hg.), Wörterbuch der philosophischen Metaphern, Darmstadt 2007, 236–248; Dietmar Peil, Untersuchungen zur Staats- und Herrschaftsmetaphorik in literarischen Zeugnissen von der Antike bis zur Gegenwart, München 1983; ders., «Im selben Boot». Variationen über ein metaphorisches Argument: Archiv für Kulturgeschichte 68, 1986, 269–293; Hugo Rahner, Symbole der Kirche, Salzburg 1964; Burkhardt Wolf, Fortuna di mare. Literatur und Seefahrt, Zürich, Berlin 2013; ders., Das Schiff, eine Peripetie des Regierens. Nautische Hintergründe von Kybernetik und Gouvernementalität: Modern Language Notes 123, 2008, 444–468.

II. Bedrohliches

seiner Arche die Schöpfung vor ihrem vollständigen Untergang in der Sintflut rettete (Gen 6–9); Odysseus, der Homerische Held auf seiner langen und gefährlichen Irrfahrt von Troja in seine Heimat nach Ithaka; und Petrus, der erfolgreiche Fischer (Lk 5,1–11), der, an seinen Glaubenszweifeln fast ertrunken (Mt 14,22–33), von Jesus zum Fels der Kirche bestimmt wird (Mt 16,18).

Unsere Selbst-, Menschen- und Weltbilder sind bis heute von diesen Seerettungsgeschichten geprägt. In der antiken Welt erschien das Meer als übermächtige Bedrohung nicht nur für Seereisende, sondern für die Menschheit insgesamt. Gott musste am dritten Schöpfungstag das Festland dem Urmeer abtrotzen. Die Sintflut von oben bediente die alte Vorstellung von einer Verbindung zwischen Meer und Himmel. Zwar schloss Gott anschliessend einen Bund mit der Erde (Gen 9,13; Ps 104,9; Hi 38,11), aber das tobende Meer (Ps 46,4) und das Wasser, das «bis zum Hals» steht (Ps 69,2f.), symbolisierten weiterhin die stets gefährdete Existenz der Menschen. Das Meer war der Lebensraum von gefallenen Göttern, Dämonen und Seeungeheuern, wie dem Leviathan, einem schlangenartigen, schuppenbedeckten und feuerspeienden Ungeheuer, an dem Gott Hiob seine Allmacht demonstrierte (Hi 40,25–41,26) und das nur er selbst besiegen konnte (Ps 74,14; Jes. 27,1). Das Meer trennte die Menschen voneinander und setzte ihrem Bewegungsdrang unüberwindbare Grenzen. Welche Bedrohung das Meer darstellte, zeigt sich nicht zuletzt in der Verheissung von Apk 21,1, dass am Ende aller Tage das Meer und damit seine Ungeheuer verschwinden würden. Die Menschen sind nicht fürs Wasser gemacht. Das irdische Leben bleibt gefährlich, und nichts führt ihnen ihre prekäre Existenz drastischer vor Augen als die Naturgewalten des Wassers.

Es ist kein Zufall, dass die alte Kirche neben dem Petrus als «Fels der Kirche» besonders seine Rolle als Lotse betonte, der das Schiff der Kirche mit Jesus Christus als Steuermann *(kyberneikos, gubernator)* auf seinem Weg durch das tückische Meer der Welt in den ewigen Hafen bei Gott lenkt. An das nautische Kirchenverständnis erinnert vielleicht noch der architektonische Fachausdruck «Kirchenschiff», mit dem die Längsräume der monumentalen, auf festem Untergrund gemauerten Kathedralen und Kirchengebäude bezeichnet werden.[4] Hinter ihren wuchtigen Mauern ist noch die vertrauensvolle Geborgenheit spürbar, die für die alte Vorstellung vom Schiff der Kirche leitend war. Verlorengegangen

---

[4] Vgl. Hannelore Sachs/Ernst Badstübner/Helga Neumann, Wörterbuch der christlichen Ikonographie, Regensburg 2012, 305: «Nicht sicher ist die Übertragung des Begriffes Schiff in seiner Symbolbedeutung auf das Langhaus des Kirchengebäudes. Es kann hier eine sprachliche Verformung des griech. naos = Tempel, zu lat. navis = Schiff vorliegen.»

sind aber einerseits das Bewusstsein von den lebensfeindlichen und -bedrohlichen Verhältnissen, denen das Kirchenschiff ausgesetzt ist, und andererseits die Dynamik und Beweglichkeit der heilsgeschichtlichen Schiffspassage. Für die urchristlichen Gemeinden wären unbewegliche, schwimmuntaugliche und nicht navigierbare Schiffe auf dem Trockenen aus Stein, Beton, Stahl und Glas – gleich Schiffen auf dem Trockenen – unvorstellbar gewesen.

Die symbolische Rede vom Kirchenschiff in seiner ursprünglichen Bedeutung hebt drei Aspekte einer nautischen Ekklesiologie hervor: 1. die Übergangsexistenz der Schiffsreisenden in fremden Gewässern; 2. die Berufung in die heilsgeschichtliche Gemeinschaft «in einem Boot» und 3. die Erfahrung der Rettung aus stürmischer See(len)not. Diese nautischen Allegorien prägen die biblischen und theologiegeschichtlichen Gründungstexte der Kirche:

1. Kurs halten

Mit der Berufung auf Hebr 13,14 – «denn wir haben hier keine bleibende Stadt, sondern die zukünftige suchen wir» – erklärt sich Kirche selbst zu einer Bewegungs- und Übergangsgemeinschaft. Sie weiss einerseits um ihre Vorläufigkeit und identifiziert sich nicht mit dem, was sie hat, sondern mit dem, wozu sie bestimmt ist und worauf sie hofft. Die Migrationsperspektive prägt ihr Selbstverständnis und ihre Sicht auf die Welt. Eine Kirche, die selbstgenügsam im eigenen Saft schwimmt, verkennt ihren universalen Auftrag auf fremdem Terrain (Mk 16,15). Das Selbstverständnis der Kirche macht sich den Grundimpuls des alttestamentlichen Gottesvolkes zu Eigen: «Der Gründungsakt, dem das Volk Israel seine Existenz verdankt, ist zugleich ein Akt der Grenzüberschreitung – weg aus der Sphäre der Versklavung, der ökonomischen Ausbeutung, der politischen Unfreiheit und des Todes.»[5]

Wie die Seefahrt die Überschreitung der elementaren Grenzen bedeutet, die die Natur den Menschen gesetzt hat,[6] macht Kirche nicht vor den Grenzzäunen halt, die durch die politischen Machtverhältnisse gesetzt werden. Sie orientiert sich nicht im Koordinatensystem staatlicher Hoheitsgebiete, sondern existiert in und aus der Dynamik heilsgeschichtlicher Grenzüberschreitungen. Die Kirche Jesu Christi beansprucht kein politisches Gebiet für sich. Deshalb sind ihr alle

---

[5] Marianne Heimbach-Steins, Grenzverläufe gesellschaftlicher Gerechtigkeit. Migration – Zugehörigkeit – Beteiligung, Paderborn 2016, 64; vgl. Churches Commission for Migrants in Europe (Hg.), Theological Reflections on Migration. A CCME Reader, Brüssel 2008.

[6] Vgl. Wolf, Fortuna (Anm. 3), 61; Makropolus, Meer (Anm. 3).

II. Bedrohliches

Vorstellungen von Landbesitz und einem feindlichen Eindringen auf eigene Territorien fremd. Die politische Sprache von Selbstbehauptung, Grenzziehung, Verteidigung und Abwehr ist unvereinbar mit der Grammatik der Bibel und kirchlichen Verkündigung. Missionarische Kirche, die sich mit dem Fischzug des Petrus identifiziert (Mk 1,17), verweigert den Neuankömmlingen an Bord nicht den Zutritt, sondern heisst sie willkommen. Gegen eine Politik des Misstrauens und der Abgrenzung setzt sie auf die universale Verheissung ihres Herrn auf ein Leben in Fülle (Joh 10,10).

2. In einem Boot

Die Schiffsmetapher steht für die Verbundenheit einer politischen, sozialen oder kirchlichen Gemeinschaft. Die Bootswände markieren die Grenzen der Zugehörigkeit in einer lebenswidrigen oder feindlichen Umgebung. Das Bild schärft den Gemeinsinn und das Bewusstsein für das wechselseitige Angewiesensein. Wer mit an Bord ist, trägt Verantwortung für die gesamte Besatzung. Paulus erlebte diese Schicksalsgemeinschaft als Gefangener während seiner Überfahrt nach Rom, als das Schiff in einen wochenlangen Orkan geraten war (Apg 27). In vielen Details werden die nautischen Manöver und Massnahmen zur Rettung von Schiff und Passagieren beschrieben (Apg 27,14–20). In grösster Not erschien Paulus ein Engel, der die Rettung aller Menschen an Bord ankündigte. Der Apostel knüpfte die Prophezeiung an die Bedingung, dass niemand die Gemeinschaft an Bord verlassen dürfe, um sich auf eigene Faust zu retten. Durch die Strandung des Schiffs wurden alle 276 Passagiere und Besatzungsmitglieder gerettet. Keine Risikoabwägung, günstigen Umstände, Macht- oder Standortvorteile von einzelnen und keine rationale Güterabwägung oder Triage-Logik gingen der Rettung voraus. Allein der gemeinschaftliche Zusammenhalt zählte. Die Ökonomie der göttlichen Rettung folgt nicht den Regeln rationaler Risikokalkulation oder wirtschaftlichen Konkurrenzlogiken, wie sie heute in nutzenbezogenen, quantifizierten Lifeboat-Szenarien durchgespielt werden. Erst recht orientieren sich die biblischen Wasserrettungsgeschichten nicht daran, wen und was die Menschen sehen wollten, wer durch das Netz ihrer Aufmerksamkeit durchrutschte oder – um des eigenen Vorteils willen – vorsätzlich ignoriert wurde.

In der Schicksalsgemeinschaft der Schiffspassagiere in Not spiegelt sich jene Berufung *(klesis)* wider, mit der sich Gott den Menschen zuwendet und sie zu sich ruft: «Jeder bleibe in der Berufung, zu der er berufen ist» (*en te klesei he eklethe)* (1 Kor 7,17).[7] Darin gründet die Kirche *(ekklesia)* als die Gemeinschaft der von Jesus Christus Berufenen und Herausgerufenen. Die Schiffsrettung weist den Menschen nicht – wie in der griechischen Antike etwa bei Odysseus – ihren Ort im Kosmos zu. Im Gegenteil, die christliche Kirche hat keinen geografischen Ort, sondern bewegt sich ausschliesslich auf den Planken des Glaubens.

> «Also kein Boden, auf den man sich stellen, keine Ordnung, die man befolgen, keine Luft, in der man atmen kann. [...] Es ist das ‹Gesetz der Treue Gottes› oder, was dasselbe ist: ‹das Gesetz des Glaubens›, der Ort, wo nur noch Gott uns halten kann, der Ort, wo alles andere ausser Gott selbst, Gott allein, ausser Betracht fällt, der Ort, der überhaupt kein Ort ist, sondern nur das Moment der Bewegung des Menschen durch Gott, den treuen Gott, der der Schöpfer des Menschen und alles Menschlichen ist und sein Erlöser, wo der Mensch sich selbst und alles Menschliche *ihm* hingibt.»[8]

Wenn der Apostel der Besatzung nach zwei Wochen in Seenot die Rettung aller verspricht (Apg 27,34), dann zeigt sich darin nicht die Effizienz eines ausgeklügelten Notfallplans, sondern der universale göttliche Heilswillen. «Letztlich aber lehrt uns Paulus selbst, dass es weder auf die Zeichen der Macht noch auf exemplarische Lebensläufe ankommt, sondern darauf, wozu eine Überzeugung imstande ist – hier, jetzt und für immer.»[9]

3. Schiffbruch und Rettung

Die Furcht vor dem übermächtigen Meer steckte den damaligen Menschen derart in den Knochen, dass der stets drohende Schiffbruch zur umfassenden «Daseinsmetapher» für das Leben insgesamt wurde:[10]

> «Nichts kann so wie die Schiff[f]ahrt den prekären Selbsterhaltungskampf, die bedrohliche und lockende Ausgesetztheit des Menschen in endlosen und gefährlichen

---

[7] Vgl. Giorgio Agamben, Die Zeit, die bleibt. Ein Kommentar zum Römerbrief, Frankfurt a. M. 2006, 30–55, und im Anschluss daran Wolf, Fortuna (Anm. 3), 74–79.
[8] Karl Barth, Der Römerbrief (Zweite Fassung) 1922, hg. von Cornelis von der Kooi und Katja Tolstaja, Zürich 2010, 154; vgl. dazu Michel Foucault, Andere Räume: Karlheinz Barck u. a. (Hg.), Aisthesis. Wahrnehmung heute oder Perspektiven einer anderen Ästhetik, Leipzig 1990, 34–46 (46), der das Schiff als «Heterotopie» deutet, als «ein Ort ohne Ort, der aus sich selber lebt, der in sich geschlossen ist und gleichzeitig dem Unendlichen des Meeres ausgeliefert ist».
[9] Alain Badiou, Paulus. Die Begründung des Universalismus, Zürich/Berlin 2009, 41.
[10] Hans Blumenberg, Schiffbruch mit Zuschauer. Paradigma einer Daseinsmetapher, Frankfurt a. M. 1979; vgl. aus historischer Sicht Raimund Schulz, Die Antike und das Meer, Darmstadt 2005.

II. Bedrohliches

Weiten, die Erfahrung der leeren Unendlichkeit, der schauerlich drohenden Tiefe, den Schmerz der Trennung und das Glück der Rettung, das triumphale Können des ‹grossen› Menschen und sein oft der eigenen Hybris geschuldetes Scheitern sinnlich erfahrbar machen.»[11]

Umgekehrt zeigte sich die Macht der Liebe und Fürsorge Gottes nirgendwo eindrucksvoller als in den menschlichen Ohnmachtserfahrungen gegenüber den Naturgewalten. Sie bildeten die Szenerie für wunderbare Rettungsgeschichten. Noahs Arche war das erste Rettungsboot der abendländischen Kultur- und Technikgeschichte.[12] Mit dem hebräischen Wort für «Arche» *tebah* wurde auch der am Ufer des Nils schwimmende Korb bezeichnet, in dem Moses nach seiner Geburt versteckt wurde (Ex 2,3).[13] Der als göttliche Disziplinierungsmassnahme geschilderte Schiffbruch Jonas mündete in die spektakuläre Rettung im Bauch eines Fisches (Jona 1–2).[14] Und als gar nichts mehr ging, teilte Gott das Meer, damit sein Volk trockenen Fusses vor dem ägyptischen Heer ans gegenüberliegende Ufer flüchten konnte. Auf dem Wasser sind Gottvertrauen und Gottesgehorsam in besonderer Weise gefragt und herausgefordert. Der gefährlichste Ort für die Menschen wird zur beeindruckenden Bühne wunderbarer Gotteserfahrungen – des zweifelnden Petrus (Mt 14,22–33) ebenso wie der Jünger bei einem gewaltigen Sturm auf dem See (Mt 8,23–27). Dass Paulus insgesamt vier Schiffbrüche überlebte (2 Kor 11,25; Apg 27,13–42), galt damals als äusserst unwahrscheinlich und als geradezu frivole oder blasphemische Grenzüberschreitung.

Martin Luther gibt dem existenziellen Drama von Schiffbruch und Ertrinken eine überraschende heilsgeschichtliche Wendung, indem er die symbolische Bedeutung neu anordnet und die Rollen der Beteiligten umbesetzt. Das Wasser der Sintflut, in der die Schöpfung ausserhalb der Arche untergeht, und das Wasser des Roten Meeres, in dem die Truppen des Pharaos ertrinken, werden beim Wittenberger Reformator zum Taufwasser.

---

11   Hartmut Böhme, Umriss einer Kulturgeschichte des Wassers: ders. (Hg.), Kulturgeschichte des Wassers, Frankfurt a. M. 1988, 7–42 (26).
12   Vgl. Göttlicher, Schiffe AT (Anm. 3), 13–131; Rahner, Symbole (Anm. 3), 504–547.
13   Vgl. Göttlicher, Schiffe AT (Anm. 3), 132–141,
14   Vgl. Meik Gerhards, Zum motivgeschichtlichen Hintergrund der Verschlingung des Jona: ThZ 59, 2003, 222–247; ders., Jona/Jonabuch: Das wissenschaftliche Bibellexikon im Internet (WiBiLex); www.bibelwissenschaft.de/fileadmin/buh_bibelmodul/media/wibi/pdf/Jona_Jonabuch__2018-09-20_06_20.pdf (Zugriff 20.05.2021); Andreas Kunz, Das Jonabuch in motivgeschichtlicher Perspektive am Beispiel der ägyptischen Schiffbrüchigenerzählung: ZAW 116, 2004, 55–74.

«Darum sagt Paulus Röm. 6,3: ‹Alle, die wir in Jesum Christum getauft sind, die sind in seinen Tod getauft.› [...] Nach dieser Bedeutung ist das rothe Meer eigentlich die Taufe, das ist, der Tod und Zorn GOttes, wie an Pharao zu sehen ist: und dennoch kommt Israel, das mit solcher Taufe getauft wird, ohne Schaden hindurch. So ist die Sintfluth gewisslich der Tod und Zorn GOttes und dennoch werden mitten darin die Gläubigen erhalten. [...] Wie die Sintfluth, die Noah litt, nicht ein ander Ding war, denn die Welt litt: so war das rothe Meer, darin Pharao und die Kinder Israel gingen, nicht zweierlei, sondern Ein Meer. Aber darnach findet sich der Unterschied darin, dass die, so da glauben, eben in diesem Tode, darein sie neben den Gottlosen treten, erhalten werden. Die Gottlosen aber kommen um; wie Noah erhalten wird, darum dass er den Kasten hat, das ist, die Verheissung und Wort GOttes, darin er lebt; die Gottlosen aber, die dem Worte nicht glauben, werden ohne Hülfe gelassen.»[15]

Luther radikalisiert das altkirchliche Bild vom Schiff der Kirche in doppelter Hinsicht: Einerseits erleidet das Lebensschiff eines jeden Menschen in der Taufe vollständig Schiffbruch. Der Untergang wird zum Ausgangspunkt der Neugeburt in das christliche Leben. Die Passagiere an Bord des Kirchenschiffs sind sprichwörtlich aus dem todbringenden Wasser gezogen. Andererseits entsteht und wächst Kirche nicht an einem privilegierten Ort auf dem Trocknen, der – wie auf der Arche oder im trockenen Schilfmeer – den ertrinkenden Anderen gegenüberliegt. Die christliche Kirche besteht aus Schiffbrüchigen, Ertrinkenden und aus dem Wassergrab Erretteten. Wie beim Propheten Jona «wird das Überleben eines Schiffbrüchigen zum Erwählungszeichen».[16] Deshalb lebt die christliche Kirche aus der doppelten Erfahrung der Not des Ertrinkens und der vollständigen Abhängigkeit von der Rettung durch einen anderen. Wer Christus nachfolgt, nimmt in Kauf, nasse Füsse zu bekommen. Weil die Kirche das Wasser leibhaftig und keineswegs nur symbolisch als Heilsraum erlebt, wird das Meer zum lebenspraktischen Bewährungsraum ihrer Rettung.

---

[15] Martin Luther, Genesisvorlesung, WA 42, 369,5–370,13; Übersetzung: Dr. Martin Luthers Auslegung des ersten Buches Mose. Erster Theil. Dr. Martin Luthers Sämmtliche Schriften, Bd. I, Theil 1, hg. von Joh. Georg Walch, St. Louis/Mo. 1880, 613; vgl. dazu Heimo Reinitzer, Wasser des Todes und Wasser des Lebens. Über den geistigen Sinn des Wassers im Mittelalter: Böhme (Hg.), Kulturgeschichte (Anm. 11), 99–144 (109–115).

[16] Wolf, Fortuna (Anm. 3), 66f.

II. Bedrohliches

III. Der Kompass für eine seetüchtige Kirche

Die zivilgesellschaftlich organisierte Seerettung im Mittelmeer zeigt sich in ihrem Kampf um das Leben der Flüchtenden auf hoher See kompromisslos gegenüber staatlichen Einschüchterungen, Repressalien und Sanktionen. Die Evangelische Kirche in Deutschland unterstützt den lebensrettenden Einsatz der «Sea Watch 3» und wirbt in der Öffentlichkeit für Unterstützung. Viele begrüssen das Eintreten der EKD als praktische Konsequenz aus dem kirchlichen Auftrag der Evangeliumsverkündigung. Andere sehen darin eine naive, politisch unkorrekte oder unzulässige kirchliche Einmischung in staatliche und zwischenstaatliche Angelegenheiten. Aus theologischer Sicht stehen sich unterschiedliche Interpretationen der neulutherischen Zwei-Regimenten-Lehre gegenüber. Die einen betonen die gesellschaftspolitische Funktion der Kirche als kritisches Regulativ der Politik. Die anderen verteidigen eine der eigenen Systemrationalität gehorchende, folgenorientierte Politik. Die Behauptung einer politischen Eigengesetzlichkeit, die die Kirche nichts anginge, ist aus mehreren Gründen unhaltbar.

Erstens würden damit – entgegen allen biblischen Zeugnissen – Gesellschaftsbereiche behauptet, die Gott dem Schöpfer, Erhalter und Erlöser der Welt entzogen wären. Zweitens sind weite Teile der europäischen Flüchtlingspolitik mit den Grundsätzen von Rechtsstaatlichkeit, Menschenwürde und Menschenrechten unvereinbar und widersprechen darin der schöpfungstheologischen Forderung nach gerechten menschlichen Ordnungen. Drittens kann sich Kirche schlechterdings nicht auf die Seite einer Politik schlagen, in der Teile mit menschenverachtender, demagogischer Hetze das Engagement von Menschen attackieren, die unter Einsatz ihres Lebens die Leben anderer retten. Viertens übersieht die auch von theologischer Seite behauptete Unterstellung, es ginge nur um eine privatmoralisch geforderte Nächstenliebe, die fundamentale Tatsache, dass die Grundbestimmung der Kirche aus dem Wort Gottes in den biblischen Zeugnissen auf dem Spiel steht. Theologisch gesprochen geht es nicht um eine Frage der richtigen Privat- oder Kirchenmoral, sondern um das neue Sein in Christus (2 Kor 5,17) als Ausgangspunkt für ein geistbegabtes Leben in der Christusnachfolge. Fünftens vermitteln eine Reihe theologisch-akademischer Stimmen den Eindruck, die christliche Botschaft sei das Eigentum der eigenen kontinentaleuropäischen Kultur. Dagegen ist die entgrenzende Funktion der kirchlichen Verkündigung zu betonen, die

> «erstarrte Identitäten auf[sprengt] und [...] Menschen unterschiedlicher Herkunft an einem Tisch zusammen[bringt]. Mit einem solchen Programm ergreift das Christen-

tum unausweichlich Partei. Es steht im Konflikt mit menschenverachtenden Praktiken und borniertem Nationalismen und findet sich auf der Seite derer wieder, die weltweit für den Schutz der Menschenrechte eintreten. Die Anklage des Unrechts bedeutet freilich nicht, dass automatisch klar ist, wie gerechte Problemlösungen auszusehen haben. Hier verfügt die christliche Ethik über kein Sonderwissen, wohl aber über die Entschiedenheit, gesehenes Unrecht nicht einfach indifferent zur Kenntnis zu nehmen, sondern sich in Debatten einzumischen und vor allem mit praktischem Beispiel voranzugehen. [...] Das flüchtlingspolitische Engagement der Kirchen ist eine logische Konsequenz dieser anwaltschaftlichen Funktion. Es geht darum, denen Gehör zu verschaffen, die keine Stimme haben, die von Entscheidungsträgern beachtet würde. Das ist dort riskant, wo klare Worte nicht gerne gehört werden und wo Repressionsmittel zum Einsatz kommen.»[17]

Kirche als Schöpfung des Wortes Gottes (Joh 1,14) hat ihr Reden und Handeln an seinem Wort zu prüfen, wie es in den beiden Testamenten überliefert ist. Sie kümmert sich nicht um eine mehrheitsfähige *political correctness*, sondern weiss sich ausschliesslich der *biblical correctness* verpflichtet.

Im Rettungsboot gemeinsam in die Heimat unterwegs zu sein, ist weit mehr als ein heilsgeschichtliches Bild von der Kirche Jesu Christi. Das Boot konnte nur zur Metapher für die verlässliche Liebe und Zuwendung Gottes gegenüber seiner Schöpfung werden, weil Schiffe zuvor zum Ort und Medium realer Rettungsgeschichten und Wundertaten Gottes geworden waren. Die dem sicheren Tod auf See entkommenen Menschen waren Zeugen des göttlichen Rettungshandelns. Alles, was Kirche bezeugt, was ihr geschieht und sich auf ihrem Weg ereignet, sind damals wie heute Facetten dieser Rettung. Kirche kennt keine andere Verkündigung, hat keinen anderen Auftrag und kennt kein anderes Heil als das rettende Handeln Gottes an seiner Schöpfung. In diesem Sinn schildert das Johannes Tauler zugeschriebene Lied «Es kommt ein Schiff geladen» (EG 8) die Menschwerdung Gottes in Jesus Christus als Ankunft und Ankerung des göttlichen Schiffs auf der Erde.[18] Kirche würde sich von ihrem Herrn abwenden, ihren

---

[17] Walter Lesch, Kein Recht auf ein besseres Leben? Christlich-ethische Orientierung in der Flüchtlingspolitik, Freiburg i. Br. 2016, 180; zu möglichen ethischen Konsequenzen vgl. Cinur Ghaderi/Thomas Eppenstein (Hg.), Flüchtlinge. Multiperspektivische Zugänge, Wiesbaden 2017; Marianne Heimbach-Steins, Flüchtlinge und Flüchtlingspolitik. Ethische Prüfsteine. ICS AP Nr. 2, Münster 2015; dies., Grenzverläufe (Anm. 5); dies. (Hg.), Zerreissprobe Flüchtlingsintegration, Freiburg i. Br. 2017.

[18] Vgl. Michael Fischer, Es kommt ein Schiff geladen. Ausführlicher Kommentar zur Liedgeschichte: Populäre und traditionelle Lieder. Historisch-kritisches Liedlexikon: www.liederlexikon.de/lieder/es_kommt_ein_schiff_geladen/liedkommetar.pdf (Zugriff 22.07.2021).

II. Bedrohliches

eigenen Grund verlassen, ihre eigene Bestimmung und ihr eigenes Ziel verwerfen, würde sie neben dem Heilshandeln Christi andere Zwecke und alternative Orientierungen behaupten. Die Rettung, von der die Bibel beider Testamente in vielen beeindruckenden Geschichten erzählt und auf die sie ihre ganze Hoffnung setzt, lässt sich mit nationalstaatlichen Selbstbehauptungsstrategien, europäischen Besitzstands- und Identitätspolitiken nicht unter einen Hut bringen.

Gegen bequeme und faule kirchliche Kompromisse mahnt die Bibel: Der eigentliche Schiffbruch des Glaubens geschieht nicht in gefährlichen Wassern, sondern auf dem sicheren Festland: «Behalte den Glauben und das gute Gewissen. Einige haben es über Bord geworfen und im Glauben Schiffbruch erlitten.» (1 Tim 1,19) Schiffbruch erleidet die Kirche, wo sie in falsches Fahrwasser gerät und die Souveränität Gottes angreift, indem sie staatlicher Politik eine *carte blanche* ausstellt. Kirche und Theologie sind auf dem «falschen Dampfer», wenn sie die biblischen Rettungsgeschichten ins Anekdotenhafte verschieben, um dem politischen Kalkül von Staatskapitänen anstatt ihrem Herrn Jesus Christus zu folgen. Wie ein Schiff auf dem Trockenen verfehlt auch die Kirche ihre Aufgabe und wird zu einer belächelten Karikatur und einem belanglosen Monstrum. Sie kann sich ihr Einsatzgebiet weder selbst wählen noch von den Windverhältnissen auf dem Meer oder dem Klima in der Politik abhängig machen. Heilsgeschichte ist Realgeschichte, ansonsten verkommt sie zu blosser Vertröstungsrhetorik. Rettung geschieht damals wie heute dort, wo Menschen tatsächlich festen Boden unter ihre Füsse bekommen.

IV. Seenotrettung – Bewährungsraum für die Geretteten

Aus kirchlicher Sicht führt kein kirchlicher Weg zwischen biblischer Skylla und realpolitischer Charybdis hindurch. Stattdessen muss Kirche – wie Odysseus – ihre Ohren vor dem Geschrei machtpolitischer Sirenen verkleben und sich fest an den Mast der biblischen Hoffnung knoten. In diesem mythologisch-literarischen Bild steckt eine komplette biblische Hermeneutik. Es geht darum, sich als Kirche im Hören auf Gottes Wort in den Geschichten der Bibel zu verorten, um sie im Hier und Jetzt zu «bewohnen». In der Verkündigung von Gottes Wort verbinden sich die biblischen Lebenszeugnisse mit den Lebensgeschichten derer, die sie hören und lesen. Damit kommt die höchst lebenspraktische Frage in den Blick: «Korrespondiert die von mir erwogene Handlung in Bezug auf eine Einzelstory (Einzelschicksal) oder eine einzelne Frage dem, was unserer Väter bekannt, gelehrt und gehofft haben, was wir aus der Bibel erinnern, was Jesus gesagt, getan und gelebt hat (was Moses gesagt, was Jahwe gewollt hat)?»[19] Sich und die Welt im Horizont biblischer Gotteserfahrungen wahrnehmen zu lernen bedeutet, im «biblischen ‹Sprachstrom›» zu stehen. Dieser einstmals selbstverständliche Anspruch ist uns, wie die Flüchtlingsdebatte symptomatisch aufzeigt, zunehmend fremd geworden. Wir «‹bewohnen› die biblischen Geschichten vielfach nicht mehr. Sie sind wie leere, unbewohnte Strassenzüge in der Stadt, in der wir leben. Jemand hat noch die alten Stadtpläne [...], aber die Häuser sind leer und wir kennen die Strassen nicht mehr. Das ist eine Tragik, nicht nur der Sprache, sondern der Kirche.»[20]

Der folgenschwerste Heimatverlust besteht in der Emigration aus der biblischen Botschaft. Er trifft diejenigen, denen die biblischen Geschichten keine Heimat mehr sind, und diejenigen, die an die Türen derer klopfen, die das Bewusstsein dafür verloren haben, in dieser Welt heimatlos zu sein.[21] Umgekehrt zeigt sich an dieser Stelle der tiefere Sinn der Ermahnung: «Die Liebe zu denen, die euch fremd sind, aber vergesst nicht – so haben manche, ohne es zu wissen, Engel beherbergt.» (Hebr 13,2) Eine mit einer langen Tradition etablierte Kirche braucht diese Engel, um sich ihr eigenes Fundament und ihren eigenen Auftrag immer neu bewusst zu machen. Ihre Reformationsfähigkeit zeigt sich in ihrem Willen, ihrer Fähigkeit und Bereitschaft, Flüchtlinge und Asylsuchende *auch* als Engel der Kirche wahrzunehmen und willkommen zu heissen.[22] Dazu braucht es die Rückkehr zu einer biblischen Migrationstheologie, die den nautischen Blick auf die Kirche schärft.

Seerettung ist für die Kirche mehr als ein ehrenwertes und unterstützungswürdiges ethisches Programm. Sie gehört zum Kern des biblisch begründeten kirchlichen Selbstverständnisses. Dass es ohne Rettung kein Heil geben kann, ist

---

[19] Dietrich Ritschl, Die Herausforderung von Kirche und Gesellschaft durch medizin-ethische Probleme. Ein Exposé zu einer Landkarte der medizinischen Ethik: ders., Konzepte. Ökumene, Medizin, Ethik. Gesammelte Aufsätze, München 1986, 213–244 (226).

[20] Dietrich Ritschl, Die Protestanten und das Wort: ders., Theorie und Konkretion in der Ökumenischen Theologie. Kann es eine Hermeneutik des Vertrauens inmitten differierender semiotischer Systeme geben?, Münster 2005, 159–163 (163); vgl. dazu Gottfried W. Locher/Frank Mathwig, Liturgie als Heimat?: Luca Baschera/Angela Berlis/Ralph Kunz (Hg.), Gemeinsames Gebet. Form und Wirkung des Gottesdienstes, Zürich 2014, 99–119.

[21] Vgl. dazu Amélé Adamavi-Aho Ekué/Frank Mathwig/Matthias Zeindler, Heimat(en)? Beiträge zu einer Theologie der Migration, Zürich 2017.

[22] Vgl. Klaus Bäumlin, Die Flüchtlinge retten die Seele der Kirche: Reformatio 36, 1987, 93–102.

II. Bedrohliches

keine metaphysische oder metaphorische Erkenntnis, sondern praktische Lebenserfahrung der Menschen der Bibel und der in Christus Getauften. Wenn der Gott der Bibel mit den Flüchtenden und Verfolgten ist, dann begegnet die Kirche ihrem Herrn Jesus Christus bei den Flüchtenden und Verfolgten. Sie sucht die Gemeinschaft nicht aus moralischem Pflichtgefühl, sondern um gemeinsam mit ihnen die Strophe anzustimmen:

> «Ein Schiff, das sich Gemeinde nennt, fährt durch das Meer der Zeit.
> Das Ziel, das ihm die Richtung weist, heisst Gottes Ewigkeit.
> Und wenn uns Einsamkeit bedroht, wenn Angst uns überfällt:
> Viel Freunde sind mit unterwegs, auf gleichen Kurs gestellt.
> Das gibt uns wieder neuen Mut, wir sind nicht mehr allein.
> So läuft das Schiff nach langer Fahrt in Gottes Hafen ein.»[23]

---

[23] Schneider, Schiff (Anm. 1).

Rationalität, Vergessen und Demenz

Über ein komplexes Verhältnis

> «Betrachte die Herde, die an dir vorüberweidet: sie weiss nicht, was Gestern, was Heute ist, springt umher, frisst, ruht, verdaut, springt wieder, und so vom Morgen bis zur Nacht und von Tage zu Tage, kurz angebunden mit ihrer Lust und Unlust, nämlich an den Pflock des Augenblicks, und deshalb weder schwermütig noch überdrüssig. [...] Der Mensch fragt wohl einmal das Tier: warum redest du mir nicht von deinem Glücke und siehst mich nur an? Das Tier will auch antworten und sagen: das kommt daher, dass ich immer gleich vergesse, was ich sagen wollte – da vergass es aber auch schon diese Antwort und schwieg: so dass der Mensch sich darob verwunderte.»
>
> *Friedrich Nietzsche*[1]

> «ein ewiger Bund, der nicht vergessen wird!»
>
> *Jer 50,5*

I. Vergessen zwischen Risiko und Gefahr

Vergessen stellt aus subjektiver Sicht eine objektive *Gefahr,* aus gesellschaftlicher Perspektive ein kalkulierbares *Risiko* dar. Das Unglück einer degenerativen Demenzerkrankung kann jede und jeden treffen. Menschen sind der Gefahr, *(sich) zu vergessen,* mehr oder weniger schutzlos ausgeliefert. Das Risiko, darüber hinaus auch noch *vergessen zu werden,* wird dagegen gesellschaftlich produziert: von sozial- und gesundheitspolitischen Präferenzen und Strategien und der Verteilung knapper gesellschaftlicher Aufmerksamkeitsressourcen einerseits und dem Funktionieren gesellschaftlicher Beziehungsstrukturen und sozialer Kohäsionskräfte andererseits. Nur ein einziger Buchstabe trennt die *Amnesie,* den Gedächtnisverlust, von der *Amnestie,* der offiziellen Legitimation des Vergessens, dem Erlass der Verpflichtung zur bleibenden Vergegenwärtigung der Vergessenen. Das staatlich-rechtliche Institut der Amnestie bildet eine Art normatives

---

[1] Friedrich Nietzsche, Unzeitgemässe Betrachtungen, KSA, Bd. 1, München 1999, 248f.

II. Bedrohliches

Pendant zur selektiven Speicherung sinnlicher Eindrücke und kognitiver Informationen des Gehirns. Beide Kontexte verdeutlichen einerseits die Komplexität und Ambivalenzen des Vergessens und andererseits seine wesentlich soziale und politische Dimension, die in den medizinisch dominierten und personalethisch zugespitzten Demenzdiskussionen nur eine Nebenrolle spielen. Fähigkeiten und Kompetenzen sind nicht nur individuelle Merkmale der Person, sondern zugleich Ressourcen sozialer Teilhabe an den gesellschaftlichen Spielen zwischen Inklusion und Exklusion.

Die folgenden Überlegungen beschäftigen sich mit dem komplexen Verhältnis zwischen individuellem Betroffensein und den sozialen und gesellschaftlichen Folgen und beschränken sich auf eine ethische Problemtopografie. Die Begriffe «Gefahr» und «Risiko» stehen für die Doppelperspektivität der Amnesie: das Sich-Vergessen und das von anderen Vergessen-Werden. Diese Doppelperspektivität des Vergessens soll aber weder ethisch synthetisiert noch empathie- oder solidaritätsmoralisch entschärft werden. Vielmehr geht es aus moralkritischer Sicht um die Schärfung der Wahrnehmung für die politische Dimension des Problems dementiellen Vergessens. Am Ausgangspunkt der Überlegungen steht die – despektierlich anmutende, aber nicht ernsthaft zu bestreitende – Einsicht: Mit Menschen mit Demenz lassen sich kein Staat machen und keine Gesellschaft gestalten. An dieser Stelle kommt der dritte Begriff aus dem Titel ins Spiel: «Rationalität». Rationalität wird immer vorausgesetzt, sobald sich Menschen nicht nur rein affektiv oder bloss routiniert verhalten, sondern überlegt und zweckgerichtet handeln. Nach wie vor taugt Max Webers bekannte Definition aus den «Soziologischen Grundbegriffen» als Faustregel: «Zweckrational handelt, wer sein Handeln nach Zweck, Mitteln und Nebenfolgen orientiert und dabei sowohl die Mittel gegen die Zwecke, wie die Zwecke gegen die Nebenfolgen, wie endlich auch die verschiedenen möglichen Zwecke gegeneinander rational abwägt.»[2] Die handlungstheoretische Zuspitzung bildet bei dem Soziologen aber nur einen Aspekt des umfassenden kulturanthropologischen Entzauberungsprogramms der Rationalisierung.

Vor dem Hintergrund der wissenschaftshistorischen Entwicklungen der *rational choice theory* und der Gerechtigkeitstheorie von John Rawls und mit aristotelischem Seitenblick rekonstruiert Otfried Höffe einen vierstufigen Rationalitätskomplex: «Auf der höchsten Stufe (Stufe 4) steht die Eudaimonie; auf der

---

[2] Max Weber, Wirtschaft und Gesellschaft. Grundriss der verstehenden Soziologie, 5., revidierte Auflage, Tübingen 1980, 13.

nächsten Stufe (Stufe 3) befinden sich die theoretische und politische Lebensweise, es folgen die sittlichen Grundhaltungen und die politisch-sozialen Institutionen (Stufe 2), auf der untersten Stufe (Stufe 1) stehen die konkreten Ziele und Mittel, die durch Kontextualisierung mit Hilfe der sittlichen Urteilskraft *(phronesis)* gewonnen werden.»[3] Die rationale Bändigung willkürlicher Herrschaft durch rechtlich legitimierte Machtverhältnisse und politische Verfahren gehört bleibend zu den grössten Errungenschaften der Neuzeit. Wer Demokratie und Verfahrenslegitimität einfordert und auf die diskursiv-deliberative Bearbeitung von Konflikten setzt, kommt um komplexe Rationalitätsannahmen nicht herum. Der prognostizierte kontinuierliche Anstieg des Anteils der Gesellschaftsmitglieder mit Demenzerkrankungen wird vielleicht einmal politik- und demokratietheoretisch ebenso viel Gewicht erhalten wie die ökonomischen Herausforderungen, auf die heute fokussiert wird.

II. Warum Angst vor dem Vergessen?

«Unser Gedächtnis ist ein Erinnerungsspeicher von Gelerntem und früher Erlebtem und ist als eine der komplexesten und wichtigsten kognitiven Fähigkeiten ein integraler Bestandteil des Menschen. ‹Gedächtnis› ist hierbei ein Oberbegriff für eine Vielzahl zeitlich und inhaltlich unterschiedlicher Lern- und Erinnerungsleistungen mit dem Ziel, Informationen, sensorische Eindrücke und Emotionen innerhalb eines Verhaltenskontextes zu speichern und wieder abrufbar zu machen. Durch den Rückgriff auf Erlebtes und Vergangenes stellt es unsere Erinnerungen in einen zeitlich-räumlichen Kontext und bildet das Bewusstsein unserer Autobiografie und formt so unsere Identität und unser Selbstverständnis als individuelle Persönlichkeit. Insbesondere das autobiographische Gedächtnis zeigt die Möglichkeit, sein Ich in einen zeitlich-örtlichen Bezugsrahmen zu setzen und diesen zum Orientierungspunkt zukünftigen Handelns oder der Vorstellung davon zu machen. Die meisten Menschen sind so zu einer bewussten mentalen Zeitreise innerhalb ihrer Erinnerungen fähig und können diese auf einer metakognitiven Ebene auch reflektieren. Durch das Wiedererinnern von Erlebtem ist das Gedächtnis als Grundlage einer prospektiven Reflexionsfähigkeit planerisch in die Zukunft gerichtet. In diesem Sinne hat das Gedächtnis eine Bindungsfunktion zwischen Vergangenem und Zukunft sowie zwischen Altem und Neuem.»[4]

---

[3] Otfried Höffe, Sittlichkeit als Rationalität des Handelns?: Herbert Schnädelbach (Hg.), Rationalität. Philosophische Beiträge, Frankfurt a. M. 1984, 141–174 (171).
[4] Thorsten Bartsch/Peter Falkai, Gedächtnisstörungen im Kontext neurologisch-

II. Bedrohliches

Die funktional-pragmatische Definition aus einem aktuellen medizinischen Lehrbuch über Gedächtnisstörungen bietet eine knappe Typologie menschlicher Gedächtnisleistungen, die bereits die weitreichenden Konsequenzen neurodegenerativer Prozesse und Erkrankungen erahnen lassen. Hervorgehoben werden Erinnerungsleistungen, die auf der metakognitiven Ebene zum Gegenstand identitätsstiftender und -stabilisierender Selbstreflexion werden. Das Erinnern und der rationale Umgang damit bilden die Ressourcen autonomer Selbstvergewisserung und zukunftsfähiger Selbstgestaltung. Menschen sind auf diese kognitiven Vermögen und Kompetenzen angewiesen, um handeln zu können, bzw. präziser, damit ihr Verhalten als intentionales Handeln wahrgenommen und ihnen als ihr Handeln zugerechnet werden kann. (Auch Neurophysiologie und Hirnforschung sowie die daran anschliessenden Debatten um das Leib-Seele- und Bewusstseins-Problem haben an dieser für Politik, Recht und Gesellschaft fundamentalen subjekt- und handlungstheoretischen Relation zwischen Intentionalität und Zurechenbarkeit nichts geändert.)

Vor diesem Hintergrund sind die Befürchtungen vor einer Demenzerkrankung unmittelbar verständlich. Wilfried Härle hat zwischen fünf Ängsten unterschieden:[5] Menschen haben Angst vor dem Vergessen, 1. weil sie ihre *Autonomie und Selbstbestimmung* in Gefahr sehen; 2. weil sie ihren *Verstand* für das Wertvollste halten, was sie besitzen; 3. weil sie damit ihre *Selbstkontrolle* zu verlieren drohen; 4. weil sie riskieren, in die *Abhängigkeit* von anderen zu geraten und 5. weil sie befürchten, ihre *Würde* zu verlieren. Diese fünf Verlustängste, die Demenzerkrankungen so bedrohlich erscheinen lassen, sind keineswegs zufällig. Vielmehr präsentieren sie so etwas wie die Negativfolie eines Menschenbildes und eines Selbstverständnisses, die für die individualisierten und flexibilisierten Lebenswelten liberaler Gesellschaften typisch sind. Ihnen entsprechen die Leitvorstellungen von Autonomie und Selbstbestimmung, Souveränität und Rationalität, Selbstkontrolle und Unabhängigkeit vom Angewiesensein auf andere.

Dieser Zusammenhang wird von zweierlei Seite bestätigt. Interviews mit Demenzbetroffenen kommen zu dem Ergebnis, «dass der Krankheitsbeginn ganz überwiegend durch die Wahrnehmung schwerer Verlusterlebnisse gekennzeichnet ist. Diese beziehen sich in erster Linie auf Gedächtnis und Merkfähigkeit,

---

psychiatrischer Erkrankungen: dies. (Hg.), Gedächtnisstörungen. Diagnostik und Rehabilitation, Berlin u. a. 2013, 3–13 (3).
    5   Vgl. Wilfried Härle, Lebensqualität demenzkranker Menschen aus Sicht der christlichen Ethik: Andreas Kruse (Hg.), Lebensqualität bei Demenz? Zum gesellschaftlichen und individuellen Umgang mit einer Grenzsituation im Alter, Heidelberg 2010, 43–50 (46f.).

aber auch auf Probleme der Wortfindung und des sprachlichen Kommunikationsvermögens, die Erschwerung und Verlangsamung bisher ausgeübter Tätigkeiten oder eine Einschränkung der Autonomie durch äussere Begrenzungen und Kontrollen der eigenen Handlungsfreiheit. Die hieraus resultierende Verunsicherung hat Gefühle von Ratlosigkeit, Depressivität und Zukunftsangst oder auch Unverständnis, Ärger und Gereiztheit zur Folge und kann namentlich in den frühen Krankheitsstadien als eine äusserst schwerwiegende, katastrophenähnliche Erfahrung erlebt werden.»[6] Der Heidelberger Psychologe und Gerontologe Andreas Kruse kommentiert:

«An einer Demenz zu erkranken, in deren Folge unselbständig zu werden und die Fähigkeit zur Kommunikation zu verlieren, ist das wahrscheinlich am meisten gefürchtete Risiko des Alters. Die bei fortgeschrittener Demenz auftretenden kognitiven Einbussen werden von den meisten Menschen als Bedrohung der Person in ihrer Ganzheit betrachtet. [...] Die Demenzerkrankung macht [...] in besonderer Weise deutlich, dass Altern – zumindest solange man Kriterien wie Aktivität, soziale Teilhabe oder Produktivität zugrunde legt – nicht immer ‹gelingen› muss, auch dann nicht, wenn man sich lebenslang um eine selbstverantwortliche Lebensführung bemüht hat. [...] Die Konfrontation mit dem Krankheitsbild der Demenz erinnert den Menschen zudem an eine Dimension, die in seinem Streben nach Selbständigkeit und Selbstbestimmung rasch in Vergessenheit geraten kann: Die Dimension der bewusst angenommenen Abhängigkeit.»[7]

Die Befürchtungen, einerseits nicht mehr Frau oder «Herr im eigenen Haus»[8] und andererseits nicht länger des «eigenen Glückes Schmied» zu sein, stellen wohl den massivsten Angriff auf das durch Selbstbestimmung und Handlungssouveränität geprägte liberale Menschenbild dar. Die Suizidhilfediskussion bestätigt diesen Zusammenhang. Die im Anschluss an Wilfried Härle genannten fünf Befürchtungen im Blick auf Demenzerkrankungen weisen – wie eine Untersuchung von Susanne Fischer u. a. aufzeigt – signifikante Übereinstimmungen mit jenen Gründen auf, die Mitglieder von Suizidhilfeorganisationen als Motive für ihren Suizidwunsch nennen.[9] Die nach der – unmittelbar verständlichen –

---

[6] Hans Lauter, Demenzerkrankungen und menschliche Würde: Kruse (Hg.), Lebensqualität (Anm. 5), 27–42 (28).
[7] Andreas Kruse, Menschenbild und Menschenwürde als grundlegende Kategorie der Lebensqualität demenzkranker Menschen: ders. (Hg.), Lebensqualität (Anm. 5), 3–25 (5).
[8] Sigmund Freud, Eine Schwierigkeit der Psychoanalyse, GW 12, Frankfurt a. M. 1947, 3–12 (11).
[9] Susanne Fischer u. a., Reasons why people in Switzerland seek assisted suicide: the view of patients and physicians: swiss med weekly 139, 2009, (23–24), 333–338.

II. Bedrohliches

Angst vor Schmerzen am häufigsten genannten Motive sind: das Angewiesensein auf andere, der Verlust der Selbstbestimmung, Würdeverlust, neurologische Störungen, Mobilitätsverlust und allgemeine Schwäche – also alles Gründe, die mittelbar oder unmittelbar mit der Bedrohung der eigenen Handlungssouveränität zusammenhängen. Nüchtern betrachtet treibt die Aussicht darauf, auf die Unterstützung und Hilfe anderer angewiesen zu sein, in der Schweiz immer häufiger Menschen in den Tod.

III. Rationalität – So wenig wie möglich, so viel wie nötig?

In der Demenzdiskussion begegnen zwei sich widersprechende Behauptungen. Die eine These lautet: Der Verlust von Selbstbestimmung und Rationalität bedroht die gesellschaftliche Integration von Menschen mit Demenzerkrankungen. Die Gegenthese behauptet: Das in Gesellschaft und Medizin dominierende, selbstbestimmungs- und rationalitätsfixierte Menschenbild ist realitätsfremd, weil es wesentliche Aspekte des Menschseins notorisch ausblendet. Werden Menschen mit Demenzerkrankungen durch die «Neuronenmassaker» in ihren Gehirnen, wie die Tochter der dementen Mutter in Jörn Klares Theaterstück «Du sollst den Wald nicht vor dem Hasen loben» vermutet,[10] aus ihrem sozialen Umfeld herausgeschleudert? Oder sind sie der lebende Beweis für einen souveränitätsfixierten Tunnelblick von Gesellschaften, die die Lebenssituation von Menschen mit Demenz systematisch verdrängen und ausblenden? Verena Wetzstein bemerkt in dem Zusammenhang:

> «In einer Gesellschaft, in der Selbstbestimmung, Autonomie, intellektuelle Leistungsfähigkeit, Freiheit und Unabhängigkeit von höchster kultureller und politischer Relevanz sind, scheinen Menschen mit Demenz mit Voranschreiten des Prozesses genau das alles nicht mehr zu sein und verwirklichen zu können, was als Leitwert Geltung hat. Indem Rationalität und Selbstbewusstsein als Kernpunkte eines weithin vorherrschenden Menschenbildes gelten, erscheint es als eine logische Folge, Prozesse des Alterns, die mit einem Verlust der Fähigkeit zu rationaler Selbstbestimmung einhergehen, in den pathologischen Bereich zu drängen und mit dem Siegel ‹krank› zu versehen.»[11] In den Konsequenzen noch weiter geht der der Psychiater Thomas Fuchs: «Für die westlichen Kulturen ist Personalität entscheidend gebunden an die Intaktheit

---

[10] Online abrufbar unter: www.spiegel.de/kultur/gesellschaft/du-sollst-den-wald-nicht-vor-dem-hasen-loben-von-joern-klare-ueber-demenz-a-1015599.html (Zugriff 20.05.2021).
[11] Verena Wetzstein, Ethik der Demenz. Eine Herausforderung für die Gesellschaft: Herder Korrespondenz 68/8, 2014, 407–411 (409).

dieser Funktionen, an Überlegung, Intelligenz, Rationalität und Gedächtnis. Damit werden demenzielle Erkrankungen zur Bedrohung der Person in ihrem Kern, ja sie scheinen mehr als alle anderen psychischen Erkrankungen eine geradezu dehumanisierende Wirkung zu haben.»[12]

Beide Zitate bringen nicht nur die zentralen Aspekte der gesellschaftskritischen Demenzdiskussion auf den Punkt, sondern präsentieren zugleich eine Kritik am Rationalitätsbegriff. Das Komma zwischen «Rationalität» und «Vergessen» im Titel müsste danach durch ein «versus» oder «contra» ersetzt werden. Tatsächlich gibt es in der kritischen Demenzdiskussion eine unübersehbare Tendenz zu einer Relativierung der gesellschaftlich dominierenden, häufig ökonomisch geprägten Leitvorstellungen zugunsten einer manchmal ebenso einseitigen Profilierung kommunitär-karitativer und beziehungsethischer Begrifflichkeiten und Konzepte. Die der Suizidhilfediskussion zuweilen attestierte Kulturkampfattitüde macht auch vor der Demenzdiskussion nicht halt. Die Motive hinter der anerkennungswürdigen und engagierten Solidarität mit den Betroffenen folgen einer intuitiv nachvollziehbaren Logik, die sich ungefähr so zusammenfassen lässt: Wenn immer mehr Mitmenschen den überkommenen und die Gesellschaft prägenden Selbstverständnissen nicht mehr entsprechen, müssen die Menschenbilder modifiziert werden. Ansonsten sind die soziale und irgendwann auch die moralische Exklusion einer immer weiterwachsenden gesellschaftlichen Gruppe vorprogrammiert. Diese Reaktion ist genauso naheliegend wie differenzierungsbedürftig. Lässt sich ein solches – explizit oder implizit – gefordertes radikales Umdenken der Selbstverständnisse und -verhältnisse vor dem Hintergrund der damit verbundenen epistemologischen, soziologischen, kulturanthropologischen und ethischen Konsequenzen plausibel begründen? Können wir tatsächlich wollen, was wir dort fordern? Ich möchte die Fragestellung in vier Hinsichten – Autonomie, Selektivität des Erinnerns, Kontingenzerfahrung und personale Identität – stichwortartig ausführen, um zu zeigen, welche Schwierigkeiten sich der eben geforderten Modifikation in den Weg stellen.

1. Zur rationalen Konstruktion des ethischen Subjekts

«Wissen ist Macht», behauptete der englische Philosoph und Politiker Francis Bacon im 16. Jahrhundert. Ein Jahrhundert später verlegten René Descartes und

---

[12] Thomas Fuchs, Das Leibgedächtnis in der Demenz: Kruse (Hg.), Lebensqualität (Anm. 5), 231–242 (231).

II. Bedrohliches

John Locke die Vorstellung der Person in die Innenperspektive der individuellen Selbstbeziehung. Der französische Philosoph brachte das auf die bekannte Formel: «Cogito ergo sum»[13], und für seinen englischen Kollegen wird die Person ausschliesslich durch die Einheit des Bewusstseins konstituiert.[14] Wiederum ein Jahrhundert später verkündete Immanuel Kant die Idee vom mündigen, autonomen Menschen: «Aufklärung ist der Ausgang des Menschen aus seiner selbst verschuldeten Unmündigkeit. [...] Sapere aude! Habe Mut dich deines eigenen Verstandes zu bedienen!»[15] Selbst denken! – Dieses Motto wurde nicht nur zum revolutionären Befreiungsschlag gegen menschliche Entmündigung, Fremdbestimmung und Unterdrückung, sondern auch zum Begründungsfundament einer auf Autonomie gründenden universalen Ethik.

Aus den neuzeitlichen Subjektivitätsphilosophien lassen sich – mit Johannes Eurich – Kernaspekte eines modernen Personenverständnisses herausarbeiten, die auch für die neuzeitlichen Ethikentwürfe grundlegend sind:

> «Der Mensch wird bestimmt als Vernunft- und Freiheitswesen, das befähigt ist zu einer umfassenden Selbstverfügung aus eigenem Urteil. Dies begründet zum einen seine Verantwortung, zum andern seine Unverfügbarkeit und damit die Unantastbarkeit seiner Würde als Person.»[16]

Diese Typologie deckt sich *grosso modo* mit Wilfried Härles Aufzählung der fünf Ängste gegenüber der Demenz, mit dem einen Unterschied, dass die Würde als Person hier – durch den Begriff der Unverfügbarkeit – jeder Definierbarkeit und Konditionalität entzogen wird. Zur Begründung verweist Johannes Eurich auf die Hegel'sche Kategorie der Anerkennung, die von Axel Honneth, Jean-Pierre Wils u. a. für die aktuellen Ethikdiskurse fruchtbar gemacht wurde.

> «Personen erkennen einander wechselseitig den Personenstatus zu: ‹Weil Menschen als Vernunftwesen gleich sind, wird ihnen als Konsequenz daraus die Anerkennung des Anderen zugemutet. Aber als Gleiche können sie nur gelten, insofern sie sich bereits anerkannt haben.› [...] ‹Anerkennung zollen wir bestimmten Merkmalen, die unter Absehung der jeweils idiosynkratrischen Individualität, also unter Absehung

---

13 René Descartes, Die Prinzipien der Philosophie, Hamburg 2005, 14.
14 Vgl. John Locke, An Essay Concerning Human Understanding, Oxford 1979, cp. XXVII, § 10 (336): «For it being the same consciousness that makes a man be himself to himself, personal identity depends on that only.»
15 Immanuel Kant, Beantwortung der Frage: Was ist Aufklärung?, Werke, Ed. Weischedel, Bd. 9, Darmstadt 1983, 53–61 (53).
16 Johannes Eurich, Eingeschränkte Menschenwürde. Unterschiedliche Menschenbilder in der Pflege und ihre Folgen für Menschen mit Demenzerkrankung: Pflege & Gesellschaft 13, 2008, 350–362 (353).

der strikten Besonderheit eines Menschen, allen zugeschrieben werden und die aus diesem Grund gleichermassen gültig sind und in gleichen Rechten zum Ausdruck kommen.› Person und Individuum werden daher wie folgt unterschieden: ‹Der moderne Diskurs der Rechte, die Personen zukommen, ist unlösbar an der Idee der Egalität ausgerichtet. Offenbar werden Personen zu solchen, insofern und insoweit gerade von deren Individualität abgesehen wird.›»[17]

Diese Konzeption ist gerade für eine Ethik der Demenz attraktiv, weil sie einerseits auf ein gradualistisches Verständnis von Respekt gegenüber der oder dem Anderen abzielt und andererseits auf die unbedingte Anerkennung der anderen Person selbst. Allerdings – und darauf kommt es an dieser Stelle an – kann das Modell wechselseitiger Anerkennung, als Bedingung für die Egalität zwischen Menschen mit und ohne Demenz, genau auf die Dimension nicht verzichten, die den von Demenz Betroffenen sukzessive verloren geht: die rationale Überlegung kontrafaktischer Anerkennung, die sich der eigenen Anerkennung durch die Person mit Demenz vergewissert, ohne dass diese umgekehrt dazu in der Lage wäre. Gerade weil wir nur zu gut wissen, dass es nicht rational wäre zu unterstellen, dass sich Menschen immer rational verhalten, sind wir auf rationale Überlegungen angewiesen, um die fehlende Reziprozität rational-kontrafaktisch zu simulieren.

2. Zur Rationalität selektiven Erinnerns

Vergessen gilt bereits in der Antike als hohe Kunst. Cicero berichtet von dem Dichter Simonides, der dem athenischen Feldherrn Themistokles angeboten habe, ihn in der Kunst des Gedächtnisses *(ars memoriae)* zu unterweisen. Themistokles habe entgegnet, dass er über ein gutes Gedächtnis verfüge und deshalb eher an einer Kunst des Vergessens *(ars oblivionis)* interessiert sei.[18] Die Diskussion um Erinnern und Vergessen zieht sich durch die gesamte abendländische Philosophie und Literatur, erhält aber im Rahmen der jüngsten Debatten um Neuro-Enhancement, genauer das Memory-Enhancement in Form der pharmakologischen oder invasiven Gedächtnissteigerung, eine neue Variante. Vertreten

---

[17] Eurich, Menschenwürde (Anm. 16), 353 und Anm. 6. Zitiert wird Jean-Pierre Wils, Respekt statt Ausgrenzung – Die Ethik der «Anerkennung»: Sigrid Graumann u. a. (Hg.), Ethik und Behinderung. Ein Perspektivenwechsel, Frankfurt a. M. u. a. 2005, 81–91 (83.86).
[18] Harald Weinrich, Lethe. Kunst und Kritik des Vergessens, München 2005, 23f.

wird die These, dass eine quantitative Steigerung basaler Bedingungen der Gehirnaktivitäten, etwa längere Wachheit und Konzentrationsfähigkeit oder ein grösseres Informationsspeichervolumen, die kognitiven Leistungen verbessern könnte.[19]

Dieser funktional-mechanistischen Auffassung vom Gehirn stehen aber jene seltenen Fälle einer sogenannten Hyperthymesie von Menschen, die über enorme kognitive Fähigkeiten verfügen, gegenüber. Die beiden bekanntesten Fälle – der Patient S. des russischen Psychiaters Alexander R. Luria und die US-Amerikanerin Jill Price – sind medizinisch gut dokumentiert und breit diskutiert und erlauben einen Blick aus der umgekehrten Perspektive. Beide Personen leiden auf verschiedene Weise an ihrer Begabung. «Besonders belastend sind für S. offensichtlich die mitunter absurden Erinnerungspfade, auf die ihn sein Gedächtnis führen kann. Die vielen ihn überschwemmenden Erinnerungseindrücke und Vorstellungen, die er synästhetisch bildet, fesseln sein Denken und erschweren dadurch sein Alltagsleben und seine Lebensführung. S. vollzieht, um der schieren Fülle an Erinnerungen zu entfliehen, ab und zu gar einen Persönlichkeitssplit und spricht von sich als ‹ich› und ‹ihm›.» Und Jill Price erzählt in ihrer Lebensgeschichte:

> «‹In many years, my memory has been both a blessing and a curse›. Sie leidet darunter, dass ihre detaillierten Erinnerungen ein Eigenleben führen, da sie nicht nur dann erscheinen, wenn Price sie sich bewusst machen will, sondern auch ungesteuert in ihren Gedanken auftauchen: [...] ‹I live with a constant, unstoppable parade of the yesterdays of my life flashing furiously through my mind›. Hinzu kommt, dass sie sich an alle Ereignisse erinnern kann, die in ihrem Leben stattgefunden haben, inkl. der belastenden, wie Hassgefühle, Streitigkeiten, depressive Momente usw.»[20]

Joachim Bold und Uta Bittner diskutieren vor dem Hintergrund der beiden Fälle verschiedene Theorien zur Funktion von Erinnern und Vergessen und kommen zum Ergebnis: 1. *«Erinnern als alles bestimmende Haltung gegenüber dem eigenen Leben kann die Fähigkeit zum Handeln aus Überzeugung unterminieren.»*; 2. *«Rein quantitativ gesteigertes Erinnern kann die Bildung und Stabilisierung selbst gewählter Überzeugungen vom richtigen Handeln behindern.»*; 3. *«Qualitativ gesteuertes Erinnern kann der Möglichkeit einer Re-Evaluation im Weg stehen.»* Ohne

---

[19] Vgl. Joachim Boldt/Uta Bittner, Gedächtnis-Enhancement. Wie erstrebenswert wäre ein grenzenloses Gedächtnis?: Ethik Med 25, 2013, 315–328 (319).
[20] Boldt/Bittner, Gedächtnis-Enhancement (Anm. 19), 318f. Die Zitate stammen aus Jill Price, The woman who can't forget, New York 2009.

auf die Thesen einzugehen, lässt sich sagen, dass die Manipulation des Gedächtnisses als auch die mnestischen Operationen selbst als im Kern intentionale Akte vorgestellt bzw. in Analogie dazu modelliert werden. Wenn man so will, präsentieren diese Überlegungen Versuche einer – im Weber'schen Sinne – Rationalisierung der Gehirnfunktionen. Die Sichtweise vom Gehirn als Akteur wird durch die Enhancement-Perspektive und ihre Strategien in gewisser Weise vorgegeben, allerdings bleibt diese Quasi-Subjektivierung des menschlichen Gehirns und seiner Funktionen äusserst fragwürdig. Das Gehirn denkt eben nicht. Denken ist und bleibt eine menschliche Tätigkeit, die nicht biologisch delegiert werden kann. Und selbst wenn das Gehirn denken würde, gälte mit den Worten Niklas Luhmanns: «[...] das kann es nicht erinnern.»[21]

Tauscht man die neurophysiologische Perspektive gegen eine sozialwissenschaftliche oder sozialpsychologische, erscheinen die Debatten noch in einem anderen Licht. Das neue Interesse an Erinnern und Vergessen[22] hängt unmittelbar mit den kommunikationstechnologischen Entwicklungen zusammen. Elena Esposito bemerkt:

> «Die Kommunikation stützt sich immer weniger auf das Bewusstsein einzelner Menschen als ‹Zwischenträger›. Der Gesellschaft sind Inhalte verfügbar, die keiner denkt, die aber dennoch nicht ‹vergessen› werden. Die Kommunikation wendet sich explizit an die Kommunikation selbst und entwickelt eine eigene Form von Gedächtnis, desto komplexer und ausgearbeiteter, je komplexer die Kommunikationstechnologien sind, die sie realisieren.»[23]

---

[21] Niklas Luhmann, Die Gesellschaft der Gesellschaft, Frankfurt a. M. 1998, 593.
[22] Vgl. Christine Abbt, Vergessen: Natalie Pieper/Benno Wirz (Hg.), Philosophische Kehrseiten. Eine andere Einleitung in die Philosophie, Freiburg i. Br. 2014, 189–213; Aleida Assmann, Erinnerungsräume. Formen und Wandlungen des kulturellen Gedächtnisses, München 2009; Marc Augé, Les formes de l'oubli, Paris 1998; Kai Behrens, Ästhetische Obliviologie. Zur Theoriegeschichte des Vergessens, Würzburg 2005; André Blum u. a. (Hg.), Potentiale des Vergessens, Würzburg 2012; Günter Butzer/Manuela Günter (Hg.), Kulturelles Vergessen. Medien – Rituale – Orte, Göttingen 2004; Paul Connerton, How Modernity Forgets, Cambridge 2009; Oliver Dimbath/Peter Wehling (Hg.), Soziologie des Vergessens. Theoretische Zugänge und empirische Forschungsfelder, Konstanz 2011; Elena Esposito, Soziales Vergessen. Formen und Medien des Gedächtnisses der Gesellschaft, Frankfurt a. M. 2002; Sandra Markewitz (Hg.), Jenseits des beredten Schweigens. Neue Perspektiven auf den sprachlosen Augenblick, Bielefeld 2013; Sebastian Scholz/Gerald Schwedler/Kai-Michael Sprenger (Hg.), Damnatio in memoria, Köln 2014; Gary Smith/Emrich Hinderk (Hg.), Vom Nutzen des Vergessens, Berlin 1996.
[23] Elena Esposito, Die Formen des Web-Gedächtnisses. Medien und soziales Gedächtnis: René Lehmann u. a. (Hg.), Formen und Funktionen sozialen Erinnerns. Soziales Gedächtnis, Erinnern und Vergessen – Memory Studies, Wiesbaden 2013, 91–103 (91).

II. Bedrohliches

Das hat zwei Konsequenzen: 1. Die Gesellschaft wird mit einer wachsenden Anzahl von Mitgliedern konfrontiert, die sukzessive alles vergessen, und zugleich gewinnen Informationstechnologien einen immer grösseren Einfluss, die nichts mehr vergessen. Die Voreinstellung, die «sich automatisch realisiert, wenn man nicht anders optiert und weder Energie noch Aufmerksamkeit aufwendet, ist nunmehr Erinnern – nicht Vergessen. Zu erinnern ist viel einfacher und billiger geworden – Erinnern wird zum Normalfall.»[24] Ungeachtet der Behauptung von Alfred North Whitehead, «Knowledge does not keep any better than fish»,[25] bleibt Wissen in Form erinnerter Information erhalten. 2. Wenn Erinnern und Vergessen sozusagen externalisiert werden, die Erinnerungsressourcen also nicht mehr von den eigenen Vergegenwärtigungskapazitäten abhängen, wächst die Bedeutung der kommunikativen Rationalität, um an den Erinnerungen des «sozialen Gedächtnisses» (Elena Esposito) zu partizipieren.

3. Zur Rationalität von Kontingenzbewältigung

Menschliches Erleben wird durch Komplexität und Kontingenz permanent überlastet. Menschen haben nicht nur eigene Ziele, Wünsche, Absichten und Erwartungen, sondern stossen in der sozialen Welt ständig auf andere Menschen mit anderen – im Zweifelsfall kollidierenden – Zielen, Wünschen etc. Der Versuch, die eigenen Ziele einfach durchzusetzen, wäre ebenso riskant wie das andere Extrem, sie einfach den Zielen anderer zu unterwerfen. Notwendig ist deshalb eine Rationalisierung bzw. ein *«Reflexivwerden des Erwartens»*. «Der Erwartende muss lernen, nicht nur fremdes Verhalten, sondern auch fremde Erwartungen zu erwarten, vor allem die an ih[n] selbst gerichteten Erwartungen.»[26] Dieses Erwarten von Erwartungen liegt jedem sozialen Verhalten – ob kooperativ oder konflikthaft – zugrunde und verläuft, normativ konditioniert, hinter dem Rücken der Beteiligten. Diese Grundstruktur muss allerdings – nach Luhmann – um eine weitere Ebene ergänzt werden: die des Erwartens von Erwartungserwartungen. Ein naheliegendes Beispiel: Wer als Referent zu einer Tagung zum Thema «Demenz» eingeladen wird, erwartet, dass der Veranstalter und das Publikum von ihm einen Vortrag zum Veranstaltungsthema erwarten. Der Referent muss diese

---

24 Esposito, Formen (Anm. 23), 92.
25 Alfred North Whitehead, The Aims of Education and Other Essays, New York 1929, 147.
26 Niklas Luhmann, Normen in soziologischer Perspektive: Soziale Welt 20, 1969, 28–48 (31).

Erwartung miterwarten, weil ihm nur so klar wird, dass er mit einem Vortrag etwa über seinen Lieblingsfussballverein die Erwartungen der Veranstalter und des Publikums im Blick auf die erwarteten Erwartungen des Referenten arg irritieren würde. Der konstitutive Einbezug anderer Erwartungserwartungen kann natürlich nicht in jedem Einzelfall durchexerziert werden. Vielmehr geht es um die Etablierung einer Erwartungserwartungsstruktur, in der ein ursprüngliches subjektives Wollen als ein objektives und anonymes Sollen – Niklas Luhmann spricht von «Gebot» – erlebt wird.

Die Rekonstruktion von sozialen Normen als Erwartungen von Erwartungserwartungen lenkt den Blick auf einen blinden Fleck in der Diskussion um die in der Bio- und Medizinethik dominierenden Autonomiekonzepte und ihren Operationalisierungen etwa im *informed-consent*-Prinzip oder Patientinnen- und Patientenverfügungen, bei denen es um die Feststellung des (mutmasslichen) Willens der Betroffenen geht. Entsprechend lautet das erste bioethische Prinzip im internationalen Standardwerk von Beauchamp und Childress «Respect for autonomy». Die Umsetzung des Prinzips in der medizinischen Praxis ist wesentlich an Bedingungen der Urteilsfähigkeit gebunden:

– die Fähigkeit, Information in Bezug auf die zu fällende Entscheidung zu verstehen;
– die Fähigkeit, die Situation und die Konsequenzen, die sich aus alternativen Möglichkeiten ergeben, richtig abzuwägen;
– die Fähigkeit, die erhaltene Information im Kontext eines kohärenten Wertsystems rational zu gewichten;
– die Fähigkeit, die eigene Wahl zu äussern.[27]

Die normativen Grundsätze der Selbstbestimmung und Willensfreiheit stehen und fallen mit der rationalen Entscheidungs-, Einsichts- und Einwilligungsfähigkeit der Betroffenen und werden von zwei Seiten infrage gestellt: einerseits von den Betroffenen selbst, die nicht (mehr) über die Fähigkeiten zur Selbstbestimmung verfügen und somit den Rationalitätsbedingungen der Urteilsfähigkeit nicht (mehr) entsprechen, und andererseits durch Dritte, die anstelle der Betroffenen die notwendigen Entscheidungen treffen und stellvertretend für

---

[27] Vgl. Schweizerische Akademie der medizinischen Wissenschaften (SAMW), Medizin-ethische Richtlinien. Betreuung von Patientinnen und Patienten am Lebensende, Basel 6/2014, 10; vgl. Georg Marckmann, Selbstbestimmung bei entscheidungsunfähigen Patienten aus medizinethischer Sicht: Christof Breitsameter (Hg.), Autonomie und Stellvertretung in der Medizin. Entscheidungsfindung bei nichteinwilligungsfähigen Patienten, Stuttgart 2011, 17–33 (21); Michael Wunder, Demenz und Selbstbestimmung: Ethik Med 20, 2008, 17–25 (18).

II. Bedrohliches

diese handeln. Im zweiten Fall droht ein Paternalismus, der aus der Medizingeschichte der «Halbgötter in Weiss» bestens bekannt ist und gegen den die bioethische Autonomieforderung ursprünglich angetreten war. Medizinischer Paternalismus stellt – sehr allgemein formuliert – das von Dritten definierte *Wohl* einer Patientin über ihren selbst ausgedrückten *Willen*.[28]

So entstehen Patientenverfügungen im Kontext kognitiver und normativer Erwartungskonstellationen, die sich von den Erwartungsstrukturen unterscheiden, in denen sie eventuell zur Grundlage von Entscheidungen herangezogen werden, und deshalb unvermeidbar die Frage aufwerfen, ob die betroffene Person in der aktuellen Situation tatsächlich so entschieden hätte, wie sie zu einem Zeitpunkt in der Vergangenheit ihre Entscheidung dokumentiert hat. In der Literatur ist dieser Konflikt eingehend an dem Fall der Patientin «Margo» diskutiert worden, die an der Alzheimer Demenz leidet und eines Tages an einer Lungenentzündung erkrankt. Die für alle Aussenstehenden ausgesprochen glücklich wirkende Frau hatte in ihrer Patientinnenverfügung im Falle einer Demenz alle lebenserhaltenden Massnahmen untersagt.[29] Kognitive und normative Erwartungen – soziale Lernwillig- und Unwilligkeit – sind nicht nur für jede Form von Kommunikation unverzichtbar, sie erhalten ein besonderes Gewicht in solchen Situationen, in denen Kommunikation verweigert oder unmöglich wird.

4. Zur Rationalität personaler Identität

Die französische Phänomenologie und angelsächsische *ordinary language philosophy* haben mit den Figuren der und des Anderen bzw. der Sprachgemeinschaft einen wesentlichen Beitrag zur Dekonstruktion der an der Idee der Vernunftautonomie resp. der Willensfreiheit orientierten Subjektphilosophien geliefert.[30] Die Artikulation der eigenen Person in der grammatischen Form des Personalpronoms «ich» bewegt sich notwendig im Raum sprachlicher Konventionen. Weil – im Anschluss an Ludwig Wittgensteins Überlegungen zum Regelfolgen

---

[28] Theda Rehbock, Autonomie – Fürsorge – Paternalismus. Zur Kritik (medizin-)ethischer Grundbegriffe: Ethik Med 14, 2002, 131–150 (132).

[29] Vgl. Peter Dabrock, Formen der Selbstbestimmung. Theologisch-ethische Perspektiven zu Patientenverfügungen bei Demenzerkrankungen: Zeitschrift für medizinische Ethik 53, 2007, 127–144 (128f.).

[30] Vgl. zur jüngeren Entwicklung Hans-Dieter Gondek/László Tengelyi, Neue Phänomenologie in Frankreich, Berlin 2011.

und gegen die Unmöglichkeit einer Privatsprache[31] – Sprechen immer das eigene, die verwendete Sprache aber immer die gemeinsame (also die eigene und die der Anderen) ist, beschränkt sich Erinnerung nicht nur auf einen subjektiven Vorgang, «der unabhängig von sprachlichem (und nichtsprachlichem) Ausdrucksverhalten verständlich wäre. Erinnerung vollzieht sich immer schon als Sprache und ist damit stets eingebettet in eine von vielen geteilte Praxis. Individuelle Erinnerung ist gemeinsame Erinnerung. Sie ist stets plural und in einem Bezug auf die konventionalisierte Allgemeinheit.»[32] Das individuelle Vergessen im Kontext dieses stets gemeinsamen Erinnerns hat also den Effekt, dass sich diese Person nicht nur an etwas nicht mehr erinnert, sondern dass sie vergessen hat, was in der kollektiven Erinnerung weiterhin präsent ist («*ich* habe meinen Namen vergessen» – «*dein/ihr* Name lautet xy»).[33] Zugleich geht das «Ich» der Person nicht in dem auf, was andere von «ihr» wissen und über «sie» sagen können. In Hans Magnus Enzensbergers Gedichttitel «Ich bin, was du vergessen hast»[34] kommt die paradoxe Struktur personaler Identität treffend zum Ausdruck. «1. Ohne Erinnerung gibt es keine Identität. 2. Ohne Vergessen gibt es keine Identität.»[35] Freilich gilt auch in diesem poetischen Zusammenhang: Das dynamische Komplementaritätsverhältnis ist besonders im Blick auf die Markierung und Behauptung von Differenz stets sprachlich und insofern notwendig rational vermittelt.

---

[31] Vgl. Ludwig Wittgenstein, Philosophische Untersuchungen, Werkausgabe, Bd. 1, Frankfurt a. M. 1984, §§ 136–316; vgl. dazu Saul A. Kripke, Wittgenstein über Regeln und Privatsprache. Eine elementare Darstellung, Frankfurt a. M. 2006. Zum Vergessen aus semiotischer Perspektive vgl. Umberto Eco, An Ars Oblivionalis? Forget It!: Publications of the Modern Language Association 103, 1988, 254–261; Sybille Krämer, Das Vergessen nicht vergessen! Oder: Ist das Vergessen ein defizienter Modus von Erinnerung?: Paragrana 9, 2000, 251–275.
[32] Christine Abbt, «Ich bin, was du vergessen hast»: Unimagazin 3/08, 2008, 54–55 (55).
[33] Daran schliesst die – von Hannah Arendt, Es gibt nur ein einziges Menschenrecht: Otfried Höffe/Gerd Kadelbach/Gerhard Plumpe (Hg.), Praktische Philosophie/Ethik. Reader, Bd. 2, Frankfurt a. M. 1981, 152–167 aufgeworfene – fundamentale Frage nach der Bedeutung der Zugehörigkeit zu einer Kommunikationsgemeinschaft für die Konstitution der Person an.
[34] Hans Magnus Enzensberger, Liebesgedichte, Frankfurt a. M. 2008, 20.
[35] Abbt, Ich bin (Anm. 32), 55.

IV. Persistenz und Identität

«Ich habe mich sozusagen selbst vergessen»: Diesen Satz äusserte Auguste Deter häufiger. Sie war im Jahr 1901 in die Frankfurter Irrenanstalt eingeliefert worden. Die Krankenakte Auguste D. ging als erster Alzheimerfall in die Medizingeschichte ein. Die Diagnose hatte ihr damaliger Arzt, der Psychiater und Neuropathologe Alois Alzheimer, gestellt, nach dem die von ihm entdeckte Krankheit später benannt wurde.[36] Auguste D. bringt mit dem zitierten Satz zum Ausdruck, dass Demenzerkrankungen keine leiblichen Defekte sind, die die Medizin korrigieren könnte (zumindest damals und bisher nicht). Zwar korrespondieren der Demenz bestimmte Krankheitssymptome, aber Demenz ist weit mehr als eine Krankheit, die im Sinne einer statistischen Normalabweichung kompensatorischen Strategien zugänglich wäre. Der Psychiater Klaus Dörner spricht deshalb pointiert von der «neue[n] menschliche[n] Seinsweise der Demenz».[37] Wir müssen begreifen lernen, «was es heisst, dass von jetzt an die völlig neue Bevölkerungsgruppe in der menschlichen Seinsweise des Dementseins, fremdartiger als alle Migranten, [...] ein Teil von uns ist».[38] Und Dörner fährt fort:

> «Wir haben nicht ohne Widerspruch zu lernen, dass Dementsein eine subjektiv genauso sinnvolle menschliche Seinsweise ist und genauso zum Menschsein gehört wie Kindsein, Erwachsensein und aktiv Altsein, nicht nur mit denselben Grundrechten, sondern auch mit denselben Verstehensmöglichkeiten. [...] Die menschliche Seinsweise des Dementseins lehrt mich als Sohn, Schwiegertochter oder Ehefrau, dass Selbstbestimmung nicht ohne Fremdbestimmung zu haben ist, Unabhängigkeit nicht ohne Abhängigkeit, Erwachsensein nicht ohne Kindsein. Gerade dann, wenn die Sprache nicht mehr verfügbar ist, kann mir mein dementer Nächster so widerfahren, dass unsere Beziehung nicht mehr von den eingeschliffenen rationalen Wortwechseln gestört wird und eben dadurch einen existenziellen Tiefgang erreicht, wie nie zuvor oder allenfalls wie in der frühen Kindheit.»[39]

Auch diese Einsichten über die gesellschaftliche Realität von Irrationalität verdankt sich wiederum rationaler Überlegung und Reflexion. Natürlich ist Irrationalität ein alltägliches Phänomen. Das Verhalten von kleinen Kindern und

---

[36] Vgl. Christina Aus der Au, Leiblichkeit: Die rezeptive Dimension des Selbst. Von der Alzheimer-Krankheit zur conditio humana: Thomas Klie/Martina Kumlehn/Ralph Kunz (Hg.), Praktische Theologie des Alterns, Berlin 2009, 133–153 (134).
[37] Klaus Dörner, Die neue menschliche Seinsweise der Demenz: Bundesgesundheitsblatt – Gesundheitsforschung – Gesundheitsschutz 48, 2005, 604–606.
[38] Dörner, Seinsweise (Anm. 37), 604.
[39] Dörner, Seinsweise (Anm. 37), 604f.

Verliebten kennen die meisten aus eigener Erfahrung, und der Umgang mit psychisch Kranken, Menschen unter Drogeneinfluss, politischen und religiösen Extremistinnen und Extremisten stellt Gesellschaften immer wieder vor schwierige Herausforderungen. Aber all diese Fälle gelten als Kandidatinnen und Kandidaten, die die Ausnahme von der Regel normalen, rational reflektierten Handelns bestätigen. Unterstellt wird dabei, dass sie sich unter anderen, günstigeren Umständen anders verhalten würden. Abgesehen von Kindern und Verliebten, deren Verhalten für die jeweilige Lebensphase konstitutiv, aber auf diesen Zeitabschnitt begrenzt ist, wird darüber hinaus angenommen, dass das irrationale Verhalten mehr oder weniger explizit gegen den eigenen Willen gerichtet ist und geschieht.[40] Klaus Dörner wendet sich mit seiner emphatischen Problemanzeige gegen diese Kompensationsstrategie zur Rettung des Rationalitätsprimats. Irrationalität bildet im Kontext von Menschen mit Demenz nicht die Abweichung und Ausnahme, sondern den Normalfall, insofern der Verlust von Rationalität, Reflexivität und Erinnerungsvermögen irreversible Prozesse darstellen.

Die Rede vom Normalfall setzt immer schon reflexive normative Prozeduren auf der Metaebene voraus, die beobachtbares Verhalten als zutreffend oder nichtzutreffend taxieren.[41] Die Person erlebt sich selbst stets als «normal», es sei denn, sie verhält sich reflexiv gegenüber sich selbst, eine Haltung, die im Alltag – wie von Aristoteles (Ethos) bis Pierre Bourdieu (Habitus) und Niklas Luhmann (Code) immer wieder festgestellt worden ist – die Ausnahme darstellt. Insofern gehört das Kriterium der Normalität in den Bereich sozialer Konventionen und nicht in den Kontext vorreflexiver Selbstwahrnehmungen, die stattdessen (nicht begründungstheoretisch) «intuitiv-kohärentistisch» orientiert sind. «Kohärenz» meint hier das Erleben der Einheit der Person im konkreten Sich-Erleben als einheitliche Persönlichkeit. Damit einher geht ein Perspektivenwechsel von der Wahrnehmung der Person im Blick auf die Kohärenz ihres beobachtbaren Verhaltens zur teilnehmenden Wahrnehmung ihrer Integrität als einheitliche Persönlichkeit.

Michael Quante hat gezeigt, dass die *Persistenz* der Person in ihrer Identität über die Zeit hinweg und ihre *Persönlichkeit* im Alltag weitgehend übereinstimmen und erst in der bioethischen Analyse über ihren normativen Status auf

---

[40] Vgl. im Blick auf das Verhalten von Menschen unter Drogeneinfluss Harry G. Frankfurt, Willensfreiheit und der Begriff der Person: ders., Freiheit und Selbstbestimmung, Berlin 2001, 65–83.
[41] Zur Kritik am Normalitätsbegriff vgl. programmatisch Georges Canguilhem, Das Normale und das Pathologische, Neuausgabe, Berlin 2012, sowie Jürgen Link, Versuch über den Normalismus, Opladen 1997.

II. Bedrohliches

künstliche Weise auseinandergerissen werden. Der methodische Beobachterfokus der Bioethik versperrt den Blick auf die und aus der Teilnehmerperspektive. Persistenz als «kausale Ermöglichungs- und nomologische Rahmenbedingung für die Ausbildung und Gestaltung einer personalen Lebensführung»[42] lässt sich aus der Beobachterperspektive nicht einholen und bleibt deshalb ein blinder Fleck in der Bioethik. Stattdessen wird auf Rationalitätsbedingungen zurückgegriffen, unter der Annahme, dass diese das leisten, was sich jeder Beobachtung entzieht. In diesem Sinne greifen Bioethiken selbstverständlich auf rechtliche Kategorien der Zurechnungs- und Verantwortungsfähigkeit zurück. Dabei wird häufig übersehen, dass Zurechnungs- und Verantwortungsfähigkeit Ausdrucksformen, aber nicht Bedingungen personaler Identität darstellen und deshalb das Ableitungsverhältnis nicht im Sinne eines Bedingungsverhältnisses umgekehrt werden darf.[43]

Für die ursprüngliche und in diesem Sinne fraglose und vor-kommunikative (im Gegensatz zu einer reflektierten und festgestellten) *Übereinstimmung mit sich selbst* bietet sich der Begriff der *Authentizität* an. Ein Konzept vorreflexiver Authentizität stützt sich nicht auf die Rationalität von Urteilen, Entscheidungen und Gründen, sondern auf die Kohärenz des Verhaltens einer Person. Vorreflexive Authentizität verzichtet auf Rationalitätsbedingungen, ohne damit das «evaluative Selbstverständnis der Person»[44] zu bestreiten. Subjektivität konstituiert sich in nicht reflektierten, «basalen Formen emotionaler oder affektiver Art» und bildet den nicht notwendig bewussten «authentischen ‹Kern›» der Person, der für ihre Wertungen und Handlungen leitend ist. «Eine Persönlichkeit

---

[42] Michael Quante, Personales Leben und menschlicher Tod. Personale Identität als Prinzip der biomedizinischen Ethik, Frankfurt a. M. 2002, 339.
[43] Dieser Umkehrungsfehler liegt auch dem Votum von Volker Gerhardt, Die Tragödie der Demenz darf nicht verschwiegen werden: Deutscher Ethikrat, Demenz und Selbstbestimmung. Stellungnahme, Berlin 2012, 101–106 (102f.), zugrunde: «Das ethische Problem der Demenz liegt nun darin, dass dem Kranken [die] Selbstbestimmung nicht mehr zugestanden werden kann. [...] Damit geht das zu Ende, worauf die mühevolle Erziehung zu Eigenständigkeit und Mündigkeit gerichtet war. Der Mensch ist nicht mehr der, der er sein sollte und sein wollte. [...] Die auf Selbstbeobachtung, Selbstreflexion und Selbstverantwortung beruhende individuelle Selbstbestimmung des eigenen Lebens ist, gerade im Ernstfall existenziellen Handelns, nicht mehr einzufordern.» Dass der Mensch nicht mehr der ist, der er einmal war, ist unbestritten (aber wer könnte das schon von sich behaupten unter den Bedingungen von Kontingenz?). Aber dass der Mensch mit Demenz nicht mehr der ist, der er sein will, ist eine Behauptung, die nur unter der zweifelhaften Prämisse eines allgemeinen anthropologischen Willens zu Rationalitätssteigerung plausibel gemacht werden kann.
[44] Quante, Leben (Anm. 42), 193.

kann sich durch ein evaluatives Selbstbild kon-stituieren, welches sich in der Lebensführung als Kohärenz erzeugender und Handlungen leitender Kern vorreflexiv authentischer Wünsche und Überzeugungen manifestiert, ohne selbst für die jeweilige Person thematisch zu werden.»[45] Aus dieser Perspektive fragen Dritte nicht nach der Plausibilität der Gründe, die eine Person für ihre Entscheidungen und Handlungen angibt. Vielmehr geht es darum, das Verhalten dieser Person als kohärenten Ausdruck ihrer Wertungen und ihres Selbstbildes wahrzunehmen.

Jedem Menschen muss eine solche vorreflexive Authentizität unterstellt werden,[46] denn sie lässt sich nicht beobachten und deshalb nur bei der Person selbst nachfragen. Die Tatsache, dass sie vielleicht nicht antwortet, weil sich nicht antworten kann oder die Frage nicht versteht, sagt etwas über ihre Kommunikationsfähigkeit und die Fähigkeit, ihre Selbstwahrnehmungen zu kommunizieren, aus, aber nichts über die Möglichkeiten ihrer Selbstempfindungen. Die Begegnung mit Menschen mit fortgeschrittener Demenz ist auf *story*-kontextualisierte, narrativ vermittelte Zugänge angewiesen.[47] Entscheidend kommt es nicht darauf an, die betroffene Person in ihren Geschichten, sondern die Geschichten der Anderen mit der betroffenen Person wahrzunehmen. Eine solche narrative Strukturierung einer gemeinsamen *story* von Betroffenen und Beteiligten setzt nicht nur die Anerkennung des Menschen mit Demenz in seiner Persönlichkeit voraus. Sie macht auch auf die kritische Funktion von Rationalität aufmerksam, die darin besteht, Rationalität nicht dort kriteriologisch vorauszusetzen und zu behaupten, wo sie nichts austragen kann.

---

[45] Quante, Leben (Anm. 42), 193f.
[46] Es wäre aber weiterzufragen, ob diese Unterstellung nur rational geleistet werden kann oder ob sie nicht in jeder affektiven und empathischen Beziehung zwischen Menschen immer schon vorausgesetzt wird und faktisch realisiert ist.
[47] Vgl. Marco Hofheinz/Frank Mathwig/Matthias Zeindler (Hg.), Ethik und Erzählung. Theologische und philosophische Beiträge zur narrativen Ethik, Zürich 2009.

«Das ist mein Leib»

Zum Verhältnis von Würde und Leiblichkeit

> «Mein Körper hat aber auch eine Geschichte, für die ich kein Gedächtnis haben kann».
> *Judith Butler*[1]

I. Einleitung

Unbestritten ist die Erfolgsgeschichte der Menschenwürde mit ihrem «radikalen Neueinsatz»[2] unter dem unmittelbaren Eindruck der menschenverachtenden Gewaltexzesse des Zweiten Weltkrieges. Seine zweite – durchaus umstrittene – Konjunktur erlebt der Würdebegriff – nicht ausschliesslich, aber auch – in gegenwärtigen bio- und medizinethischen Diskursen. Insofern verwundert es kaum, dass mit dem Aufkommen des Themas «Alter» in Politik, Öffentlichkeit und *Life Sciences* Forderungen nach einem «Alter(n) in Würde», «würdevollem Alter(n)» oder einer «Würde im Alter» erhoben werden. Die intuitiven Formeln vermitteln weitreichende Ansprüche: Sie sollen die Ernsthaftigkeit der Anliegen von Interessenvertretungen für alte Menschen dokumentieren, in Leitbildern die Kultur und das Ethos von Pflegeeinrichtungen charakterisieren oder die Dignität politischer Massnahmen und Angebote für ältere und alte Bürgerinnen und Bürger zum Ausdruck bringen. Die allen gemeinsame Botschaft solcher Bezugnahmen auf den Würdebegriff lautet – in Abwandlung einer Bemerkung von Robert Spaemann: «Auf die Alten kommt es an.»[3]

Die Appelle an die Würde des Alters, Alterns oder der Alten sind offenbar so selbstverständlich, dass sie keiner weiteren Erklärung und Begründung bedürfen. Gemäss der aus der allgemeinen Organisationstheorie stammenden Unter-

---

[1] Judith Butler, Kritik der ethischen Gewalt, Frankfurt a. M. 2003, 52.
[2] Christoph Menke, Menschenwürde: Arnold Pollmann/Georg Lohmann, Menschenrechte. Ein interdisziplinäres Handbuch, Stuttgart/Weimar 2012, 144–150 (144).
[3] Vgl. Robert Spaemann, Menschenwürde und menschliche Natur: ders., Schritte über uns hinaus. Gesammelte Reden und Aufsätze II, Stuttgart 2011, 93–101 (101). Das Zitat lautet: «Auf jeden kommt es an.»

III. Gefährdetes

scheidung zwischen *attention rules* und *decision rules* handelt es sich bei den genannten Formulierungen eher um Aufmerksamkeitsregeln, die «die Konstruktion politischer Themen» steuern, als um Entscheidungsregeln, die «die Meinungsbildung, unter anderem in den entscheidungsbefugten Instanzen», regulieren.[4] Was aus ethischer Sicht ernüchternd klingt, weil der Würdebegriff nicht als Bezugspunkt oder Beurteilungskriterium für Entscheidungen und Handlungen fungiert, macht aus systemtheoretischer Sicht durchaus Sinn. Denn in überkomplexen Kommunikationssituationen haben nur Themen, die mit Aufmerksamkeit bedacht werden, eine Chance, entscheidungsrelevant zu werden. Themen dienen mit anderen Worten «vor allem dem Einfangen von Aufmerksamkeit» und zeigen auf, «für was man im politischen Kommunikationsprozess Resonanz voraussetzen kann und Antwortbereitschaft beanspruchen darf».[5] Darin besteht ihre «integrierende Kraft» (Luhmann) im politischen System. Nicht über alle Themen, die Aufmerksamkeit erhalten, wird später auch entschieden, aber kein Thema wird auf der Ebene der Politik entscheidungsrelevant, das sich nicht im Fokus öffentlicher Aufmerksamkeit befindet.

Im Folgenden möchte ich diese Aufmerksamkeit für die Würde im Alter bzw. des Alterns bzw. von alten Menschen ein Stück weit teilen. Mich interessiert nicht eine fixe Würdedefinition, sondern die Frage, welche Rolle der Würde im Kontext der ethischen Reflexion über das Alter zukommt. Als vorläufiges Ziel visiere ich lediglich eine Problemanzeige und eine Arbeitsanleitung für einen Würdebegriff des vierten Lebensalters an.

II. Abgrenzungen

1. Zum würdigen Alter

Ein flüchtiger Blick auf die aktuellen Diskussionen über das Alter, Altern und die Alten zeigt bereits eine Eigenart. Offenbar kann der Würdebegriff sowohl auf die alten Menschen, das hohe Lebensalter als auch auf den weit fortgeschrittenen Prozess des Alterns bezogen werden. Die Unterscheidungen zwischen der *Person,* der Lebens*phase* und dem Lebens*prozess* scheinen entweder nicht immer möglich oder auch nicht in jedem Fall nötig, wie die verbreitete Syntax von «Alter(n)» nahelegt. Die Pointe dieser Beobachtung besteht in dem – gegenüber den bekannten

---

[4] Niklas Luhmann, Öffentliche Meinung: ders., Politische Planung. Aufsätze zur Soziologie von Politik und Verwaltung, Opladen 1971, 9–34 (15f.).
[5] Luhmann, Meinung (Anm. 4), 16.

bioethischen Würdediskursen am Lebensanfang – dezidiert anderen Referenzpunkt. Geht es etwa in den Diskussionen um die Stammzellenforschung oder Präimplantationsdiagnostik darum, ob und wenn ja, in welcher Weise und mit welcher Begründung eine Zellansammlung als würdebegabtes menschliches Wesen gelten kann, so scheint auf der anderen Seite des Lebens die Würdeauszeichnung allein mit der Attributierung einer Person als *alten* Menschen gegeben. Ihr geht grundsätzlich keine Diskussion über den Personenstatus des Würdeträgers voraus, sondern die Würdezuschreibung erfolgt einzig und allein mit dem Hinweis auf die erreichte Lebensphase. Es ist das Lebensalter *selbst*, das die Würde stiftet.

Damit wäre zugleich gesagt, dass mit der Rede von der Würde des Alter(n)s etwas anderes gemeint sein muss, als jene Würde, die grundsätzlich allen Menschen *als Menschen* zukommt. Tatsächlich gehen in dem Topos der Würde im Alter der moderne Menschenwürdebegriff und die lateinische *dignitas* (griechisch: *axioma*) eine eigentümliche Koalition ein: die universale, allen Menschen *qua Menschsein* zukommende Würde und die *dignitas et excellentia* als Auszeichnung der Ehr-Würdigkeit im doppelten Wortsinn: als *Ehre*, die einer Person gemäss der ihr zugewiesenen ‹Rolle› in der Gemeinschaft *(persona)* zukommt, und als *Würde*, die der Sonderstellung des Menschen in der natürlichen Ordnung entspricht und der eine tugendhafte Lebensführung korrespondiert.[6] Das Verhältnis zwischen den nicht-kontingenten Eigenschaften der intrinsischen Würde und den sozialen und moralisch bestimmten kontingenten Eigenschaften der erworbenen bzw. zugesprochenen Ehr-Würdigkeit verweist allerdings bei genauem Hinsehen auf einen Würdekonflikt: Es scheint, der Rückgriff auf traditionelle Vorstellungen von der Würdigkeit des Alters und die Forderung nach Ehrfurcht oder Respekt vor dem Alter würden sozusagen kompensatorisch gegen die durch das moderne Würdeverständnis selbst provozierten Nivellierungs- und Egalisierungstendenzen gerichtet.[7] Mit der Egalisierung der Würde durch die prinzipielle Ausdehnung auf alle Glieder der Menschheitsfamilie büsst das Alter *selbst*

---

[6] Vgl. dazu Christoph Menke/Arnd Pollmann, Philosophie der Menschenrechte zur Einführung, Hamburg 2007; Viktor Pöschel/Panajotis Kondylis, Würde: Otto Brunner/Werner Conze/Reinhardt Koselleck (Hg.), Geschichtliche Grundbegriffe, Bd. 7, Stuttgart 1992, 637–677; Stephan Schaede, Würde – Eine ideengeschichtliche Annäherung aus theologischer Perspektive: Petra Bahr/Hans Michael Heinig (Hg.), Menschenwürde in der säkularen Verfassungsordnung. Rechtswissenschaftliche und theologische Perspektiven, Tübingen 2006, 7–69.

[7] Es geht an dieser Stelle lediglich um die Wahrnehmung der Würde des Alters in der Öffentlichkeit und nicht um eine Kritik der spezifischen semantischen Mehrdimensionalität des Würdebegriffs. Die hier angedeutete Engführung könnte auch als Ausdruck

seine überkommene normative Valenz ein. Die Würde im Alter lässt sich nicht mehr aus der Faktizität des fortgeschrittenen Alters eines Menschen selbst ableiten, sondern verdankt sich – demgegenüber externen – Motiven und Normen im Verhalten bzw. in der Haltung Dritter.

2. Zum Würdebegriff in bioethischen Diskursen

Die Formel von der «inherent dignity [...] of all members of the human family» in der Präambel der UN-Menschenrechtserklärung von 1948 wird – zumindest der Sache nach – auch in der in den 1950er Jahren entstehenden Medizin- und Bioethik greifbar. Die fortschritts- und technikkritischen Diskussionen über Medizin und Biotechniken spiegeln den emanzipatorischen Geist in den Anliegen der damaligen Bürgerrechtsbewegungen wider. Nicht zufällig taucht der Würdebegriff in der deutschsprachigen Diskussion erstmals prominent in der Forderung nach einem menschenwürdigen Sterben auf. Sie reagiert auf die einseitige Fixierung auf die Lebenserhaltung einer immer erfolgreicher agierenden Medizin.[8] Philippe Ariès resümiert die Anliegen aus der Anfangszeit jener sich zunehmend internationalisierenden Anti-Medikalisierungs-Bewegung: «Diese neue Strömung, die aus dem Mitgefühl mit dem sich selbst entfremdeten Sterbenden hervorgegangen war, hat sich für eine Verbesserung der Bedingungen des Sterbens ausgesprochen, die dem Sterbenden seine mit Füssen getretene Würde zurückerstatten sollte.»[9]

Inzwischen ist der Würdebegriff längst selbst zwischen die Fronten geraten und zum Gegenstand der Auseinandersetzungen geworden. In den Diskussionen über Entscheidungen am Lebensanfang und Lebensende begegnen Hinweise auf die Menschenwürde bezeichnenderweise quer zu den üblichen Demarkationslinien zwischen Lebensschutz und Selbstbestimmung oder *sanctity of life versus quality of life*. Die Befürworter eines Lebensschutzes von Anfang an berufen sich ebenso auf die Würde wie die Verteidigerinnen reproduktiver Selbstbestimmung in jedem Fall. Und der Hinweis auf die «Unverfügbarkeit des Lebens» bis zum Schluss bedient sich in gleicher Weise des Würdearguments wie die Forderung

---

der komplementären Tendenzen von Verrechtlichung und Entmoralisierung des Würdebegriffs diskutiert werden.

[8] Vgl. Ralf Stroecker, Wozu brauchen wir in der medizinischen Ethik die Menschenwürde?: Jan C. Joerden u. a. (Hg.), Menschenwürde und moderne Medizintechnik, Baden-Baden 2011, 197–213 (199).

[9] Philippe Ariès, Geschichte des Todes, München/Wien 1980, 755.

nach einem «Recht auf ein selbstbestimmtes Sterben» unabhängig von der Nähe des Lebensendes. Franz Josef Wetz, Norbert Hoerster und andere lehnen deshalb den Würdebegriff als «normativ besetztes Schlagwort ohne jeden deskriptiven Gehalt» ab, weil er lediglich als «ideologische Waffe» tauge.[10]

Im Zentrum der bioethischen Kritik am Würdebegriff steht ein doppelter Einwand: Einerseits sei er – im Blick auf seinen Universalitätsanspruch – so allgemein, dass er für die konkrete Urteilsfindung entweder kein Kriterium liefere oder aber – auf der Anwendungs- und Begründungsebene – mit partikularen Moralvorstellungen angereichert werden müsse. Im ersten Fall sei er unbrauchbar, im zweiten nicht mehr universal. Andererseits lasse der absolute und auf die gesamte Menschheit bezogene Geltungsanspruch der Würdenorm keine sozusagen speziesspezifischen normativen Differenzierungen zu. Dieser Vorwurf klingt zunächst eigenartig, zielt die moderne Idee der Menschenwürde doch genau auf die Ununterscheidbarkeit – positiv ausgedrückt: normative Gleichheit – aller Glieder der Menschheitsfamilie. Dagegen interessiert sich die Bioethik für einen Würdebegriff, der ein Kriterium für die Begrenzung der Reichweite von Geltungsansprüchen, also einen Massstab für die Feststellung und Begründung von ‹gattungsinternen› Statusunterscheidungen bzw. -abstufungen anbietet. Das erklärt sowohl die umfangreichen Debatten über den moralischen Status des menschlichen Lebens in seinen verschiedenen Phasen, über Eigenschaften, die mit der menschlichen Würde notwendig verbunden sind oder über die Plausibilität der normativen Valenz des Würdebegriffs selbst, wie auch die – vor allem im englischen Sprachraum verbreitete – Zurückhaltung gegenüber der *dignity of the human person*.[11]

Im sogenannten «Belmont Report» der US-amerikanischen «National Commission for the Protection of Human Subjects of Biomedical and Behavioral Research» von 1978 tauchen zum ersten Mal jene Grundsätze auf, die – vor allem durch ihre Aufnahme in dem ein Jahr später in erster Auflage erschienenen Standardwerk von Beauchamp und Childress *Principles of Biomedical Ethics* – zum bioethischen Paradigma wurden: die Prinzipien *autonomy, beneficience, nonmaleficience* und *justice*.[12] Ein Prinzip *human dignity* taucht nicht auf. Die Gründe für den Verzicht sind vielfältig, allen voran natürlich die richtige Feststellung,

---

[10] Norbert Hoerster, Ethik des Embryonenschutzes. Ein rechtsphilosophischer Essay, Stuttgart 2002, 24; vgl. Franz Josef Wetz, Illusion Menschenwürde. Aufstieg und Fall eines Grundwertes, Stuttgart 2005.
[11] Vgl. Stroecker, Ethik (Anm. 8), 197, Anm. 2.
[12] Vgl. Tom L. Beauchamp/James F. Childress, Principles of Biomedical Ethics, 5., überarbeitete Auflage, Oxford/New York 2001.

III. Gefährdetes

dass Würde nicht als Prinzip mittlerer Reichweite postuliert werden kann. Einen für die biomedizinische Praxis viel weitreichenderen Grund für die Würdeabsenz liefert später Ruth Macklin: *Human dignity* habe lediglich die Funktion eines «slogans, that add nothing to an understandig of the topic».[13] Für die internationalen Menschenrechtsinstrumente und die Europäische Menschenrechtskonvention gälte im Grunde das gleiche wie für die Diskussion über Entscheidungen am Lebensende: «In this context dignity seems to be nothing other than respect for autonomy.»[14] Daraus folgt: «Dignity is a useless concept in medical ethics and can be eliminated without any loss of content.»[15]

Auf den ersten Blick scheint es, als sei die Würdediskussion an dieser Stelle wieder zu ihren Wurzeln zurückgekehrt. Schliesslich schliesst Kant selbst in seiner «Grundlegung» das Vermögen zu vernünftiger Selbstbestimmung im Sinne der Selbstgesetzgebung mit der Würde kurz: «*Autonomie* ist also der Grund der Würde der menschlichen und jeder vernünftigen Natur.»[16] Für ein normatives Würdeverständnis folgt daraus die Verpflichtung zum Schutz dessen, worauf die Menschenwürde bezogen ist: die vernünftige Selbstbestimmung.[17] Da die Wahrnehmung der Fähigkeit zu vernünftiger Selbstbestimmung nicht voraussetzungslos ist, sondern auf die Freiheit von äusserem Zwang, einen gewissen Grad körperlicher, geistiger und seelischer Gesundheit etc. angewiesen ist, muss die Pflicht zur Achtung der Autonomie jeder Person auch den Schutz der Bedingungen zu ihrer tatsächlichen Wahrnehmung implizieren. In diesem Sinne stehen Menschenwürde und Menschenrechte in einem gegenläufigen Bedingungsverhältnis: Aus der Menschenwürde sind die Rechte abgeleitet, auf die eine Person gegenüber Dritten Anspruch hat, und die Pflichten, die alle anderen gegenüber dieser Person haben. Und umgekehrt bildet die allgemeine Anerkennung der Geltung jener Rechte und Pflichten die Realisierungsbedingungen für den Würdeschutz und die daraus abgeleiteten Ansprüche der Person.

---

13 Ruth Macklin, Dignity is a useless concept. It means no more than respect for persons or their autonomy: BMJ 327, 2003, 1419–1420 (1419); vgl. dazu Peter Schaber, Menschenwürde: ein für die Medizinethik irrelevanter Begriff?: Ethik Med 24/2012, 297–306.
14 Macklin, Dignity (Anm. 13), 1419.
15 Macklin, Dignity (Anm. 13), 1420.
16 Immanuel Kant, Grundlegung der Metaphysik der Sitten, Ed. Weischedel, Bd. 6, Darmstadt 1983, 69.
17 Vgl. Micha H. Werner, Menschenwürde in der bioethischen Debatte. Eine Diskurstopologie: Matthias Kettner (Hg.), Biomedizin und Menschenwürde, Frankfurt a. M. 2004, 191–220 (200f.).

Eine grundsätzliche Schwierigkeit dieses Würdekonzepts zeigt sich, wenn aus entgegengesetzter Perspektive nach einer Verletzung der Menschenwürdenorm gefragt wird. Der Philosoph und Medizinethiker Micha H. Werner führt aus:

«Als menschenwürdewidrig bezeichnen wir eine Handlungsweise [...] dann, wenn durch sie die Voraussetzungen der Selbstbestimmung von Handlungsbetroffenen unmittelbar zerstört oder in Frage gestellt werden. [...] Im engen Verständnis umfasst die Menschenwürdenorm nur die allgemeinen und grundlegenden *Voraussetzungen* dafür, dass Personen ihre vernünftige Selbstbestimmung überhaupt zur Geltung bringen können».[18]

Zur Begründung dieser Menschenwürdenorm bemerkt Werner in deutlicher Anlehnung an die diskursethische Tradition: Einer Person Vernunftfähigkeit zuzuschreiben bedeute, sich zu dieser Person in ein Verhältnis wechselseitiger Anerkennung zu setzen. «Wir müssen dann nämlich anerkennen, dass für uns beide die gleichen Vernunftgründe Gültigkeit haben. [...] Wir können gar nicht erst erkennen, dass es sich bei einem Wesen um ein freies Vernunftwesen handelt, wenn wir ihm gegenüber nicht jene kommunikative Haltung einnehmen würden, zu der die Achtung seiner grundlegenden Rechte gehört.»[19]

Was aber, wenn diese kommunikative Haltung gegenüber der anderen Person ins Leere geht, wenn kein Indiz für die Annahme besteht, dass für beide Seiten die gleichen Vernunftgründe Gültigkeit haben? Worin soll die geforderte wechselseitige Anerkennung bestehen, wenn sie erstens nur einseitig erfolgen und zweitens nicht durch die Annahme einer gemeinsam geteilten Vernunftfähigkeit begründet werden kann? Natürlich kann an dieser Stelle weiter ausdifferenziert werden zwischen menschlichen Wesen, die a) die fragliche Eigenschaft aktuell haben, b) diese Eigenschaft als aktualisierbare Disposition besitzen, wie etwa Schlafende, c) über diese individuelle Disposition verfügen, die aber noch nicht oder nicht mehr aktualisiert werden kann, wie bei Embryonen und Menschen mit aphallischem Syndrom, oder d) zu der u. a. durch diese Eigenschaft ausgezeichneten Gattung gehören.[20] Auch in der Bioethik beegnet der Kantische Gedanke von der regulativen Idee der autonomen Vernunft im Sinne ihrer kontrafaktischen Geltung. Patientenverfügungen oder das Entscheidungskon-

---

[18] Werner, Menschenwürde (Anm. 17), 203f.
[19] Werner, Menschenwürde (Anm. 17), 204f.
[20] Vgl. Bernward Gesang, Kann man die Achtung der Menschenwürde als Prinzip der normativen Ethik retten?: Zeitschrift für philosophische Forschung 64, 2010, 474–497 (476).

III. Gefährdetes

strukt des mutmasslichen Willens bauen darauf auf. Aber beide Kompensationsinstrumente für eine fehlende aktualisierbare Selbstbestimmung und Zustimmungsfähigkeit gehören zu den bleibend umstrittenen Themen in der Bioethik – und sie müssen auch umstritten bleiben, weil sie andernfalls das Autonomieprinzip selbst unterlaufen würden.

Beim Autonomieprinzip – als Ausdruck der auf Selbstbestimmung gründenden Würde –, das in der Bioethik längst vom *middle axiom* zum Fundamentalprinzip mutiert ist, führt kein Weg an der (kontrafaktischen) Unterstellung einer mehr oder weniger souverän urteilenden und handelnden Person vorbei. Auch das bioethische Prinzip wird das Kantische Erbe seiner transzendentalen Grundlegung im Rahmen einer dualistischen Zwei-Welten-Theorie des *homo phainomenon* und *homo noumenon* nicht los. Im Gegenteil, es wird sogar verschärft. Denn mit der Zurückweisung der transzendentalen Begründungsfigur muss die Kantische Autonomie auf empirische, objektiv erkennbare Eigenschaften im Menschen ermässigt werden. Das führt zu einem Paradox, das allerdings dem anwendungsorientierten Fokus der Bioethik in der Regel verborgen bleibt. Einerseits wird bei der Begründung des bioethischen Autonomieprinzips üblicherweise auf das Instrumentalisierungsverbot in der dritten Formel des Kategorischen Imperativs verwiesen: «*Handle so, dass du die Menschheit, sowohl in deiner Person, als in der Person eines jeden andern, jederzeit zugleich als Zweck, niemals bloss als Mittel brauchest.*»[21] Zugleich wird das, im Prinzip des vernünftigen Willens «*als Zweck an sich selbst*»[22] mitgedachte Objektivierungs-Verbot unterlaufen, indem die Autonomiefähigkeit an dem Vorliegen oder Fehlen bestimmter feststellbarer Eigenschaften eines menschlichen Lebewesens festgemacht wird. Der epistemische Widerspruch, dass einerseits die Würde als etwas, dem Menschen von aussen Zukommendes verstanden wird, aber andererseits ein ‹Beleg› für das Vorliegen der Würdebegabung stets im menschlichen Leben gesucht wird, sei an dieser Stelle nur erwähnt.

Theda Rehbock hat verschiedentlich aus einer existenzialistisch-phänomenologischen Sicht die «radikale, vernunftkritische Einsicht in die Nicht-Objektivierbarkeit, Unverfügbarkeit und Entzogenheit des Menschen als Person» als Kern des Kantischen Würdeverständnisses betont. «Zurückgewiesen wird damit jedes objektivistische Verständnis der Person als etwas im Diesseits oder Jenseits Existentes oder Vorhandenes. An dessen Stelle tritt ein rein *praktisches Verständnis* der Person, Freiheit und Autonomie als eine Grundform der Existenz, die vom

---

[21] Kant, Grundlegung (Anm. 16), 61.
[22] Kant, Grundlegung (Anm. 16), 61.

Menschen praktisch vollzogen wird und zu vollziehen ist.»[23] Man muss diese Interpretation nicht teilen. Ich verweise darauf, weil sie – phänomenologisch gesprochen – eine Horizonterweiterung anbietet, die Rehbock als *«personalen Sinnhorizont»* expliziert,

> «der nicht nur durch Freiheit, Autonomie und Vernunft, sondern immer zugleich durch Interpersonalität, Leiblichkeit, Sprachlichkeit, Geschichtlichkeit usw. die menschliche Praxis in ihren Möglichkeiten zugleich bedingt und begrenzt. In ethischer Hinsicht handelt es sich hierbei nicht um spezielle Fähigkeiten, die wir immer auch verlieren können. Die elementaren anthropologischen Strukturmomente konstituieren und strukturieren vielmehr in unterschiedlicher Weise *jede mögliche* Art von Situation menschlichen Seins, gerade auch Situationen des Verlustes entsprechender Fähigkeiten und die Situation des Todes.»[24]

III. Zu einer Ethik des vierten Lebensalters

1. Das vierte Lebensalter als ethische Herausforderung

Allein die Ausdifferenzierung des Alters in eine dritte[25] und vierte Lebensphase[26] lässt im Blick auf das vorher Gesagte aufhorchen. In einer trivialen Weise scheint die Würde im Alter dadurch gesichert, dass eine mehr oder weniger aktiv und souverän gestaltete Altersphase von einer durch Hinfälligkeit, Bedürftigkeit und Hilflosigkeit gekennzeichneten Altersphase abgegrenzt wird. Bereits an dieser

---

[23] Theda Rehbock, Personsein in Grenzsituationen. Anthropologische Kritik der Medizin und Medizinethik: Ethik Med 23, 2011, 15–24 (20). Hervorhebung im Original.
[24] Rehbock, Personsein (Anm. 23), 19.
[25] Vgl. dazu einleitend Paul B. Baltes, Facing our limits: human dignity in the very old: Daedalus, Winter 2006, Bd. 135, 1, 32–39; Bertelsmann Stiftung (Hg.), Alter neu denken. Gesellschaftliches Altern als Chance begreifen, Gütersloh 2007; Peter Gruss (Hg.), Die Zukunft des Alterns. Die Antwort der Wissenschaft, München 2007; Sebastian Knell/Marcel Weber (Hg.), Länger leben? Philosophische und biowissenschaftliche Perspektiven, Frankfurt a. M. 2009; Andreas Kruse (Hg.), Potenziale im Altern. Chancen und Aufgaben für Individuum und Gesellschaft, Heidelberg 2010; Ursula Staudinger/Heinz Häfner (Hg.), Was ist Alter(n)? Neue Antworten auf eine scheinbar einfache Frage, Berlin/Heidelberg 2008.
[26] Vgl. zu Begriff und Funktion grundlegend Paul B. Baltes, Das hohe Alter – mehr Bürde als Würde?: Max Planck Forschung 2, 2003, 15–19; ders., Alter(n) als Balanceakt im Schnittpunkt von Fortschritt und Würde: Nationaler Ethikrat, Altersdemenz und Morbus Alzheimer. Medizinische, gesellschaftliche und ethische Herausforderungen. Jahrestagung des Nationalen Ethikrates 2005, Berlin 2006, 83–101; Ulman Lindenberger u. a. (Hg.), Die Berliner Altersstudie, 3., erweiterte Auflage, Berlin 2010.

III. Gefährdetes —

Stelle könnte gefragt werden, ob es sich nicht um eine ethisch und im Blick auf die Würde prekäre Differenzierung handelt, nicht wegen der Unterscheidung zwischen verschiedenen Alterskohorten, auch nicht aufgrund der Korrelation von Alter und leiblichen bzw. gesundheitlichen Zuständen, sondern hinsichtlich der damit einhergehenden Wertungen und Normierungen. Nicht zufällig zeigen die Differenzkriterien zwischen beiden Altersgruppen eine gewisse Übereinstimmung mit den Eigenschaftsparametern, die im Rahmen biomedizinischer Würdedebatten auftauchen. Zwar hat die Unterscheidung zwischen dem dritten und vierten Lebensalter, also den 60–80-Jährigen und den 80–100-Jährigen an sich nur einen heuristischen Wert, allerdings gilt für die letzte Lebensphase: «Erst im vierten [Lebensalter] entsteht das Bild eines mehr und mehr gleichförmigen Verlustgeschehens, in praktisch allen Dimensionen des Lebens. In seiner Entwicklungsrichtung ist das vierte Alter homogener als das dritte, nicht zuletzt wegen der zunehmenden Pathologie der wohlbekannten Altersmultimorbidität.»[27]

Auch wenn die grosse multidisziplinär angelegte Berliner Altersstudie insgesamt die gesellschaftlich verbreiteten negativen Altersbilder eindrücklich korrigiert, gilt es, die signifikanten Verschlechterungen zwischen dem dritten und vierten Lebensalter nicht zu übersehen. Die Befunde[28] belegen «die Unausweichlichkeit körperlichen und geistigen Abbaus, die Zunahme chronischer Leiden im höheren Alter und die vielfältigen Folgen sensorischer, geistiger und körperlicher Einschränkungen für eine aktive und selbständige Lebensführung. Sich z. B. gesund zu fühlen, bedeutet nicht, dass man objektiv gesund ist.» Besonders hervorzuheben sind

— die kumulative Zunahme negativer Aspekte des Alters mit ansteigendem Lebensalter (die Hälfte der 85- bis 90-Jährigen befindet sich «in den als schlecht zu charakterisierenden Alterlagen [...] und sogar zwei Drittel der 90-Jährigen und Älteren»);
— das rasche Ansteigen der Demenz im hohen Alter (bei der Gruppe der über 95-Jährigen liegt der Anteil zwischen 40 % und 60 %);
— eine sowohl schädliche Übermedikation wie «ein erheblicher nicht erfüllter medizinischer Handlungsbedarf»;

---

27 Baltes, Alter(n) (Anm. 26), 84.
28 Zum Folgenden Karl Ulrich Mayer u. a., Wissen über das Alter(n): Eine Zwischenbilanz der Berliner Altersstudie: Lindenberger u. a. (Hg.), Altersstudie, 623–658 (649–651).

«Das ist mein Leib»

- die deutliche Verschlechterung der sensorischen Funktionsfähigkeit (Hören, Sehen, Gleichgewicht) (in der Gruppe der 90- bis 103-Jährigen sind 80 % visuell und im Blick auf ein unkorrigiertes Gehör 90 % mässig bis schwer beeinträchtigt);
- der graduelle Abbau geistiger Fähigkeiten (Verschlechterung der Gedächtnisleistungen und kognitiven Fähigkeiten: pragmatische und praktische Aspekte der Intelligenz);
- die trotz relativ hoher Lebenszufriedenheit deutliche Verstärkung negativer Persönlichkeitsaspekte (geringe Offenheit, Abnahme positiver Emotionen, Gefühle zunehmender Fremdbestimmung);
- die Abnahme der psychischen Anpassungsfähigkeit (Zunahme emotionaler Einsamkeit, Abnahme sozialer Aktivitäten, Verlust von familiären Kontakten und Vertrauenspersonen);
- das Schwinden der psychischen Widerstandsfähigkeit und Bewältigungskapazität;
- die massiven körperlichen, sozialen und psychischen Defizite bei Hilfs- und Pflegebedürftigen (fast ein Drittel verfügt über keine Betreuungsperson, ein Drittel ist «körperlich und geistig sehr eingeschränkt, sensorisch beeinträchtigt, schwer krank und behindert», ein Viertel befindet sich in «einer sehr negativen seelisch-geistigen Verfassung»).

Die geriatrische und gerontologische Forschung legt nahe, dass das Problem der Diskrepanz zwischen der (kontrafaktischen) Annahme der Autonomie und der Realität selbstbestimmter Urteils- und Handlungskompetenzen das gesamte ‹vierte Lebensalter› bestimmt. Autonomie, soziale Integration und Handlungssouveränität werden labil und die leiblichen Realisierungsbedingungen nehmen ab. Die letzten zwei Jahre vor dem Tod unter den 70- bis 100-Jährigen sind durch eine zunehmende Dysfunktionalität gekennzeichnet. «Alter und Krankheit überlagern sich und schaffen damit im hohen Alter im Durchschnitt ein schwierigeres persönliches Umfeld.»[29] Im vierten «Lebensabschnitt verliert die positive Verbindung zwischen einem langen und einem guten Leben an Gültigkeit».[30]

Besonders die dramatische Zunahme von Demenzerkrankungen in der Kohorte der Hochbetagten bedeutet «den schleichenden Verlust vieler Grundeigenschaften des Homo sapiens wie etwa Intentionalität, Selbstständigkeit, Identität und soziale Eingebundenheit – Eigenschaften, die wesentlich die menschliche Würde bestimmen und es dem Individuum ermöglichen, seine ‹Menschenrechte›

---

[29] Baltes, Alter(n) (Anm. 26), 94.
[30] Baltes, Alter(n) (Anm. 26), 97.

III. Gefährdetes —

autonom auszuüben».[31] Vor diesem Hintergrund hat der Psychologe Paul Baltes eine «neue beängstigende Herausforderung» diagnostiziert: «die Erhaltung der menschlichen Würde in den späten Jahren des Lebens».[32]

Die Befürchtung erscheint nicht ganz unbegründet. Zwar geben die Forschungsergebnisse – auch für das vierte Lebensalter – längst nicht nur Anlass zu Pessimismus, wenngleich eine andere grosse Studie, der Deutsche Alterssurvey, vor allem im Blick auf die sozialen Lebenslagen im Alter deutlich kritischere Ergebnisse präsentiert.[33] Schwerer wiegt noch, dass die Gruppe der alten Alten nicht nur in den Medien, sondern auch in den Menschenrechtsdiskussionen selten vorkommen. Der Madrid International Plan of Action on Ageing von 2002, die 2010 eingesetzte UN-Open-ended Working Group on Ageing, die im Sommer diesen Jahres zum dritten Mal tagte, oder auch das Deutsche Institut für Menschenrechte richten ihr Engagement für eine Verbesserung der Menschenrechte im Alter fast ausschliesslich auf die jungen Alten.[34] So schlägt das Deutsche Menschenrechtsinstitut eine Alters-Konvention vor, die – analog zum sozialen Verständnis von Behinderung in der UN-Behindertenkonvention – ein soziales Verständnis von Alter entwickeln solle. Das Verständnis von Behinderung in der UN-Konvention geht davon aus, dass die jeweiligen körperlichen, seelischen und geistigen Beeinträchtigungen sowie Sinnesbeeinträchtigungen erst durch entsprechende einstellungs- und umweltbedingte Barrieren zum Ausschluss vom vollen und gleichberechtigten Gebrauch der fundamentalen Rechte von Menschen mit Behinderung führen.[35] Die Übernahme dieses Ansatzes für das Verständnis von Menschen im vierten Lebensalter würde allerdings darauf hinauslaufen, das Spezifische der Lebenslagen Hochbetagter gerade herauszudefinieren. Die Wahrnehmung der Rechte von Menschen im vierten Lebensalter scheitern – wenn überhaupt – weniger an gesellschaftlichen Blockaden als vielmehr an der – von Baltes hervorgehobenen – evolutionsbiologischen Eigenart der letzten Lebensphase als «radikalste Form biokultureller Unfertigkeit»,[36] die – so muss ergänzt werden – durch keine politische Inklusionskampagne aus der Welt zu schaffen ist.

---

[31] Baltes, Hohe Alter (Anm. 26), 17.
[32] Baltes, Hohe Alter (Anm. 26), 17.
[33] Vgl. Yvonne Schütze, Soziale Ungleichheit im Alter: Peter Graf Kielmansegg/ Heinz Häfner (Hg.), Alter und Altern. Wirklichkeiten und Deutungen, Berlin/Heidelberg 2012, 115–123.
[34] Vgl. Claudia Mahler, Die Menschenrechte Älterer stärken, Deutsches Institut für Menschenrechte, aktuell 04/2012.
[35] Mahler, Menschenrechte (Anm. 34), 3.
[36] Baltes, Hohe Alter (Anm. 26), 95.

2. «Umlernen!»

«Also Umlernen! [...] Das Geistige ist als Zeichensprache des Leiblichen festzuhalten»,[37] empfiehlt Friedrich Nietzsche im Blick auf die – wie wir heute sagen könnten – leiblich vermittelte Wahrnehmung transitorischer Identität.[38] Oder mit den Worten von Gabriel Marcel: «Wird dieser Leib, als der ich inkarniert lebe, objektiviert, so erscheint mein Körper, das Missverständnis des Leibes. Dieser Körper kann, wie die imaginäre Seele, die ihn informieren soll, in beliebiger Weise objektiv betrachtet, klinisch untersucht und chirurgisch amputiert werden. Diesen Körper habe ich; ich bin aber mein Leib.»[39] Diese existenzphilosophische Verhältnisbestimmung von Körper und Leib hätte als Motto über der Berliner Altersstudie stehen können. In jedem Fall lenkt sie den Blick auf eine Differenz, die mir für das Thema der Würde im vierten Lebensalter wesentlich erscheint. Obwohl die letzte Lebensphase erheblich und notorisch durch Krankheiten, Krankheitsfolgen sowie körperliche, geistige, seelische und Sinnesbeeinträchtigungen gekennzeichnet ist, lässt sich das vierte Alter nicht auf seine komplexen Defizitsymptome reduzieren. Alter ist weder Krankheit noch Behinderung – unabhängig davon, dass Alter krank macht und in vielerlei Hinsicht behindert. Der Unterschied zwischen negativen Altersfaktoren und Krankheiten oder Behinderungen besteht darin, dass die gleichen Phänomene unter verschiedene Beschreibungen gehören. Die Beeinträchtigung der Gehfähigkeit ist unter Umständen eine Behinderung, für die ein Dokument beantragt werden kann, das kompensatorisch zur freien Benutzung öffentlicher Verkehrsmittel berechtigt. Die als Behinderung eingestufte Beeinträchtigung ist aber nicht nur eine Abweichung von einem körperlichen «Normalzustand». Sie ist bei einer Person im hohen Alter genau genommen nicht einmal eine Abweichung, sondern bewegt sich im Spektrum körperlicher Normalzustände im vierten Lebensalter. Das gleiche gilt für jede andere Defizitwahrnehmung, für die es Krankheits- und Behinderungsdefinitionen gibt, ohne dass damit die leiblichen Zustände, denen

---

[37] Friedrich Nietzsche, Nachgelassene Fragmente 1882–1884, KSA 10, 285. Vgl. ders., Zarathustra, KSA 4, 40: «Das schaffende Selbst schuf sich Achten und Verachten, es schuf sich Lust und Weh. Der schaffende Leib schuf den Geist als eine Hand seines Willens.»

[38] Vgl. Jürgen Straub/Joachim Renn (Hg.), Transitorische Identität. Der Prozesscharakter des modernen Selbst, Frankfurt a. M. 2002; zur Leiblichkeit grundlegend Bernhard Waldenfels, Das leibliche Selbst. Vorlesungen zur Phänomenologie des Leibes, Frankfurt a. M. 2000.

[39] Gabriel Marcel, Leibliche Begegnung. Notizen aus einem gemeinsamen Gedankengang: Hilarion Petzold (Hg.), Leiblichkeit. Philosophische, gesellschaftliche und therapeutische Perspektiven, Paderborn 1985, 15–46 (16).

bestimmte medizinische Krankheitsbegriffe entsprechen, vollständig erfasst wären.

Leuchtet diese Unterscheidung intuitiv ein, erscheint es unangemessen und aussichtslos, eine Ethik des vierten Lebensalters bzw. eine entsprechende Würdebestimmung einfach aus jenen Bereichen und Unterbereichen der Bioethik quasi patchworkartig zu modellieren, die Überschneidungen mit der ins Auge gefassten Klientel aufweisen. Eine *mélange* aus etwas Ethik zu Sterbehilfe, Palliative Care, Psychiatrie, Gerontologie, Pflege, Health Care, Intensivmedizin etc. reicht nicht aus, weil sie die konstitutive Lebensform des vierten Alters, zu der sich die thematisierten Einzelaspekte lediglich symptomatisch verhalten, ausblendet. Damit verlieren die in den bioethischen Disziplinen gewonnenen Einsichten nicht ihre Bedeutung für eine Ethik des vierten Lebensalters. Sie bedürfen aber einer Ergänzung im Blick auf den hier ins Auge gefassten spezifischen Anwendungsbereich.

Die Frage nach der Würde des vierten Lebensalters bedarf ebenfalls einer Modifikation: Was wird aus der Autonomie – als Korrelat der Würde –, wenn vieles, was daraus als Handlungsziel folgt, nicht mehr erreicht, nicht mehr realistisch anvisiert werden kann oder auch gar nicht mehr im Fokus der betroffenen Person auftaucht resp. von ihr gewünscht wird? Vor dem Hintergrund einer am Primat der Autonomie orientierten Würdekonzeption muss das vierte Lebensalter geradezu als Prototyp einer ‹kontrafaktischen Existenz› erscheinen – jedenfalls dann, wenn die Lasten des hohen Alters nicht als typische Merkmale jener Lebensphase wahrgenommen werden, sondern ausschliesslich als möglichst therapierbare Krankheitszustände, sozialpsychologischer Intervention zugängliche Formen sozialer Desintegration oder medikamentös zu lindernder Phasen psychischer Desorientierung.

Eberhard Schockenhoff hat einmal bemerkt: Wenn die Würde eines Menschen «von der empirischen Überprüfbarkeit seines Erinnerungsvermögens und seinen rationalen Fähigkeiten abhängt, dann wird «Personsein» ein soziales Etikett, das wir denen zubilligen, die unseren Leistungserwartungen entsprechen».[40] Die Konfrontation des Würdebegriffs mit den Lebenssituationen von Menschen im vierten Lebensalter zeigt, dass ein ausschliesslich auf Vernunft resp. Selbstbestimmung abstellender Würdebegriff (bei gleichzeitigem Verzicht auf eine starke kontrafaktisch-transzendentale Begründung) die persönliche und lebensweltliche Realität jener Altersgruppe verfehlen muss. Das gilt m. E. auch

---

[40] Eberhard Schockenhoff, Ethik des Lebens. Grundlagen und neue Herausforderungen, Freiburg i. Br. 2009, 148.

für Ansätze, die zwischen einer starken und schwachen Autonomie unterscheiden,[41] und für eine gerontologische Ethik, die nach einer «selbstverantworteten Lebensführung» im Alter fragt. Weil sie sich «am kognitiv-motivationalen Überzeugungssystem des Individuums»[42] orientiert, muss sie den alten Menschen als selbstbestimmtes Subjekt immer schon voraussetzen.[43]

Dagegen müsste sich eine Ethik des vierten Lebensalters zuerst von dem emanzipatorischen Ziel der Befähigung zu einer selbstbestimmten, eigenverantwortlichen und sozial integrierten Lebensweise verabschieden. Denn das gerechtigkeitstheoretisch anspruchsvolle Modell des *capabilities approach,* das im Grunde eine güterethisch angereicherte Operationalisierung des aufgeklärten Würdeparadigmas darstellt, zeigt sich tendenziell unsensibel für die Lage alter Menschen. Seine Anwendung käme dem eigentümlichen Versuch gleich, die Betroffenen überhaupt erst «würdefähig» zu machen. Komplementär dazu hätte eine Ethik des vierten Lebensalters die Aufgabe einer phänomenologisch-anthropologischen Grundlegung im Blick auf die Frage nach den Voraussetzungen, Bedingungen und Grenzen eines guten Lebens im vierten Alter, das sich nicht nur an Möglichkeiten der Aktivität und Partizipation, sondern ebenso an elaborierten Vorstellungen der Passivität und des Pathischen zu orientieren hätte.

Anstelle eines solchen Programms möchte ich abschliessend kurz auf einen anspruchsvollen Vorschlag von Peter Dabrock hinweisen. Auf der Grundlage einer an Bernhard Waldenfels orientierten Leibphänomenologie hat der Erlanger Ethiker ein Würdeverständnis entwickelt, dass den zunächst widersprüchlich anmutenden Titel «Leibliche Vernunft» trägt.[44] Die Pointe seiner Überlegungen besteht darin, dass er den Kantischen Dualismus von Reich der Freiheit und Reich der Natur quasi vom Kopf auf die Füsse stellt, indem er den Vernunftbegriff «intrinsisch-konstitutiv an den Körper gebunden» denkt, «so dass umgekehrt

---

[41] Vgl. Bernward Gesang u. a., Starke und schwache Autonomie – eine hilfreiche Unterscheidung für die Vorbeugung von Unter- und Überbehandlung: Ethik Med, Publ. Online: 18 October 2012.

[42] Hans-Martin Rieger, Altern anerkennen und gestalten. Ein Beitrag zu einer gerontologischen Ethik, Leipzig 2008, 99.

[43] Vgl. etwa Otfried Höffe, Gerontologische Ethik. Zwölf Bausteine für eine neue Disziplin: ders., Medizin ohne Ethik?, Frankfurt a. M. 2002, 182–201; Rieger, Altern (Anm. 42); Heinz Rüegger, Alter(n) als Herausforderung. Gerontologisch-ethische Perspektiven, Zürich 2009.

[44] Peter Dabrock, Leibliche Vernunft. Zu einer Grundkategorie fundamentaltheologischer Bioethik und ihrer Auswirkung auf die Speziesismus-Debatte: ders./Ruth Denkhaus/Stephan Schaede (Hg.), Gattung Mensch. Interdisziplinäre Perspektiven, Tübingen 2010, 227–262.

III. Gefährdetes

dieser in normativen Betrachtungen nicht einfach in seiner (vermeintlich) nackten biologischen Körperlichkeit aufgeht, sondern an der Schutzwirkung teilhat, die normalerweise der Eigenschaft oder dem Eigenschaftsbündel Vernunft zukommt».[45] Der Vernunftbegriff hat lediglich die Funktion «als heuristische[r] Platzhalter für die [...] sachliche und funktionale Sonderstellung» des Menschen.[46] Vernunft ist leiblich «nicht nur durch Aktivität, sondern [...] auch durch Perzeption, Rezeption, Passivität, Passion und Affektivität, Werden und Vergehen, Endlichkeit, Gebrechen und Verletzlichkeit, aber auch durch konstitutive Relationalität ausgezeichnet».[47] Mit der Leiblichkeit gehören «sowohl die *Entwicklung* von Vernünftigkeit, [...] als auch eine *abnehmende* oder *defekte* Selbstbewusstseinsfähigkeit integral zum Verständnis des Menschseins als des Seins leiblicher Vernunft hinzu».[48] Daraus folgt für den Würdebegriff:

> Wenn Würde «als *leibliche* Vernunft gedacht wird, schränken Potentialitäten, Relationalitäten und Privationen den Schutzstatus menschlicher Lebewesen *nicht* ein. Denn über den Leib als schon immer kulturell gedeuteten Körper besteht ein anthropologisches, d. h. hier biologisches *und* soziales, Band und Beziehungsgeflecht zu anderen Menschen – ein Band, das Menschen als Menschen schon immer miteinander zu einer Menschheit verbindet. [...] Der vom Konzept ‹leibliche Vernunft› ausgehende Schutzgedanke umfasst *alle* Menschen; weil sie qua Potential oder qua sozialer und biologischer Vernetzung in den Bereich der uns nur leiblich bekannten Vernunft, die immer und intrinsisch von Potentialitäten durchwebt ist, hineingehören.»[49]

Der ehrgeizige Ansatz von Dabrock bedarf natürlich einer genaueren Analyse. Ihm muss auch nicht zugestimmt werden. Unabweisbar gilt aber die von ihm explizierte Herausforderung auch für eine Ethik des vierten Lebensalters und ein korrespondierendes Würdeverständnis: Beide kommen nicht aus ihrer leiblichen Haut heraus.

---

[45] Dabrock, Vernunft (Anm. 44), 243.
[46] Dabrock, Vernunft (Anm. 44), 241.
[47] Dabrock, Vernunft (Anm. 44), 247.
[48] Dabrock, Vernunft (Anm. 44), 247.
[49] Dabrock, Vernunft (Anm. 44), 248.253.

All inclusive?

Inklusion und Menschenwürde mit einem Seitenblick auf die Gehörlosenseelsorge

> «Normality is a construct imposed on a reality, where there is only difference.»
> *Mike Oliver*[1]

I. Zur Konjunktur des Inklusionsbegriffs

Inklusion hat Konjunktur – in den Sozialwissenschaften, in gerechtigkeitstheoretischen Empowerment- und Capabilities-Diskursen oder politisch-praktisch in Migrations- und Behindertendebatten. In der Behindertenpolitik hat die UN-Konvention für die Rechte von Menschen mit Behinderungen (BRK) vom Dezember 2006 dem Inklusionsbegriff endgültig zum Durchbruch verholfen. Die Konvention verpflichtet nach Art. 4 Abs. 1 alle Vertragsstaaten, «die volle Verwirklichung aller Menschenrechte und Grundfreiheiten für alle Menschen mit Behinderungen ohne jede Diskriminierung aufgrund von Behinderung zu gewährleisten und zu fördern».[2] Wie schwer sich die Politik und Gesellschaft mit einer Inklusionspolitik tun, die diesen Namen auch verdient, zeigen unmittelbar zwei Beobachtungen: Einerseits hat die Schweiz – ungeachtet ihrer langen humanitären und menschenrechtlichen Tradition – die BRK nach wie vor nicht unterzeichnet, obwohl die staatlich geforderte Kompatibilitätsprüfung mit dem geltenden Recht seit 2008 als umfangreiches Rechtsgutachten vorliegt.[3] Andererseits vermeidet die deutsche Übersetzung der Konvention notorisch den

---

[1] Michael Oliver, Understanding Disability: From Theory to Practice, New York 1995, 88.

[2] Die UN-Behindertenkonvention wird zitiert nach der Schattenübersetzung des NETZWERK-ARTIKEL 3 e. V., www.behindertenarbeit.at/wp-content/uploads/UN-Konv-Schattenuebersetzung.pdf (30.01.2021).

[3] Walter Kälin u. a., Mögliche Konsequenzen einer Ratifizierung der UN-Konvention über die Rechte von Menschen mit Behinderungen durch die Schweiz. Gutachten zuhanden des Generalsekretariats GS-EDI / Eidgenössisches Büro für die Gleichstellung von Menschen mit Behinderungen EBGB, Bern 14. Oktober 2018.

Inklusionsbegriff des Originals und verwendet stattdessen durchweg den Integrationsbegriff (Art. 24 Abs. 1, Ab. 2 b und e sowie Art. 27 Abs. 1).[4]

Wenngleich die Begriffe «Integration» und «Inklusion» sehr unterschiedlich verwendet werden, besteht Einigkeit darin, dass Inklusionsforderungen viel weiter gehen als Integrationsansprüche. Inklusion meint nicht nur die *«Teilnahme am»*, sondern darüber hinaus auch die

> «*Teilgabe zum* gesellschaftlichen Leben. Menschen mit Behinderungen nehmen nicht nur – wie alle anderen auch – von den kulturellen, ökonomischen und politischen Errungenschaften einer Gesellschaft, sie *geben* zu allen diesen Bereichen etwas Eigenes hinzu. Denn sie besitzen neben den ‹Auch-Kompetenzen›, die sie mit anderen teilen, zusätzliche ‹Nur-Kompetenzen›, die sie von anderen unterscheiden und die Vielfalt menschlichen Lebens bereichern».[5]

Inklusion ist kein fixer Zustand, der dann erreicht wäre, wenn jemand ungeachtet seiner Eigenarten und Merkmale auch dazugehört, sondern der «*Prozess* einer möglichst umfassenden gesellschaftlichen *Enthinderung* von in ihrem Sosein und in ihren Ansprüchen behinderten Menschen».[6] Einfach ausgedrückt: Integration erlaubt den vormals Ausgeschlossenen auch in der Gesellschaft mitzuspielen. Inklusion dagegen befähigt die vorher Nicht-Beteiligten (Exkludierten) dazu, die Regeln aktiv (mit-) zu gestalten, nach denen die Gesellschaft spielt.

In Kirche und Theologie gewinnt das Thema Inklusion – zumindest dem Begriff nach – erst allmählich an Bedeutung. Der evangelische Theologe Wolfhard Schweiker stellt fest: «Inklusion kommt als Herausforderung *von aussen* auf Theologie und Kirche zu.»[7] Und sein katholischer Kollege Andreas Lob-Hüdepohl bestätigt: Der Inklusionsbegriff «ist weder originäres Wort religiöser Sprache noch findet er sich als wissenschaftlicher Fachbegriff in einschlägigen theologischen oder religionswissenschaftlichen Handbüchern oder Lexika.»[8] Die kirchliche und theologische Inklusionsforderung im Kontext von Menschen mit

---

[4] Valentin Aichele, Die UN-Behindertenrechtskonvention und ihr Fakultativprotokoll. Ein Beitrag zur Ratifikationsdebatte. Deutsches Institut für Menschenrechte. Policy Paper No. 9, Berlin 2008.

[5] Andreas Lob-Hüdepohl, Behinderung und das Erfordernis einer inklusiven Kirche: Herder Korrespondenz 66, 2012, 510–515 (514).

[6] Andreas Lob-Hüdepohl, Inklusion als theologisch-ethische Grundnorm – auch für Armutsbekämpfung?: Johannes Eurich u. a. (Hg.), Kirche aktiv gegen Armut und Ausgrenzung. Theologische Grundlagen und praktische Ansätze für Diakonie und Gemeinde, Stuttgart 2011, 158–174 (161).

[7] Wolfhard Schweiker, Inklusion. Aktuelle Herausforderung für Theologie und Kirche: Deutsches Pfarrerblatt 111, 2011, 296–300 (297).

[8] Lob-Hüdepohl, Inklusion (Anm. 6), 158.

Behinderung versteht sich also keinesfalls von selbst. Historisch betrachtet hat sich Kirche zwar seit ihren Anfängen um Ausgegrenzte, Hilfsbedürftige und an den Rand Gedrängte gekümmert. Aber im Vordergrund stand dabei nicht die umfassende Anerkennung im Sinne ihrer gleichberechtigten Teilnahme und Teilhabe an der Gesellschaft. Vielmehr ging es um die Sorge für Kranke, Arme und Hilfsbedürftige als Akt der Barmherzigkeit und Ausdruck christlicher Nächstenliebe. Dieser diakonisch-karitative Dienst darf nicht klein geredet werden, aber er ist in anderen gesellschaftlichen Strukturen und politischen Verhältnissen verortet, als das menschenrechtliche Prinzip der Inklusion, um das es in der gegenwärtigen Diskussion geht.[9]

Die Verbindung von Inklusion und Menschenrechten in der BRK unterstreicht die fundamentale Bedeutung des Rechts von Menschen mit Behinderung auf ein «selbstbestimmtes Leben und die volle Teilhabe in allen Lebensbereichen» (Art. 9 BRK). Heiner Bielefeldt spricht von einem Paradigmenwechsel in der Menschenrechtspolitik. Im Zentrum steht nicht die formale Anerkennung der Autonomie und Gleichheit aller Menschen *als Menschen,* sondern die Befähigung zu sozialer Kommunikation und gesellschaftlicher Teilhabe und Teilnahme vor dem Hintergrund ihrer Verschiedenheit *als leibliche Individuen.* Es geht nicht um die menschenrechtliche Egalität *ungeachtet* aller menschlichen Verschiedenheit, sondern umgekehrt um die Gleichheit aller Menschen *angesichts* ihrer Verschiedenheit. Der Perspektivenwechsel reflektiert in gewisser Hinsicht die gerechtigkeitstheoretische Unterscheidung von Wolfgang Kersting[10] im Anschluss an Aristoteles zwischen der arithmetischen «Gleichheit des Wegsehens, der Entdifferenzierung» *(iustitia directiva)* und der proportionalen «Gleichheit des Hinsehens, der Differenzierung» *(iustitia distributiva).* Unterschieden werden muss zwischen der arithmetischen Gleichheit als *Bedingung* der Universalität der Menschenrechte und der proportionalen Gleichheit als *Ergebnis* der menschenrechtlichen Forderung nach Gleichheit (nicht Gleichbehandlung).

Weil alle Menschen «frei und gleich an Würde und Rechten geboren» sind (Allgemeine Erklärung der Menschenrechte von 1948, Art. 1), aber nicht alle

---

[9] Vgl. Heiner Bielefeldt, Inklusion als Menschenrechtsprinzip: Perspektiven der UN-Behindertenrechtskonvention: Johannes Eurich/Andreas Lob-Hüdepohl (Hg.), Inklusive Kirche, Stuttgart 2011, 64–79.

[10] Wolfgang Kersting, Gleiche gleich und Ungleiche ungleich. Prinzipien der sozialen Gerechtigkeit: Andreas Dornheim u. a. (Hg.), Gerechtigkeit. Interdisziplinäre Grundlagen, Opladen/Wiesbaden 1999, 46–77 (47).

Menschen gleich geboren werden, realisiert sich die Anerkennung gleicher Freiheit nicht in der blossen Feststellung ihrer universalen Geltung, sondern verlangt nach geeigneten Massnahmen zu ihrer Verwirklichung, auf die jeder Mensch einen rechtlich garantierten Anspruch hat. Die Behauptung der gleichen Freiheit als formale Ausgangsbedingung menschenrechtlicher Gleichheit bedarf einer Konzeption von «assistierter Freiheit»,[11] damit gleiche Freiheit nicht lediglich als kontrafaktischer Anspruch besteht, sondern sich in konkreten Lebenslagen und -formen realisieren kann. Die Rede von gleicher Freiheit ist nur dann sinnvoll, wenn sie zu der Inanspruchnahme und Verwirklichung gleicher Freiheit befähigt. Freiheit zeigt sich dabei nicht in einem bestimmten Vermögen isolierter Individuen, sondern in den Möglichkeiten sozialer Zugehörigkeit zu einer Gemeinschaft oder Partizipation an einer Gesellschaft. Vor diesem Hintergrund gilt es, zwei fundamentale Irrtümer zu vermeiden. Einerseits darf aus dem – jeder Person garantierten – Recht, Rechte zu haben,[12] nicht auf die einzelne Person als Adressat der Menschenrechte geschlossen werden. Andererseits beruht ein inklusives Verständnis gleicher Befähigungen – im Sinne der Befähigungsgerechtigkeit[13] – nicht auf einer *Theorie der Gleichheit,* sondern auf einer *Theorie der Ungleichheit,* die das Fundament für ein Verfahren der Ungleichbehandlung zum Zwecke gleicher Befähigung bildet. Das Inklusionsparadigma bemüht sich vor dem Hintergrund dieses Diskurszusammenhangs um eine Überwindung des alten gerechtigkeitstheoretischen Streits zwischen Liberalisten und Egalitaristen um den Vorrang von Freiheit oder Gleichheit.

II. Zur Bedeutung des Hörens in Bibel und Theologie

In einer ersten Annäherung kann unter Inklusion die Befähigung zu und Teilnahme an sozialer Kommunikation verstanden werden: Wer zu der Gemeinschaft *(communio)* gehört, ist informiert, kennt die relevanten Interaktionsregeln und sozialen Normen («Erwartungserwartungen»),[14] weiss, worum es geht und

---

[11] Sigrid Graumann, Assistierte Freiheit. Von einer Behindertenpolitik der Wohltätigkeit zu einer Politik der Menschenrechte, Frankfurt a. M. 2011.
[12] Hannah Arendt, Es gibt nur ein einziges Menschenrecht: Otfried Höffe/Gerd Kadelbach/Gerhard Plumpe (Hg.), Praktische Philosophie/Ethik. Reader zum Funkkolleg 2, Frankfurt a. M. 1981, 152–167 (158).
[13] Vgl. Peter Dabrock, Befähigungsgerechtigkeit. Ein Grundkonzept konkreter Ethik in fundamentaltheologischer Perspektive, Gütersloh 2012.
[14] Niklas Luhmann, Normen in soziologischer Perspektive: Soziale Welt 20, 1969, 28–48 (32).

kann deshalb selbstverständlich mitreden und mitbestimmen *(Kommunikation)*. Inklusion macht in diesem Sinne sprachfähig und schafft die Voraussetzung für die Beteiligung am gemeinschaftlichen Leben. Eine Vorform dieses Gedankens begegnet in dem Bemühen der katholischen Kirche in der Vergangenheit, die christliche Botschaft für Menschen, die des Lesens und der lateinischen Sprache unkundig waren, mittels sakraler Kunst zugänglich zu machen. Die Protestanten radikalisierten den Gedanken mit der Einführung des Gottesdienstes in der Alltagssprache als Ausdruck des ekklesiologischen Anspruchs vom allgemeinen Priestertum aller Gläubigen. Bildliche Darstellungen des Evangeliums rückten in den Hintergrund oder wurden mehr oder weniger vehement abgelehnt. Der für die reformierte Kirche wichtige Heidelberger Katechismus von 1563 antwortet auf die Frage, ob «die Bilder als ‹der Laien Bücher› in den Kirchen geduldet» seien: «Nein – denn wir sollen uns nicht für weiser halten als Gott, der seine Christenheit nicht durch stumme Götzen [...], sondern durch die lebendige Predigt seines Wortes unterwiesen haben will».[15] Fulbert Steffensky hat diese Haltung für das jüdisch-christliche Denken verallgemeinert: «Das Auge ist nicht das Hauptorgan der jüdisch-christlichen Tradition. Sie hat eher eine Ohr- und Hörkultur hervorgebracht. Jakob Taubes, als jüdischer Rabbi und abendländischer Philosoph in der jüdischen und in der hellenistischen Kultur zu Hause, schreibt: ‹Wenn Hellas das Auge der Welt genannt wird, so lässt sich von Israel sagen, dass es das Gehör der Welt ist.› [...] Die Griechen haben das Dasein sehend, die Hebräer habe es hörend und empfindend erlebt.»[16] Hören und nicht sehen – so lautet die christliche Devise.

Die These vom Judentum und Christentum als «Gehör der Welt» formuliert gegenüber gehörlosen und stummen Menschen eine zweifellos steile Behauptung. Es scheint, als würden Kirche und Theologie nur wenig Rücksicht auf Menschen nehmen, die nicht hören und nicht sprechen können. Überall dominiert «das Wort»: Gott selbst, als Fleisch gewordenes Wort in Jesus Christus (Joh 1), seine Kirche, als Schöpfung des Wortes Gottes oder der Auftrag, das Wort Gottes aller Welt zu verkündigen (Mt 28) – Wörter über Wörter. Wörter brauchen Ohren. Entsprechend deutlich betont auch die Bibel das menschliche Hören: «Wer Ohren hat, der höre!» (Mt 13,9). Aus der Perspektive gehörloser Menschen muss die Aufforderung Jesu befremdlich erscheinen. Jedenfalls drängt sich die Frage auf: Was ist, wenn ich zwar Ohren habe, aber trotzdem nicht hören kann? Die

---

[15] Zitiert nach Georg Plasger/Matthias Freudenberg (Hg.), Reformierte Bekenntnisschriften. Eine Auswahl von den Anfängen bis zur Gegenwart, Göttingen 2005, 178.
[16] Fulbert Steffensky, Hören und Gehorchen: Zuhören e. V. (Hg.), Ganz Ohr. Interdisziplinäre Aspekte des Zuhörens, Göttingen 2002, 140–149 (141).

III. Gefährdetes

Antwort darauf fällt unverhohlen drastisch aus. Über Menschen die Ohren haben, aber nicht hören, sagt Jesus einige Verse später:

> «An ihnen erfüllt sich die Weissagung Jesajas: Hören sollt ihr, hören, aber nicht verstehen; sehen sollt ihr, sehen, aber nicht erkennen. Denn das Herz dieses Volkes ist hart geworden und mit ihren Ohren hören sie nur schwer und ihre Augen halten sie geschlossen, damit sie mit ihren Augen nicht sehen und mit ihren Ohren nicht hören, damit sie mit ihrem Herzen nicht zur Einsicht kommen, damit sie sich nicht bekehren und ich sie nicht heile. Ihr aber seid selig, denn eure Augen sehen und eure Ohren hören.» (Mt 13,14–16)

Das sind eindeutige Worte – nicht Worte der Inklusion, sondern Worte der Ausgrenzung: Wer nicht hören will, dem ist das Heil verwehrt. Man mag einwenden, dass hier nicht gehörlose und stumme Menschen gemeint sind. Das ändert aber nichts an dem genannten Ausschlussmechanismus: *Wer nicht hört, gehört nicht dazu.*

Die einzige neutestamentliche Heilungsgeschichte von einem Taubstummen in Mk 7 zeigt ebenfalls wenig Interesse an der Lebenssituation solcher Menschen. Zwar heilt Jesus den betroffenen Mann, indem er ihm die Finger in die Ohren legt und die Zunge des Mannes mit Speichel berührt. Und in der Bibel heisst es weiter: «danach blickte er zum Himmel auf, seufzte und sagte zu dem Taubstummen: Effata!, das heisst: Öffne dich! Sogleich öffneten sich seine Ohren, seine Zunge wurde von ihrer Fessel befreit und er konnte richtig reden.» (Mk 7,33–35) Für Betroffene liest sich die übliche Deutung der Wundergeschichte aber eher ernüchternd. So kommentiert etwa Klaus Kliesch: «In der kleinen Geschichte deutet jeder Satz an, was Menschen öffnet und kommunikationsfähig werden lässt. Menschen mit Behinderungen brauchen Wegbereiter und Fürsprecher. [...] Durch das wirkmächtige Wort ‹Öffne dich!› beginnt die Befreiung von allem, was verschlossen und sprachlos macht. [...] Der Taubstumme ist Prototyp für den, der den Glauben empfängt.»[17]

Das klingt versöhnlicher, als es ist. Denn ihr Stigma werden stumme und gehörlose Menschen auch durch eine solche symbolische Deutung nicht los – im Gegenteil. Die Taubstummen repräsentieren erstens gerade die sündigen, nicht erlösten Menschen, denen die Hörenden als die von Gott geheilten und geheiligten Menschen gegenüberstehen. Zweitens steht die symbolische Interpretation immer in der Gefahr, in eine zweifelhafte Wirklichkeitsdeutung abzugleiten. Aus den Gehörlosen, die Gottes Wort nicht hören und den Stummen, die den Glauben

---

[17] Klaus Kliesch, Blinde sehen, Lahme gehen. Der heilende Jesus und seine Wirkungsgeschichte: Eurich/Lob-Hüdepohl (Hg.), Inklusive Kirche (Anm. 9), 101–112 (107f.).

nicht bekennen,[18] werden dann tatsächlich Menschen mit Behinderung, die – wie Kliesch konstatiert – auf «Wegbereiter und Fürsprecher» angewiesen seien. Damit wird nicht nur die überkommene paternalistische Verhältnisbestimmung zwischen Menschen ohne und Menschen mit Behinderung bedient. Sie erhält darüber hinaus noch biblisch-christliche Weihen. Ein konsequent symbolisches Verständnis hätte dagegen festgehalten, dass die Gleichheit der Menschen in ihrer gleichen Gehörlosigkeit und Sprachlosigkeit vor Gott besteht und dass damit *alle* Menschen in gleicher Weise auf Jesus Christus als ihren Wegbereiter und Fürsprecher angewiesen sind. Schliesslich führt die Verwechslung von Symbol und Wirklichkeit drittens zu einer Rehabilitierung des alttestamentlichen Tun-Ergehen-Zusammenhangs, wie er beispielhaft in der Hiob-Geschichte begegnet: «Ist nicht Verderben dem Frevler bestimmt und Missgeschick den Übeltätern?» (Hi 31,3) Anders gefragt: Sind Behinderung und Krankheit am Ende nicht doch unausweichliche Konsequenz aus dem Fehlverhalten eines Menschen? Sind körperliche und leibliche Zustände nicht doch Kennzeichen für die Nähe bzw. Ferne Gottes? Stehen Gesundheit und Heilung am Ende nicht doch für die Teilhabe am göttlichen Heil, während Krankheit und Behinderung den menschlichen Ungehorsam bestrafen?

Zwar werden solche moralischen Deutungen heute entschieden abgelehnt. Aber auch eine politisch korrekte Semantik schafft sie noch längst nicht vom Tisch. Ein diskriminierender Moralismus droht im Grunde bei jedem Versuch, die Bibel sozusagen als behindertenpädagogisches Vademecum zu lesen. Man muss die ganze *happy end*-Moral der biblischen Heilungsgeschichten und ihrer Deutungen schon energisch gegen den Strich bürsten, um zur Frage der blinden Theologin Susanne Krahe vorzudringen,

> «ob es nicht sogar eigentlich ein Verdienst christlichen Umdenkens ist, dass Gott sein offizielles ‹Okay› auch Unheilbaren gewährt. Dieses Umdenken macht jahrelange Arbeit an unserer Identität und die Mühe, mit unserem Körper Frieden zu schliessen, erst möglich. Ein immer nur heilend gedachter Jesus dagegen rückt nicht gerade das in den Blickpunkt, was die Gebeugten und Ausgestossenen besser können als alle Geradegerückten, sondern reiht ihn in die Schlange der Besserwisser ein, der Quacksalber, Ärzte und genervten Verwandten, die ‹nur das Beste› – für wen? – wollen.»[19]

---

[18] Vgl. Joachim Gnilka, Das Evangelium nach Markus. 1. Teilband: Mk 1,1–8,26 (EKK II/1), Zürich/Neukirchen-Vluyn 1978, 295–299.
[19] Susanne Krahe, Lahme, die nicht gehen wollen. Warum hat Jesus den Bartimäus schon als Blinden, also vor seiner Heilung, berufen?: zeitzeichen 13/10, 2012, 40–42 (42).

III. Gefährdetes

Und mit nicht zu überhörender Skepsis überlässt es die ausgebildete Alttestamentlerin den exegetischen Fachleuten, nach «Beispielen einer Sensibilität für die Beschädigten zu fahnden, die die kirchliche Rezeption bis heute eher selten aufbringt.»[20]

Eines steht fest: Die Menschen der Bibel waren von Inklusionsdiskursen noch viel weiter entfernt als Theologie und Kirche heute. Es wäre allerdings ein doppeltes Missverständnis, einerseits etwas in die Texte hineinlesen zu wollen, was den damaligen Menschen völlig fremd war und dabei andererseits zu übersehen, was uns die biblischen Geschichten tatsächlich sagen können. In der Bibel finden sich keine Sonderethiken, die für moderne Gesellschaften typisch sind. Deshalb geht die Suche nach biblischen Indizien für ein gruppenspezifisches Empowerment im Sinne moderner Bürgerrechts- oder Selbstbestimmungsbewegungen auch ergebnislos aus. Was dagegen in den biblischen Texten in vielfältiger Weise begegnet, sind Erfahrungen, Gedanken und Ermutigungen, die unsere alltäglichen Intuitionen überraschend und mutig vom Kopf auf die Füsse stellen.

III. Wenn Gott das Hören vergeht

Die Frage, was die biblische Botschaft zum Thema Behinderung und Inklusion beitragen kann, muss bei den Wirkungen beginnen, die sie auf die Menschen damals ausübte: Es war eine ungewöhnliche, verstörende Botschaft und von seiner irritierenden Kraft hat das Evangelium auch heute nichts verloren. Deshalb lohnt es sich, alternative Zugänge – Nancy L. Eiesland entwickelt in diesem Zusammenhang eine «contextualized Christology»[21] – zu erproben. Thomas Günzel, Lehrer an einer Schule für Hör- und Sprachgeschädigte, schildert den folgenden kurzen Wortwechsel. Eine Schülerin spricht ihn an: «Wissen Sie was [...], Gott ist gehörlos!» – Wie kommst Du darauf? – «Na ich bete und er antwortet nicht – ganz einfach, er ist gehörlos!»[22] Es lohnt sich, die Antwort etwas genauer zu betrachten. Sie enthält eine simple, aber in ihrer Einfachheit verblüffende Logik. Denn die Schülerin erklärt das Schweigen Gottes nicht – wie zu erwarten wäre – damit, dass *sie* nicht hören kann. Sie kehrt vielmehr den Spiess um, und

---

[20] Krahe, Lahme (Anm. 19), 42.
[21] Nancy L. Eiesland, The Disabled God. Toward a Liberatory Theology of Disability, Nashville/TN 1994, 98.
[22] Thomas Günzel, Der gehörlose Gott. Mit gehörlosen Jugendlichen über Gott ins Gespräch kommen: Gottfried Lutz/Veronika Zippert (Hg.), Grenzen in einem weiten Raum. Theologie und Behinderung, Leipzig 2007, 196–209 (196).

schliesst messerscharf von dem Schweigen Gottes auf *dessen* Gehörlosigkeit. Das Ausbleiben von Gottes Antworten liegt nicht daran, dass die Menschen Gott nicht hören, sondern daran, dass Gott die Menschen nicht hört. Mehr noch: Gott überhört die Menschen nicht, weil er sie nicht hören *will*, sondern er hört die Menschen nicht, weil er sie nicht hören *kann*.

Wenn Gott Hören und Sehen vergeht, ändert sich alles. Das Gedankenexperiment mag etwas befremdlich erscheinen. Allerdings wäre damit genau das gefunden, worum es geht: ein inklusiver Standpunkt: Weil Gott niemanden hört, *unabhängig* davon, ob jemand sprechen kann oder nicht, kann niemand Gott hören, *unabhängig* davon, ob jemand hören kann oder nicht. Ein gehörloser Gott würde sich notgedrungen allen Menschen gegenüber – ob hörend oder gehörlos, ob sprechend oder sprachlos – gleich verhalten und würde sie gleichbehandeln. Die Hörenden hätten den Gehörlosen und die Sprechenden den Sprachlosen nichts voraus, schlicht und einfach weil Gott nicht hören und deshalb nicht antworten kann. Und wenn es nichts zu hören gibt, kann auch nichts überhört werden. Wäre Gott behindert, wäre das Problem der Inklusion von Menschen mit Behinderung zumindest theologisch gelöst.

Allerdings wäre ein gehörloser Gott eine eigenartige, für manche sogar blasphemische Vorstellung.[23] Passt ein solcher Gott zu den kirchlich und theologisch etablierten und kommunizierten Gottesvorstellungen? Traditionell werden die biblischen Geschichten vom leidenden Gottessohn als Ausdruck seiner Liebe zu den Menschen und nicht als Beleg für seine Hilflosigkeit verstanden. Dass Gott sich für seine Geschöpfe schwach gemacht hat, macht ihn nicht zum Schwächling. Gott, der Allmächtige, ist der Retter, der Starke, der Machtvolle, der – hätte er einen Körper und menschliche Sinne – überall dort perfekt wäre, wo Menschen ständig an ihre Grenzen stossen. Wer würde ernsthaft an einen «disabled God» (Eiesland) glauben und seinen Zusagen vertrauen wollen? Wer würde sich schon auf die schützende Hand und den stützenden Arm eines behinderten Gottes verlassen? Die christlichen Kirchen verkündigen doch einen Gott, der gerade *nicht* so ist wie die Menschen: zerbrechlich und ängstlich, häufig zögerlich und hilflos, immer wieder kopf- und sprachlos und dann wieder dickköpfig und eigensinnig.

An dieser Stelle zeigt sich ein Denken, das der Forderung nach Inklusion hartnäckig im Weg steht: Menschen mit Behinderung sollen zwar selbstverständlich dazu gehören, aber der christliche Gott ist – jedenfalls mit menschlichen Augen

---

[23] Vgl. Frank Mathwig, Behindertenseelsorge oder behindert Seelsorge? Bemerkungen zum theologisch-ethischen Verständnis von Menschen mit Behinderung, Zürich 2005.

III. Gefährdetes

gesehen und menschlichen Prädikaten versehen – ein souveräner, gesunder, kräftiger und attraktiver Gott. Seine stellvertretende Selbsthingabe im Leiden und Sterben am Kreuz steht dazu keineswegs im Widerspruch – im Gegenteil: Nur der wahrhaft allmächtige Gott verfügt über die Freiheit, menschlich und schwach zu werden. Die abendländische Kunstgeschichte bestätigt diese Vorstellung in beeindruckender Schönheit und berauschender Vielfalt. Die christliche Kultur und was davon noch lebendig ist hat sich in und mit diesen Bildern eingerichtet – im Glauben der Christen, in ihren Kirchen, mit ihren Gottesvorstellungen und Theologien. Und wer wollte ernsthaft bestreiten, dass die Christenheit in ihrer Geschichte ganz gut damit gelebt hat?

Aber diese Welt hat einen Haken, der sich auch durch theologisches Nachdenken nicht entschärfen oder geradebiegen lässt: den existenziellen Widerhaken in jedem Menschen, der mit und in seinem Leben jenen Gottesbildern unübersehbar und unbestreitbar widerspricht. Natürlich wissen Christen um die unüberwindbare Differenz zwischen Schöpfer und Geschöpf, zwischen Gott und Mensch. Aber diese Einsicht löst nicht das Problem. Denn damit lassen sich zwar die Verschiedenheit von Gott und Mensch, nicht aber die Unterschiede zwischen den Menschen erklären. Es geht hier nicht um irgendwelche marginalen Differenzen, sondern um Unterschiede, die die moralischen und christlich ethischen Vorstellungen von Gleichheit und Gerechtigkeit auf eine harte Probe stellen.

Angesichts der Selbstverständlichkeit, mit der solche Unterscheidungen im Alltag begegnen, geht die Aufmerksamkeit für das Skandalöse solcher Ungleichheiten und Ungerechtigkeiten schnell verloren. Auch die Kirchen machen sich häufig eher die erklärende und beschwichtigende Position von Hiobs Freunden zu eigen, anstatt – mit Hiob – Gott ernst zu nehmen und dem faulen Zauber zu widerstehen, sich die ungerechten und hässlichen Seiten der Welt gut und schön zu definieren. Die erste und wichtigste Forderung von Menschen mit Behinderung an ihre Umwelt – und auch ihre Kirche – muss deshalb, mit den Worten Hiobs, lauten: «Ertragt mich, sodass ich reden kann. [...] Wendet euch mir zu und erstarrt und legt die Hand auf den Mund!» (Hi 21,31.5) Hiobs Aufforderung gilt dabei ganz unabhängig davon, ob jemand sprechen kann oder nicht. Denn auch das Schweigen oder Stammeln muss ertragen werden. Und Hiobs Anweisung an seine Freunde, den Mund zu halten, richtet sich ebenso gegen alle fürsorglichen Ratschläge und stellvertretenden Äusserungen, die im Zweifelsfall nur dazu dienen sollen, ein peinliches Schweigen zu überbrücken oder unverständliche Laute zu übertönen. Das wäre ein ernsthafter erster Schritt in Richtung Inklusion.

IV. Würde zwischen Abbild Gottes und Bilderverbot

Die letzten Bemerkungen könnten leicht als moralische Forderung missverstanden werden. Aber dahinter steht ein viel weitreichenderer theologisch-anthropologischer Gedanke: die biblische Rede von der Gottebenbildlichkeit des Menschen.[24] «Gott schuf also den Menschen als sein Abbild; als Abbild Gottes schuf er ihn.» (Gen 1,27) Die Frage danach, ob und inwiefern der Mensch nach dem Sündenfall noch als Bild Gottes angesehen werden kann, wird in der Theologie seit jeher kontrovers diskutiert. Übereinstimmung besteht darin, dass diese Auszeichnung des Menschen durch seinen Schöpfer allen Menschen in gleicher Weise zukommt. Deshalb wurde die biblische Vorstellung von der Gottebenbildlichkeit im letzten Jahrhundert auf den menschenrechtlichen Würdebegriff übertragen und die Gottebenbildlichkeit häufig im Sinne der Menschenwürde interpretiert. Diese Würde kommt nicht nur allen Menschen in gleicher Weise zu. Sie kann auch niemandem genommen werden, weil sie nicht von Menschen verliehen, sondern jedem Menschen «im Anfang» zugesprochen wird. Für die *imago Dei* gilt, was über die Aussagen der biblischen Schöpfungsgeschichte insgesamt festgehalten werden muss: «[W]er mit Gen 1 vom *Anfang* spricht, macht keine historische Aussage über den Ursprung aller Dinge, er bringt vielmehr zum Ausdruck, dass er selbst von einem *bleibend* aktuellen und darum gegenwärtig wirksamen und erfahrbaren Anfang herkommt».[25]

Wenn also der Mensch als Bild Gottes geschaffen ist, dann zeigt sich die Gottebenbildlichkeit im Hörenden ebenso wie im Gehörlosen, im Sprechenden ebenso wie im Stummen, im Menschen ohne Behinderung ebenso wie im Menschen mit Behinderung. Was folgt daraus? Ist Gott also der gehörlose Gott, dessen Ebenbild der gehörlose Mensch ist, oder der stumme Gott, dessen Ebenbild der stumme Mensch ist, oder der gesunde Gott, dessen Ebenbild der gesunde Mensch ist, oder der Gott mit Behinderung, dessen Ebenbild der Mensch mit Behinderung ist? Wer darf sich eigentlich in seinem Sosein als nach dem Bild Gottes geschaffen betrachten? Und was folgt daraus, wenn sich Menschen – in all ihrer Verschiedenheit – als Ebenbilder Gottes begreifen? Die Fragen liegen

---

[24] Vgl. Georg Plasger, Das Bild und die Bilder. Im Gespräch mit Karl Barth zum Bilderverbot: Jörg Schmidt (Hg.), «Du sollst dir kein Bildnis machen». Von der Weisheit des Bilderverbotes, Wuppertal 2002, 49–73; ders., Zum Ebenbild Gottes geschaffen und berufen: Marco Hofheinz/Frank Mathwig/Matthias Zeindler (Hg.), Wie kommt die Bibel in die Ethik? Beiträge zu einer Grundfrage theologischer Ethik, Zürich 2011, 25–39.

[25] Christian Link, Gottesbild und Menschenrechte: Hans-Peter Mathys (Hg.), Ebenbild Gottes – Herrscher über die Welt. Studien zu Würde und Auftrag des Menschen, Neukirchen-Vluyn 1998, 147–169 (151).

III. Gefährdetes

ebenso nahe wie der Versuch, daraus eine in Gottes Schöpfungshandeln begründete Inklusionsforderung abzuleiten. Eine schöpfungstheologische Pointe, die sich anschlussfähig macht für einen ethischen oder menschenrechtlichen Universalismus, erscheint zwar attraktiv, wirft aber neue Probleme auf. Denn mit der Behauptung, dass Gott alle Menschen gleich geschaffen habe, werden die Unterschiede zwischen den Menschen nicht aus der Welt geräumt. Aus dieser Sicht könnte mühelos die Ungleichbehandlung von Menschen begründet werden, ohne mit der Behauptung einer universalen *imago Dei* zu kollidieren.

Einem solchen Missverständnis begegnet die andere Seite der Vorstellung von der Gottebenbildlichkeit im Sinne des komplementären Verständnisses von Würde als Zuspruch und Anspruch. Gegen eine ontologische Deutung der Gottebenbildlichkeit hat der Alttestamentler Werner H. Schmidt darauf hingewiesen: «Nach der Ebenbildlichkeit Gottes ist nicht *im* oder *am* Menschen zu suchen, sondern das Bild Gottes ‹steht› mit dem Menschen ‹da›.»[26] Daran anschliessend entfaltet Christian Link ein funktionales Verständnis der *imago Dei*:

> «Sie ist kein geheimnisvoller ontologischer Titel, sondern Einweisung in eine Aufgabe. Sie gibt nicht primär Antwort auf die moderne Frage, wer oder was der Mensch *ist*, sondern sagt, *wozu* er da ist: Er soll mit seiner Existenz Gott ‹erscheinen› lassen, ihn in der Welt vertreten und repräsentieren, und [... er] soll sich als Akteur der von Gott veranstalteten Geschichte zur Verfügung stellen.»[27]

Links Transformation oder Dynamisierung des Verständnisses der Gottebenbildlichkeit von einer anthropologischen Ursprungs- in eine Bestimmungs- oder präziser Bestimmt-Seins-Relation bildet sozusagen das theologische Pendant zu der oben erwähnten menschenrechtlichen Umstellung in der BRK von der Integrations- auf die Inklusionskategorie. Die Konsequenzen des theologischen Perspektivenwechsels zeigen sich im Blick auf das andere fundamentale Bildverständnis in der Bibel: das Bilderverbot im Dekalog. «Du sollst dir kein Gottesbild machen und keine Darstellung von irgendetwas am Himmel droben, auf der Erde unten oder im Wasser unter der Erde.» (Ex 20,4) Das Paradox ist offensichtlich. Wie können die Menschen ein Abbild dessen sein, von dem es ihnen gerade verboten ist, sich ein Bild zu machen? Der Widerspruch löst sich auf, wenn die *imago Dei* im Sinne des menschlichen Bestimmt-Seins verstanden wird. Dann ist der Mensch selbst zur Bilderlosigkeit bestimmt. Dann soll der Mensch «– wie ausser

---

[26] Werner H. Schmidt, Die Schöpfungsgeschichte der Priesterschrift. Zur Überlieferungsgeschichte von Genesis 1,1–2,4a und 2,4b–3,24, Neukirchen-Vluyn 1967, 143f.
[27] Link, Gottesbild (Anm. 25), 153.

All inclusive?

ihm nur Gott selbst – *bilderlos* existieren. Darin besteht seine ‹Gottesbildlichkeit›.» Und Link führt aus:

> «Das Gebot, das uns jegliches Bild *Gottes* verwehrt, schützt auch den *Menschen* vor dem Zugriff des tötenden Bildes. Es schützt sein Geheimnis, sein Wunder, seine unfassbare Lebendigkeit. Es schützt sein *Recht*. Wenn nämlich *den* Ort, an den wir ein Bild, ein Idol oder eine Projektion setzen, um unsere Herrschaftsansprüche zu legitimieren, Gott selbst als seinen eigenen Ort behauptet, wenn er es ist, der den Grund, auf den alle menschliche Autorität sich beruft, bilderlos ausfüllt, so ist das ein Hinweis darauf, dass die *Humanität* des Menschen unserer Verfügung entzogen bleibt. Wo *wir* nicht anders können, als den Menschen nach unseren Vorstellungen zu formen, wo *wir* ihm das Bild unserer Gesellschaft, den Stempel unserer Zivilisation, die Norm unserer Wertsetzung aufprägen, da hält *Gott* ihm die Stelle als eines menschlichen, freien Wesens offen, da begründet und schützt er sein Recht gegen den Zwang und die Intoleranz gesellschaftlich eingespielter Rollen bzw. Rollenerwartungen, die dieses Recht beständig bedrohen.»[28]

Vor diesem Hintergrund verwundert es nicht, dass das Bilderverbot häufig als Metapher in der Verfassungs- und Menschenrechtsdiskussion begegnet, wenn es darum geht, die Offenheit und prinzipielle Unabschliessbarkeit des Würdebegriffs zu betonen.[29] Diese Bezugnahme erschliesst ihre ganze Bedeutung erst vor dem Hintergrund der Erfahrungen der nationalsozialistischen Barbarei, die ein völkisches Menschenbild zum obersten Rechtsprinzip erhob. Dagegen kann kein anderes Menschenbild gesetzt werden, vielmehr die von Max Horkheimer und Theodor W. Adorno prominent formulierte negativ-dialektische Konsequenz: «Gerettet wird das Recht des Bildes in der treuen Durchführung seiner Negation.»[30] In diesem Sinne bemerkt der Verfassungs-, Völkerrechtler und Rechtsphilosoph Jörg Paul Müller:

> «Was Würde ausmacht, bleibt offen, sowohl hinsichtlich der Möglichkeiten eigener Sinngebung als auch der Wertsetzung für andere und anderes. Würde ‹existiert› nicht ausserhalb der Wertschätzung, die wir konkret einander schulden, einander zuerkennen oder verweigern. Würde realisiert sich in menschlichen Akten der Anerkennung oder wird vernichtet in Erniedrigung und Demütigung. [...] Menschenwürde entzieht

---

[28] Link, Gottesbild (Anm. 25), 155f.; ders., Das Bilderverbot als Kriterium theologischen Redens von Gott: ders., Die Spur des Namens. Wege zur Erkenntnis Gottes und zur Erfahrung der Schöpfung. Theologische Studien, Neukirchen-Vluyn 1997, 3–35 (28f.).
[29] Vgl. Günter Frankenberg/Peter Niesen (Hg.), Bilderverbot. Recht, Ethik und Ästhetik der öffentlichen Darstellung, Münster 2004.
[30] Max Horkheimer/Theodor W. Adorno, Dialektik der Aufklärung. Philosophische Fragmente: Theodor W. Adorno, Gesammelte Schriften, Bd. 3, Frankfurt a. M. 2003, 40.

III. Gefährdetes

sich in der Offenheit ihrer Erscheinungsformen einer abschliessenden positiven Festlegung. Ihr Gehalt erschliesst sich uns vor allem in ihrer Negation, d. h. in Akten der Verletzung, der Diskriminierung, der Schikane, der Beleidigung; nicht zufällig kommt in der E[uropäischen] M[enschen]R[echts]K[onvention] der Ausdruck ‹Menschenwürde› nur in negativer Form vor: im Verbot der Folter oder unmenschlicher oder erniedrigender Strafe oder Behandlung (Art. 3 EMRK).»[31]

An dieser Stelle soll lediglich auf einen Aspekt der vorgestellten Überlegungen zu Bilderverbot und Menschenwürde hingewiesen werden. Die Negation der Verbildlichung richtet sich nicht gegen das Bild selbst (Ikonoklasmus), sondern gegen die Herrschaft des Bildes angesichts seiner Verehrung (Idolatrie). Es kann deshalb nicht darum gehen, «falsche» gegen «richtige» Bilder auszutauschen oder Menschenbilder mit Repräsentantinnen und Repräsentanten marginalisierter oder ausgeschlossener Gruppen zu komplettieren. Auch die Inklusionsdebatten neigen manchmal zu solchen Bildkorrekturen und verbleiben damit in dem, als überwunden geglaubten Integrationsparadigma. Integration hat stets eine bestimmte Gruppe von Menschen im Blick, die integriert werden oder sich integrieren sollen. Diese asymmetrische Struktur wird aber nicht dadurch überwunden, dass – unter dem Label der Inklusion – die bis dahin nicht berücksichtigten gesellschaftlichen Gruppen gleichberechtigt ins Blickfeld gerückt werden. Zu Recht ist deshalb immer wieder gegen den Vorwurf der BRK als einem Sonderrecht für Menschen mit Behinderung Einspruch erhoben worden. Gegen die Subtraktionsmodelle diskriminierender Menschenbilder helfen keine Additionsmodelle, weil auch jedes umfassendere Modell im Blick auf seine Differenzmarkierungen neue Ausschlusskriterien generieren würde. Die in den einschlägigen Debatten unmittelbar spürbaren Schwierigkeiten, dem Inklusionsparadigma auf den Begriff zu kommen, beruhen im Kern auf dem mit dem Würdebegriff gesetzten Verzicht auf eine abschliessende Feststellung, wer die Subjekte von Inklusion sind resp. sein sollen. Konsequent formuliert suspendiert die Inklusionsforderung die Frage selbst.

Damit rückt auch die Provokation von dem «behinderten Gott» noch einmal in ein anders Licht. Zweifellos bildet die Vorstellung des «disabled God» eine reizvolle theologische Gegenprobe und einen kritischen Impuls für die Dekonstruktion elitärer Theologien des aufrechten Gangs. Sie wäre missverstanden, würde sie lediglich auf eine Ersetzung von Vorstellungen oder Bildern hinauslaufen. Die Kritik bleibt darin den Grundentscheidungen bzw. den strukturellen

---

[31] Jörg-Paul Müller, Grundrechte in der Schweiz. Im Rahmen der Bundesverfassung von 1999, der UNO-Pakte und der EMRK, Bern ³1999, 4f.

Voraussetzungen des Kritisierten verhaftet. Der oben angemerkte ontologische Irrtum traditioneller *imago Dei*-Vorstellungen wäre nicht überwunden. Erst ein Verständnis, das – im Anschluss an die Überlegungen von Christian Link – die Auszeichnung der Gottebenbildlichkeit vom Kopf des *allen Menschen geltenden Zuspruchs Gottes* auf die Füsse des *göttlichen Anspruchs auf alle Menschen* stellt, trägt der Pointe des Inklusionsparadigmas angemessen Rechnung. Es geht dann nicht darum, in jedem Menschen seine *imago Dei*-Auszeichnung zu entdecken, sondern jedem Gegenüber in der konkreten Erwartung zu begegnen, dass Gott sich in diesem Menschen mir zu «erscheinen» gibt, dass sich Gott durch diesen Menschen «in der Welt vertreten und repräsentieren» lässt und dass dieser Mensch Gott «als Akteur» der von ihm «veranstalteten Geschichte zur Verfügung» steht.[32] Allgemeiner formuliert: die Anerkennung der Würde eines Menschen mit Behinderung besteht nicht in dem *Bild*, das ich mir von ihm mache oder auf das ich mich selbst verpflichte bzw. verpflichtet werde, sondern in der *Erwartung*, mit der ich diesem Menschen begegne.

V. Inklusion und Begegnung

Eine solche Erwartungshaltung reicht viel weiter als die Forderung nach wechselseitigem Respekt und Ernstnehmen. Die Inklusionsdiskussion konzentriert sich auf die gesellschaftlichen und politischen Implikationen solcher Erwartungen, bleibt aber bei der Frage, was zu einer solchen Haltung motiviert, in der Regel auf der Ebene (menschen-)rechtlicher Ansprüche stehen. Philosophie und Theologie bieten allerdings eine ganze Reihe von Anschlussmöglichkeiten für eine weitergehende Auseinandersetzung: etwa der Gedanke der *fraternité* aus der Parole der Französischen Revolution, der später zu umfassenden Konzepten der Solidarität weiterentwickelt wird, die auch die, im 19. Jahrhundert einsetzende kirchliche Beschäftigung mit der «sozialen Frage» prägt und in der Vorstellung von der einen Menschheitsfamilie als Urheberin der Menschenrechte ihren Höhepunkt findet. Weitere Zugänge bieten die komplexen sozialphilosophischen Auseinandersetzungen, die unter der Überschrift Liberalismus versus Kommunitarismus geführt wurden, Alasdair MacIntyre's Plädoyer für «Tugenden der anerkannten Abhängigkeit»[33] und Martha C. Nussbaum's *Capabilities*

---

[32] Link, Bilderverbot (Anm. 25), 153.
[33] Vgl. Alasdair MacIntyre, Die Anerkennung der Abhängigkeit. Über menschliche Tugenden, Hamburg 2001.

III. Gefährdetes

approach,[34] die auf der Begründungsebene von Sigrid Graumanns Entwurf einer «Assistierten Freiheit» eine wichtige Rolle spielen[35] oder die intensiv geführte Care-Diskussion.[36]

In einer sehr unmittelbaren und für das theologische Nachdenken instruktiven Weise hat Max Frisch in einer bekannten Passage seiner Tagebücher das Verhältnis von Bilderverbot und Liebe reflektiert:

> «Es ist bemerkenswert, dass wir gerade vom Menschen, den wir lieben, am mindesten aussagen können, wie er sei. Wir lieben ihn einfach. [...] Die Liebe befreit es [das Vertraute und Bekannte; FM] aus jeglichem Bildnis. Das ist das Erregende, das Abenteuerliche, das eigentlich Spannende, dass wir mit den Menschen, die wir lieben, nicht fertigwerden: weil wir sie lieben; solange wir sie lieben.» Und umgekehrt: «Unsere Meinung, dass wir das andere kennen, ist das Ende der Liebe, jedes Mal, aber Ursache und Wirkung liegen vielleicht anders, als wir anzunehmen versucht sind – nicht weil wir das andere kennen, geht unsere Liebe zu Ende, sondern umgekehrt: weil unsere Liebe zu Ende geht, weil ihre Kraft sich erschöpft hat, darum ist der Mensch fertig für uns. Er muss es sein. Wir können nicht mehr. Wir kündigen ihm die Bereitschaft, auf weitere Verwandlungen einzugehen. Wir verweigern ihm den Anspruch alles Lebendigen, das unfassbar bleibt.»[37]

Der Schriftsteller weist auf die andere Seite jener zweischneidigen Erfahrung hin, dass Liebe blind macht. Liebe macht auch blind, weil sie auf jede Fixierung eines Bildes der geliebten Person verzichtet. Der geliebte Mensch passt in keinen vorgefertigten Rahmen und wenn, dann ist er derjenige, von dem die liebende Person ganz selbstverständlich erwartet, dass er stets aus dem Rahmen fällt. Die Bemerkungen von Max Frisch lassen sich auch so umformulieren: Liebe ist die Bereitschaft, weitere Verwandlungen des geliebten Menschen zu erwarten. Liebe ist – um ein wesentliches Anliegen der *Disability Studies* aufzunehmen – sozusagen der Generaldispens gegenüber den Strukturen kategorisierter und kalkulierbarer Normalität.

Die Kritik an den gesellschaftlichen Normalitätskonstruktionen wirft aus theologischer Sicht die Frage nach der Beziehung Gottes zu den Menschen auf, die jeder menschlichen Wahrnehmung des Mitmenschen vorausgeht (Jes 43,1).

---

[34] Vgl. Martha C. Nussbaum, Die Grenzen der Gerechtigkeit. Behinderung, Nationalität und Spezieszugehörigkeit, Berlin 2010.
[35] Vgl. Graumann, Assistierte Freiheit (Anm. 11), 139–169.
[36] Elisabeth Conradi, Take Care. Grundlagen einer Ethik der Achtsamkeit, Frankfurt a. M./New York 2001.
[37] Max Frisch, Tagebuch 1946–1949, Frankfurt a. M. 1950, 31f.

Theologie kann sich nicht mit der verbreiteten und berechtigten sozialpsychologischen Forderung nach einem ganzheitlichen Menschenbild zufriedengeben. Es geht nicht darum, den Menschen trotz oder in seiner Fragmentarität als Ganzheit wahrzunehmen, sondern darüber hinaus und viel mehr um die Ganzwerdung des Menschen vor Gott. Ganzheit ist ein Prädikat Gottes und nicht etwas, das Menschen durch eine Reform ihrer Wahrnehmung und eine Anpassung der gesellschaftlichen Strukturen herstellen können.

Der Begegnung mit dem Mitmenschen gehen theologisch die menschlichen Erfahrungen der Widerfahrnis Gottes voraus. Oswald Bayer erinnert daran, dass Gott den Menschen in vier Weisen begegnet: «in seinem *Zorn*, in dem er der Sünde überführt, anders in seiner vergebenden *Liebe*, anders auch in seiner *Langmut*, in der er [...] die alte Welt [...] erhält, erst recht aber anders in seiner schrecklichen *Verborgenheit*, in der er – für uns unentwirrbar – Leben und Tod, alles in allem wirkt».[38] Angesichts dieser Disparatheit von Erfahrungen warnt Bayer davor, «die Vielheit und Verschiedenheit, in welcher der eine Gott uns widerfährt, nicht von vornherein in eine immer schon gegebene oder denkbare Einheit zurückzuführen.»[39] Es geht darum, die Sperrigkeit des den Menschen begegnenden Gottes auszuhalten. Die Einheit Gottes lässt sich nicht systematisch auf den Begriff bringen. «Gottes Einheit als Liebe wird vielmehr allein doxologisch wahrgenommen; sie ist Grund und Gegenstand des assertorisch redenden, bekennenden Glaubens und der in ihm liegenden Hoffnung.»[40] Die «*Einzigkeit Gottes*» erschliesst sich allein in der «*Ganzheit des Glaubens*»[41] an die göttliche Zusage: «Ich bin das Alpha und das Omega, spricht Gott, der Herr, der ist und der war und der kommt, der Herrscher über die ganze Schöpfung.» (Offb 1,8) Bayer findet eine schöne Paraphrase für dieses Versprechen: «Ich bin dein einziger Gott und deshalb deine eine Zeit.» Gott lässt sich in seinem «Ich bin» «*gegenwärtig* hören».[42]

Inklusion kann im Anschluss daran verstanden werden als die Erfahrung von Gegenwärtigkeit in der Begegnung Gottes und des Mitmenschen. Die Pointe besteht in der Auslassung des fast automatisch gesetzten «mit»: nicht in der Begegnung *mit* Gott und *mit* dem Mitmenschen, d. h. nicht in der Weise, wie *ich* Gott und meinem Mitmenschen begegne, sondern umgekehrt in der Art und

---

[38] Oswald Bayer, Die Vielheit des einen Gottes und die Vielheit der Götter: Zeitschrift für Theologie und Kirche 102, 2005, 472–487 (477).
[39] Bayer, Vielheit (Anm. 38), 476.
[40] Bayer, Vielheit (Anm. 38), 477.
[41] Bayer, Vielheit (Anm. 38), 477.
[42] Bayer, Vielheit (Anm. 38), 478.

III. Gefährdetes

Weise, wie Gott und der Mitmensch *mir* begegnen, ereignet sich jene Gegenwärtigkeit, die den soziologischen Begriff der Inklusion mit spezifisch theologischen Gehalten füllt. Im Übergang von Integration zu Inklusion tauschen Subjekt und Objekt ihre Rollen. Inklusion vergrössert den Horizont der Erwartungen und den Adressatenkreis derer, an die Erwartungen gerichtet werden. Wird Inklusion als *Sein in der Beziehung stiftenden Begegnung*[43] gedacht, müssen die eingangs zitierten Aussagen über die Inklusionsabstinenz von Kirche und Theologie noch einmal überdacht werden. Würden nicht – mit Karl Barth gesprochen – das «Göttliche aus Gott» und «das Menschliche aus dem Menschen»[44] eliminiert, wenn das Prädikat der Inklusion als Forderung von aussen an die Kirche herangetragen und nicht als genuines Kennzeichen der Kirche selbst verstanden würde?

VI. Gegen einen impliziten Perfektionismus

Es spricht einiges dafür, dass der biblischen Theologie und den christlichen Kirchen Vorstellungen der Inklusion keineswegs fremd oder neu sind. Damit ist natürlich nicht schon alles zum Thema gesagt, geschweige denn getan. Kirche und kirchliche Diakonie müssen auch hier lernfähig bleiben, aber von Kirche und Theologie kann auch gelernt werden. Und auch hier kann ein Blick in die Schrift Reflexionsprozesse anregen. Die Rede von Inklusion im kirchlich-diakonischen Kontext kommt nicht an dem paulinischen Bild von der Kirche als Leib mit seinen verschiedenen Gliedern und Christus als seinem Haupt vorbei (1 Kor 12,18–27). Die Pointe der ekklesiologischen Aussagen des Paulus besteht darin, dass sich das wechselseitige Angewiesensein und die Gleichrangigkeit der Glieder keiner ethischen Egalitätsforderung oder Solidaritätspflicht verdankt, sondern allein auf der Beziehung zu dem gründet, der die Einheit der Glieder konstituiert: «Ihr aber seid der Leib Christi und jeder Einzelne ist ein Glied an ihm.» (1 Kor 12,27) Inklusion verweist deshalb nicht nur auf eine politische Strategie oder eine ethische Forderung, sondern zuerst auf die Frage nach der menschlichen Selbstwahrnehmung. Das paulinische Bild des Leibes darf durchaus wörtlich herunter

---

[43] Vgl. Dominik A. Becker, Sein in der Begegnung. Menschen mit (Alzheimer-) Demenz als Herausforderung theologischer Anthropologie und Ethik. Überarbeitet und hg. von Georg Plasger, Berlin 2010, 210.
[44] Vgl. Karl Barth, Die kirchliche Dogmatik, Bd. III/1, Zollikon-Zürich 1947, 207: «[D]ie *Analogie* zwischen Gott und Mensch [ist] sehr schlicht *die Existenz im Gegenüber von Ich und Du*. Sie ist zuerst für Gott konstitutiv; sie ist es dann auch für den von Gott geschaffenen *Menschen*. Man denke sie weg, so hat man sowohl das Göttliche aus Gott als auch das Menschliche aus dem Menschen weggedacht.»

gebrochen werden. Die Forderung nach Inklusion richtet sich dann auch gegen die engstirnige Auffassung vom Anspruchsmonopol auf den eigenen Leib und die eigenen Fähigkeiten.

Es ist vielleicht kein Zufall, dass vor einiger Zeit ausgerechnet ein Philosoph gegen diesen falsch verstandenen autonomieethischen Solipsismus den biblisch-christlichen Gedanken vom Leben als Gabe stark gemacht hat: «Den Charakter des Lebens als Gabe anzuerkennen, heisst zu erkennen, dass unsere Talente und Fähigkeiten nicht allein unser Tun sind, ja, dass sie uns nicht einmal ganz gehören, trotz der Anstrengungen, die wir unternehmen, um sie zu entwickeln und einzusetzen.»[45] Unsere Fähigkeiten und natürlichen Talente sind nicht unser eigenes Werk, «sondern vielmehr Glück – ein Ergebnis der genetischen Lotterie. Wenn unsere genetische Ausstattung eine Gabe ist, statt eines Erfolgs, für den wir Anerkennung beanspruchen können, ist es ein Fehler und eine Einbildung zu glauben, wir hätten ein Anrecht auf das volle Mass des Gewinns, den sie in einer Marktwirtschaft erzielt.»[46]

Wenn wir lernen, die verschiedenen Fähigkeiten von Menschen als *Gaben* wahrzunehmen (und erst in einem folgenden Schritt als *capabilities,* Sozialkapital oder was auch immer), kommen wir dahin, in diesen *Begabungen* die *Aufgaben* zu entdecken, deren Erfüllung wir uns wechselseitig schulden. Das gilt in beide Richtungen: im Blick auf die Aufgaben, die sich uns als Begabte stellen, und im Blick auf die Gaben, an denen wir durch die Begabungen anderer teilhaben können. Damit ist eine spezifische Aktzentverschiebung gegenüber Empowerment- und Befähigungs-Konzepten oder Graumanns Entwurf einer «Assistierten Freiheit» verbunden. Zugespitzt formuliert stehen sich an dieser Stelle die Programme einer Egalität individueller Freiheiten und einer Kommunität geteilter Gaben gegenüber. Beide Modelle mögen bei der politischen Umsetzung zu weitgehend übereinstimmenden Strategien kommen. Sie unterscheiden sich aber im Hinblick auf den Status der wechselseitigen Erwartungen, weil die individuelle Perspektive menschlicher Freiheit – ob assistiert oder nicht – inkommensurabel ist mit der gemeinschaftlichen Perspektive sich ergänzender Gabe- oder Begabungs-Beziehungen.

Schliesslich hat ein Verständnis von Inklusion als gemeinschaftliche Beziehung wechselseitiger Erwartungen auch Konsequenzen für die Lektüre der biblischen Heilungserzählungen. Trifft dann die Betonung der Veränderung des Ausgangszustandes der – in der Folge der Begegnung mit Jesus – verwandelten

---

[45] Michael J. Sandel, Plädoyer gegen die Perfektion. Ethik im Zeitalter der genetischen Technik, Berlin 2008, 48.
[46] Sandel, Plädoyer (Anm. 45), 112.

III. Gefährdetes

Person wirklich den Kern der Geschichte? Geht es dann tatsächlich um die – modern gesprochen – Befähigung zu einer eigenständigen, sozial integrierten Lebensweise? Gründet die Freude der Geheilten über die Begegnung mit Jesus überhaupt in dem Erfolg seiner Demonstration? Könnte es nicht sein, dass Jesus sich genau diesen Menschen zuwandte, weil er eine Erwartung an sie hatte, die wir uns schlicht nicht vorstellen können?

Das Kind beim Namen nennen?!

Zur metaphorischen Sprache in der Bioethik

> «Welche Art von Gegenstand etwas ist, sagt die Grammatik. (Theologie als Grammatik.).»
> *Ludwig Wittgenstein*[1]

> «Geschichten gibt es nur von aussen. [...] Jeder Mensch erfindet sich eine Geschichte, die er dann, oft unter gewaltigen Opfern, für sein Leben hält».
> *Max Frisch*[2]

I. Einleitung

«Ich wünschte, entweder mein Vater oder meine Mutter, oder fürwahr alle beide, denn von Rechts wegen oblag die Pflicht ihnen beiden zu gleichen Teilen, hätten bedacht, was sie taten, als sie mich zeugten.»[3] Mit diesen Worten beginnt die Klage des Titelhelden in dem avantgardistischen Roman von Laurence Sterne *Leben und Ansichten von Tristram Shandy, Gentleman.* Der Protagonist hadert mit seinem Schicksal, dass er lebenslang die Folgen einer kurzen Ablenkung des Vaters bei seinem Zeugungsakt zu tragen habe. Das entsprach den damaligen medizinischen Erkenntnissen über den Zeugungsakt.[4] Der naturwissenschaftlich

---

[1] Ludwig Wittgenstein, Philosophische Untersuchungen: ders., Werkausgabe Bd. 1, Frankfurt a. M. 1984, § 373.

[2] Max Frisch, Unsere Gier nach Geschichten: ders., Gesammelte Werke, Bd. IV/1, Frankfurt a. M. ²1976, 262–264 (263).

[3] Laurence Sterne, Leben und Ansichten von Tristram Shandy, Gentleman, Frankfurt a. M. o. J., I,9. Die vieldeutigen Einsichten Tristram's stehen am Beginn der Untersuchung von Anja Karnein, Zukünftige Personen. Eine Theorie des ungeborenen Lebens von der künstlichen Befruchtung bis zur genetischen Manipulation, Berlin 2013, 10f.

[4] 1804 publizierte der Direktor der *École de médecine de Paris,* Michel-Augustin Thouret, anonym eine Schrift über die künstliche Befruchtung durch Einspritzung des Samens in die Gebärmutter, die aber nicht vom Arzt, sondern vom entsprechend eingewiesenen Ehemann ausgeführt werden musste. Denn die Prozedur komme, «obschon ‹rein mechanisch› *(purement mécanique),* nicht ohne gewisse ‹Präliminarien› aus, da man davon ausgehen müsse, dass ‹das Moralische, dessen exzessiven Einfluss auf das Physi-

III. Gefährdetes

versierte Vater gibt seinem Sohn Recht: «*Meines Tristram's Unglück begann ja neun Monate bevor er überhaupt zur Welt kam.*»[5]

Die folgenden Überlegungen passen entweder ausgesprochen schlecht zum Thema «Ethik und Erzählung» oder können umgekehrt geradezu paradigmatische Bedeutung beanspruchen. Denn es geht um «etwas» bzw. «jemand», «das», «der» oder «die» zwar häufig in Erzählungen auftaucht, ohne selbst je etwas zu erzählen. Zumindest erwarten wir nichts Derartiges und folgerichtig unterstellen wir – jenseits literarischer Fiktion – keine entsprechenden Erwartungen von der Gegenseite an uns. Das *Objekt* dieser komplexen Erzählungen, um das es geht und das als erzählendes *Subjekt* notorisch verborgen bleibt, ist der menschliche Embryo.

Allerdings sorgen Tristram Shandys Ansichten auch rund zweieinhalb Jahrhunderte nach seiner Geburt immer noch für Turbulenzen. Die Aktualität seines Weltbildes zeigt sich in zwei für die aktuellen Bioethikdebatten unbequemen Fragen: 1. Was wäre, wenn das menschliche Leben nicht erst mit der Geburt beginnen würde, sondern bereits *ab ovo*, mit der Zeugung? Daraus folgt 2. Was wäre, wenn das Leben eines Menschen wesentlich davon abhängen würde, wie es ihm als Embryo ergangen ist?[6] So sehr Embryonen heute im Zentrum des öffentlichen, politischen und rechtlichen Interesses stehen, so befremdlich klingt der Gedanke von der *biografischen* (nicht nur biologisch-genetischen oder genealogischen) Verbindung zwischen dem Embryo und dem seine eigenen Anfänge

---

sche wir kennen, das Resultat der menschlichen Sensationen notwendigerweise modifiziert›.» Caroline Arni, Reproduktion und Genealogie: Zum Diskurs über die biologische Substanz: Nicolas Pethes/Silke Schicktanz (Hg.), Sexualität als Experiment. Identität, Lust und Reproduktion zwischen Science und Fiction, Frankfurt a. M./New York 2008, 293–309 (297). Arni zitiert aus Michel-Augustin Thouret, Application sur l'espèce humaine des expériences faites par Spallanzani sur quelques animaux, relativement à la fécondation artificielle des germes. Ou résultat d'une expérience qui prouve que l'on peut créer des enfants avec le concours des deux sexes mais sans leur approche, Paris 1804.

[5] Sterne, Leben (Anm. 3), I,15.
[6] Karnein, Zukünftige Personen (Anm. 3), 11, konstruiert daraus ihre instruktive Versuchsanordnung. «Das Leben beginnt nicht mit der Geburt, und viele Ereignisse, die weit davor liegen, können für das spätere Kind und schliesslich den Erwachsenen einen bedeutenden Unterschied markieren. Daraus folgt umgekehrt allerdings nicht, dass das Leben vor der Geburt von Bedeutung ist, wenn daraus keine Person entsteht, die sich daran stören könnte. Wäre Tristram nicht geboren worden, so hätte es niemanden gegeben, der aus der Perspektive der ersten Person gegen die Umstände seiner Empfängnis hätte protestieren können. Die folgenden zwei Annahmen scheinen daher beide wahr zu sein: Erstens ist es für Personen relevant, was mit den Embryonen geschah, aus denen sie sich entwickelt haben, und zweitens ist es für niemanden aus der Perspektive der ersten Person relevant, was mit Embryonen geschieht, die sich nicht als Personen entwickeln.»

reflektierenden Subjekt. Natürlich ist es eine amüsante Spinnerei, wenn sich Tristram in die Lage des Spermiums seines Vaters auf dem Weg zur Eizelle der Mutter versetzt[7] – und erinnert an Woody Allen's mitleidserregende Rolle als ängstliche Samenzelle in *Was Sie schon immer über Sex wissen wollten, aber bisher nicht zu fragen wagten.*

In beiden Storys werden biologische Vorgänge durch Personalisierungen – der Embryo/Fötus «Tristram» und das Spermium «Woody» – in den Raum kommunikativen Handelns verlegt. Die Imaginationen sind aus der Not geboren, weil dasjenige, wofür sie stehen – damals – unbekannt oder zumindest unsichtbar war. Obwohl die Geschichten irgendwo auf dem Kontinuum zwischen *Science* und *Fiction* angesiedelt sind, erheben sie einen Realitätsanspruch, der sich darin zeigt, dass sie einerseits erzählt und gehört werden und dass sie andererseits in immer neuen Varianten – auch aktuell in den Bioethikdiskursen, gynäkologischen und sogenannten Kinderwunschpraxen – als Orientierungs- und Legitimationsnarrative begegnen.[8] So unterschiedlich die Geschichten klingen mögen, teilen sie doch die gleiche Fragestellung nach den Konsequenzen, die es hätte, wenn das Objekt der Erzählungen – wider Erwarten, unter bestimmten Umständen oder später in jedem Fall – selbst zum erzählenden Subjekt würde. Auch die Zurückweisung eines solchen Szenarios unterstellt die gleiche Ausgangssituation, allerdings dann mit der Absicht, ihre Plausibilität zurückzuweisen. Und alle Geschichten kreisen um die epistemisch-konstruktivistische Herausforderung,[9]

---

[7] Vgl. Sterne, Leben (Anm. 3), 9: Tristram sorgt sich darüber, «dass mein kleiner Gentleman vor lauter Schreck, was nur natürlich ist bei einem Reisenden so jungen Alters, ganz jämmerlich erschöpft ans Ende seiner Fahrt gelangt wäre; – seine Muskelkraft und Mannheit zur Stärke eines Fadens abgezehrt; – seine eigenen Lebensgeister über alle Beschreibung zerzaust, – und dass er sich in diesem betrüblich-wirren Nervenzustand niedergelegt hätte, für neun lange, lange Monate die Beute plötzlicher Zuckungen oder einer Reihe melancholischer Träume und Einbildungen».

[8] Diese Erzählungen haben eine konstitutive Funktion, wie Luc Boltanski, Soziologie der Abtreibung, Frankfurt a. M. 2007, 92: «Was verleiht dem Menschen durch das Fleisch die Bestätigung durch das Wort? Sie ändert kaum oder gar nicht die Kennzeichen, die denen von einer Frau und einem Mann geborenen Wesen die Eigenschaft verleiht, vom Standpunkt des Tangiblen aus Menschen zu sein [...]. [...] Dagegen verleiht allein die Bestätigung durch das Wort den Wesen eine Eigenschaft, die für ihre Anerkennung als Menschen wesentlich ist, nämlich ihre Einzigartigkeit oder Singularität.»

[9] Zur Konstruktion des Embryos/Fötus im Kontext der biotechnologischen Fortpflanzungsmedizin vgl. grundlegend Andreas Bernard, Kinder machen. Neue Reproduktionstechnologien und die Ordnung der Familie. Samenspender, Leihmütter, Künstliche Befruchtung, Frankfurt a. M. 2014 und Boltanski, Soziologie (Anm. 8), bes. Kapitel V. Zur Funktion des Konstruktivismus bemerkt er: «Wie man im Fall des Rechts besonders deutlich sieht, ist der Konstruktivismus in erster Linie ein Verfahren, das die Gesellschaften

III. Gefährdetes

wie der Übergang oder die Transformation vom Objekt ‹Zellhaufen› oder ‹Embryo› zum Subjekt ‹Kind› vor sich gehen und plausibel gemacht werden kann. Im Mittelpunkt steht die ganz simpel klingende Frage: Wie wird aus dem medizinischen *Embryo,* das erwünschte *Kind* von Eltern, die dafür biomedizinische Hilfe in Anspruch nehmen? Die Fragestellung setzt dabei bereits eine Antwort auf die ebenfalls hoch kontroverse Frage nach der Ausgangsfigur des Embryos voraus.

Weil Geschichten über Embryos eine normative Funktion erfüllen und auf einen moralischen Anspruch reagieren, liegt eine erkenntniskritische Reflexion ihrer Versuchsanordnungen nahe, die auf die Struktur solcher Erzählungen fokussiert. Dafür wird auf die sozial- und gesellschaftstheoretische Figur des Dritten zurückgegriffen, die seit einiger Zeit in Teilen der Soziologie und Gesellschaftstheorie eine Renaissance erlebt. Das soziologische Erklärungsmodell bietet ein heuristisches Instrumentarium für den Entwurf einer Taxonomie der Erzählstruktur von Geschichten über Embryos, die als Grundlage für eine ethische Metareflexion über Bioethik dienen kann. Die folgenden Überlegungen zielen lediglich auf die Explikation und Begründung eines Arbeitsprogramms und gliedern sich in vier Teile: Auf eine einleitende Erinnerung an ein einflussreiches Plädoyer für die Imagination in der Ethik (2.), folgt ein kurzer Überblick über das Verständnis von Embryonen in gegenwärtigen bioethischen Debatten (3.). Anschliessend wird ein heuristisches Ordnungsschema vorgestellt und in differenztypologischer Absicht auf das Thema angewendet (4.). Einige mögliche Konsequenzen aus den Befunden für die Bioethik und die Bedingungen, Möglichkeiten und Grenzen ihrer Erzählungen beschliessen meine Überlegungen (5). Vor dem Hintergrund der Frage nach der Bedeutung der Narrativen Ethik in medizinischen und biotechnologischen Zusammenhängen geht es um die Plausibilisierung der These, dass Moralerzählungen konstitutiv auf eine ethische Erzählkritik angewiesen sind, um dem latenten strategischen Reduktionismus zu begegnen, Bioethik auf eine interessengeleitete Form von Moralrhetorik zu reduzieren.

---

anwenden, wenn sie sich Widersprüchen stellen, die sie nicht anders lösen können, als in verschiedenen Kategorien Wesen unterzubringen suchen, die, da sie in verschiedenen Kontexten Behandlungen erfahren, deren Rechtfertigung an widersprüchliche Prinzipien appellieren würde, vollkommen von den sie betreffenden Qualifikationen gedeckt werden müssen. Die Prädikate haben also dann den Vorzug im Vergleich zu den Subjekten der Prädikation. Ein und dieselbe Entität ist aufgeplatzt in ebenso viele Wesen, wie es sozial zutreffende Prädikate gibt, um sie in verschiedenen inkompatiblen Zusammenhängen zu qualifizieren.» (Boltanski, Soziologie [Anm. 8], 279).

II. Ethik im Konjunktiv

Die anfängliche Beobachtung von der eigentümlichen Konstellation zwischen Science und Fiction in den Storys von Laurence Sterne und Woody Allen ist nicht nur künstlerisch reizvoll, sondern hat eine methodenkritische Pointe. Seit ihren systematischen Anfängen bei Aristoteles beschäftigt sich Ethik mit dem beobachtbaren Verhalten von Menschen. Ihr Gegenstand ist die menschliche Praxis, das Handfeste, Wahrnehmbare, Sichtbare und Gestaltbare. Erst die technologischen Entwicklungen der vergangenen 50 Jahre zwangen die Disziplin zu einem grundsätzlichen Umdenken. Sie sah sich genötigt, neue Handlungsoptionen auf ihre möglichen, zukünftigen Wirkungen hin zu befragen. Aus Ethik wurde eine Art Zukunftsforschung mit allen Unwägbarkeiten, die damit – diesseits von Glaskugeln und Kaffeesatz – verbunden sind. Aus der Not notorischer Zukunftsblindheit machte Hans Jonas Ende der 1970er Jahre eine epochale Tugend. Für die Beurteilung der Folgen des Einsatzes neuer Technologien empfahl er das Prinzip: «in dubio pro malo».[10] Die «*erste Pflicht der Zukunftsethik*» bestehe in der sorgfältigen «*Beschaffung der Vorstellung von den Fernwirkungen*» neuer Technologien.[11] Häufig wird überlesen, dass es gerade nicht um empirischwissenschaftlich abgestützte Prognosen, Technikfolgenabschätzung oder Risikomanagement geht, sondern um die Entwicklung und Reflexion von *Vorstellungen* möglicher Technologiefolgen. Jonas plädiert für eine ethische «Futurologie», die darauf zielt, ihre Erkenntnis «in der *Anschauung*» zu erleben und «das ihm angemessene *Gefühl* in uns zu erzeugen, das zum Handeln bewegt».[12] Eine futurologische Ethik ist eine *Ethik im Konjunktiv* – nicht im Blick auf ihre Äusserungen, wohl aber hinsichtlich ihres Gegenstandes. Und weil ihr zwar viele Probleme, nicht aber in jedem Fall die entsprechenden Gegenstände, vor die Füsse fallen, kommt eine solche Ethik im Konjunktiv nicht darum herum, eigene Wahrnehmungsweisen und Plausibilisierungskonzepte zu entwickeln. Eine Ethik im Kon-

---

[10] Hans Jonas, Technik, Medizin und Ethik. Praxis des Prinzips Verantwortung, Frankfurt a. M. 1985, 67.
[11] Hans Jonas, Das Prinzip Verantwortung. Versuch einer Ethik für die technologische Zivilisation, Frankfurt a. M. 1979, 74.
[12] Jonas, Technik (Anm. 10), 65. Bezeichnenderweise lässt Dieter Birnbacher, Haben Embryonen Rechte?: Eckart Klein/Christoph Menke (Hg.), Der Mensch als Person und Rechtsperson. Grundlage der Freiheit, Berlin 2011, 149–169 (168f.) – ohne Hinweis auf Jonas – «stabile Gefühle von Angst und Abwehr» als einziges moralisches Argument gegen die Embryonenforschung gelten.

junktiv muss als Anleitung zur Wahrnehmungssensibilisierung konzipiert werden, gemäss dem Motto von Emanuel Levinas: «Die Ethik ist eine Optik».[13] Was sind dann aber die Gegenstände einer solchen Ethik?

III. Der Embryo – Anmerkungen zu einem schillernden Begriff

Über Embryonen kursieren viele Geschichten, über die sich die Protagonisten selbst notorisch ausschweigen. Man könnte die unspektakuläre Beobachtung auf sich beruhen lassen, ginge es lediglich um Embryonen – wer oder was immer sie sein mögen. Aber das noch junge Interesse an ihnen ist bekanntlich kein Selbstzweck, sondern steht in dem grösseren Zusammenhang der biomedizinischen und biopolitischen Organisation menschlicher Reproduktion. *Wo immer von Embryonen die Rede ist, wird Fortpflanzung zum Politikum und damit zu einer öffentlichen Angelegenheit.*[14] Embryonen begegnen überall in Politik und Medien, das sprachwissenschaftliche Interesse an den einschlägigen Diskussionen hat in den letzten Jahren stark zugenommen und eine empirisch orientierte Bioethik analysiert die Meinungen der verschiedenen Akteurs- und Betroffenengruppen auf ihre normative Valenz. Die Wissenschaftshistorikerin Barbara Orland bemerkt: «Vom Embryo ist ständig die Rede. Ob in vivo oder in vitro, überzählig, verwaist, kryokonserviert, für die Forschung benutzt oder zur Adoption freigegeben, Embryonen geistern durch die Gesellschaft, beschäftigen Politiker, Ethiker, Juristen, Wissenschaftler und nicht zuletzt diejenigen, die sich nichts sehnlicher als ein Kind wünschen. Das früheste und im Vergleich kürzeste Entwicklungsstadium eines menschlichen Lebens ist zu einem Politikum geworden, der Embryo zur Alltagsfigur. Doch wie lebt es sich eigentlich als Embryo? Wie sieht der Alltag des Menschen im Embryonalstadium aus?»[15] Wir wissen

---

[13] Emmanuel Levinas, Totalität und Unendlichkeit. Versuch über die Exteriorität, Freiburg i. Br./München 1987, 23.

[14] Die Debatten zum Verhältnis von Biomedizin und Biopolitik sind wesentlich geprägt durch die Arbeiten von Michel Foucault, vgl. Michel Foucault, Der Wille zum Wissen. Sexualität und Wahrheit 1, Frankfurt a. M. 1983; ders., In Verteidigung der Gesellschaft. Vorlesungen am Collège de France 1975–1976, Frankfurt a. M. 1999; ders., Die Geburt der Biopolitik. Geschichte der Gouvernementalität II. Vorlesung am Collège de France 1978–1979, Frankfurt a. M. 2004; dazu Thomas Lemke, Gouvernementalität und Biopolitik, Wiesbaden 2007.

[15] Barbara Orland, Labor-Reproduktion: Die Identität des Embryos zwischen Natur, Technik und Politik: Nicolas Pethes/Silke Schicktanz (Hg.), Sexualität als Experiment. Identität, Lust und Reproduktion zwischen Science und Fiction, Frankfurt a. M. 2008, 307–326 (307).

zwar nach wie vor nicht so recht, was Embryonen sind, aber dafür umso genauer, wie die Gesellschaft über sie und ihren Umgang denkt.

Wer spricht wie und wovon, wenn über Embryonen diskutiert wird? Genauer: Wer oder was ist mit dem grammatikalischen Subjekt «Embryo» in entsprechenden Äusserungen gemeint? Im Gegensatz zu diesem vieldiskutierten Themenkomplex stösst eine andere Fragestellung auf erstaunlich wenig Resonanz: Wie wird aus dem biowissenschaftlichen Referenzobjekt «Embryo» das ersehnte «Kind», für das seine Eltern oder Mutter die Strapazen fortpflanzungsmedizinischer Behandlungen auf sich nehmen? Erkenntniskritisch gewendet: Durch welchen Transformationsriemen sind die biotechnologischen und bioethischen Sprachspiele mit einer Eltern- bzw. Muttergrammatik verbunden? Besteht überhaupt eine Verbindung? Anders gefragt: Haben *Embryonen* Mütter und Väter? Und umgekehrt: Können *Paare* oder *Frauen* die Eltern bzw. Mütter von Embryonen werden? Oder methodenkritisch zugespitzt: Sind Embryonen überhaupt Gegenstände von Ethik?

Eines steht fest: Der semantische Übergang im fortpflanzungsmedizinischen und bioethischen Diskurs vom *Embryo* zum *Kind,* also der sprachliche Wechsel von *diesen Embryonen* zu *meinem* resp. *unserem Kind* bildet den Angelpunkt der Entscheidungssituation in der Präimplantationsdiagnostik (PID). Zwar wählt ein Paar gemäss der biotechnologischen Standarderzählung zwischen Embryonen aus, aber nicht, um Eltern von Embryonen zu werden, sondern von einem möglichst gesunden Kind. Dieser Zusammenhang erscheint aus der Alltagsperspektive trivial, weil sie die Unterscheidung zwischen *Embryo* und *Fötus* weitgehend nivelliert. «Zum Begriff ‹Embryo› assoziieren die meisten Menschen das Bild eines Fetus der 5. bis 6. Entwicklungsmonats.»[16] Die bildgebenden medizinischen Diagnoseverfahren und die aufsehenerregenden Fotos von Lennart Nilsson im LIFE-Magazine von 1965, haben den Fötus zu einem «Emblem oder Idol» werden lassen, «das der Schwangeren eine normative Deutung von dem vorgibt, was in ihr vorgeht».[17] Entsprechend könne – wie Julia Diekämper bemerkt – «[ü]ber narrative Strategien wie etwa der Anthropomorphisierung [...] der Embryo nicht nur zum Menschen, sondern [...] zumindest potentiell auch zum Opfer werden».[18] Das Alltagsverständnis orientiert sich mehr oder weniger an Tristrams

---

[16] Christine Hauskeller, Stammzellenforschung und Menschenwürde. Plädoyer für einen Blickwechsel: Matthias Kettner (Hg.), Biomedizin und Menschenwürde, Frankfurt a. M. 2004, 145–171 (155).
[17] Hauskeller, Stammzellenforschung (Anm. 16), 155, mit Verweis auf Barbara Duden.
[18] Julia Diekämper, Reproduziertes Leben. Biomacht in Zeiten der Präimplantationsdiagnostik, Bielefeld 2011, 146; vgl. dies., Das Spiel des Lebens. Die Menschwerdung des

Welt. Durch Personalisierung werden Embryonen zum hybriden Gegenüber und damit zu Adressaten unserer moralischen Intuitionen. Der von mir unterstellte semantische Graben zwischen *Embryo* und *Kind* existiert im Alltagsverständnis – jedenfalls bis heute – nicht.

Dem entspricht in gewisser Weise der erkenntniskritische Befund von Christine Hauskeller: «Der frühe Embryo ist ein wissenschaftliches und gesellschaftliches Konstrukt, dessen Status ausgehandelt werden muss. [...] Der technisch vermittelte Blick auf dieses Konstrukt lässt sich ganz offenbar je nach Zugang ausgesprochen unterschiedlich deuten und gibt also keine Richtschnur für eine Statusbestimmung.»[19] Die sachliche und normative Heterogenität des Interpretationskonstrukts «Embryo» wird von neueren germanistischen und sprachwissenschaftlichen Untersuchungen über die öffentlichen und politischen Embryonendebatten eindrucksvoll bestätigt.[20] Constanze Spiess stellt in ihrer

---

Embryos mit den Mitteln der Sprache: Sascha Dickel/Martina Franzen/Christoph Kehl (Hg.), Herausforderung Biomedizin. Gesellschaftliche Deutung und soziale Praxis, Bielefeld 2011, 111–127 (bes. 117–127). Allerdings wäre kritisch zu fragen, ob die mit dem Begriff «Anthropomorphisierung» angezeigte Transformation – wie sie etwa Tierfabeln als Konstruktionsprinzip zugrunde liegt – auch eine im Blick auf *menschliche* Embryonen angemessene Differenz markiert. Denn Sinn macht eine solche narrative Strategie nur unter der Prämisse, dass menschliche *Embryonen* keine menschlichen *Wesen* sind.

[19] Hauskeller, Stammzellenforschung (Anm. 16), 159.

[20] Vgl. Claudia Breger u. a. (Hg), Engineering life. Narrationen vom Menschen in Biomedizin, Kultur und Literatur, Berlin 2008; Diekämper, Reproduziertes Leben (Anm. 18); dies., Spiel des Lebens (Anm. 18); dies., Das Liebes-Kind. Anerkennung zwischen staatlichem Paternalismus und Fortpflanzungsautonomie: Giovanni Maio/Tobias Eichinger/Claudia Bozzaro (Hg.), Kinderwunsch und Reproduktionsmedizin. Ethische Herausforderungen der technisierten Fortpflanzung, Freiburg i. Br./München 2013, 355–380; Silke Domasch, Biomedizin als sprachliche Kontroverse. Die Thematisierung von Sprache im öffentlichen Diskurs zur Gendiagnostik, Berlin/New York 2007; dies., Sprachliche Grenzen. Linguistische Anmerkungen zu einer biopolitischen Debatte: Hans Werner Ingensiep/Theda Rehbock (Hg.), «Die rechten Worte finden ...» Sprache und Sinn in Grenzsituationen des Lebens, Würzburg 2009, 323–334; dies., Zum sprachlichen Umgang mit Embryonen. Semantische Konkurrenzen innerhalb des biomedizinischen Diskurses zur Präimplantationsdiagnostik: Ekkehard Felder (Hg.), Semantische Kämpfe. Macht und Sprache in den Wissenschaften, Berlin/New York 2006, 99–125; dies., *nicht implantieren, verwerfen, absterben lassen*. Zur sprachlichen Konstitution neuer biomedizinischer Sachverhalte am Lebensbeginn: Sigrid Graumann/Katrin Grüber (Hg.), Grenzen des Lebens, Berlin 2007, 165–178; Irmela Marei Krüger-Fürhoff, Vernetzte Körper. Zur Poetik der Transplantation: Jürgen Barkhoff/Hartmut Böhme/Jeanne Riou (Hg.), Netzwerke. Eine Kulturtechnik der Moderne, Köln 2004, 107–126; Constanze Spiess, Diskurshandlungen. Theorie und Methode linguistischer Diskursanalyse am Beispiel der Bioethikdebatte, Berlin/Boston 2011; dies., Sprachliche Dynamiken im Bioethikdiskurs. Zum Zusammenspiel von Theorie, Methode und Empirie bei der Analyse öffentlich-politischer Diskurse:

Untersuchung zur Bioethikdebatte in den grossen deutschen Tages- und Wochenzeitungen zwischen 1998 und 2002 eine Liste von Attributen zusammen, mit denen Embryonen genauer bestimmt werden:

> «eingefroren, erzeugt, gezeugt, getötet, gewonnen, heranwachsend, hergestellt, menschlich, tiefgefroren, todgeweiht, überschüssig, überzählig, übrig, übriggeblieben, verwaist, verworfen, zusätzlich, zerpflückt».[21]

Im Blick auf die verwendeten Nominationen des Referenzobjekts «verschmolzene Ei- und Samenzelle» zeigt sich sprechergruppenspezifisch – Forschungsbefürworter, -gegner und Neutralgruppe ein komplexer lexikalischer Befund, den Spiess kommentiert:

> «Während Forschungsbefürworter dazu tendieren, das Merkmal des ‹Verwertungsaspekts› zu betonen und demzufolge Bezeichnungen wählen, die das Merkmal ‹Mensch› nicht enthalten, präferieren Forschungsgegner in erster Linie Bezeichnungen, die die Aspekte ‹Mensch›, ‹Individualität›, ‹Einzigartigkeit› in den Vordergrund stellen. [...] Drei Dinge werden an dieser speziellen Sprachstrategie deutlich: es gibt keine neutrale bzw. objektive Bezeichnung, die jeweilige Bezeichnung ist immer schon in einem bestimmten weltanschaulichen Kontext verortet, zum anderen zeigt sich darin, dass Nominationskonkurrenzen immer zugleich Bedeutungskonkurrenzen sind und zum dritten werden hier Konflikte zwischen und innerhalb der einzelnen Wissensgebiete offenbaren.»[22]

Die unterschiedlichen sprachlichen Realisierungen konstituieren «Sachverhalte/Wirklichkeiten [...], die wiederum Auswirkungen auf weitere sprachliche Konstituierungsprozesse haben»,[23] vor allem im Blick auf die zentralen Vorstellungen vom Leben resp. Lebensbeginn und von der Menschenwürde. Beim «Lebensbeginn» lassen sich nach Spiess zehn Bedeutungsaspekte unterscheiden, die mit dem Vorkernstadium bzw. der Verschmelzung von Ei- und Samenzelle beginnen und bis zur Fähigkeit der Selbstbestimmung reichen.[24] Die genannten Bestimmungen des Lebensanfangs sind – unseren Wertvorstellungen entspre-

---

Dietrich Busse/Wolfgang Teubert (Hg.), Linguistische Diskursanalyse. Neue Perspektiven, Wiesbaden 2013, 321–343; dies. (Hg.), Sprachstrategien und Kommunikationsbarrieren. Zur Rolle und Funktion von Sprache in bioethischen Diskursen, Bremen 2012 (darin bes. die Beiträge von Silke Domasch, Matthias Kettner, Walter Lesch, Constanze Spiess und Rainer Wimmer).

[21] Spiess, Diskurshandlungen (Anm. 20), 306.
[22] Spiess, Diskurshandlungen (Anm. 20), 313f.
[23] Spiess, Diskurshandlungen (Anm. 20), 314.
[24] Spiess, Diskurshandlungen (Anm. 20), 324.

III. Gefährdetes

chend – ausnahmslos positiv konnotiert. Das gilt in gleicher Weise für den Begriff der Menschenwürde, der in ein bestimmtes Verhältnis zum Lebensanfang und Lebensschutz gerückt wird.[25] Zusammenfassend hält Spiess fest, «dass die Legitimation gegnerischer Positionen gleichermassen mit dem Prinzip *Menschenwürde* erfolgt; die evaluative Bedeutungsdimension ist in allen Verwendungsweisen positiv. [...] Hinsichtlich der Thematisierung von *Menschenwürde* lassen sich [...] die Argumentationen in deontologische wie auch in utilitaristische bzw. konsequenzialistische Argumentationstypen differenzieren, die sich prototypisch als Instrumentalisierungs-Topos und Menschenwürde-Topos (deontologisch) oder als Topos vom Helfen und Heilen (utilitaristische) sprachlich konkretisieren.»[26]

Die lexikalischen Befunde decken sich *grosso modo* mit einer Analyse der einschlägigen bioethischen Fachdiskurse: Zwischen den kategorischen Statuszuschreibungen von Embryonen als «etwas» und als «jemand» positionieren sich unterschiedliche gradualistische Personen-, Würde- und Schutzkonzepte, die mehr oder weniger explizit auf die bekannten SKIP-Argumente reagieren.[27] Politische Pragmatik und gradualistische Ethikentwürfe beantworten die Frage nach dem Verhältnis zwischen Embryo und Kind mithilfe bestimmter Hintergrundtheorien zur ontogenetischen Entwicklung oder zu den Konstitutionsbedingungen von Eltern-Kind-Beziehungen und daran anschliessenden Personen-, Würde- und Schutzverständnissen.[28] Allerdings werden auch gradualistische

---

[25] Spiess, Diskurshandlungen (Anm. 20), 339.

[26] Spiess, Diskurshandlungen (Anm. 20), 343f.

[27] Das Akronym «SKIP» steht für die vier zentralen Argumente in der moralischen Statusdiskussion: *S*pezies-, *K*ontinuitäts-, *I*dentitäts- und *P*otenzialitätsargument. Zur Frage des abgestuften Rechtsschutzes von Embryonen und Föten vgl. Norbert Hoerster, Ethik des Embryonenschutzes. Ein rechtsphilosophischer Essay, Stuttgart 2002; Matthias Kettner (Hg.), Biomedizin und Menschenwürde, Frankfurt a. M. 2004; Konrad Hilpert/Dietmar Mieth (Hg.), Kriterien biomedizinischer Ethik. Theologische Beiträge zum gesellschaftlichen Diskurs, Freiburg i. Br. 2006; Gesa Lindemann, Moralischer Status und menschliche Gattung. Versuch einer soziologischen Aufklärung: Deutsche Zeitschrift für Philosophie 58, 2010, 359–376; Ruth Macklin, Dignity is a Useless Concept: British Medical Journal 327, 2003, 1419–1420; Walter Schweidler/Herbert A. Neumann/Eugen Brysch (Hg.), Menschenleben – Menschenwürde. Interdisziplinäres Symposium zur Bioethik, Münster 2002; Walter Schweidler/Thomas Sören Hoffmann (Hg), Normkultur versus Nutzenkultur. Über kulturelle Kontexte von Bioethik und Biorecht, Berlin/New York 2006; Peter Strasser/Edgar Starz (Hg.), Personsein aus bioethischer Sicht, Stuttgart 1997; Mary Anne Warren, Moral Status. Obligations to Persons and Other Living Things, Oxford/New York 1997.

[28] Die ansonsten sinnlose Frage nach dem Primat von Huhn oder Ei – also Recht oder Moral – erhält hier tatsächlich ihre Berechtigung. Denn ein zentrales Argument für

Konzepte die Dilemmata nicht los, die ihre gegenüberliegenden Grenzpfosten kennzeichnen: 1. Werden Embryonen mit dem Kind gleichgesetzt, für das die Eltern biomedizinische Hilfe in Anspruch nehmen, dann scheint es unmöglich, ein Verfahren zu legitimieren, das Selektionsentscheidungen zwischen sozusagen *embryonalen Kindern* impliziert. 2. Wird dagegen eine biologische, ontologische, rechtliche oder ethische Demarkationslinie zwischen Embryonen und Kind

---

die Einführung der Präimplantationsdiagnostik (PID) besteht in der – sachlich fragwürdigen aber politisch wirkungsvollen – konsequentialistisch-nutzenorientierten Gleichsetzung von Embryonenselektion und straffreier Praxis des Schwangerschaftsabbruchs im Rahmen der Pränataldiagnostik (PND): Wenn es erlaubt ist, einen bis zu 12 Wochen alten Fötus abzutreiben, wäre es widersprüchlich, Embryonen in einem weitaus früheren Entwicklungsstadium nicht verwerfen zu dürfen. Dem Abort entspricht die Entsorgung überzähliger Embryonen. Allerdings sitzt das Argument einem Äpfel-Birnen-Vergleich auf. Karnein bemerkt: «Das Recht einer Frau, ihre Schwangerschaft zu beenden, konnte stets verteidigt werden, indem man sich auf ihr Recht auf Selbstbestimmung und körperliche Integrität berief. Im Falle von Embryonen, die ausserhalb des weiblichen Organismus erzeugt werden, also Embryonen in vitro, gibt es allerdings kein ähnlich zwingendes Interesse, an das wir appellieren könnten.» (Karnein, Zukünftige Personen [Anm. 3], 12) Der leibliche Zustand der Frau *als Schwangere* ist der – einzige – Grund, warum ihrem Leben Priorität gegenüber dem Leben des Kindes eingeräumt wird. Die Begründung lautet also nicht, dass es bis zu einer bestimmten Entwicklungsstufe erlaubt sei, über das Leben von Kindern frei zu verfügen. Vielmehr wird die Tötung eines Fötus nur als Folge der Absicht, Leben und körperliche Integrität der Mutter zu schützen, in Kauf genommen. Der Fehlschluss von dem Schwangerschaftsabbruch auf die PID ist ein dreifacher mit einer verblüffenden Pointe: 1. Bei der PID gibt es gar keine Leben-gegen-Leben-Konstellation und damit keine entsprechende Güterabwägung. 2. Unter der sachlich unzutreffenden Fokussierung auf die Handlungsfolgen – abgetriebener Fötus – verworfene Embryos – wandelt sich die Frage nach dem Schutz der Mutter (beim Schwangerschaftsabbruch) in die Frage nach der elterlichen Freiheit bei der Wahl ihres Kindes (bei der PID). 3. Weil die Frau von der PID nicht leiblich betroffen ist und deshalb ihre Selbstbestimmung und körperliche Integrität nicht in Gefahr sind, läuft die Legitimationsfigur des Schwangerschaftsabbruchs komplett ins Leere. Die rechtliche Regelung des Schwangerschaftsabbruchs liefert also der PID keine (abgeleitete) Legitimation, sondern – im Gegenteil – Embryonen *in vitro* einen komfortablen Schutz. Die Legitimation des Schwangerschaftsabbruchs bietet ein starkes Argument für die Unantastbarkeit von Embryonen *in vitro*. Embryonen-Selektion kann sich jedenfalls nicht auf die Gründe berufen, die einen Schwangerschaftsabbruch rechtfertigen. Vgl. zur Diskussion aus theologisch-ethischer Sicht Johannes Fischer, Menschenwürde und Anerkennung. Zur Verwendung des Menschenwürdebegriffs in der Debatte über den Status des vorgeburtlichen Lebens: Zeitschrift für evangelische Ethik 51, 2007, 24–39 und kritisch Marco Hofheinz, Gezeugt, nicht gemacht: In-vitro-Fertilisation in theologischer Perspektive, Münster 2008, 282f. et passim. sowie Markus Zimmermann, Sollte die Präimplantationsdiagnostik (PID) unter den gleichen Voraussetzungen zulässig sein wie die Pränataldiagnostik (PND)? Gutachten zur rechtlichen Regelung der Präimplantationsdiagnostik aus ethischer Sicht, Freiburg i. Ue. 2012.

III. Gefährdetes

gezogen, wandelt sich die medizinische Behandlung ungewollt kinderloser Paare zu einer biotechnologischen Strategie, die von der angestrebten Elternschaft vollständig abgekoppelt würde. Julia Diekämper fasst zusammen: «Der mediale Embryo/Fötus ist Produkt eines unauflösbaren Antagonismus. Entweder er ist ein Mensch oder er ist ein Forschungsobjekt; entweder er zeigt sich als kleiner ‹fertiger› Mensch oder als Zellhaufen; entweder er dient zur ‹Erzeugung› einer Schwangerschaft oder er wird zu Forschungszwecken verwandt: Beides geht nicht zusammen.»[29]

IV. Tertium datur?

1. Die Entdeckung des Dritten

Der Hinweis auf sozialtheoretische Konzeptionen des Dritten dient der Konstruktion einer heuristischen Matrix zur Strukturierung bioethischer und -politischen Embryonendiskussionen. Die Theoriegeschichte des Dritten oder der Tertiarität beginnt mit der Geburt der Soziologie selbst.[30] In Emile Durkheims Theorie der Vergesellschaftung bildet die Figur des Dritten den *«missing link»* (Joachim Fischer) zwischen kontingenter Interaktion und gesellschaftsstabilisierender Institution.[31] Die Pointe triadischer Erklärungsmodelle besteht in der Einsicht, dass die klassische Intersubjektätsdyade von *alter* und *ego* immer schon

---

[29] Diekämper, Reproduziertes Leben (Anm. 18), 242.
[30] Vgl. Thomas Bedorf, Dimensionen des Dritten. Sozialphilosophische Modelle zwischen Ethischem und Politischem, München 2003; Thomas Bedorf/Joachim Fischer/Gesa Lindemann (Hg.), Theorien des Dritten. Innovationen in Soziologie und Sozialphilosophie, München 2010; Wolfgang Essbach (Hg.), Wir/Ihr/Sie. Identität und Alterität in Theorie und Methode, Würzburg 2001; Eva Esslinger u. a. (Hg.), Die Figur des Dritten. Ein kulturwissenschaftliches Paradigma, Frankfurt a. M. 2010; Dietmar J. Wetzel, Diskurse des Politischen. Zwischen Re- und Dekonstruktion, München 2003; Joachim Fischer, Der Dritte/Tertiarität. Zu einer Theorieinnovation in den Kultur- und Sozialwissenschaften: Hans-Peter Krüger/Gesa Lindemann (Hg.), Philosophische Anthropologie im 21. Jahrhundert, Berlin 2006, 146–163; Gesa Lindemann, Soziologie – Anthropologie und die Analyse gesellschaftlicher Grenzregimes: Krüger/Lindemann (Hg.) Anthropologie, 42–62; dies., Die dritte Person – das konstitutive Minimum der Sozialtheorie: Krüger/Lindemann (Hg.) Anthropologie, 125–145; Hans-Peter Krüger, Die Antwortlichkeit in der exzentrischen Positionalität. Die Drittheit, das Dritte und die dritte Person als philosophische Minima: ders./Lindemann (Hg.), Anthropologie, 164–183; Hannes Kuch, Der Herr, der Knecht und der Dritte: bei Hegel und nach Hegel: Gert Albert/Rainer Gresshoff/Rainer Schützeichel (Hg.), Dimensionen und Konzeptionen von Sozialität, Wiesbaden 2010, 47–63.
[31] Zur Bedeutung von Simmel für eine Sozial- und Gesellschaftstheorie des Dritten

eine prästrukturierende «alter-ego-tertius»-Konstellation (Gesa Lindemann) voraussetzt. Joachim Fischer formuliert programmatisch: «Wenn die Relevanz des ‹Dritten› angesprochen ist, dann ist damit nicht ‹das Dritte› gemeint – das Objekt, den Gegenstand, das Thema –, auf das sich ego und alter ego beziehen. Klar ist auch, dass ‹der Dritte› nicht ‹das Dritte› im Sinne des Mediums meint – die Sprache, der Code, der Diskurs, das System –, das sich zwischen ego und alter ego bildet oder in dem sie als immer schon vermittelt vorgestellt werden. Über den Anderen hinaus den ‹Dritten› in der Sozialtheorie zu postulieren, heisst ihn als eine Figur vermuten, die nicht auf den Anderen reduziert (eine Wiederholung der Funktionen des Anderen) und die in ihrer Potenz und in der Brisanz ihrer Effekte nicht durch die Figur eines Vierten oder Fünften überboten werden kann. Die über den Dritten geführte Sozialtheorie verändert den Blick auf die Identität, aber auch den auf Alterität und weiter den auf Pluralität oder Komplexität. Der Dritte oder die ‹Tertiarität› ist der Kniff zwischen Identität und Alterität und Alterität und Komplexität.»[32]

Was damit gemeint ist, zeigt sich unmittelbar im Blick auf die Eltern-Kind-Beziehung, die bei der Entdeckung des Dritten Pate gestanden hat. Emile Durkheim beobachtet: «Dass Verhältnisse zu zweien überhaupt als solche spezifische Züge haben, zeigt nicht nur die Tatsache, dass der Zutritt eines dritten sie ganz abändert, sondern mehr noch die vielfach beobachtete: dass die weitere Ausdehnung auf vier oder mehrere das Wesen der Vereinigung keineswegs noch entsprechend modifiziert. So hat z. B. die Ehe mit einem Kind einen völlig anderen Charakter als eine kinderlose, während sie sich gegen die Ehe mit zwei oder

---

vgl. zuletzt Joachim Fischer, Die Triade. Gründungsszene der Simmelschen Soziologie: Sina Farzin/Henning Laux (Hg.), Gründungsszenen soziologischer Theorie, Wiesbaden 2014, 55–66 (64): «Bei Simmels triadischer Soziologie handelt es sich um eine spezifische Gründungsszene der Soziologie – alternativ zu allen Soziologien im 20. Jahrhundert, die die dyadische Gründungsszene von ego und alter ego operativ evozieren und präferieren (Husserl, Schütz, Buber, Löwith, Sartre [...]) oder den Soziologien, für die das Soziale immer schon in einem anonymen Dritten (das Dritte) als transsubjektiver Grösse (Medium, Struktur, System, Sprache) gründet (Lévi-Strauss, Foucault, Bourdieu [...]). Simmels Figurationstheorie des (personalen, als Figur gemeinten) Dritten ist insofern kontrastscharf nicht nur gegenüber sowohl der dyadischen Intersubjektivitätstheorie der Anerkennung (in der Linie Hegel-Habermas-Honneth) und der Sozialtheorie der doppelten Kontingenz (in der Linie Parsons-Luhmann), sondern auch gegenüber allen Transsubjektivitätstheorien kollektiver Grössen – vom ‹objektiven Geist› bis hin zu ‹Diskursformationen›.» Vgl. ders., Der lachende Dritte. Schlüsselfigur der Soziologie Simmels: Esslinger u. a. (Hg.), Figur des Dritten (Anm. 30), 193–207; Bedorf, Dimensionen des Dritten (Anm. 30), 101–154.

[32] Fischer, Der lachende Dritte (Anm. 31), 151.

III. Gefährdetes

mehr Kindern lange nicht mehr so bedeutsam unterscheidet.»³³ Es geht um die konstitutive Funktion des Dritten, der nicht in der Dyade von ‹ich› und ‹anderem› aufgeht, sondern als anderer ‹Anderer› die alter-ego-Beziehung in Form eines triadischen Verhältnisses umstrukturiert. Aus methodischer Sicht noch einmal Joachim Fischer: «Familiarität lässt sich gar nicht anders fassen als ein Inventar von dyadischen *und* triadischen Relationen. Elementar sozialbiologisch ist die dritte Position des Kindes ein Resultat von Vater und Mutter, wie umgekehrt sozio-kulturell die emotionalkognitive Sozialisation jedes Neuankömmlings sich in einer Triangulierung entfaltet. Ödipale Konstellation meint immer zugleich das faktische geschlechts- und generationendifferente Soziodrama des Kindes im Verhältnis zu Vater und Mutter wie den ‹Familienroman› (Freud), die Ebene des Phantasmas, der Fiktionen, in denen die Einbildungskraft die Figuren des Anderen und des Dritten in symbolische und narrative Grössen der Vorstellungswelt und damit der Kultur verwandelt. Insofern ist das Argument der Familiarität für die Relevanz des Dritten in der Sozialtheorie immer zugleich ein sozialisationstheoretisches *und* ein fiktionswissenschaftliches oder literaturwissenschaftliches».³⁴

2. Vorgeburtliche Triaden

«Vater – Mutter – Kind» – in diesem prototypischen Dreierschema bewegen sich auch die bioethischen Fortpflanzungsmedizindebatten. Die skizzierten semantischen Unterscheidungen können aus sozialtheoretischer Sicht als strukturelle Verschiebung beschrieben und gedeutet werden. Die «semantischen Kämpfe» darüber, ob mit der Zygote nur der Prozess der Embryogenese («Zellhaufen») beginnt oder bereits das Leben des Kindes («kleiner ‹fertiger› Mensch»), lassen sich als Streit zwischen den beiden konfligierenden Schemata «Vater – Mutter – Kind» versus «Vater – Mutter – Embryo» rekonstruieren.

---
³³ Georg Simmel, Soziologie. Untersuchungen über die Formen der Vergesellschaftung (1908), Berlin 1968, 70.
³⁴ Fischer, Der lachende Dritte (Anm. 31), 153.

Vor dem Hintergrund dieser Gegenüberstellung fungieren die Terme «Kind» und «Embryo» als konkurrierende Zuschreibungen in der Frühphase der ontogenetischen Entwicklung.

Nun stösst die naheliegende und weitverbreitete Interpretationsmatrix auf vier grundsätzliche Schwierigkeiten:

1. In Tristrams Welt wäre die Gegenüberstellung völlig unverständlich, denn mit der Bezeichnung «Embryo» würde genauso auf das Kind referiert, wie etwa mit dem Ausdruck «Pubertierender» 13 oder 14 Jahre später. In beiden Fällen geht es um eine zeitliche Präzisierung der Entwicklungsphase des Kindes. In diesem Sinne bemerkt Barbara Orland, «dass im Laborumfeld der Begriff *Embryo* nicht darauf abzielt, die stabile Wesensmässigkeit eines Lebewesens zu bestimmen. Es handelt sich vielmehr um einen temporalen Begriff, mit dem eine Periode menschlicher Entwicklung abgegrenzt und in möglichst kleinteilige Elemente untergliedert wird. Beobachtbare Phänomene und Mechanismen spezifischer Zell-, Gewebe- und Organentwicklungen sollen umschrieben und in das genormte Format *natürlicher Entwicklung* gebracht werden.»[35]

2. Die Rede vom «Kind» als familienkonstituierende Figur des Dritten erfolgt prospektiv und nimmt eine fortgeschrittene pränatale Phase oder die Geburt des Kindes vorweg. Jede Kriteriologie für Präimplantations- oder Pränatalentscheidungen beruht auf einem solchen Vorgriff. Exemplarisch zeigt sich dieser Zusammenhang in der Botschaft des Schweizerischen Bundesrates vom Sommer 2013 zur Aufhebung des PID-Verbots: «Der zentrale Zweck dieser Technik [der PID; FM] besteht darin sicherzustellen, dass das zukünftige Kind nicht unter einer bestimmten, genetisch bedingten Erkrankung, deren Veranlagung die Eltern tragen, leiden wird».[36] Und die schweizerische Nationale Ethikkommission im Bereich Humanmedizin führt aus: «Die PID ist eine Präventivmassnahme und kann aus Sicht von betroffenen Eltern als Ausdruck dieser elterlichen moralischen Pflicht gegenüber den Kindern aufgefasst werden.»[37] Die bei der Präimplantations- und Pränataldiagnostik anfallenden Entscheidungen erfolgen relativ zu Vorstellungen des geborenen Kindes.

3. Die Übertragung der postnatalen Sozialkonstellation von Vater, Mutter und Kind auf die pränidative resp. pränatale Phase erfolgt mit der Absicht, eine

---

[35] Orland, Labor-Reproduktion (Anm. 15), 309.
[36] 13.051 Botschaft zur Änderung der Verfassungsbestimmung zur Fortpflanzungsmedizin und Gentechnologie im Humanbereich (Art. 119 BV) sowie des Fortpflanzungsmedizingesetzes (Präimplantationsdiagnostik) vom 7. Juni 2013, 5854.
[37] NEK, Präimplantationsdiagnostik II. Spezielle Fragen zur gesetzlichen Regelung und zur HLA-Typisierung Stellungnahme Nr. 14/2007, Bern, November 2007, 7.

fortpflanzungsbedingte soziale Leerstelle zu besetzen. Denn die Schwangerschaft *ist* die leibliche Einheit von Mutter und Kind, die als protosoziales, biologisch-ontologisches Faktum jeder Form von Sozialität vorausgeht. Aus leibphänomenologischer Perspektive beschreibt Iris Marion Young die Körpererfahrung der Schwangeren: «Pregnancy challenges the integration of my body experience by rendering fluid the boundary between what is within, myself, and what is outside, separate. I experience my insides as the space of another, yet my own body.»[38] Die von Young behauptete Verflüssigung der Grenze zwischen dem «ich» der Mutter und dem «anderen» des Kindes provoziert die Frage, ob mit einer triadischen Sozialkonstellation die spezifische Schwangerschaftsdyade nicht sozusagen sozial überstrapaziert und gleichzeitig leibphänomenologisch unterlaufen wird. Anders gefragt: Muss die Schwangerschaft anstatt als Vater-Mutter-Kind-Triade nicht vielmehr als Mutter/Kind-Vater-Dyade bestimmt werden?

4. Es ist unmittelbar einsichtig, dass ein solches dyadisches Verständnis von der Schwangerschaft die eben konstruierte triadische Interpretationsmatrix *ad absurdum* führen würde. Denn mit dem leibphänomenologischen Zusammenfallen der Terme «Kind» und «Mutter» würde der Term «Embryo» in der Parallelkonstruktion ortlos, weil er sich – zumindest *in vitro,* also ausserhalb des Mutterleibes – nicht analog zum Alternativterm «Kind» wegkürzen liesse. Für wen oder was steht dann aber die Figuration «Embryo» in der *alternativlos* gewordenen Vater-Mutter-Kind-Triade? Die vier Einwände machen einige signifikante Änderungen der Ausgangsgrafik notwendig:

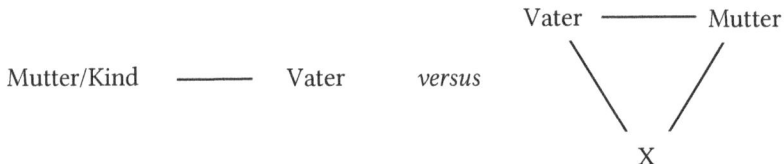

Die Konsequenzen aus der strukturellen Disanalogie der beiden Seiten links und rechts des «versus» sind offensichtlich. Trifft diese Ungleichung zu, dann stellen sich die bekannten Analogien zwischen Präimplantationsdiagnostik und Schwangerschaftsabbruch resp. Pränataldiagnostik ebenso als Irrtum heraus, wie die oben zitierte Quintessenz von Christiane Spiess, die alternativen Benennungen «Kind» und «Embryo» beruhten auf konkurrierenden Weltanschauungen.

---

[38] Iris Marion Young, Pregnant Embodiment. Subjectivity and Alienation: dies., Female Body Experience. ‹Throwing Like a Girl› and Other Essays, Oxford 2005, 45–61 (49).

Das Kind beim Namen nennen?!

Natürlich kommen in der Wahl und Verwendung von Begriffen auch unterschiedliche ethische oder anthropologische Haltungen zum Ausdruck. Aber sie präsentieren nicht konkurrierende Sichtweisen auf die gleiche Sache, sondern referieren auf unterschiedliche Sachverhalte – genauer: auf ein dyadisches *oder* triadisches Verständnis der menschlichen Fortpflanzung. Anders formuliert: Mit den Figurationen «Embryo» und «Mutter/Kind» werden genuine, wechselseitig nicht vermittelbare Interaktionsverhältnisse konstituiert. Natürlich ‹war› jedes geborene Kind – ontogenetisch betrachtet – in seiner Vergangenheit einmal ein Embryo. Aber die Ontogenese gehört als Erklärungsmodell in die Biologie und begründet weder ein soziales Verhältnis noch einen ethisch relevanten Handlungszusammenhang.

3. Das ominöse «X»

Die gegenwärtigen bioethischen Diskussionen gehen überwiegend von einer triadischen Konstellation im Fortpflanzungsgeschehen aus. Die Figuren der Eltern und des Embryos gelten als gesetzt. Tatsächlich erscheint es aussichtsreich, Präimplantationsszenarien als triadische Interaktionszusammenhänge zu rekonstruieren – allerdings mit einer entscheidenden Veränderung. Das ominöse «X» der modifizierten Triade wird nun – je nachdem – von Biomedizinerinnen, Genetikern, dem Gesetzgeber, gesellschaftlichen oder sozialen Institutionen besetzt. Die Substituierung der Figur des Embryos durch das «X» als institutionellen Platzhalter folgt der oben erwähnten Kritik an einer Subjektivierung bzw. Personalisierung des Embryos. Das «X» steht nicht für den Embryo selbst, sondern für einen auf diesen als seinen Gegenstand gerichteten Interpretations- und Interaktionszusammenhang.

Aus bioethischer Sicht stehen drei Versionen dieser X-Triade im Zentrum: 1. die rechtliche Triade des gestuften Embryonenschutzes; 2. die ontologische Triade des embryonalen Menschen und 3. die soziale Triade der leiblichen Einheit von Mutter und Kind in der Schwangerschaft. Die drei Versionen der X-Triade – die natürlich ergänzt und weiter ausdifferenziert werden können[39] –

---

[39] Vgl. Boltanski, Soziologie (Anm. 8), 229–286, der aus anthropologischer *(«ethnoscience»)* Sicht zwischen dem *«authentischen Fötus»* – der gekennzeichnet ist «durch die ihn betreffende Vorwegnahme. Kaum hat er sich gebildet, ist er schon ‹Baby›» (ebd., 232) – und dem *«tumoralen Fötus»* – der «in das Nichts abgeschoben [wird], aus dem er gerade erst hervorgekommen ist. Er soll so wenig Spuren wie möglich in der Welt hinter-

stehen für bioethische Begründungsprogramme: die rechtliche Triade für die Statusdebatte, die ontologische Triade für den Würde- und Lebensschutz *von Anfang an* und die soziale Triade für beziehungsethische Konzepte. Dazu einige kurze exemplarische Hinweise:

1. *Zur rechtlichen Triade des abgestuften Embryonenschutzes:* Die Normalform der bioethischen Frage nach dem Status menschlicher Embryonen lautet, «als welches Gut diese Entitäten gelten müssen. Von der Beantwortung dieser Frage hängt es ab, welche Schutzwürdigkeit ihnen zukommt und in welchem Verhältnis diese Schutzwürdigkeit zu den Zielsetzungen der Verwendung der Embryonen bzw. Zellen steht. In der Bestimmung des moralischen Status kommt somit ein Werturteil zum Ausdruck [..., das] zwei Möglichkeiten des Verständnisses [erlaubt]: Zum einen kann ein bestehendes Gut als intrinsisches Gut anerkannt werden, zum anderen kann ihm der Charakter eins Guts extrinsisch zuerkannt werden.»[40] Die bioethischen Statusdebatten erklären den menschlichen Embryo zu einem moralischen Sonderfall: Sie sind weder biologisches Material noch Wesen, die wir unmittelbar und zweifelsfrei als *Menschen* anerkennen. Je mehr sie als Menschen wahrgenommen werden, desto weiter geht ihre Schutzwürdigkeit. Diese Sicht entspricht *grosso modo* den gesetzlichen Vorgaben (wenn nicht sogar einer mittelalterlich-scholastischen Vorstellung von der Sukzessivbeseelung): Die erlaubte mechanische Interzeption durch nidationshemmende Kontrazeptiva

---

lassen, selbst im Gedächtnis, wenn auch nicht in dem der Frau selbst, so doch im Gedächtnis der anderen.» (ebd., 233) – unterscheidet. Als dritte Kategorie entwickelt Boltanski den «*Technofötus*», dessen «taxonomische Identität Probleme aufwirft, da sich die Frage nach [seinem] Schicksal und zugleich die Frage danach stellt, wer das Recht hat, darüber zu entscheiden. Sie können ja tatsächlich nicht dem tumoralen Fötus gleichgesetzt und für nichts gehalten werden, insofern sie mit der Absicht geschaffen wurden, ‹das Leben zu geben›. Ihre Erzeugung war mit dem ‹Projekt eines Kindes› verbunden». Andererseits können sich diese Föten, «wenn sie nicht eingepflanzt wurden, im Unterschied zum authentischen Fötus, nicht auf die vom Projekt aufgezwungene Vorausbestätigung berufen, wie es klar in der kanonischen Formel ausgedrückt ist, die zu ihrer Bestimmung verwendet wird: ‹überzählige Embryonen *ohne* elterliches Projekt›.» (ebd., 255f.).

[40] Thomas Heinemann/Jens Kersten, Stammzellforschung. Naturwissenschaftliche, rechtliche und ethische Aspekte, Freiburg i. Br./München 2007, 191. Zur Statusdiskussion vgl. nach wie vor grundlegend Gregor Damschen/Dieter Schönecker (Hg.), Der moralische Status menschlicher Embryonen, Berlin 2002 sowie Diekämper, Reproduziertes Leben (Anm. 18); Wolfgang Lenzen (Hg.), Wie bestimmt man den ‹moralischen Status› von Embryonen?, Paderborn 2004, darin besonders Anton Leist, Gegen die Suche nach dem ‹moralischen Status›, 164–183; Giovanni Maio (Hg.), Der Status des extrakorporalen Embryos. Perspektiven eines interdisziplinären Zugangs, Stuttgart 2007 und Katja Wagner-Westerhausen, Die Statusfrage in der Bioethik, Münster 2008.

(Spirale), der straffreie Schwangerschaftsabbruch bis zur 12. Woche und der legale medizinisch indizierte Spätabort konstruieren eine dreisprossige rechtliche Leiter zunehmender Schutzwürdigkeit, die gradualistische Personen- und Würdeverständnisse rauf- und runterklettern können.

2. *Zur ontologischen Triade des unbedingten Würde- und Lebensschutzes:* Diese Version steht für die entgegengesetzte Argumentationsrichtung eines nichtgradualistischen Personen- und Würdeverständnisses. In seinem Essay mit dem programmatischen Titel *Wer jemand ist, ist es immer* folgert der Philosoph Robert Spaemann: «Gerade weil der Personenstatus nichts mit Biologie zu tun hat, muss der Eintritt in die Personengemeinschaft naturwüchsig sein. Es muss ein Definitionsverbot für das geben, was ein Mensch im Sinne des Gesetzes ist. Und das heisst: Es darf weder qualitative noch temporale Kriterien für das Personsein eines Menschen geben.»[41] Weil ein Mensch immer nur von Menschen abstammen und aus einem menschlichen Embryo hervorgehen und deshalb ausschliesslich und zu jedem Zeitpunkt nur als Mensch existieren kann, verbietet sich jede auf einen bestimmten Zeitpunkt rekurrierende Einschränkung seiner Würde, Persönlichkeits- und Schutzrechte. In diesen Zusammenhang gehört freilich auch die diametral entgegengesetzte Argumentationsfigur der *reproductive* oder *procreative liberty* bzw. *autonomy,* mit der Betonung der individuellen Selbstbestimmung, der Privatheit von Familie und Fortpflanzung sowie des Schutzes der körperlichen Integrität.[42]

3. *Zur sozialen Triade der Beziehung zwischen Embryo und Mutter resp. Eltern:* Die Version unterscheidet sich von der oben beschriebenen Mutter/Kind-Vater-Dyade darin, dass das Mutter-Kind-Verhältnis selbst als Sozialbeziehung gedacht wird. Das Verhältnis kann aus der Perspektive des Embryos oder der Eltern konzipiert werden. Die embryonale Variante kommt in den folgenden Zeitungsschlagzeilen zum Ausdruck:[43] «Deshalb haben wir Baby Paul im sogenannten Achtzell-Stadium einfrieren lassen» und «Mehr als vier Jahre hatte Jennifer im

---

[41] Robert Spaemann, Wer jemand ist, ist es immer. Es sind nicht die Gesetze, die den Beginn eines Menschenlebens bestimmen: Christian Geyer (Hg.), Biopolitik. Die Positionen, Frankfurt a. M. 2001, 73–81 (79).

[42] Vgl. Katharina Beier, Reproduktive Autonomie als biopolitische Strategie – Eine Kritik es liberalen fortpflanzungsmedizinischen Diskurses aus bioethischer Perspektive: Dominik Finkelde/Julia Inthorn/Michael Reder (Hg.), Normiertes Leben. Biopolitik und die Funktionalisierung ethischer Diskurse, Frankfurt a. M. 2013, 69–92.

[43] Zitiert nach Diekämper, Spiel des Lebens (Anm. 18), 119; vgl. auch Diekämpers Bemerkungen zu Alexander Tiaras Bildband *Wunder des Lebens* (Spiel des Lebens [Anm. 18], 118).

zweizelligen Embryonalzustand auf eine Leihmutter warten müssen.» Die Embryonen werden mit ihrer persönlichen Anrede aus der Petrischale in die Nähe von Neugeborenen gerückt. Julia Diekämper bemerkt dazu: «Eine Vernichtung ist nicht mehr möglich, denn Paul und Jennifer sind als Menschen angesprochen und besitzen Namen. Und dieses Namen-Geben ist ein Ritual, das [...] die Aufnahme des Kindes in die menschliche Gemeinschaft und in den damit verbundenen Rechtsraum bedeutet.»[44] Nebenbei bemerkt handelt es sich bei dieser positiven Personalisierung von Embryonen um die präzise Umkehrung jener Selektionslogik, die Embryonen als «krank (fehlerhaft)», «gesund (passend)» oder «überzählig» deklariert.[45]

Für die elterliche Variante der Sozial-Triade argumentiert etwa Claudia Wiesemann in Abgrenzung gegenüber einer – wie sie es nennt – «Ethik des Fremden», die lediglich auf Individuen mit bestimmten Rechten und Pflichten fokussiere:

> «Doch die rechtliche und ethische Debatte in der Fortpflanzungsmedizin weist eine strukturelle Blindheit für die involvierten sozialen Beziehungen und deren moralische Bedeutung auf. [...] Für Eltern und Kinder gilt [...]: Mindestens gefordert ist die Bereitschaft zu einer langfristigen und weit reichenden persönlichen Verantwortung und einer liebevollen Beziehung. Verantwortungs- und Liebesbereitschaft sind in diesem Fall keine zusätzlichen, ‹supererogatorischen›, also zwar besonders löblichen, aber moralisch nicht geforderten Leistungen. Sie charakterisieren vielmehr die Eltern-Kind-Beziehung auf fundamentale Weise.»[46]

Die gelingende Eltern-Kind-Beziehung wird auf die embryonale Phase zurückprojiziert und daraus eine besondere elterliche Empathie gegenüber dem Embryo abgeleitet.

Alle Begründungsfiguren setzen die bioethische Triade voraus und bemühen sich darum, die semantisch markierte Differenz zwischen *Embryo* und *Kind/ Mensch* ethisch einzuholen oder kurz zu schliessen. Zweifellos sind viele der dort vorgetragenen Argumente für die Bioethikdiskussionen unverzichtbar. Aber es gelingt ihnen – entgegen aller Rhetorik – nicht, den garstigen Graben zwischen Embryo und Kind zu überwinden. Denn alle Konzepte arbeiten sich an der

---

[44] Diekämper, Spiel des Lebens (Anm. 18), 119.
[45] Domasch, Biomedizin (Anm. 20), 104–124.
[46] Claudia Wiesemann, Der Embryo im Kontext. Warum die Biopolitik die menschlichen Beziehungen nicht vergessen darf: Gisela Bockenheimer-Lucius/Petra Thorn/ Christiane Wendehorst (Hg.), Umwege zum eigenen Kind. Ethische und rechtliche Herausforderungen an die Reproduktionsmedizin 30 Jahre nach Louise Brown, Göttingen 2008, 81–88 (81.83).

biomedizinischen Triade ab und damit an einer – wie auch immer gearteten – wissenschaftlich-ökonomisch-politisch-rechtlich-gesellschaftlichen Konstruktion des Embryos. Wo dennoch vom Kind die Rede ist, handelt es sich genau genommen um eine mit entsprechenden Attributen angereicherte Embryonendefinition. Man könnte sagen, dass die Argumente paradoxerweise ein Ziel verfolgen, das durch die eigenen methodischen Vorentscheidungen eigentlich bereits ausgeschlossen wurde.

V. Nicht vor dem Anfang anfangen

Die strukturelle Rekonstruktion der Embryonendebatten mündet in eine doppelte Enttäuschung: Einerseits lässt die übliche Vater-Mutter-Kind-Triade die spezifische Leibphänomenologie der Schwangerschaft ausser Acht, andererseits bringt die Vater-Mutter-X-Triade das Kind zum Verschwinden. Das dyadische Modell fokussiert auf das Kind *auf Kosten des «Embryos»*, das triadische Modell stellt auf die wissenschaftliche und gesellschaftliche Konstruktion des Embryos ab *auf Kosten des «Kindes»*. Es gibt keinen argumentativen Übergang vom Embryo der Vater-Mutter-X-Triade zum Kind der Mutter/Kind-Vater-Dyade, weil dabei nicht – wie die Debatten unterstellen – über alternative Begriffe gestritten würde, sondern deren inkommensurable Hintergrundtheorien aufeinandertreffen.[47] Embryo und Kind sind die zeitgenössische biomedizinische Variante der beiden Königskinder, die *partout* nicht zueinanderkommen können. Die Inkommensurabilität der beiden Diskurstopoi wird bestätigt durch die bekannten Zuschreibungskonfusionen in den PID-Begründungsdebatten, etwa in der Behauptung, mithilfe von PID könne sichergestellt werden, «dass das zukünftige Kind nicht unter einer bestimmten, genetisch bedingten Erkrankung [...] leiden wird».[48] Wie kann aus der Perspektive *dieses* Kindes argumentiert werden, wenn sich eine im Blick darauf vorgenommene negative Selektionsentscheidung gerade auf die normative Differenz zwischen Embryo und Kind beruft? Die diffuse Attribuierung des Kindes als ein zukünftiges erfolgt mit einer doppelten Absicht: Mit ihr wird einerseits die normative Differenz zwischen Embryo und Kind und andererseits deren potenzielle Verbindung behauptet. Der rhetorische Trick

---

[47] Der vielleicht naheliegende Einwand, dass diese Dyade angesichts von Samen-, Eizellspende und Leihmutterschaft längst überholt sei, ist kein Argument gegen das duale Erklärungsmodell, sondern verweist vielmehr auf seine zunehmende biotechnologische und biopolitische Bestreitung.
[48] 13.051 Botschaft, 5854.

III. Gefährdetes

mit der Zeitdimension lässt sich umgekehrt als Indiz dafür lesen, an der kategorialen Unterscheidung zwischen Embryo und Kind in bioethischen Diskursen festzuhalten.

Es ginge dann darum, in herrschaftskritischer Absicht aus der Not der Unvermittelbarkeit eine Tugend der kategorialen Verschiedenheit zu machen. Ich kann das nur kurz andeuten und komme dafür noch einmal auf die strukturelle Unterscheidung zwischen der leibphänomenologischen Mutter/Kind-Vater-Dyade und der gesellschaftlich konstruierten Vater-Mutter-X-Triade zurück. Die Rede von der Konstruktion des Embryos ist eine metaphorische, denn die Embryonen befinden sich – mit dem blossen Auge nicht erkennbar, aber durch das Mikroskop sichtbar gemacht – tatsächlich in der Petrischale. Was ist dann aber mit der Ersetzung des Embryos durch den Platzhalter X gemeint?

Jean Paul Sartre entwickelt seine Theorie des Anderen aus einer Phänomenologie des Blicks. Zur Illustration wählt er die berühmte Szene des Neugierigen oder Eifersüchtigen, der beim Spionieren durch ein Schlüsselloch ertappt wird. In der Scham über das Ertapptwerden durch den Blick des anderen, wird sich der Ertappte seiner selbst bewusst, indem der zum Objekt des beobachtenden Anderen wird. Die Scham ist also keine eigene Möglichkeit, keine Selbstreflexion des Handlungssubjekts über das eigene Tun. Vielmehr erfährt sich der Beobachtete durch den Blick des Anderen beurteilt. Sartre: «Es genügt, dass der Andere mich anblickt, damit ich das bin, was ich bin.»[49] Das Ich erfährt seine «Natur» als seine Aussenseite als «Blick-Objekt» des Anderen.[50] Sartre analysiert diesen Zusammenhang mit der Hegelschen Kategorie der «Knechtschaft [als das] (Gefühl der Entfremdung aller meiner Möglichkeiten)».[51]

Die Rede vom «Blick-Objekt» des Anderen hat ihren besonderen Reiz im Rahmen der medizintechnologischen Entwicklungen bildgebender diagnostischer Verfahren, als technische Voraussetzung pränidativer und pränataler Entscheidungen. Allerdings wäre es verhängnisvoll, die Metaphern in den X-Erzählungen durch weitere Metaphern auf der Metaebene zu ergänzen. Vielmehr sollte die Einsicht in das Gewirr metaphorischer Rede für die Gefahren willkürlicher Verdinglichungen durch die Sprache sensibilisieren. Metaphern – die sich der Möglichkeit des Widerspruchs entziehen – sind mögliche Instrumente verdinglichender Herrschaft.

---

[49] Jean-Paul Sartre, Das Sein und das Nichts. Versuch einer phänomenologischen Ontologie, Reinbek 1991, 473.
[50] Sartre, Das Sein und das Nichts (Anm. 49), 474.476.
[51] Sartre, Das Sein und das Nichts (Anm. 49), 482.

Das Kind beim Namen nennen?!

Peter Sloterdijk hat die zweite seiner Frankfurter Vorlesungen unter dem Titel *Zur Welt kommen – Zur Sprache kommen* der «Poetik des Anfangens» gewidmet und setzt sich in der Lektion mit der «Anfangsvergessenheit» auseinander. Vielleicht müsste die moderne Biomedizin eher unter der Überschrift der Anfangsversessenheit diskutiert werden. Das Erzählen ist für den Philosophen aus der Not geboren, nicht mit dem eigenen Anfang anfangen zu können. Deshalb «erzählen Menschen mehr oder weniger phantastische Geschichten über das, was am wirklichen Anfang war, um etwas zu haben, woran sie sich halten können, wenn sie, notorische Spätanfänger, damit beginnen, sich in die laufende Geschichte einzuschalten. Der ‹Mensch› ist das erzählende Tier, weil er das zum Anfangen verurteilte Wesen ist, das sich in der Welt orientieren muss, ohne am ‹wirklichen› Anfang als wacher Zeuge dabei sein zu können. Es ist das Schicksal, nicht mit sich selbst als dem sprachlosen Tier, das Offenheit wittert, anfangen zu können, sondern sich erst von dem Augenblick an zu übernehmen, in dem die Sprache mich mir gibt. Darum stopft er das Anfangsloch mit Erzählungen zu, und er fängt an, sich in Erzählungen zu verstricken, weil er das Wesen ist, das seinen Anfang nicht hat.»[52]

Eine ethische Reflexion des Erzählens hat also mit einer Kritik der Erzählungen über diejenigen zu beginnen, die noch nicht zu Wort gekommen sind. Die Unterscheidung zwischen der Mutter/Kind-Vater-Dyade und der Vater-Mutter-X-Triade hat auch eine narrative Pointe. Kinder – wie Tristram – können ihre eigene Geschichte erzählen, Embryonen können nur die Geschichte von *anderen* erzählen oder müssen sich *ihre* Geschichte von *anderen* erzählen lassen.

---

[52] Peter Sloterdijk, Zur Welt kommen – Zur Sprache kommen. Frankfurter Vorlesungen, Frankfurt a. M. 1988, 39.

Lächeln bitte!

Dem Tod ins Gesicht sehen

> «‹Der Tod› ist keine Grösse mehr, nicht länger ein Eigenname. Dem alten Singular fehlt der Halt.»
>
> *Petra Gehring*[1]

I. Begegnung mit dem Tod

Auf vielen bildlichen Darstellungen scheint der Tod mit einem Lächeln daherzukommen. Das mag der – nicht allein menschlichen – Schädelanatomie geschuldet sein. Gewiss wäre es falsch zu behaupten, der Tod käme mit einem Lächeln im Gesicht, obwohl ihm als Gegner alles Lebendigen der Sieg immer (noch) sicher ist. Ein Siegerlächeln stände ihm, angesichts seiner beeindruckenden Quote, allemal gut zu Gesicht. Will man der Floskel glauben, haben schon viele Menschen dem Tod ins Gesicht gesehen. Die *face-to-face*-Begegnung mit dem Tod gilt als Ausdruck tugendhafter Tapferkeit oder menschlichen (Über-)Mutes. Aber was sehen Menschen eigentlich, wenn sie dem Tod «ins Gesicht sehen»? Hat er ein Gesicht oder wird er von seinen Gegenübern nur so wahrgenommen? Dass sein Gesicht lediglich das von Lebenden Gesichtete ist, gilt für den Tod ebenso wie für Bäume und Briefkästen. Wir sehen nur das, was wir sehen, und wir sehen es so, wie wir es sehen. Ob wir wirklich das sehen, was wir sehen, ist eine herausfordernde, aber – zumindest unter den Bedingungen der Moderne – notwendigerweise offene Frage.

Dass der Tod kommt, ob darüber nachgedacht wird oder nicht, macht vielleicht die Attraktivität des Nachdenkens über den Tod aus. Allerdings begegnet uns in den ältesten uns bekannten Überlegungen zum Tod eher die umgekehrte Strategie. Dort wird die Reflexion über den Tod notorisch heruntergespielt, allen voran mit der ökonomischen Überlegung, dass es nicht lohne, über etwas nachzudenken, an das nicht mehr gedacht werden kann, sobald es eintrifft. Überhaupt wird der Tod erst zu einem Problem, wenn man an ihn denkt. Ansonsten ist er

---

[1] Petra Gehring, Theorien des Todes zur Einführung, Hamburg 2010, 189.

III. Gefährdetes

eine schlichte Tatsache. Insofern funktioniert das Genre des Totentanzes in Malerei, Literatur und Musik wie ein kunstpädagogischer Problemgenerator: *Memento mori!* – Bedenke, dass du sterblich bist! Nach römischem Brauch memorierten Sklaven oder Priester diese Einsicht, während sie den Lorbeerkranz über den siegreichen Feldherrn bei dessen Triumphzug hielten. Zwar war der Maler Niklaus Manuel genauso wenig ein Priester oder Sklave, wie die Sujets in seinem 1516–1519 auf der südlichen Umfassungsmauer des Dominikanerklosters in Bern gemalten Totentanz siegreiche Schlachten hinter sich hatten. Die dort streng nach der damaligen sozialen Hierarchie angeordneten Porträtierten mussten – so seltsam es aus heutiger Sicht erscheinen mag – für die öffentliche Konfrontation mit ihrer eigenen Sterblichkeit auch noch bezahlen. Heute ginge der Künstler das nicht geringe Risiko ein, wegen Diskriminierung, wenn nicht sogar Morddrohung bzw. -aufruf strafrechtlich verfolgt zu werden. Davor schützte ihn auch nicht der künstlerische Trick, sich selbst auf die Liste derjenigen zu setzen, die dem Tod ins Auge sehen.

II. Der Tod und die Toten

Natürlich hinkt der Vergleich, denn eine Tatsache darzustellen, ist etwas anderes, als eine Tatsache zu schaffen. Allerdings sind die Grenzen fliessend, wie der Streit um Karikaturen oder über die Möglichkeiten und Grenzen politischer Satire deutlich macht. Allein die Feststellung, dass damals offensichtlich niemand solches im Sinn hatte und der Künstler in keine Rechtfertigungsnot geriet, ist bemerkenswert. Der Tod – auch der eigene – war noch nicht privatrechtlich geschützt und in die Intimität verbannt, sondern eine öffentliche Angelegenheit. Öffentlich begegnen heute nur noch Tote und das, statistisch betrachtet, auch nur bei Unfällen und Gewaltdelikten oder wenn es sich um bekannte Persönlichkeiten handelt oder wenn die mangelnde Prominenz durch eine genügend grosse Anzahl von Todesopfern «kompensiert» wird. Die Unterscheidung zwischen dem Tod und den Toten ist fundamental. Es besteht ein gewaltiger Unterschied zwischen der Behauptung, dass Tote tanzen (was sie bekanntlich nicht tun), und der Meinung, dass der Tod tanzt (was wir nicht wissen können).

Diese Unterscheidung ist uns freilich nicht mehr bewusst. Seit der Aufklärung sind wir in gewisser Weise Opfer der in jener Zeit entstehenden Biologie geworden, die den Tod als Gegenüber zum Leben abgeschafft und in unsere Biomasse verlegt hat. Leben und Tod gelten fortan als biologische Zustände, und folgerichtig begegnen Menschen nicht mehr dem Tod, sondern nur noch Toten respektive Leichen. Mit dem Tod lässt sich seither nur noch im Widerspruch zum biologisch-korrekten Weltbild tanzen. Niklaus Manuels Protagonistinnen und Protagonisten hatten dieses Problem nicht. Zwar galt schon damals, dass Tote nicht tanzen (oder Karos tragen). Aber neben all den Zeichen (und zur Zeit der in Europa wütenden Pest gab mehr als genug davon) existierte der Tod, der alle Toten überlebte und deshalb ganz selbstverständlich zum Tanz auffordern konnte. Manuel brauchte kein metaphorisches Geschütz aufzufahren oder irgendwelche Symboliken zu bedienen, um eine rationalistisch verkümmerte Klientel anzusprechen. Ebenso wenig waren Science-Fiction-Inszenierungen oder Appelle an irgendwelche Dekadenzallüren nötig. Manuel benötigt nicht einmal Leichen zur bildnerischen Umsetzung seines Themas. In seinem imposanten Totentanz begegnen uns/sich Leichname ausschliesslich in den rahmenden Szenen: im zweiten Bildausschnitt mit der Kreuzigung Christi und den Schädeln der Verstorbenen sowie in der letzten Bildsequenz mit dem Berg von Pfeilen durchbohrter Leichen. Allen, die damals an der Friedhofsmauer vorbeikamen, war klar, was sie dort sahen. Manuels Kunst war alles andere als artifiziell. Sie kam mitten aus dem Leben und war bis zum letzten Pinselstrich erfahrungsgesättigt.

III. Das Untröstliche des biologischen Todes

Was moderne Augen bei der Betrachtung der Berner Totentanz-Reproduktion sehen, ist streng genommen ein Phantom – nicht im Sinne eines Phantasieprodukts, sondern vielmehr in der medizinischen Bedeutung von Phantomschmerz. Sie sehen eine Realität aus der Vergangenheit, die ihnen ihre eigenen Welt- und Menschenbilder ausgetrieben und unter empirisch-wissenschaftliche Quarantäne gestellt hat. Wie beim Phantomschmerz im Fuss des längst amputierten Beines drängt sich (manchmal) eine Wirklichkeit auf, die es gemäss unserer rationalen Übereinkünfte nicht geben kann. Natürlich fordert der Tod im biologischen Zeitalter niemanden mehr zum Tanz auf. Die Aufforderung zum Tanz scheitert daran, dass die moderne Biologie ihnen die Tanzpartner entsorgt hat. Schluss mit lustig – anstatt Party nur Biomasse, Verwesung, Aas, Kadaver.

Aber die Sicherheiten, auf die sich diese Überzeugung stützt, beruhigen nur Rationalitäts-Dummies. Warum sonst wollen immer mehr Menschen ihrem Tod – paradoxerweise durch Selbsttötung – zuvorkommen? Die wissenschaftliche Sicht auf den Tod ist weitaus weniger klar, als sie zu sein vorgibt.

In den Wissenschaften konkurriert eine Fülle völlig inkompatibler und widersprüchlicher Todesdefinitionen miteinander. Daran stört sich niemand, es sei

III. Gefährdetes

denn, sie oder er könnte sich noch daran stören, für tot erklärt worden zu sein – womit die berühmte Ausnahme gefunden wäre, die doch nur die (je nachdem welche) Regel bestätigt. So wird verständlich, warum wissenschaftliche Hypothesen und Theorien weder den Tod noch das Unbehagen darüber aus der Welt schaffen können. In der Gestalt friedlich aufgebahrter, kunstvoll hergerichteter, mit groben Stichen zusammengeflickter, gecrashter, verstümmelter und zerfetzter Toter ist der Tod dauerpräsent, pro Fernsehabend – und in amerikanischen Produktionen grosszügiger als in europäischen – allein mit durchschnittlich 40 und 70 Leichen. Tote sind zweifellos anwesend, gleichen im Grossen und Ganzen noch denjenigen, die sie vor ihrem Ableben waren, und was die Optik angeht, hat schliesslich jede und jeder manchmal einen schlechten Tag. Das Beunruhigende der Toten besteht nicht zuletzt darin, dass sie den Lebenden verdammt ähnlichsehen. Beide unterscheiden sich lediglich darin, dass die einen noch nicht gestorben sind, während es die anderen bereits hinter sich haben – in gewisser Weise eine bloss marginale Veränderung, in anderer Hinsicht ein geradezu existenzieller Bruch.

Vielleicht besteht genau darin das wirklich Beunruhigende des Todes. Er entfernt nicht einfach spurlos alles, so als wäre von einem Augenblick auf den nächsten nur noch ein Gar-Nichts, wo zuvor mehr oder weniger viel war. Der Tod ist wählerisch. Er nimmt von alldem, was da war, nur das Leben. Jedenfalls ist der Körper, je nach Umweltbedingungen, noch eine kürzere oder auch lange Zeit da, die Knochenkonstruktion, die ihn in Form hält, bleibt ebenso erhalten wie die Rechte der Person, die sie war und über den Zeitpunkt ihres Todes hinaus bleibt (einschliesslich ihrer dokumentierten Willensbekundungen – auch gegen den Unwillen der Enterbten), und wenn sie Glück hatte, auch die Erinnerung von geliebten und liebenden Menschen. Und hat sie mit entsprechendem Nachdruck eine alternative Karriere verfolgt, sind die Chancen gross, dass – je nachdem – ihre staatsmännischen Gross- oder verbrecherischen Gräueltaten in Geschichtsbüchern notiert und der Nachwelt überliefert werden. Die Geschichten, die wir mit den Toten teilen, die also zugleich ihre und unsere sind, bleiben nicht nur erhalten, sondern auch lebendig. Längst nicht alles endet, wenn mit dem Leben Schluss ist. Allerdings fehlt etwas Entscheidenden: die Lebendigkeit des Menschen.

Lebendigkeit ist das entscheidende Merkmal von «Lebewesen». Biologisch definiert durch Stoffwechsel, Fortpflanzung, Wachstum und andere Fähigkeiten, endet die Zuordnung nicht, wenn diese Eigenschaften konkret nicht mehr vorhanden sind – auch ein toter Hund bleibt ein Hund und ein toter Mensch ein Mensch. Alltagssprachlich wird diese Identitätsannahme manchmal unterlaufen, etwa in der Überzeugung, dass die Keime, nachdem sie «abgetötet» wurden, tatsächlich verschwunden seien. Menschliche Leichname und in gewisser Weise auch Tierleichen haben einen anderen Status, sie bewegen sich moralisch und rechtlich in einer Art Übergangsreich zwischen Lebewesen und Sachen. Lebewesen, von denen sinnvoll gesagt werden kann, dass sie gestorben oder tot sind, werden nicht wie ein altes, unbrauchbar gewordenes Paar Schuhe entsorgt. Dass mit toten Lebewesen anders umgegangen wird als mit ‹toten› Gegenständen, ist so selbstverständlich, dass es häufig gar nicht bewusst wird. Wir behandeln tote Lebewesen in der Regel so, als würden sie uns in einer Art Ausnahmezustand – ihrem Tot-Sein – «begegnen».

Natürlich können uns Tote ebenso wenig begegnen, wie sie tanzen können. Die ihnen unterstellte Aktivität besteht eher in dem, was sie in uns bewirken: Trauer, Wehmut, Entsetzen, Überraschung, Pietät, Verlustängste, Erleichterung etc. Die Spontaneität und Emotionalität der Wahrnehmung der Lebenden überträgt sich offenbar auf die in dieser Weise wahrgenommenen Toten. Was Toten oder in Tote suggeriert wird, erscheint auf den ersten Blick diffus. Würde sich unsere Traurigkeit über den Verlust eines geliebten Menschen ändern, wenn der Tod, anstatt seine Lebendigkeit, nur seinen Körper oder seine Seele oder unsere Erinnerungen an ihn nehmen würde? Und würde sich unsere Einstellung zum Tod durch die Vorstellung ändern, dass der Tote nach wie vor lebendig wäre, nur eben ohne körperliche Anwesenheit oder seelische Interaktion oder Präsenz in unseren Erinnerungen?

Die Frage klingt nicht nur seltsam, sie ist es auch. Aber was ist seltsam daran? Intuitiv würde der Tausch Leben gegen Körper oder Seele oder Erinnerung nicht wirklich etwas ändern. Im Blick auf unsere Verlusterfahrungen erscheinen die Aspekte oder Dimensionen mehr oder weniger austauschbar. Die Trauer würde weder anders noch geringer, wenn anstatt des Lebens «nur» der Körper oder die Seele des Menschen oder unsere Erinnerungen an ihn verloren gingen. Gleichwohl operieren Bewältigungsstrategien ganz selbstverständlich mit einer solchen Tauschökonomie, etwa wenn Hinterbliebene in stiller Zwiesprache am Grab des Verstorbenen ausharren, oder bei Bestattungspraktiken, die auf die körperliche Präsenz des Toten fokussieren (Totenmaske, Konservierung des Leichnams etc.).

III. Gefährdetes

IV. Dem/Der (?) Tod im eigenen Kopf

Beim Totentanz ist alles anders. Da begegnen Lebende nicht Toten, sondern dem Tod, genauer ihrem eigenen Tod – nicht in der totzitierten, etwas langweiligen Rilke-Variante «Oh Herr, gieb jedem seinen eigenen Tod», sondern *face to face*. Nicht irgendein Toter tritt dort auf, sondern der zum eigenen Ich gehörende Tod. Der Tod wird persönlich, er ist in gewisser Weise identifizierbar. Seine Tanzpartnerin oder sein Tanzpartner ist weder beliebig noch auswechselbar. Ob der Tod damit auch individuell wird, steht auf einem anderen Blatt. Wie gesagt, die Konstellation des Totentanzes strapaziert das Selbstverständnis wissenschaftlich-biologisch sozialisierter Individuen. Dass die moderne Geschichte des Todes doch nicht auf dem Kompost endet, verdankt sie einer medizintechnologischen Entwicklung, die den alten Tanz mit neuem Rhythmus rehabilitiert. Die medizinische Technik der Organtransplantation – speziell die Herzverpflanzung – erlaubt sogar das eigentlich für unmöglich Gehaltene: dem Tod leibhaftig zu begegnen. Liefert die Transplantationsmedizin damit die späte wissenschaftliche Bestätigung von Manuels Wandgemälde? Tanzt der Tod also auch in unserer Welt, natürlich unter medizinisch kontrollierten Bedingungen und in OP-Kleidung gehüllt?

Grundsätzlich sind zwei Möglichkeiten eines medizinischen Totentanzes denkbar: Entweder ist ein Toter noch nicht so tot, dass er über ein Restvermögen verfügt, um sich selbst als Toten wahrzunehmen und somit in einer Doppelrolle seinem Tod zu begegnen. Oder der eigene Tod wird technologisch übersprungen oder, genauer, an eine andere Person delegiert. Das gelingt nicht nur verwirrend, sondern ist es auch. Deshalb wurde zu Beginn der Diskussion zunächst ein neuer Ausdruck geprägt, um das schwer Verständliche auf einen Begriff zu bringen: die Untoten (der Stephen-King-Leserschaft allerdings bestens vertraut). Der bewusst unelegante Terminus dient dazu, eine Unschärfe an den Rändern der biologischen und biotechnologischen Definitionen von Leben und Tod zu markieren.

Der Sache nach sind die Untoten nicht neu. Unter den Menschen im 17. bis 19. Jahrhundert war eine schreckliche Befürchtung weit verbreitet: die Sorge, bereits vor dem Eintreten des eigenen Todes für tot erklärt zu werden. Der Scheintod – die Medizin spricht vom «Lazarus-Phänomen» – warf die Frage auf, ab wann der Mensch tatsächlich tot sei. Das Problem bestand nicht in der vergleichsweise trivialen Einsicht, dass der Tod endgültig ist, sondern darin, ob die Feststellung des Todes ebenso endgültig behauptet werden könne. Die erkenntniskritische Pointe, dass von der Endgültigkeit eines Sachverhalts nicht so einfach auf die Endgültigkeit der Behauptung dieses Sachverhalts geschlossen werden kann, liess die Menschen unruhiger schlafen (aus Sicherheitsgründen manchmal sogar im Sitzen).

Gegenüber dem damaligen Risiko einer Fehldiagnose geht es heute um Entscheidungsrisiken im Rahmen einer hoch ausdifferenzierten medizintechnologischen Diagnostik. Als Meilenstein gilt die Erfindung des Hirntods durch das «Ad Hoc Committee of the Harvard Medical School to Examine the Definition of Brain Death» im August 1967. Neu war nicht der Kausalzusammenhang zwischen dem Erlöschen von Hirnaktivitäten und dem Eintreten des Todes, sondern die Möglichkeit, die zerebralen Vorgänge bildlich darzustellen und zu messen. Diese Entwicklungen prägen die Todesvorstellungen in zweifacher Weise: Einerseits wird der Tod nicht mehr am ganzen Menschen, sondern nur noch in einem Organ, dem Gehirn, festgestellt. Der Tod emigriert aus dem Leib in das Gehirn. Erst dadurch wurde es möglich, einem Menschen seine funktionierenden und lebensnotwendigen Organe (Herz, Leber) zu entnehmen, deren Entfernung zwar den Tod des gesamten Organismus zur Folge hatte, aber nur nicht mehr als Tötungsdelikt galt, weil der Mensch bereits zuvor (bei lebendigem Organismus) für tot erklärt worden war.

Andererseits braucht es Konzepte, die die Messungen über den Ausfall von Gehirnfunktionen als Todeskriterien plausibel machen. Definitionen dienen nicht nur in der Medizin dazu, unklare Sachverhalte durch Festlegung von Konventionen eindeutig zu deklarieren. Definitionen beschreiben nicht, wie etwas ist, sondern schreiben vor, als was etwas gelten soll. Das funktioniert in der Regel problemlos, aber der Tod springt (oder tanzt?) auch hier aus der Reihe. Denn weil sich die Medizin nicht auf ein Todeskonzept einigen konnte, begegnen sich dort verschiedene und konkurrierende Todeskonventionen. So sprach sich in einer 2007 durchgeführten Leserumfrage des Wissenschaftsmagazins «Gehirn & Geist» ungefähr die Hälfte der Befragten für das Hirntod-, ein Viertel für das Cortextod- und ein Viertel für das Organismustod-Kriterium aus. Beim Hirntodkriterium wird darüber hinaus noch zwischen dem in Grossbritannien geltenden Hirnstammtod und dem in den meisten anderen westlichen Ländern geltenden Ganzhirntod unterschieden. Die Frage ist also umstritten, welche messbaren Parameter dem medizinischen Urteil, dass diese Person dort tot ist, zugrunde gelegt werden sollen.

Die Uneinigkeit bei den Hirntodkonzepten hat einigermassen irritierende Konsequenzen. So kann ein Mensch mit Locked-in-Syndrom, der in den USA oder der Schweiz ganz selbstverständlich als lebendig betrachtet wird, in Grossbritannien für (klinisch) tot erklärt werden. Eine dauerhaft komatöse Patientin

III. Gefährdetes

(PVS) gilt gemäss Cortextod-Definition als tot, nicht aber nach der Hirntod- und Organismustod-Konvention. Ähnlich vage ist auch die operationale Definition des irreversiblen Komas, nach der eine traumatische Verursachung ein Jahr, eine nicht-traumatische ein Vierteljahr zurückliegen muss. Abgesehen vom traditionellen Organismustod finden sich für alle medizinisch angewandten Todesdefinitionen in der Fachliteratur unzählige Gegenbelege aus der medizinischen Praxis.

Was folgt daraus? Würde etwa eine in Grossbritannien für tot erklärte Frau mit Locked-in-Syndrom in die Schweiz transportiert, wo sie wie jede Patientin behandelt wird, wäre sie – natürlich abhängig von ihren Wahrnehmungsmöglichkeiten – ihrem eigenen Tod begegnet. Sie wäre nicht, wie es heisst, «dem Tod von der Schippe gesprungen», denn dazu sind nur Lebende fähig. Dagegen war sie in Grossbritannien tatsächlich eine Tote, die allein durch ihren Ortswechsel und dem damit verbundenen Austausch der Todeskonvention zurück ins Leben kam. Natürlich ist das ein Gedankenexperiment, aber mit handfesten Konsequenzen: Wer sicher gehen möchte, nur als gestorbene Person auch für tot erklärt zu werden, sollte sich nicht nur genau überlegen, wo sie stirbt, sondern auch, von welcher medizinischen Abteilung mit welcher Todesdefinition sie ihren Tod festgestellt haben will.

V. Der Tod im fremden Herz

Die andere Weise, dem eigenen Tod zu begegnen, gehört seit der spektakulären Herztransplantation von Christiaan Barnard wenige Wochen nach der Hirntoddefinition von Harvard inzwischen längst zum medizinischen Alltag. Die revolutionäre Operationstechnik warf nicht nur viele medizinische, sondern auch psychologische und ethische Fragen auf: Wie ist es, mit einem fremden Herz zu leben? Was folgt aus dem Wissen, das eigene Leben nur dem Umstand zu verdanken, dass eine andere Person gestorben ist? Der Mensch mit einem «neuen» Herzen gleicht einem Passagier, der das Lebensboot verlassen hat und trotzdem an Bord bleibt.

Das Nachdenken kreist um die Spannung, gleichzeitig anwesend und abwesend, selbst und fremd zu sein. Der Tod tanzt im Leben auf dem Seil, das zwischen dem Eigenen und dem Fremden gespannt ist. Eine Person, die leben will, benötigt das Organ von einer anderen, die es nicht mehr braucht, weil sie (für) tot (erklärt worden) ist. Das Überflüssige für die Eine behebt den Mangel der Anderen. Dieser ungleiche Tausch erscheint allenfalls aus ökonomischer Perspektive unspektakulär und trivial. Aus der Sicht des Herzens hat er etwas Groteskes. Die längste Zeit starben Menschen am Versagen ihres zentralen Muskels. Die Herztransplantation stellt diese Vorstellung auf den Kopf: Der Mensch mit dem «toten» Herz setzt sein Leben mit dem «lebenden» Organ eines Toten fort. Die Grenzen zwischen dem Eigenen und dem Fremden verschwimmen. Was ist überhaupt das Eigene: das tote Herz, das zwangsläufig den Tod des Menschen zur Folge hätte, oder das lebendige Herz, das – für alle erkennbar – jenen Menschen weiterleben lässt?

Kann das «Mein» von dem Organ weggeätzt und an seine Stelle ein anderes «Mein» eingraviert werden? Wie wird der fremde lebende Ersatz für das eigene tote Organ zum eigenen lebenden Organ? Die Verwandlung folgt nicht der Chronologie der Abläufe, wie sie im OP-Bericht dokumentiert sind. Darin steht nichts über das doppelte Eindringen des Todes in den operierten Leib: zuerst in das eigene terminal insuffiziente Herz, dann mit dem Transplantat des Toten in den geöffneten Brustkorb. Zuerst wird das tote Organ vom lebendigen Organismus getrennt und anschliessend durch das lebende Organ ersetzt, das selbst durch den umgekehrten Vorgang seiner Absonderung von einem toten Organismus gewonnen wurde. Wo hört eigentlich das Leben auf, und fängt der Tod an? Für den herztransplantierten französischen Philosophen Jean-Luc Nancy verschwimmt die Grenze zwischen «das Leben/der Tod». Nach Paragraf 106 der deutschen Rechtschreibung steht der Schrägstrich zwischen «das Leben» und «der Tod» für eine durch Ausdrücke wie «und», «oder» bzw. «bis» gekennzeichnete Verbindung. Je nach Konjunktion erscheint das Verhältnis zwischen Leben und Tod in einem etwas anderen Licht, und es bleibt offen, wie sich der Tod im Leben mitteilt. Eines steht zumindest fest: Medizinische Definitionen können die Konfrontation nicht auflösen oder harmonisieren. Der jeweils nächste Schritt des Tanzpaares bleibt auch unter medizinisch kontrollierten Bedingungen stets ungewiss.

VI. Der Berner Totentanz als «story»

Zur Zeit Niklaus Manuals gab es weder Hirntodkonzepte noch eine Thoraxchirurgie. Im Gemälde des Berner Malers klaffen keine offenen Wunden, und die Leiber bleiben verschlossen. Im letzten Bild des Totentanzzyklus' fallen die Toten wie reife Früchte vom Baum und liegen – entgegen ihrem vorher so peinlich genau bedachten gesellschaftlichen Rang – mit von Pfeilen durchbohrten Schädeln auf einem Haufen. Der Tod macht alle gleich: jeder und jedem genau ein

III. Gefährdetes

Pfeil, aber nicht ins Herz oder durch eine andere Stelle des Körpers, sondern im Kopf, mitten durch das Gehirn. Der Tod spiesst jenes Organ auf, das die Idee sozialer Ungleichheit genauso hervorbringt wie Vorstellungen vom Tod einschliesslich medizinischer Hirntodkonzepte und anderer Todeskonventionen. Die antirationalistische Pointe im Bild der durchbohrten Schädel ist kein Nebenaspekt, sondern gehört zum erkenntnistheoretischen Credo von Manuel und den Menschen seiner Zeit. Leben und Tod begegnen sich nicht in der menschlichen Selbstwahrnehmung und -reflexion. Sie gehören nicht zum «eigenen» Bios, sondern sind Prinzipien (Seele), die der Natur von aussen zukommen und sie durch und durch bestimmen. Die menschliche Gleichheit besteht nicht in einem allen Menschen innewohnenden (intrinsischen) gemeinsamen Merkmal, sondern darin, dass Leben und Tod allen Menschen in gleicher Weise als (extrinsische) Gegenüber begegnen.

Modern gesprochen, gründet die Gleichheit aller Menschen in dem gleichen Angewiesensein auf das Andere, jenseits ihrer selbst. Vor dem Hintergrund dieser Unterscheidungen liegt die Frage nach einem aktuellen Zugang zu Manuels Totentanz nahe. Gegen eine übliche, aber allzu leichtfertige Ästhetisierung sträubt sich bereits das letzte Wort der überlieferten Bildunterschriften: der in die Gebets- und Bekenntnissprache gehörende Ausdruck «Amen». Wer «Amen» sagt, vertritt nicht nur eine Meinung, sondern identifiziert sich mit dem zuvor Gesagten im Sinne der Bekräftigung «so ist es!» oder «das ist wahr!».

Das «Amen» bezieht sich auch nicht auf etwas singulär Geglaubtes, sondern auf kollektiv Fürwahr-Gehaltenes. Es wird von all jenen gesprochen, die zu Beginn der Textpassage der letzten Bildsequenz genannt werden: «Wär diese Figuren shouwett an». Der Autor dieser Zeilen hatte eine sehr präzise Vorstellung von der Perspektive, aus der die Betrachterinnen und Betrachter sein Bild ansehen würden. Die Tatsache, dass Niklaus Manuel also ein alles andere als unvoreingenommenen Publikum im Blick hatte, darf weder durch eine naturwissenschaftlich-medizinisch kontaminierte Sichtweise noch durch eine zeitgenössische Bildästhetik übersehen oder weichgespült werden.

Der Berner Totentanz lässt sich nicht von der Zeit seiner Entstehung und der Biografie des Künstlers ablösen. Die historische Einsicht, dass ein unverstellter Blick auf den Tod zunehmend mit der zivilisatorischen Entwicklung kollidierte, trifft schon auf Manuels Gemälde selbst zu. Es verschwand mit dem Abriss der Friedhofsmauer Mitte des 17. Jahrhunderts, der für eine Strassenverbreiterung nötig geworden war. Interessanter ist aber die biografische Entwicklung Manuels, der wenige Jahre nach Fertigstellung des Totentanzes in die Politik ging und vom künstlerischen Medium des Pinsels zur Feder wechselte. Über eine

Lächeln bitte!

der letzten von ihm bekannten Zeichnungen «König Josia lässt die Götzen zerstören» (nach 2 Kön 23,4ff.), das die Grundlage für ein Glasgemälde der Kirche Jegenstorf bildete, wird bis heute kontrovers debattiert. Ruft dort der Maler indirekt, aber unverkennbar zur Zerstörung sakraler Kunstwerke – einschliesslich der eigenen – auf? Die Zeichnung ist auf das Jahr 1527 datiert, also ein Jahr vor der entscheidenden Disputation, die den Übertritt der Stadt Bern zur Reformation besiegelte und an der Manuel beteiligt war. Fällt der Blick auf den Tod am Ende – und vielleicht sogar mit Billigung des Künstlers – einem religiös motivierten Ikonoklasmus zum Opfer?

Der Totentanz zierte das Bernische Stadtbild jedenfalls noch lange Zeit nach dem Tod des Malers, und es ist nicht bekannt, dass der Künstler zu Lebzeiten etwas gegen dessen Existenz unternommen hätte. Einiges deutet darauf hin, dass Manuel einer moderaten Bildkritik Luthers näherstand als der radikaleren Position Zwinglis. Unabhängig davon enthält der Berner Totentanz selbst bereits eine Art prä-dekonstruktivistische Bildkritik. Er wendet sich gegen eine Objektivierung des Blicks, indem der betrachtende Künstler selbst zum betrachteten Werk wird. Die Bildunterschrift bestätigt: Der Maler skizziert nicht nur mit feinem Pinselstrich und kommentiert mit deftigeren Knittelversen, wie der Tod den Menschen begegnet. Vielmehr tritt er als Beteiligter mit dem Tod in einen Dialog. Vor dem Tod gibt es keine Beobachter und deshalb vom Tod keine objektivierbaren Darstellungen.

Die Einsicht in die Distanzlosigkeit – vielleicht sogar Übergriffigkeit – des Sujets, die Manuel ganz selbstverständlich war, entgeht dem medizintechnologisch-beobachtenden Blick, der sich professionell und definitorisch abgeschottet heraushält. Zugleich führt uns der Berner Totentanz vor Augen, dass Künstler wie Niklaus Manuel dem Tod viel ernsthafter ins Gesicht gesehen haben, als die ästhetischen Theorien darüber auszuhalten bereit sind.

«... damit man die Sterne sehen kann»

Zum schwierigen Verhältnis von Eschatologie und Ethik

«Orbis non sufficit»
James Bond[1]

«Es wird regiert.»
Karl Barth[2]

I. Arbeitsteilung

«Das Thema liegt offensichtlich nahe. Es gibt gegenwärtig kaum eine ethische Diskussion – auch im Bereich der Theologie –, die nicht das Thema ‹Zukunft› im Blick hat – auf welche Weise auch immer: im Eintreten für die Zukunft, in der Erkenntnis zunehmender Beschleunigung von Entwicklungsprozessen in der Gegenwart, auf der Suche nach gültiger Zukunftserkenntnis und Fortschrittskritik, in der Auseinandersetzung mit bestehender Zukunftsangst oder in der Kritik der Einstellungen zur Zukunft überhaupt.»[3] Mit diesen Sätzen beginnt die Habilitationsschrift des Erlanger Theologen Hans G. Ulrich, die 1988 unter dem Titel «Eschatologie und Ethik» erschienen ist. Der Autor beginnt mit der Beobachtung, dass die Problemstellung von Eschatologie und Ethik zwar «in den Begründungszusammenhang theologischer Ethik gehört», aber dies «unerkanntermassen. Die theologische Grundlegung der Ethik ist von woanders aus erfolgt».[4] Für

---

[1] Die Inschrift auf dem Familienwappen der Bonds, von der der britische Geheimagent in der Episode «On Her Majesty's Secret Service» (1969) erfährt, geht auf das Motto des spanischen Königs Philipp II. (1527–1598) zurück, der darin dem Leitspruch seines Vaters Karl V. *plus ultra* («darüber hinaus») folgte (Thomas Maissen, Geschichte der frühen Neuzeit, München 2013, 38).
[2] Karl Barth, Gespräch mit Eduard Thurneysen [9.12.]1968: ders., Gespräche 1964–1968, hg. von Eberhard Busch, Zürich 1997, 562. Barth, der diesen Satz am Abend vor seinem Tod in einem Telefonat mit Thurneysen zweimal erwähnt haben soll, spielt damit auf einen Wortwechsel zwischen dem sterbenden Johann Christoph Blumhardt und seinem Sohn Christoph an, von dem der Satz überliefert ist: «Papa, es wird gesiegt!»
[3] Hans G. Ulrich, Eschatologie und Ethik. Die theologische Theorie der Ethik in ihrer Beziehung auf die Rede von Gott seit Friedrich Schleiermacher, München 1988, 13.
[4] Ulrich, Eschatologie und Ethik (Anm. 3), 13.

diesen anderen Ausgangsort stehen Begriffe wie «Freiheit», «Vernunft», «Welt» und «Geschichte». Und entsprechend lautet die sowohl naheliegende als auch unbequeme Herausforderung: «[W]o ist überhaupt bedacht worden, wie sich ‹Ethik› auf die ‹Rede von Gott› bezieht? Ist Gott in seiner ‹Funktion› für dieses oder jenes Begründungsproblem wohl erkannt, ist deshalb von ihm noch nicht geredet worden! Wenn aber, wovon wir hier ausgehen, von Gott, von seinem Willen und seinem Handeln zu reden ist, dann muss auch die Grundlegung der Ethik entsprechend anders einsetzen.»[5]

An der Feststellung Ulrichs, dass das «Thema ‹Eschatologie und Ethik› [...] als systematische Problemstellung erst erschlossen werden [muss]»[6], hat sich seit dem Erscheinen seines Buches nicht viel geändert. Wie nur ein knapper Blick in die einschlägige theologische Literatur zeigt, steht das Thema *Eschatologie und Ethik* auch heute nicht hoch im Kurs. Von den grossen deutschsprachigen Theologen des 20. Jahrhunderts sind – unabhängig von der durchaus vorhandenen Einsicht in die fundierende Bedeutung der Eschatologie für die Ethik – nur Karl Barth und Jürgen Moltmann dem Thema vertieft nachgegangen. Und selbst bei ihnen wird das Thema seine Ambivalenzen nicht los.

So beginnt Jürgen Moltmann seine *Theologie der Hoffnung* mit einer scharfen Kritik an Karl Barths *Römerbrief*, indem er diesem einen eschatologischen Transzendentalismus attestiert.[7] Allerdings war Barth diesem Vorwurf in der *Gotteslehre* seiner KD bereits selbstkritisch zuvorgekommen: «Es zeigte sich darin, dass ich nun wohl mit der Jenseitigkeit des kommenden Reiches Gottes, aber gerade nicht mit seinem Kommen als solchem ganz Ernst zu machen mich getraute».[8] Konkret ging es um die Auslegung von Röm 13,11f.: «Und dies tut im Wissen, dass die Stunde geschlagen hat: Es ist Zeit, aus dem Schlaf aufzuwachen ...» Barth bemängelte im Nachhinein, er sei «gerade an dem Besonderen dieser Stelle, nämlich an der *Teleologie*, die sie der *Zeit* zuschreibt, an ihrem Ablauf zu ihrem wirklichen Ende hin, mit viel Kunst und Beredsamkeit *vorbei*gegangen».[9] Wie kann aber auf die Teleologie der Zeit zugegangen werden, ohne – wie Barth beim damals jungen Autor der *Theologie der Hoffnung* kritisch nachhakte – bei

---

[5] Ulrich, Eschatologie und Ethik (Anm. 3), 14.
[6] Ulrich, Eschatologie und Ethik (Anm. 3), 14.
[7] Vgl. Jürgen Moltmann, Theologie der Hoffnung. Untersuchungen zur Begründung und zu den Konsequenzen einer christlichen Eschatologie, Gütersloh 1964, bes. 43–50.
[8] Karl Barth, Die Kirchliche Dogmatik, Bd. II/1: Die Lehre von Gott, Zollikon-Zürich ³1948, 716.
[9] Barth, KD II/1 (Anm. 8), 716.

einem «getaufte[n] ‹Prinzip Hoffnung› des Herrn Bloch» zu landen»?[10] Damit sind zugleich die Grenzen genannt, innerhalb derer das Verhältnis zwischen Eschatologie und Ethik theologisch verhandelt werden muss.

Die Frage, was Eschatologie und Ethik miteinander zu schaffen haben, steht nicht nur reichlich einsam, sondern auch seltsam quer in der Landschaft. Die Gründe dafür sind naheliegend. Thematisiert die Eschatologie das Kommen und die Vollendung des Gottesreiches, beschäftigt sich Ethik seit ihren Anfängen mit der Begründung des Guten und Gerechten als Ziele menschlichen Handelns und seiner normativen Orientierung. Das Thema «Eschatologie und Ethik» legt deshalb eine Arbeitsteilung nahe, der in der Theologiegeschichte auch weitgehend gefolgt wurde: dem einen das ewige Himmelreich, den anderen der zeitliche Rest. Diese Aufteilung der Zuständigkeiten kann sich in gewisser Weise auf die Bibel berufen, denn zweifellos lässt sie die Moral in der Mitte des Paradieses beginnen. «Sondern Gott weiss, dass euch die Augen aufgehen werden und dass ihr wie Gott sein und Gut und Böse erkennen werdet, sobald ihr davon esst.» (Gen 3,5) Wenn die Eschatologie vom Ende herkommt, dann Moral und Ethik vom Anfang.

Die anhaltende Hochkonjunktur der Ethik macht es deutlicher, als uns lieb sein kann: Sie ist aus der Not geboren und macht notgedrungen aus dieser Not eine Tugend. Diese Strategie gilt im Blick auf die Schöpfungsgeschichte ebenso wie für die Begründung der Ethik als wissenschaftliche Disziplin bei Aristoteles zur Zeit des Peleponnesischen Krieges, als die Polis Athen im Kampf gegen Sparta innenpolitisch langsam, aber sicher vor die Hunde ging. Seit jeher stemmt sich Ethik gegen eine Verfallsgeschichte, die – auf den Spuren von Walter Benjamins Deutung des *Angelus Novus* von Paul Klee – vom Paradies herkommend nicht nur Trümmer auf Trümmer, sondern Leichen auf Leichen häuft. Je nachdrücklicher diese Trümmerfelder und Massaker der Geschichte und die eigene Zerstörungsmacht im Blick auf die Zukunft ins menschliche Bewusstsein rücken, desto unnachgiebiger stellt sich die Frage: Was sollen wir tun? Die Not provoziert einen ethischen Sog (und eine Ethikindustrie), der wiederum alles mit sich fortreisst, einschliesslich die Hoffnung und – wie ich im Folgenden verdeutlichen möchte – die konstitutiv eschatologische Perspektivität der Theologie.

Natürlich gehört die Eschatologie ebenso selbstverständlich zu einer biblisch fundierten Theologie wie die Ethik. Aber jenseits einer der alphabetischen Ordnung geschuldeten Nachbarschaft in theologischen Lexika bleiben beide Gegen-

---

[10] Karl Barth, Brief an Jürgen Moltmann vom 17. November 1964: ders., Briefe 1961–1968, hg. von Jürgen Fangmeier/Hinrich Stoevesandt, Zürich 1975, 274–277 (276).

IV. Entzogenes —

stände im theologischen Alltag in der Regel auf Distanz. Machen Sie den Selbsttest: Haben Sie beim Nachsprechen der Unser Vater-Bitte «Dein Reich komme» schon einmal daran gedacht, dass es sich dabei auch um einen ethischen Satz handeln könnte? Moralische Intuitionen – einschliesslich möglicher Gewissensbisse – stellen sich in der Regel erst in der zweiten Hälfte des Gebets ein. Aus ethischer Sicht bereitet die Welt, wie sie ist, schon mehr als genug Probleme und aus eschatologischer Perspektive geht es um eine Hoffnung, die ausgehalten, manchmal sogar durchlitten werden muss und nicht durch irgendwelche menschlichen Aktivitäten verkürzt oder überbrückt werden kann. Tatsächlich ist der theologische Burgfriede zwischen den Bereichen, in denen unser Handeln gefordert ist und den anderen Bereichen, in denen es allein auf unsere vertrauensvolle Hoffnung ankommt weitgehend stabil. Wohlgemerkt, das theologische Problem besteht weder in der Eschatologie, noch der Ethik an sich, sondern in ihrer Verbindung. Die Konjunktion «und» zwischen «Eschatologie» und «Ethik» birgt eine doppelte Provokation. Zugespitzt: Die Ethik verlangt von der Eschatologie eine lebensweltliche Erdung der christlichen Hoffnung. Und die Eschatologie fordert von der Ethik eine Praxis, der die Welt nicht genug ist.

Will man dem weitgehend abwesenden Thema «Eschatologie und Ethik» auf die Spur kommen, ist es sinnvoll mit einer Rekonstruktion der Problemgeschichte ihres fragmentierten oder sogar Nicht-Verhältnisses zu beginnen. Die Konjunktion «contra» – also «Eschatologie *contra* Ethik» – bringt die Ausgangssituation viel treffender auf den Punkt als die Konjunktion «und».

II. Zwischen *telos* und *intentio*

«Noch einmal klatschte einer eine hysterische MG-Salve in die Baumstämme, dann drehten sie ab und raupten wieder zurück ins Wäldchen. Wir rannten sofort geduckt hinter der Böschung zurück: da war der Boden rot; rot ach. Einer der alten Bauern sass stumpf und hielt den tropfenden schlenkernden Arm. Und eins der Kinder war fast völlig zerrissen von zwei Riesensplittern, Hals und Schultern, alles. Die Mutter hielt noch immer den Kopf hoch und sah wie verwundert in die fette karminene Lache. [...] Der Pfarrer tröstete die weinende Frau; er meinte: ‹Der Herr hat's gegeben; der Herr hat's genommen› – und, hol's der Teufel, der Feigling und Byzantiner setzte hinzu: «Der Name des Herrn sei gelobt!» (Und sah dabei stolz auf uns arme verlorene Heiden, die schamlose Lakaienseele! – Das schuldlose Kind – Seine 2000 Jahre alten Kalauer von der Erbsünde kann er doch nur einem erzählen, der keine Krempe mehr am Hut hat:

Haben diese Leute denn nie daran gedacht, dass Gott der Schuldige sein könnte?»[11]

In Arno Schmidts Erzählung *Leviathan* geht die Theodizeefrage, die Leibniz und Voltaire der neuzeitlichen Theologie ins Stammbuch geschrieben hatten, im Bombenhagel auf einen Flüchtlingstreck im Zweiten Weltkrieg unter. In dieser symptomatischen Szene manifestiert sich die zweite Wende gegenüber dem ursprünglichen Disput zwischen Gott und Hiob. Damals ging es um die Treue Gottes zu Hiob im Konflikt mit den moralischen Erklärungsversuchen der Freunde, die sein Schicksal als Beleg für einen Tun-Ergehen-Zusammenhang deuteten. Am Ende bestätigt Gott Hiobs Aufstand gegen die Legitimationsansprüche menschlicher Moral. Gott ist das A und O, aber weder ein Prinzip, noch einem solchen unterworfen. Vor allem unter dem Eindruck des Erdbebens von Lissabon 1755, das den Menschen damals wie eine Art dämonischer Terroranschlag vorgekommen sein muss, vollzog sich die erste grosse Wende. Nun ging es darum, die Allmacht, Gerechtigkeit und Güte Gottes angesichts der Übel in der Welt zu beweisen. Bei Leibniz hielt die Metaphysik noch den moralischen Angriffen stand, spätestens mit Voltaires beissender Kritik in seinem *Candide* hatte die Ethik des autonomen Subjekts gesiegt. Der Gedanke einer göttlichen Gerechtigkeit, einer «invisible hand» (Adam Smith), die auf geheimnisvolle Weise dafür sorgt, dass alles zu einem guten Ausgleich kommt, erschien nicht mehr als zuverlässige Grundlage, um darauf zu vertrauen und damit zu kalkulieren. Die Menschen erklärten sich zu souveränen ethischen Subjekten und führten fortan konsequenterweise selbst Regie in der Welt.

An dieser Stelle geschieht – nebenbei und unbemerkt – eine entscheidende Weichenstellung für die Verhältnisbestimmung von Eschatologie und Ethik. Die neuzeitliche Erfindung des ethischen Subjekts der Geschichte ersetzt sukzessive die Idee eines umfassenden, die Zeit überdauernden, ontologischen *telos*, die griechische *Eudaimonia*, auf die alles Sein von sich aus zustrebt und in der, etwa in Gestalt der klassischen Naturrechtslehre, eschatologische Perspektivität und ethische Normativität untrennbar verbunden sind. Mit der Konstruktion des neuzeitlichen Subjekts wird diese universale Zentrierung des Seins ergänzt um ein im Menschen selbst verortetes *Telos: intentio*, die Intentionalität oder Absicht als adäquate Ausdrucksform menschlicher Freiheit. Dem – in der Naturteleologie manifest werdenden – göttlichen Willen steht damit ein menschlicher Wille gegenüber, der nicht – wie zuvor – lediglich als menschlicher Abfall von seiner

---

[11] Arno Schmidt, Leviathan oder Die Beste der Welten: ders., Leviathan. Die Umsiedler. Seelandschaft mit Pocahontas (Das erzählerische Werk in acht Bänden, Bd. 2), Zürich 1985, 9–28 (17).

IV. Entzogenes

göttlichen Bestimmung oder als menschliche Hybris gegen Gott gedacht wurde, sondern als reale, in der menschlichen Freiheit angelegte Möglichkeit.

Zwar muss damit die Vorstellung von der göttlichen Schöpfung nicht aufgegeben werden. Allerdings wird sie auf die Funktion einer genealogischen Herkunftsgeschichte reduziert. Sehr holzschnittartig treten mit der neuzeitlichen Ersetzung Gottes durch den Menschen im Zentrum des Weltverständnisses (Anthropozentrismus) an die Stelle der bewegenden Kraft des göttlichen Telos die menschlichen Absichten als kausale Antriebe der Weltgestaltung. Damit sind die Ziele nicht verschwunden, aber sie kommen nun als Handlungszwecke, also menschliche Setzungen in den Blick. In den Mittelpunkt rücken die Absichten und Ziele, die Menschen aus sich heraus (autonom, selbstbestimmt) anstreben und verwirklichen. Mit der Verlegung des Telos ins Bewusstsein autonomer Subjekte ist Zweckhaftigkeit nicht mehr einfach vorgegeben, sondern wird der Instanz des menschlichen Willens unterstellt. Diese Umstellung revolutioniert das Menschenbild und ermöglicht jenes Selbstverständnis, das uns bis heute am nachhaltigsten prägt: die Vorstellung von der autonomen Person als Verantwortungssubjekt.

Unter dieser Voraussetzung vollzieht sich die zweite Wendung gegenüber dem alten Hiobdisput, wie sie in Schmidts *Leviathan* begegnet: Gott selbst wird zum ethischen Verantwortungssubjekt und Adressat für die moralische Schuldfrage. Zwar bleibt er weiter ein Gott, insofern ihm die Verantwortung für die menschlichen Verantwortungslosigkeiten zugeschrieben wird, aber er ist sozusagen nicht mehr der souveräne, sondern der moralisch gebändigte Gott. Die Theodizee-Frage «Wie kann ein allmächtiger und gütiger Gott das Übel in der Welt zulassen?» lautet unter ethischen Vorzeichen: «Wie können Gott die Opfer menschlicher Gewalt und Ungerechtigkeit gleichgültig sein?» Spielt Gott nicht – gewollt oder nicht, zumindest aber in der Konsequenz – den Täterinnen und Tätern dieser Welt in die Hände, wenn er mitten im Verfahren die Regeln ändert bzw. die ethische Forderung nach Versöhnung durch die Erfüllung der eschatologischen Hoffnung auf Erlösung komplett aushebelt? Wichtiger als der Inhalt dieser Frage ist ihre Perspektive: Ihr Objekt ist nicht mehr der souveräne Schöpfer, Herr und Vollender der Welt, sondern der moralisch konditionierte Gott, der gemessen wird und sich messen lassen muss.

So schliesst sich der Bogen von Hiob zur doppelten Wendung in der Gegenwart in Gestalt einer Umkehrung: Scheiterte bei Hiob noch die menschliche Moral an der Souveränität Gottes, so heute der göttliche Herrschaftsanspruch auf seine Schöpfung an der Ethik. Nichts bringt diese Konstellation treffender auf den Punkt als die dem Titel des ersten Bud Spencer- und Terence Hill-Films «Dio perdona ... io no!» abgeschaute Reaktion eines US-amerikanischen Senators auf die Attentate von 9/11: «Gott vergibt, wir nicht!» Die Karten der Macht werden neu gemischt. Der, der von sich sagt, dass ihm alle Macht im Himmel und auf Erden gegeben sei (Mt 28,18), entpuppte sich schon damals als ohnmächtig. Seine Verheissungen werden in der Moderne – je nachdem – zur Utopie, Ideologie oder billigen Jenseitsvertröstung, an der sich revolutionäre, geschichtsphilosophische und totalitäre Projekte abarbeiten.

Die Dominanz der ethischen Weltbilder verdrängt nicht nur die eschatologische Perspektive, sondern erklärt sie darüber hinaus für unhaltbar inhuman. Darin besteht die Essenz jeder Religionskritik. Denn die Rebellion gegen welt- und menschenverachtende Jenseitsvertröstungen beruht auf drei Voraussetzungen: 1. Welt und Jenseits sind disparate Kategorien, die nicht in Beziehung gesetzt werden dürfen und keine normativen Übergänge gestatten. 2. Trost und Revolution sind inkompatible und diametral entgegengesetzte Reaktionen auf menschliche Leid- und Unglückserfahrungen. Und 3. hat angesichts des himmelschreienden Elends in der Welt die Angst «um unser Leben» Vorrang vor der Hoffnung auf «ein erfülltes Leben».[12] Bekanntlich sind an dieser Stelle Ernst Blochs *Prinzip Hoffnung* und Hans Jonas' *Prinzip Verantwortung* unversöhnlich aneinandergeraten. «An die Stelle der Hoffnung auf das, was werden kann, tritt [bei Jonas, FM] die Furcht vor dem, was möglicherweise nicht mehr sein wird.»[13] Entsprechend muss der Imperativ für eine «Zukunftsethik» lauten: «In dubio pro malo.» – Im Zweifel für die schlechte Prognose.[14] Alle drei Prämissen dokumentieren nicht nur den Sieg der Ethik über die Eschatologie, sondern der Unglücksvermutung über die Zukunftshoffnung.

Aus dieser Perspektive erscheinen Eschatologie und Ethik ganz und gar unversöhnlich. Der ethische Primat verweigert der eschatischen Hoffnung jegliche Relevanz, der eschatologische Primat lässt umgekehrt alle ethischen Forderungen ins Leere laufen. Eschatologie macht der Ethik keine Hoffnung und Ethik verweigert der Eschatologie die Versöhnung. Folgt Eschatologie nicht in starrer Fixierung auf das Ziel, ungerührt von dem Unglück und Elend in der Welt, der Flugbahn von Benjamins Engel der Geschichte, dann muss sie sich um ihres Wirklichkeitsanspruchs willen dem ethischen Anspruch öffnen. Sie müsste selbst ethisch werden, wie umgekehrt die Ethik eschatologisch.

---

[12] Jürgen Moltmann, Ethik der Hoffnung, Gütersloh 2010, 21.
[13] Moltmann, Ethik der Hoffnung (Anm. 12), 22.
[14] Hans Jonas, Technik, Medizin und Ethik. Praxis des Prinzips Verantwortung, Frankfurt a. M. 1985, 67.

III. Vermittlungsversuche

Jürgen Moltmann präsentiert in seiner erst 2010, also fast 50 Jahre nach seiner *Theologie der Hoffnung* nachgeschobenen, *Ethik der Hoffnung* eine kurze problemorientierte Typologie eschatologisch-ethischer Vermittlungskonzepte: 1. die apokalyptische Eschatologie der Zwei-Regimenten-Lehre; 2. die christologische Eschatologie Calvins und Barths; 3. die separatistische Eschatologie der Täufer und 4. seine eigene transformative Eschatologie. Es würde zu weit führen, Moltmanns Darstellung der Entwürfe im Einzelnen zu präsentieren und zu diskutieren. Ich beschränke mich deshalb auf einige seiner kritischen Rückfragen.

1. Deutlich wendet sich Moltmann gegen die Unterstellung eines Dualismus in der Zwei-Reiche-Lehre Luthers. Vielmehr handele es sich um eine «Kampflehre», deren Unterscheidungen lediglich «polemischer Natur» seien.[15] Ausführlicher geht er auf die *Katechon*-Vorstellung von 2Thess 2.7f. ein, die sowohl für die politische Ethik Dietrich Bonhoeffers als auch die politische Theologie Carl Schmitts von Bedeutung ist. Bonhoeffer bemerkt dazu: «Das ‹Aufhaltende› ist die innerhalb der Geschichte durch Gottes Weltregiment wirksam werdende Gewalt, die dem Bösen seine Grenze setzt. Der ‹Aufhaltende› selbst ist nicht Gott, ist nicht ohne Schuld, aber Gott bedient sich seiner[,] um die Welt vor dem Zerfall zu bewahren. Der Ort, an dem das Wunder Gottes verkündigt wird, ist die Kirche. Das ‹Aufhaltende› ist die staatliche Ordnungsmacht. So verschieden beide in ihrem Wesen sind, so eng rücken sie doch angesichts des drohenden Chaos aneinander, und der Hass der zerstörerischen Gewalten richtet sich auf beide als auf Todfeinde in gleicher Weise.»[16] Moltmanns Rückfragen und Kritik sind naheliegend: «Die apokalyptische Eschatologie versteht Christus vom endgeschichtlichen Kampf Gottes gegen den Teufel her, nicht aber die Geschichte und das Ende der Geschichte von Christus her. Sie ordnet Christus in ein apokalyptisches Geschichtsbild ein und lässt Christus nicht Herr der Geschichte und ihres Endes sein. Der Sieg Gottes, den Paulus in der Auferstehung Christi erblickte, steht für die Zwei-Reiche-Lehre im apokalyptischen Futur, nicht aber im prophetischen und apostolischen Perfekt. Daraus folgt, dass die weltlichen Ordnungen, allen voran der Staat, als Repressionsmächte Gottes gegen das Böse und das Chaos des Teufels angesehen werden, nicht aber als zukunftsoffene Prozesse,

---

[15] Moltmann, Ethik der Hoffnung (Anm. 12), 27.
[16] Dietrich Bonhoeffer, Ethik (DBW 6), hg. von Ilse Tödt et. al., München 1992, 123.

in denen die Gerechtigkeit und der Frieden des Reiches Gottes antizipiert werden.»[17] Kurz: Eine politische Ordnungsethik, die durch Furcht anstelle der christlichen Hoffnung motiviert sei, ziele auf die Stabilisierung der Verhältnisse und beschränke das einbrechende Gottesreich auf die Kirche und die «Christperson» gegenüber der «Weltperson».

2. Die christologische Eschatologie einer calvinistischen Reich-Gottes-Theologie sieht Moltmann am überzeugendsten in der Barmer Theologischen Erklärung und in Karl Barths in jener Zeit entstandenen Schriften *Evangelium und Gesetz* (1935), *Rechtfertigung und Recht* (1938) sowie *Christengemeinde und Bürgergemeinde* (1946) repräsentiert. Die prägnante Zusammenfassung dieses Typs findet sich im Verwerfungssatz der zweiten Barmer These: «Wir verwerfen die falsche Lehre, als gäbe es Bereiche in unserem Leben, in denen wir nicht Jesus Christus, sondern anderen Herren zu eigen wären.»[18] Besonders hebt Moltmann Barths Beobachtung hervor, dass «die Ordnung des Reiches Gottes und die Neuschöpfung aller Dinge im Neuen Testament nicht mit religiösen, sondern mit politischen Vorstellungen beschrieben wird: das Reich, die himmlische Polis Jerusalem, die himmlische Bürgerschaft.»[19] Als Beleg zitiert er aus Barths *Rechtfertigung und Recht*: «Nicht in einem himmlischen Spiegelbild ihrer eigenen Existenz, sondern gerade in dem realen himmlischen Staat sieht die reale irdische Kirche ihr Zukunft und Hoffnung.»[20] Für Moltmann schiesst Barth aber in zweierlei Hinsicht über das Ziel hinaus. Einerseits zeichnet er mit der in *Christengemeinde und Bürgergemeinde* behaupteten Vorbildfunktion der Kirche für den Staat ein Bild von einer entwicklungsoffenen Kirche, das die traditionell-konservative Realität der europäischen Kirchen seit der Französischen Revolution völlig ausblende. Andererseits liesse die präsentische Eschatologie Barths der futurischen Eschatologie «kaum etwas übrig [...] ausser der universalen Enthüllung dessen, was von Gott her in Christus schon geschehen ist». Dagegen sei an das noch Ausstehende zu erinnern, nämlich «die Auferweckung der Toten und die Neuschöpfung aller Dinge, die Zukunft Israels und die Aufrichtung des Reiches Gottes auf einer neuen Erde, auf der Gerechtigkeit wohnt.»[21] Barth riskiere unter

---

[17] Moltmann, Ethik der Hoffnung (Anm. 12), 30.
[18] Barmer Theologische Erklärung, zitiert nach Carsten Nicolaisen, Der Weg nach Barmen. Die Entstehungsgeschichte der Theologischen Erklärung von 1934, Neukirchen-Vluyn 1985, 180.
[19] Moltmann, Ethik der Hoffnung (Anm. 12), 39.
[20] Karl Barth, Rechtfertigung und Recht: ders., Rechtfertigung und Recht. Christengemeinde und Bürgergemeinde (Theologische Studien 104), Zürich 1970, 47–80 (26). Moltmanns Zitatangabe (18) stimmt nicht.
[21] Moltmann, Ethik der Hoffnung (Anm. 12), 41.

IV. Entzogenes

dem Strich eine futurische Eschatologie, die für eine Ethik der Hoffnung unverzichtbar sei.

3. Der dritte Typ sticht schon durch seine pejorative Bezeichnung «separatistische Eschatologie» ins Auge. Zwar verortet Moltmann sie im dritten Flügel der Reformation, diskutiert sie dann aber exemplarisch an der postliberalen Yale-School. Auf seine Polemik gegen Stanley Hauerwas, George Lindbeck und John Howard Yoder muss hier nicht eingegangen werden. Seine Kritik richtet sich gegen einen Rückzug der Ethik in den kirchlichen Binnenraum, der auf eine Entpolitisierung und damit Halbierung der christlichen Botschaft hinauslaufe. Konkret: Rechtfertigung und Eintreten für Gerechtigkeit gehören zusammen. «Die Gerechtigkeit Gottes in der Welt beginnt nicht mit der Rechtfertigung der Täter der Sünde, sondern mit der Rechtfertigung der Opfer der Sünde, des Unrechts und der Gewalttat. Die Rechtfertigung der Sünder kommt über die gerechtfertigten Opfer zum Zuge. [...] Sündenvergebung ist nur die halbe Wahrheit, denn Christus ist auferweckt um unserer Gerechtigkeit willen (Röm 4,25). Erst damit wird die Umkehr vollkommen.»[22] Gewaltlosigkeit und Friedfertigkeit seien zwar achtenswerte Haltungen, reichten aber nicht aus. «Gewaltlosigkeit an sich ist wie die Vergebung der Sünden nur eine Negation des Negativen, aus der noch nichts Positives hervorgeht.»[23] Entsprechend sei Kirche nicht – nach einem Buchtitel von Hauerwas – «*peaceble kingdom*», «sondern *the peacemaking kingdom*».[24] Zugespitzt formuliert, verpasst dieser Eschatologie-Typ die Wirklichkeit des angebrochenen Gottesreiches, weil er sich dieser Realität in der Welt mehr oder weniger komplett entzieht.

4. Moltmanns kurz skizzierte Kritiken an den drei Eschatologie-Typen deuten bereits an, worauf es seinem eigenen Entwurf einer «transformativen Eschatologie» ankommt. Er versteht seine Ethik der Hoffnung als eine Art Synthese: «Sie unterscheidet sich von der lutherischen Ethik unter apokalyptischen Vorzeichen durch die Erkennbarkeit des christlichen Lebens und Handeln, nimmt aber das Prinzip ‹Weltverantwortung› auf. Sie unterscheidet sich von der reformierten Ethik unter christokratischen Vorzeichen durch ihre transformierenden Antizipationen im Prozess des Kommens Christi, nimmt aber das Prinzip ‹Widerstand› auf. Sie unterscheidet sich von der täuferischen Ethik und ihrem Quietismus durch die aktive Einmischung in die sozialen und politischen Prozesse der Öffentlichkeit, nimmt aber das Prinzip ‹alternatives Leben› auf.»[25]

---

[22] Moltmann, Ethik der Hoffnung (Anm. 12), 51
[23] Moltmann, Ethik der Hoffnung (Anm. 12), 52.
[24] Moltmann, Ethik der Hoffnung (Anm. 12), 52.
[25] Moltmann, Ethik der Hoffnung (Anm. 12), 60.

Seine eigene Position findet Moltmann in der Botschaft der Weltkirchenkonferenz in Uppsala 1968 vorgezeichnet. «Gottes Verheissung: ‹Siehe, ich mache alles neu› (Offb 21,5) wird in der Glaubenserfahrung schon Wirklichkeit: ‹Ist jemand in Christus, ist er eine neue Kreatur. Siehe, es ist alles neu geworden› (2 Kor 5,17) [...] Die aktive Verbindung zwischen der verheissenen Zukunft und der erfahrenen Ankunft der Neuschöpfung aller Dinge wurde in Uppsala mit dem Begriff der ‹Vorwegnahme› bezeichnet.»[26] Im Sektionsbericht *Uppsala spricht* heisst es: «Im Vertrauen auf Gottes erneuernde Kraft rufen wir euch auf: Beteiligt euch an dieser Vorwegnahme des Reiches Gottes und lasst heute schon etwas von der Neuschöpfung sichtbar werden, die Christus an seinem Tag vollenden wird.»[27] Der Begriff der Vorwegnahme bzw. Antizipation begegnet prominent bei zwei Gewährsleuten Moltmanns, Ernst Bloch und Franz Rosenzweig. Vorwegnahme sei, wie letzterer im *Stern der Erlösung* formuliert,

«die Umdrehung des objektiven Zeitverhältnisses: Während nämlich das Vergangene, das schon Fertige daliegt von seinem Anfang bis zu seinem Ende und daher er-zählt werden kann [...], ist das Zukünftige als das[,] was es ist, nämlich als Zukünftiges, nur zu fassen durch das Mittel der Vorwegnahme. [...] Das Letzte muss hier in Gedanken das Erste sein [...]. [...] Ohne diese Vorwegnahme und den inneren Zwang dazu, ohne das ‹Herbeiführenwollen des Messias vor seiner Zeit› und die Versuchung, das ‹Himmelreich zu vergewaltigen›, ist die Zukunft keine Zukunft, sondern nur eine in unendliche Länge hingezogene, nach vorwärts projizierte Vergangenheit.»[28]

Moltmann nennt seinen eigenen Entwurf eine «in messianischen Dimensionen» dargestellte «*eschatologische Christologie*» und grenzt sie von der «*christologischen Eschatologie*» Barths ab. Während Barth die Christologie in die Eschatologie hineinhole, bilde bei Moltmann die Christologie den «Anfang der Eschatologie». Der Tübinger Theologe sieht sich als Erben der an Christoph Blumhardt geschulten «Vorwärts-Eschatologie» des jungen Barth, die jener später zugunsten einer «Zeit-Ewigkeits-Eschatologie» aufgegeben habe. Messianisch sei – so Moltmann – seine Eschatologie, weil sie von einer Gegenwart ausgeht, «die von der eschatologischen Zukunft schon ergriffen ist und bestimmt wird. Eschatologische Zukunft wird Gegenwart, ohne aufzuhören, Zukunft zu sein. Sie macht

---

[26] Moltmann, Ethik der Hoffnung (Anm. 12), 54.
[27] Ökumenischer Rat der Kirchen, Uppsala spricht. Die Sektionsberichte der Vierten Vollversammlung des Ökumenischen Rates der Kirchen in Uppsala 1968, Genf 1968, 2.
[28] Franz Rosenzweig, Der Stern der Erlösung. Mit einer Einführung von Reinhold Mayer und einer Gedenkrede von Gershom Scholem, Frankfurt a. M. ³1990, 244.253.

IV. Entzogenes

damit Gegenwart zur gegenwärtigen Zukunft. [...] Reich-Gottes-Ethik ist Nachfolgeethik und die Ethik der Nachfolge Jesu ist Antizipations-Ethik seiner Zukunft.»[29]

Moltmanns Entwurf überzeugt durch Ökumenizität, Erfahrungssättigung, Praxisbezug und den unbequemen Verzicht auf apokalyptische Schlupflöcher. Gerade in dem letzten Punkt wird er von der Tübinger Theologin Johanna Rahner vehement unterstützt, die aus katholischer Sicht den Ansatz Moltmanns weiter zuspitzt und in eine «Geschichtstheologie» transformiert: «Christliche Eschatologie als Geschichtstheologie versucht eine Antwort auf die Frage zu geben, ob die Geschichte dieser Welt einen Sinn hat, indem sie die zu erwartende Zukunft in Verbindung zur erfahrenen Gegenwart sieht. Sie fragt nicht nur nach dem Wohin, sondern auch nach einem Wozu und nennt als entscheidendes Stichwort dafür ‹Vollendung› bzw. konkreter ‹Versöhnung›. Darin ist ein grundlegender Perspektivenwechsel der Eschatologie angedeutet: Die Zukunft nicht als Abbruch, sondern als Vollendung steht im Mittelpunkt dieser Frage nach dem Sinn von Geschichte und damit die Frage: Wie verhält sich unsere Gegenwart und Zukunft zur Zukunft Gottes?»[30] Vor allem im Blick auf das Erste Testament entfaltet Rahner ihre These von der Geschichte als Ort der Offenbarung Gottes. Die Herrschaft Gottes über die Geschichte ist in doppelter Weise qualifiziert: Herr der Geschichte zu sein bedeutet nicht, «Herr des faktischen Geschichtsverlaufs mit all seinem himmelschreienden Unrecht» zu sein.[31] Gottes Herrschaft gleicht nach Rahner eher Benjamins Engel der Geschichte, «der die verheissene Zukunft als ausrichtend-rettenden Blick in die Vergangenheit zu begreifen lehrt. Er wendet sich nicht von der Geschichte ab, sondern versucht das Zerschlagene wieder zusammenzufügen, auch wenn die menschliche Freiheit und ihre Missbrauchsgeschichte ihm stets dabei einen Strich durch die Rechnung machen. [...] Hier wird ein Zweites deutlich: Gott ist nicht einfach der omnipotente ‹Macher› von Geschichte, er braucht und gebraucht seine menschlichen Helfer, die er beruft, um seinen heiligen Willen in der Geschichte Wirklichkeit werden zu lassen und so ‹Geschichte› zu machen.»[32] Der radikalisierte Blick auf den Anfang ist einer rasanten Kritik an einer apokalyptischen Fixierung auf das Ziel geschuldet.

---

[29] Moltmann, Ethik der Hoffnung (Anm. 12), 56f.
[30] Johanna Rahner, Eschatologie, Ethik und die Frage nach dem Sinn der Geschichte: Tobias Kläden (Hg.), Worauf es letztlich ankommt. Interdisziplinäre Zugänge zur Eschatologie, Freiburg i. Br. 2014, 250–276 (263).
[31] Rahner, Eschatologie (Anm. 30), 266f.
[32] Rahner, Eschatologie (Anm. 30), 266f.

Auf dem Spiel steht die «Wertigkeit von Welt und Geschichte».[33] Die «Verschränkung von eschatologischer Zukunft und christologisch gefüllter Gegenwart» läuft nach Rahner auf eine doppelte Relativierung der Zukunft hinaus: «Das Eigentliche ist bereits geschehen, die Zukunft ist nicht mehr das, worauf es absolut ankommt, und Zukunft und Gegenwart sind unlösbar miteinander verbunden, der Blick in die Zukunft und die Aufmerksamkeit für die jetzige konkrete Situation des Lebens sind nicht mehr voneinander trennbar.»[34] Die Verbindung besteht in der Aufhebung der Zeit als *chronos* «in die Idee des *kairos*; «wobei der *kairos* der profanen Zeit des *chronos* nicht äusserlich bleibt, sondern sie wie ein Sauerteig durchdringt».[35]

Der hier nur in wenigen Punkten skizzierte Entwurf der Tübinger Theologin besticht, weil er Eschatologie und Ethik tatsächlich – und in gewisser Weise restlos – zusammenführt. Vollendung reimt sich hier nicht einfach auf Versöhnung, vielmehr wird der *eschatologische* Begriff der Vollendung mit der *ethischen* Kategorie der Versöhnung geradezu identifiziert. Ethik mutiert unter der Bedingung einer qualifizierten Zeit zum Heilsprogramm. Mehr noch: die Ethik übernimmt einen Platz, der in Rahners Entwurf – tendenziell aber auch bei Moltmann – unausgesprochen und eigenartig leer bleibt. Beide konzipieren ihre Vermittlungsmodelle von Eschatologie und Ethik unter weitgehendem Verzicht auf die dritte Person der Trinität. Das ist kein Zufall, sondern ihrem Programm geschuldet. Mit ihrer dezidiert antiapokalyptischen Stossrichtung gegen eine Eschatologie «von hinten» bzw. «von oben» liegt das ganze Gewicht ihrer Argumentation auf einer Eschatologie «von vorn» bzw. «von unten».[36] In der Konzentration auf den (politisch-antagonistisch stilisierten) Konflikt zwischen oben/hinten und unten/vorne kommt die dritte Perspektive des «von aussen» gar nicht in den Blick. Insofern versteht es sich (fast) von selbst, dass die Pneumatologie – zumindest tendenziell – ihren Platz für die Ethik räumen muss. Geradezu in Umkehrung des Gleichnisses vom barmherzigen Samaritaner, bei dem das Ethos aus dem Pathos kommt – er «sah ihn und fühlte Mitleid» (Lk 10,33; wörtlich: «es jammerte

---

[33] Rahner, Eschatologie (Anm. 30), 269.
[34] Rahner, Eschatologie (Anm. 30), 269.
[35] Rahner, Eschatologie (Anm. 30), 271.
[36] Zu berücksichtigen sind dabei auch die Anklänge an befreiungstheologische Argumentationsfiguren, die impliziten und expliziten Bezüge Rahners auf Johann Baptist Metz oder die ausdrückliche und immer wieder erwähnte Bedeutung von Martin Luther King für das theologische Denken und Werk Moltmanns.

IV. Entzogenes

ihn»)³⁷, dominiert bei Rahner und Moltmann die für die neuzeitliche Ethik typische Akteur:innenperspektive: Autonome Verantwortungssubjekte werden konfrontiert mit einer ethischen Forderung. Der neue Mensch (2 Kor 5,17), der natürlich in beiden Entwürfen vorausgesetzt ist, bleibt seltsam überkommenen normativen Modalitäten verhaftet. Vor dem Hintergrund der eingangs geforderten Bewegung von Eschatologie und Ethik lässt sich resümieren: Die Eschatologie wird zweifellos geerdet, aber die Ethik verharrt auf der Stelle. Ihr ist die Welt nach wie vor genug.

IV. Zwischen Indikativ und Imperativ

Natürlich kann eine Ethik, der die Welt nicht genug ist, nicht als Handlungsethik konzipiert werden (was nicht heisst, dass es bei ihr nichts zu tun gäbe). Denn menschliches Handeln ist gebunden an Raum und Zeit. Zugleich kann sich eine mit dem Attribut «eschatologisch» auftretende Ethik nicht mit dem Hier und Jetzt begnügen, auch wenn sie ganz und gar Ethik bleibt. (Gott sei Dank, braucht der Himmel keine Ethikerinnen und Ethiker). Einen der wenigen Versuche, eine solche Ethik zu denken, hat Karl Barth in seiner Münsteraner Ethikvorlesung von 1928 unternommen. Er skizziert eine Ethik entlang der theologischen Topoi Schöpfung, Versöhnung und Erlösung mit einer dreigliedrigen anthropologischen Relation im Zentrum: der Mensch «als Gottes Geschöpf, als Gottes begnadigten Sünder, als Gottes zukünftig Erlösten».³⁸ Ethik in eschatologischer Perspektive müsse – so Barth – «auch nach unserer Heiligung, nach der Bedeutung jener göttlichen Entscheidung, des Ereignisses des göttlichen Gebietens [fragen. ... Der von Gott in allen drei Relationen in Anspruch genommene Mensch, FM] ist der *geheiligte* Mensch, der nicht das Subjekt, wohl aber das Prädikat der Aussagen der theologischen Ethik ist. Er ist Gottes Geschöpf, er ist in Christus begnadigter Sünder, er ist Erbe des Reiches Gottes, weil und sofern ihn Gott als das Alles in Anspruch nimmt.»³⁹

Bereits an dieser Stelle zeigt sich eine radikale Verschiebung gegenüber der neuzeitlichen Ethik von dem ethischen Subjekt hin zu der von Gott in Anspruch

---

37 Vgl. Philipp Stoellger, ‹Und als er ihn sah, jammerte er ihn›. Zur Performanz von Pathosszenen am Beispiel des Mitleids: Ingolf U. Dalferth/Andreas Hunziker (Hg.), Mitleid. Konkretionen eines strittigen Konzepts, Tübingen 2007, 289–305 (299).
38 Karl Barth, Ethik I. Vorlesung Münster Sommersemester 1928, wiederholt in Bonn, Sommersemester 1930, hg. von Dietrich Braun, Zürich 1978, 88.
39 Barth, Ethik I (Anm. 38), 88f.

genommenen und darin ausgezeichneten Person. In immer neuen Wendungen insistiert Barth auf die dreigliedrige Differenzierung und holt damit trinitätstheologisch ein, was bei Rahner aus ethischen Motiven auf der Strecke blieb: dass sich der «Sinn des göttlichen Gebietens [...] notwendig anders dar[stellt], wenn wir es als das Gebieten des Schöpfergottes oder des Versöhnergottes oder des Erlösergottes verstehen, obwohl die drei nicht drei, sondern einer sind».[40] Aus der Sicht des göttlichen Anspruchs auf die Menschen heisst das: «Wir haben nicht nur das Leben als Gottes Geschöpfe, und wir haben nicht nur das Gesetz als Genossen des Bundes seiner Gnade, sondern eben als solche darüber hinaus die Verheissung. Wir sind [...] indem uns Gott wirklich in Anspruch nimmt, angesprochen als Erben seines ewigen Reiches.»[41] Damit eröffnet sich eine ethische Praxis für die Geschöpfe Gottes *und* die im Glauben versöhnten Kinder Gottes im Gehorsam gegen sein Gebot *und* für die Kinder Gottes in einem «‹letztlich[en]›, also abschliessend[en], definitiv[en], unüberbietbar[en]» Sinn.[42] Es geht um Gotteskindschaft diesseits von Imperativen und Geboten, um eine Gotteskindschaft im Indikativ des «Zu-uns-Kommen[s]. Kommendes, unser eigenes kommendes Sein also ist gemeint, wenn uns das Letztliche gesagt ist: Wir *sind* Gottes Kinder. Es handelt sich um das Präsens, das nicht aus-, sondern einschliesst».[43] Das hat irritierende Konsequenzen, die halbwegs selbstkritisch sozialisierte Menschen in die Knie gehen lässt.

«Gottes Gebot wird von mir erfüllt, d. h. mein Tun ist gut, ist Gehorsam gegen das Gebot der Verheissung, ist gewissensmässiges und dankbares Tun, sofern mir gesagt ist und ich mir gesagt sein lasse, dass es in der Einheit mit dem Willen meines Erlösers geschieht. Dass mir das gesagt ist und dass ich mir das gesagt sein lasse, das ist als Werk des heiligen Geistes die Wirklichkeit der Hoffnung.»[44]

Ethik der Gotteskindschaft reaktiviert nicht die alte *Imitatio*-Lehre, sondern setzt auf die Dynamik der Geistbegabung, die im innersten Kern *Übereinstimmung* ist. «Es ist schon Einheit mit dem Willen Gottes, was den Willen des Kindes Gottes

---

[40] Barth, Ethik I (Anm. 38), 89.
[41] Barth, Ethik I (Anm. 38), 93.
[42] Barth, Ethik II. Vorlesung Münster Wintersemester 1928/29, wiederholt in Bonn, Wintersemester 1930/31, hg. von Dietrich Braun, Zürich 1978, 364; vgl. 365: «Für das Kind Gottes gilt nicht nur nicht: ‹posse peccare›, gilt nicht nur: «posse non peccare» (wie für Adam vor dem Sündenfall), sondern (wir stehen eben mit diesem Begriffe am Ende der Wege Gottes): «non posse peccare». Das heisst Kind Gottes ist per se und jenseits von aller Dialektik: das gehorsame Kind Gottes.»
[43] Barth, Ethik II (Anm. 42), 366.
[44] Barth, Ethik II (Anm. 42), 448.

IV. Entzogenes

als guten Willen auszeichnet.»[45] Diese Einheit findet ihren Ausdruck in einem menschlichen *Enthusiasmus,* in seiner ursprünglichen Bedeutung von «ἔνθεος εἶναι», «in Gott sein»[46] und begegnet im Gebet, in dem «jene Einheit zwischen unserem Willen und dem Willen Gottes als möglich auch nur zu denken» ist.[47]

Wie so häufig in menschlichen Angelegenheiten geht es auch in der Ethik ums Erben. Das Ende einer faulenden und kreisenden Zeit wird – wie Ernst Bloch notiert hat – «nicht bürgerlich sein»[48] und hinzuzufügen wäre: auch nicht im Hegelschen Sinne symmetrischer Anerkennungsverhältnisse. Das Erbe der Kinder Gottes kann deshalb nicht in jenen von der Zeit geerbten Grammatiken zur Sprache gebracht werden. Zu diesem grammatischen Erbe zählen am Ende auch die Täter-Opfer-Kategorien, die relationalen Konstruktionen, mit denen wir unser Tun und Lassen, unsere Macht- und Ohnmachtserfahrungen, unser Leid-Zufügen und -Erdulden strukturieren und sinnhaft deuten. Es gibt keinen handelnd zu bewältigenden Übergang zwischen Geschöpfen, mit Gott versöhnten Kindern Gottes und den Erbinnen und Erben der eschatologischen Verheissung.

Barth mutet uns den schwer erträglichen Gedanken zu, nicht nur die Fragen und Imperative, sondern auch die Grammatik der Versöhnung zu hinterfragen und vielleicht sogar hinter uns zu lassen. Der Preis für die Sprache der Versöhnung ist der Erlösungsverzicht, weil alle Versöhnungsforderungen notwendig einer Täter-Opfer-Logik verpflichtet sind. Der Ewigkeit als versöhntem Gottesreich ist dagegen jeder Versöhnungs-Modus fremd. Wo keine Täter sind, da sind keine Opfer und da ist Versöhnung keine Option. Erlösung gibt es nicht zu den ermässigten Bedingungen unserer vertrauten moralischen Intuitionen.

Der gewaltige Bruch mit unseren ethischen Vorstellungen, in den wir uns eingerichtet haben und an denen wir uns orientieren, lässt sich vielleicht an einer Episode aus Andrzej Szczypiorskis letztem Roman *Feuerspiele* verdeutlichen. Der KZ-Insasse Grynszpan hat einen Traum, in dem der Tod in Gestalt von Chaim Herzog alles verschwinden lässt. «Da verstand Grynszpan, was ihm Chaim Herzog hatte sagen wollen [...], dass jeder Mensch seinen eigenen Tod habe, der nur für ihn sei, ihm zugeschrieben, für ihn gemacht und ihm geschickt. Grynszpan kam zu dem Schluss, vielmehr nicht er kam zu dem Schluss, sondern nur sein Gedanke, der noch nach ihm im Traum erhalten blieb, dass die Welt so lange existiert, wie der Mensch existiert, und wenn der Tod dieses Menschen kommt, dann nimmt er alles mit, was diesem Menschen gehört hat, sogar die Pflöcke zum

---

[45] Barth, Ethik II (Anm. 42), 450.
[46] Barth, Ethik II (Anm. 42), 378.
[47] Barth, Ethik II (Anm. 42), 451.
[48] Ernst Bloch, Erbschaft dieser Zeit, Zürich 1935, 11.

Anbinden der Pferde, sogar den löchrigen Topf, aus dem das Wasser in den Eimer tropft, denn es gibt auch nicht mehr dieses eine, besondere Wasser, dass ausschliesslich Grynszpan gehört und keinem anderen ausser ihm.»[49] Der Tod steht für das forensisch-kritische (*krinein,* scheiden, trennen) Verfahren der Scheidung und Trennung: Sogar die Pflöcke zum Anbinden der Pferde und die Pflöcke, an denen die menschlichen Erfahrungen von Schuld, Leid, Trostlosigkeit und Trauer verknotet sind, und alle Einsamkeiten, Ängste und Traumata dieser Welt, die Menschen bis ans Ende ihrer Tage – unabhängig von Schuldeingeständnissen, Versöhnungen, Sühne, Wiedergutmachung und Vergebung – verfolgen, beherrschen und nicht zur Ruhe kommen lassen. Es gibt kein richtiges Leben in einer Welt, in der noch die Pflöcke stehen, an denen unsere Grammatiken von Gut und Böse vertäut sind. Von den Früchten des Baumes der Erkenntnis erlöst allein das Urteil des Richters Jesu Christi. So paradox es klingt: Gott erlöst uns am Ende auch von unserer Moral.

V. Spielregelverletzung

Nach einem Vortrag des kroatischen, in den USA lebenden Theologen Miroslav Volf über Identität und Versöhnung im Jahr 1993, also während der brutalen serbischen Gemetzels an der kroatischen Bevölkerung, fragte ihn Jürgen Moltmann «But can you embrace a *četnik*?»[50] – «Könntest du auch einen brutalen serbischen Freischärler umarmen?» Volf war tief beeindruckt von der Frage und hat darüber ein Buch geschrieben. Gleich zu Beginn bringt er den ethischen Konflikt auf den Punkt: «My thought was pulled in two different directions by the blood of the innocent crying out to God and by the blood of God's Lamb offered for the guilty. How does one remain loyal both to the demand of the oppressed for justice and to the gift of forgiveness that the Crucified offered to the perpetrators?»[51] Wie kann man sowohl der Forderung der Unterdrückten nach Gerechtigkeit als auch dem Geschenk der Vergebung, das der Gekreuzigte den Tätern angeboten hat, genügen? Der Konflikt zwischen einer Gerechtigkeitsethik und dem christlichen Nächstenliebeethos lässt sich genauso wenig weg reden, wie sich beide gegeneinander aufrechnen lassen. Unklar ist auch, ob sich beide Fragen im gleichen Sprachspiel bewegen. Und in jedem Fall hängen die möglichen

---

[49] Andrzej Szczypiorski, Feuerspiele, Zürich 2000, 177.
[50] Miroslav Volf, Exclusion & Embrace. A Theological Exploration of Identity, Otherness and Reconciliation, Nashville/TN 1996, 9.
[51] Volf, Exclusion & Embrace (Anm. 50), 9.

IV. Entzogenes

Antworten davon ab, von welchem Standpunkt aus die Frage gestellt und gehört wird. «[D]as Problem eschatologischen Denkens ist das Problem der Rede vom Handeln Gottes, auf die die ethische Orientierung trifft und darin Ausrichtung und Umgrenzung menschlichen Handelns findet. Mit dieser Unterscheidung der Rede vom Handeln Gottes und dem Handeln des Menschen ist der Ort ethischer Existenz markiert: der Ort der Hoffnung, die in Gottes Handeln begründet ist[,] und so verstanden auch der Ort ethischen Handelns, das seine Richtung nicht davon bestimmen lässt, was als der Sollgehalt menschlichen Lebens namhaft zu machen ist, sondern davon was ‹im Blick auf› das Handeln Gottes als Ausrichtung des menschlichen Handelns zu erkennen ist.»[52]

Eine Ethik in eschatologischer Perspektive ist eine Ethik, die sich auf keine krisenfesten Prinzipien verlassen kann. Denn die Ethik trifft auf eine Wirklichkeit, «die in ihrem Bestand – nicht mehr – als gegeben gilt, die vielmehr erst gewonnen werden muss. Theologisch begründete Ethik erscheint in dieser Hinsicht als permanent reflexionsbedürftig, weil keine Aufgabe benannt werden kann, deren Wahrnehmung wirklich ausreicht, das Handeln ethisch zu begründen.»[53] Das ist nicht nur eine Ethik für Reisende, die nicht wissen, ob sie am Abend noch dort sein werden, wo sie am Morgen aufgewacht sind, sondern das ist auch eine Ethik, die nicht den vertrauten Spielregeln verhaftet bleiben muss, sondern Mut hat, neue Spiele zu beginnen.

«Abel steh auf
Es muss neu gespielt werden
Täglich muss es neu gespielt werden
täglich muss die Antwort noch vor uns sein
[...]
Abel steh auf
damit es anders anfängt
zwischen uns allen»[54]

---

[52] Ulrich, Eschatologie und Ethik (Anm. 3), 47.
[53] Ulrich, Eschatologie und Ethik (Anm. 3), 125.
[54] Hilde Domin, Abel steh auf: dies., Gesammelte Gedichte, Frankfurt a. M. 1987, 364f.

Lebensbeginn zwischen Biologie und Biografie

Mit einem theologisch ethischen Ausblick auf die aktuelle fortpflanzungsmedizinische Diskussion

I. Was heisst es, nach dem Anfang zu fragen?

Mit dem Anfang anfangen. Die Redensart klingt plausibel und erfolgversprechend. Es geht darum, die Angelegenheiten in einer komplexen Welt, die dicken Wollknäueln gleichen, so abzurollen, dass der gesamte Faden mit seinem Anfang und Ende sichtbar wird. Im Alltag wird die Methode ganz selbstverständlich angewandt, um die verknäuelten Rätsel und Probleme zu ordnen und zu entknoten. Das Bild vom Faden passt auch zu unserem linearen Zeitverständnis: Der Tag beginnt chronologisch nach Mitternacht und reicht bis zur nächsten Mitternacht und dieser Vortrag beginnt zu einem bestimmten Zeitpunkt und hört – hoffentlich – eine knappe dreiviertel Stunde später auf. Natürlich beginnt der Vortrag nicht mit dem ersten gesprochenen Wort, sondern bereits lange vorher, mit der Zusage, ihn zu halten, den ersten Überlegungen zum Thema etc. etc. Und auch damit ist noch nicht der Anfang erreicht, denn es gab im Vorfeld Gründe für die Anfrage etwa, weil die Nationale Ethikkommission im Bereich Humanmedizin (NEK) eine Vortragsreihe geplant hat, oder weil alle zuvor angefragten Kandidatinnen oder Kandidaten abgesagt haben, oder, oder ... Wie und was auch immer im Vorfeld gewesen sein mag, es zeigt sich, dass die Frage nach dem Anfang sehr schnell ziemlich komplex und unübersichtlich wird. Das simple Faden-Modell stösst recht bald an seine Grenzen. Je genauer man über den Anfang nachdenkt, desto länger wird der Faden und je länger ein Faden ist, desto eher neigt er dazu, sich heillos zu verknoten.

Gegen überlange Fäden und wachsende Verknotungsrisiken hilft nur ein Mittel: abschneiden! Nur ein mutiger Schnitt lässt den Anfang und das Ende in den Blick kommen. Der Rest des Fadens fällt unter den Tisch oder wird versorgt. Das Verfahren, Fäden auf übersichtliche Längen zu kürzen, heisst systemtheoretisch «Komplexitätsreduktion». Dahinter steckt die Idee, menschliche Institutionen – etwa Wissenschaft, Politik, Religion, Kultur, Geld, Liebe – als Schnittmuster zu beschreiben, die eine überkomplexe Welt auf handliche Grösse zurechtschneiden. Je nach Schere, wird ein anderes Stück vom ganzen Faden abgetrennt. Im Alltag übernehmen soziale Normen und Definitionen die Funktion solcher Scheren: Ein Fussballspiel fängt an, wenn der Schiedsrichter das Spiel anpfeift und

IV. Entzogenes

eine Ehe beginnt mit der entsprechenden Erklärung der Standesbeamtin. Aller Anfang ist Konvention, also die schlichte Übereinkunft, es mit dem Anfang so zu halten. Wir haben keine Probleme damit, weil wir wissen, wie der Ausdruck sprachlich verwendet wird. Interessant ist dabei in der Regel nicht der Anfang der Sache selbst, sondern der Punkt, an dem diese Sache für uns relevant wird.

Damit wäre bereits ein wichtiger – und häufig übersehener Punkt – markiert: Die Schere ist kein Gerät, mit dem irgendwelche Dinge in der Wirklichkeit tatsächlich zerschnitten würden, sondern sie steckt in unseren Köpfen und bestimmt, wie wir über die Welt nachdenken. Erst die Folgen der Schnitt- oder besser gesagt: Denkmuster haben Auswirkungen auf die Gegenstände in der Welt. Angenommen, wir wollen einem spektakulären Gletscherabbruch zusehen, der sich seit Tagen ankündigt, aber als wir eintreffen, ist das Schauspiel schon in vollem Gange. Wir fragen die Person neben uns, wann der Abbruch angefangen habe und erwarten von ihr eine konkrete Zeitangabe. Die Person stellt sich als Glaziologin heraus und beginnt mit einem längeren Vortrag über die Erosionsgeschichte des fraglichen Gletschers. Zwar wissen wir dann nicht, was wir wissen wollten, aber ihre Antwort wäre zweifellos nicht falsch.

Die Frage nach dem Anfang lässt sich offensichtlich in zwei Weisen verstehen: einerseits als Frage nach dem *Anfang* eines konkreten Ereignisses (wann begann der angekündigte Gletscherabbruch) und andererseits – in einem weiteren Sinne – als Frage nach seinem *Ursprung* (der Ausgangspunkt der Erosionsgeschichte dieses Gletschers). Ursprung und Anfang stehen – sehr grob gesagt – für zwei Formen menschlicher *Beziehungen zur Welt*. Die Rede vom Anfang ist auf die menschliche Praxis, also das Urteilen, Entscheiden und Handeln gerichtet. Die Rede vom Ursprung gehört in die Ontologie und Metaphysik, die sich mit erkenntnistheoretischen Fragen nach dem Sein und seinen Bedingungen befasst. Weil die Ontologie und Metaphysik unter dem Einfluss des neuzeitlichen naturwissenschaftlichen Denkens aus der Mode gekommen sind, konzentriert sich auch die gegenwärtige Ethik ganz auf die eine Frage nach dem Anfang. Das ist kein Problem, solange der garstige Graben zwischen Anfang und Ursprung durch Definitionen, Normen und Konventionen übersprungen werden kann. Solche Hilfskonstruktionen sind aus der alltagspraktischen Handlungsperspektive unverzichtbar. Allerdings verhält sich die Ethik – jedenfalls von ihrem ursprünglichen Selbstverständnis her – wie jenes berühmte Kamel, das das gerade über die Sache gewachsene Gras immer wieder abfrisst, weil es sich vom Anblick der glatten grünen Wiese nicht täuschen lässt. Die Ethik wird ihre Neugier nach dem Ursprung nicht los. In der Folge wird dann die Frage nach dem Anfang zu einer echten Herausforderung.

II. Der Anfang des Lebens und der Beginn der Biografie

Der Anfang des menschlichen Lebens erscheint auf den ersten Blick sonnenklar – er ist mehr oder weniger präzise auf der Geburtsurkunde vermerkt. Natürlich fängt nicht erst dann das Leben an – wer wüsste das besser als wir Kinder des biotechnologischen Zeitalters! Nun liesse sich dieses Problem leicht lösen, indem wir unsere Feierkonvention ändern und mit der Geburt nicht bei null, sondern bei neun Monaten anfangen würden zu zählen. Allerdings wären wir damit dem Problem des Lebensanfangs nicht wirklich nähergekommen, wie Christoph Rehmann-Sutter deutlich macht:

> «Am Beginn der Embryonalentwicklung geschieht etwas, das man eigentlich nicht als Beginn des Lebens bezeichnen kann. Denn das ‹Leben› entsteht nicht bei der Befruchtung. Es war schon da. Die Frage, wann ‹das Leben beginne›, ist eigentlich irreführend. Die Eizelle, die Spermien, die Frau, in deren Körper Eizellen reifen und ein Embryo sich entwickeln kann, sind alle lebendig. Sonst käme keine Entwicklung in Gang. Das Leben des Embryos bezieht sich aus dem Leben. Leben ist ein Prozess, der sich weitergibt.»[1]

Auch bei der Frage nach dem Lebensanfang geht es also darum herauszufinden, an welcher Stelle der Faden relevant wird und entsprechend vom Rest abgeschnitten werden kann. Und wie beim Gletscherbeispiel hängt es von der Perspektive ab, wo der Schnittpunkt gesetzt wird. Allerdings unterscheiden sich beide Fälle in einer entscheidenden Hinsicht: Bei dem Naturschauspiel ging es um die Fokussierung auf eine Sequenz aus der kontingenten Geschichte dieses Gletschers, der vor dem Abbruch derselbe war, der er danach sein wird. Die Sichtweise auf das Leben will aber auf etwas fundamental Anderes hinaus. Im Kern dreht sich beim Leben alles darum, wie aus dem ungebremst sich fortsetzenden Leben, dieses *neue, eine* Leben wird, das spätestens mit der Geburt einen Namen erhält und als dieser eine und einzigartige Mensch identifiziert und angesprochen werden kann. Kurz: Wie wird aus dem sozusagen anonymen Leben *dieser neue* Mensch?

Die Frage klingt einigermassen ungewöhnlich, weil sie unsere – nach wie vor – alltäglichen Gewohnheiten, auf Menschen, Kinder oder die Geburt zu schauen, auf den Kopf stellt. Wir rollen ganz selbstverständlich den Faden von hinten ab. Wir fangen gerade nicht mit dem Anfang an, sondern irgendwo

---

[1] Christoph Rehmann-Sutter, Würde am Lebensbeginn. Der Embryo als Grenzwesen: Bundesgesundheitsblatt – Gesundheitsforschung – Gesundheitsschutz 51, 2008, 835–841 (835).

IV. Entzogenes

mittendrin in unserer Biografie und spulen die eigene Lebensgeschichte dann zurück, nach dem Motto der unbeliebten Karte des bekannten Brettspiels: «Gehe zurück auf Los ...» Weil wir mit unserem Lebensanfang nichts zu tun haben, können wir nur – sofern uns überhaupt danach ist – rückblickend über unseren Lebensanfang spekulieren. Aber wann geht unser Leben eigentlich los? Wie und wann wird aus dem Leben *an sich*, mein *eigenes* Leben?

An dieser Stelle ist eine kurze Zwischenbemerkung angebracht.[2] Unsere Schwierigkeiten mit der Frage verdanken wir auch einer sprachlichen Vereinheitlichung, die in der jüngeren Stoa im 1. Jahrhundert stattfand. Zu dieser Zeit wurde der Begriff *vita* geprägt, auf den der heutige Lebensbegriff zurückgeht. Davor verwendeten die Griechen zwei Ausdrücke, um über das Leben zu sprechen: einerseits *zoë* für das Leben an sich und andererseits *bíos* für das konkrete Leben. Vom ersten Ausdruck ist unser Begriff «Zoologie» abgeleitet, vom zweiten Ausdruck unsere Begriffe «Biografie» und sachlich eigentlich unpassend «Biologie». Die Vorstellungen in der griechischen Antike waren alles andere als einheitlich. Einige Deutungen sind dabei erstaunlich aktuell geblieben. Bei den Vorsokratikern wird der allgemeine Lebensbegriff *zoë* häufig mit *aiōn*, der homerischen Vorstellung von einer ewigen Lebendigkeit, zusammengedacht, sozusagen eine Version des gesamten Lebensfadens. Ein Stück von diesem ganzen Faden nimmt Heraklit mit einem Wortspiel in den Blick. Er verbindet das Leben *bíos* mit dem Ausdruck für den gespannten Bogen *(biós)* und betont damit die Lebensspanne eines Menschenlebens und zugleich das rechte Lebensmass im Sinne der ethisch angemessenen Fadenspannung. Aristoteles nimmt dann eine für unser Denken befremdliche Zuordnung vor: *Zoë* – das «nackte Leben» (Giorgio Agamben) gehört in die Privatsphäre der blossen physischen Lebensbewältigung. *Bíos* als das gute Leben verortet er dagegen in der politischen Sphäre und dem Gegenstandsbereich der Ethik. Der gesamte Faden repräsentiert bei Aristoteles das normative Ziel *(télos)* allen Lebens, der Fadenausschnitt das tugendhafte Leben in der politischen Gemeinschaft *(pólis)*. Die antike Philosophie verfügte über unterschiedliche begriffliche Möglichkeiten und vor allem über ungleich mehr Phantasie, dem Leben auf die Spur zu kommen, als ein biologistisches Weltbild zu bieten hat. Und obwohl unsere wissenschaftlich-rationalen Weltbilder die ontologischen, teleologischen und metaphysischen

---

[2] Zum Folgenden vgl. den instruktiven Überblick von Nicole Karafyllis, Bios und Zoe [Version 1.0], 2012: Thomas Kirchhoff, Naturphilosophische Grundbegriffe; www.naturphilosophie.org. (30.01.2021); Martin G. Weiss (Hg.), Bios und Zoë. Die menschliche Natur im Zeitalter ihrer technischen Reproduzierbarkeit, Frankfurt a. M. 2009.

Annahmen der antiken Welt gestrichen haben, begegnen sie in abgewandelter Form auch in den aktuellen Debatten.

Nun zurück zu der Frage, wann unser Leben eigentlich losgeht bzw. wie und wann aus dem Leben *an sich,* mein *eigenes* Leben wird. Das Thema hat einen langen, kaum zu überblickenden Vorlauf, der sich durch die gesamte Philosophie-, Theologie- und Kulturgeschichte zieht. Aber es kommt an dieser Stelle nicht auf die Antworten an, sondern darauf, die Frage zu verstehen. Zu diesem Zweck soll die Fragestellung mit der Wissenschaftshistorikerin Barbara Orland etwas umformuliert werden: «Vom Embryo ist ständig die Rede. [...] Das früheste und im Vergleich kürzeste Entwicklungsstadium eines menschlichen Lebens ist zu einem Politikum geworden, der Embryo zur Alltagsfigur. Doch wie lebt es sich eigentlich als Embryo? Wie sieht der Alltag des Menschen im Embryonalstadium aus?»[3] Das ist eine komische Frage, und entsprechend dünn gesät sind die Antworten. Zwei etwas in die Jahre gekommene Vorschläge sind aber sehr aufschlussreich. Sie stammen aus dem 18. Jahrhundert und haben den Vorteil, ohne komplizierte bioethische Theorien auszukommen. Zudem sind sie genderkorrekt und beantworten die Frage je aus der Sicht einer Ei- und einer Samenzelle.

Der französische Aufklärungsphilosoph und Enzyklopädist Denis Diderot (1713–1784) führt ein fiktives Gespräch mit seinem Kollegen D'Alembert über die Materie und die Eigenschaften des Lebendigen. Diderot rekonstruiert dabei die Entwicklung seines Kollegen von der Zeugung durch seine Eltern bis zu seiner gegenwärtigen Persönlichkeit als berühmter Mathematiker und Physiker und gibt zu bedenken:

«Sehen Sie das Ei hier? Damit kann man alle theologischen Schulen und alle Gotteshäuser auf der Erde aus den Angeln heben. Was ist dieses Ei? Ehe der Keim hineingebracht wird: eine empfindungslose Masse. Und was ist es nach dem Hineinbringen des Keims noch immer? Eine empfindungslose Masse; denn dieser Keim ist selbst nur ein inaktiver flüssiger Rohstoff. Wie aber kommt diese Masse zu einem anderen Bau, zu Empfindungsvermögen, zu Leben? Durch die Wärme. Wodurch wird die Wärme erzeugt? Durch die Bewegung.»[4]

---

[3] Barbara Orland, Labor-Reproduktion: Die Identität des Embryos zwischen Natur, Technik und Politik: Nicolas Pethes/Silke Schicktanz (Hg.), Sexualität als Experiment. Identität, Lust und Reproduktion zwischen Science und Fiction, Frankfurt a. M. 2008, 307–326 (307).

[4] Denis Diderot, Gespräche mit D'Alembert: ders., Philosophische Schriften, Bd. I, Westberlin 1984, 509–524 (518).

IV. Entzogenes

Diderot argumentiert hier für die erst im 18. Jahrhundert aufkommende Vorstellung von der Fortpflanzung gegen die bis dahin gültige Auffassung von der unteilbaren Individualität von Lebewesen. Weil Leben nicht selbstständig aus Leben hervorgehen kann, war die Zeugung notwendig auf einen initialen göttlichen Schöpfungsakt angewiesen. Dagegen richtet der Aufklärer seine vitalistische Hypothese einer dynamischen Materie, der eine belebende Energie eigen ist. Danach entsteht Leben ohne äussere Impulse vollständig aus sich heraus.

Eine ganz andere Vorstellung entwickelt der englische Schriftsteller und Pfarrer Laurence Sterne (1713–1768) in seinem Roman *Leben und Ansichten von Tristram Shandy, Gentleman*. Der Protagonist hadert mit seinem Schicksal, dass er lebenslang die Folgen einer kurzen Ablenkung des Vaters zu tragen habe (Tristrams Mutter hatte seinen Vater just im alles entscheidenden Augenblick des Geschlechtsaktes daran erinnert, das Aufziehen der Uhr nicht zu vergessen). Tristram sorgt sich auf seiner Reise als väterlicher Samen in die mütterliche Eizelle:

«Was aber nun, werter Sir, wenn ihm auf seinem einsamen Weg ein Unfall zugestossen wäre? – oder sei es, dass davon erschreckt, was ganz natürlich ist für einen Reisenden so jungen Alters, mein kleiner Gentleman ganz jämmerlich erschöpft ans Ende seiner Fahrt gelangt wäre; – seine Muskelkraft und Mannheit zur Stärke eines Fädchens abgezehrt; – seine eigenen Lebensgeister über alle Beschreibung zerzaust, – und dass er sich in diesem betrüblich-wirren Nervenzustand niedergelegt hätte, für neun lange, lange Monate die Beute plötzlicher Zuckungen oder einer Reihe melancholischer Träume und Einbildungen.»[5]

Tristram ist erbost über die Fahrlässigkeit des Vaters und dieser pflichtet seinem Sohn bei: «Meines Tristram's Unglück begann ja neun Monate, bevor er überhaupt zur Welt kam.»[6] Nach damaligem Verständnis spielte die moralische Einstellung während der Zeugung, die vor allem durch den Vater an das Kind weitergegeben wurde, ungefähr die Rolle, die heute die elterlichen Gene für die

---

[5] Laurence Sterne, Leben und Ansichten von Tristram Shandy, Gentleman, Frankfurt a. M. o. J., I,13; vgl. dazu Anja Karnein, Zukünftige Personen. Eine Theorie des ungeborenen Lebens von der künstlichen Befruchtung bis zur genetischen Manipulation, Berlin 2013, 10f.; Frank Mathwig, Das Kind beim Namen nennen?! Zur metaphorischen Sprache in der Bioethik: Marco Hofheinz/Michael Coors (Hg.), Die Moral von der Geschicht'… Ethik und Erzählung in Medizin und Pflege, Leipzig 2016, 127–147 (127–129).
[6] Sterne, Leben und Ansichten (Anm. 5), I,15.

Anlagen des Kindes spielen.[7] Vor allem gilt: «Der Beginn des Lebens einer Person ist immer und zwangsläufig auch der Beginn ihres Glück und Unglücks.»[8]

Bei allen Unterschieden verschieben Diderot und Sterne den Lebensanfang weit in die Vorgeschichte der Biografien ihrer Protagonisten. Die Konsequenzen, die beide Aufklärer daraus ziehen, sind aber grundverschieden. Während für den Franzosen das neue Leben aus der Materie selbst hervorgeht, rückt es bei dem Engländer in den Handlungsbereich der Eltern. Die elterliche Verantwortung bezieht sich aber nicht nur auf irgendwelche äusserlichen Bedingungen für die kindliche Entwicklung, sondern auf die Entwicklungsmöglichkeiten des kindlichen Lebens selbst. Denn der Embryo *ist* Tristram und Tristram *ist* mit seinem Embryo identisch. Während Diderot eine wissenschaftlich-biologische Sichtweise vertritt, rückt Sterne den gleichen Sachverhalt in einen handlungstheoretischen Zusammenhang. Die Eltern verhalten sich nicht gegenüber einem Embryo, sondern gegenüber ihrem Sohn.

Die beiden kontroversen Positionen lassen sich etwa so zusammenfassen: Von Diderot ist zu lernen, dass eine Antwort auf die Frage nach dem Lebensanfang nicht in den biologischen Vorgängen selbst gefunden werden kann, weil der Biologie jede *normative* Ordnungsstruktur *per se* fremd ist. Nach Sterne müssen die selbstlaufenden biologischen Prozesse so betrachtet werden, *als wären* sie die Entwicklung einer Person, selbst wenn sie zu diesem Zeitpunkt natürlich noch keine ist. Es sind keine übergeordneten moralischen Verpflichtungen Dritter, die zu einer solchen personalen Sicht nötigen, sondern die schlichte Tatsache, dass mit der Zeugung das Glück und Unglück des gezeugten Wesens seinen Lauf nimmt. Und von Glücks- und Unglückserfahrungen können wir nur im Blick auf Personen sinnvoll sprechen. Natürlich läuft der Kurzschluss von biologischen Prozessen mit Erlebnisgehalten subjektiv-mentaler Zustände auf einen Zirkel hinaus, weil letztere *per definitionem* Personen voraussetzen. In anderer Hinsicht nimmt Sterne damit – lange vor jeder wissenschaftlichen Beschäftigung – die heute unbestrittene Korrelation zwischen den emotionalen Aspekten der Schwangerschaft und der kindlichen Entwicklung vorweg. Kurz und knapp: Während Diderot darauf verzichtet, den biologischen Faden an irgendeiner Stelle zu kappen, färbt Sterne ihn subjektivitäts- und identitätstheoretisch ein. Für den französischen Aufklärer gibt es keinen definitiven *Anfang*, für den englischen

---

[7] Vgl. Caroline Arni, Reproduktion und Genealogie: Zum Diskurs über die biologische Substanz: Nicolas Pethes/Silke Schicktanz (Hg.), Sexualität als Experiment. Identität, Lust und Reproduktion zwischen Science und Fiction, Frankfurt a. M./New York 2008, 293–309.

[8] Karnein, Zukünftige Personen (Anm. 5), 11.

IV. Entzogenes

Kollegen liegt der *Ursprung* des Lebens in der subjektiven Empfänglichkeit für Glück und Unglück.

Zurück in der Gegenwart hat Anja Karnein aus Tristrams Dilemma zwei Thesen abgeleitet: «Erstens ist es für Personen relevant, was mit den Embryonen geschah, aus denen sie sich entwickelt haben, und zweitens ist es für niemanden aus der Perspektive der ersten Person relevant, was mit Embryonen geschieht, die sich nicht zu Personen entwickeln.»[9] Die Philosophin rückt die embryonale Phase in eine enge Beziehung zum personalen Leben eines Menschen nach dessen Geburt. Gleichzeitig schränkt sie die Perspektive auf solche Fälle ein, in denen ein Mensch tatsächlich geboren wird. Die Berücksichtigung des embryonalen Lebens wird zur moralischen Verpflichtung nur unter der Bedingung, dass es tatsächlich eine spätere Person gibt, die in die Rolle von Tristram schlüpfen kann. Diese Differenzierung erscheint auf den ersten Blick plausibel, hat aber einen praktischen Haken. Denn die vorgeschlagene Unterscheidung kann erst dann getroffen werden, wenn klar ist, dass das Kind geboren wurde oder nicht. Für alle Situationen Richtung Fadenanfang, in denen eine Frau entscheiden muss, ob sie das Kind austragen will oder nicht bzw. ein Paar sich entschliessen muss, das Kind zu bekommen oder nicht, taugt die Unterscheidung Karneins nicht.

III. Warum nach dem Anfang fragen?

Angesichts der zuvor skizzierten Schwierigkeiten, den Lebensanfang ausfindig zu machen, weil er sich offensichtlich mühelos verschieben lässt, kann es hilfreich sein, an einem anderen Punkt anzusetzen und einen Augenblick darüber nachzudenken, warum die Frage nach dem Lebensanfang überhaupt wichtig sein sollte. Dazu noch einmal Christoph Rehmann-Sutter:

> «Intuitiv erschliesst sich ohne Weiteres, was mit der Frage gemeint ist, wann das Leben ‹beginne›. Es geht dabei um die moralische Anerkennung. Man kann es auch anders ausdrücken. Es geht um die Differenz zwischen dem Leben an sich und dem Beginn eines individuellen menschlichen Lebens, das Gegenstand bestimmter ethischer Fürsorgepflichten ist. Das Ethische hängt dabei nicht direkt vom Biologischen ab, ist aber auch nicht völlig von ihm losgelöst, sondern steht, wie ich es ausdrücken möchte, in einem reflexiven Verhältnis zum Biologischen.»[10]

---

[9] Karnein, Zukünftige Personen (Anm. 5), 11.
[10] Rehmann-Sutter, Würde am Lebensbeginn (Anm. 1), 835.

Lebensbeginn zwischen Biologie und Biografie

Zunächst nähert sich der Schweizer Bioethiker der Position Sterne's an. Dabei ersetzt er dessen Behauptung von der personalen Evidenz (aufgrund der Glücks- und Unglücksempfindungen) durch die Forderung nach bestimmten ethischen Fürsorgepflichten. Von den Thesen Karneins streicht er die zweite einschränkende Bedingung und generalisiert somit – grob gesprochen – die erste These, dass die embryonale Phase prinzipiell als Beginn eines individuellen menschlichen Lebens zu betrachten sei. Daraus leitet er aber ausdrücklich nicht die Forderung ab, Embryonen gleich zu behandeln wie geborene Menschen.

Rehmann-Sutter lenkt den Blick auf die Bedeutung der Frage nach dem Lebensanfang in der Bioethik. Es geht nicht um ein prinzipielles oder spekulatives Nachdenken darüber, wo und wann Leben anfängt, sondern um die detailliertere Frage, wann *menschliches* Leben beginnt. Von der Antwort auf diese Frage hängt am Ende ab, was mit Embryos getan werden darf und was unterlassen bleiben muss. Die Frage nach dem Beginn des menschlichen Lebens kann nur dann sinnvoll gestellt und diskutiert werden, wenn mindestens einer der beiden folgenden Bedingungen zugestimmt wird: 1. Die embryonale Phase der menschlichen Entwicklung ist noch kein *Leben* in dem Sinne, wie wir von einem menschlichen Leben sprechen und 2. Die embryonale Phase der menschlichen Entwicklung ist zwar Leben, aber nicht *menschliches* Leben in dem Sinne, wie wir von einem menschlichen Leben sprechen. Eine Ablehnung beider Bedingungen läuft auf die Position Sterne's hinaus und macht die Embryonendebatten überflüssig.

Die bioethischen Kontroversen um den Embryo kreisen im Kern um die Frage, wie menschliches Leben, gegenüber dem bestimmte moralische Pflichten bestehen, in den Embryo kommt bzw. umgekehrt, worin die kategoriale *ethische* – nicht biologische! – Differenz zwischen der embryonalen Entwicklung und dem menschlichen Leben besteht. Je nachdem, welche Absicht verfolgt wird, geht es entweder darum, den Embryo an dem Schutz, den menschliches Leben geniesst, teilhaben zu lassen. Oder es soll umgekehrt ethisch plausibel gemacht werden, dass keine Verbindung vorliegt, aus der solche Schutzpflichten für den Embryo abgeleitet werden können. Sehr zugespitzt laufen die komplexen Diskussionen auf die Fragen hinaus: Ist der Embryo schon Mensch genug, um unter den moralischen und rechtlichen Schutzbereich menschlichen Lebens zu fallen? Oder umgekehrt: Gibt es ethisch überzeugende Gründe, Embryos von diesem Schutz auszunehmen? Breite Zustimmung erhalten in dem Zusammenhang Konzepte, die parallel zur biologischen Entwicklung von einer graduell zunehmenden Schutzwürdigkeit der vorgeburtlichen menschlichen Entwicklung ausgehen. Die methodische Hürde, aus einem biologischen Sein nicht auf ein moralisches Sollen schliessen zu können, umgehen entsprechende ethische Positionen, indem

IV. Entzogenes

sie auf den gestuften Schutz ungeborenen Lebens im Recht verweisen. Das ist natürlich eine Verlegenheitslösung, bei der sich die moralische Katze in den eigenen Schwanz beisst. Denn rechtliche Regelungen sind entweder selbst gesetzlich geronnene Moralvorstellungen bzw. daraus abgeleitete operationalisierte Normen oder sie bedienen sich in Normierungsverfahren und Begründungsdiskursen selbst ethischer Argumente. Was aus pragmatischen Erwägungen durchaus sinnvoll ist, ersetzt nicht die ethische Selbstverpflichtung einer plausiblen und kohärenten Begründung.

In einer auch bioethisch schnelllebigen Zeit sollte zwischendurch immer wieder an die besonderen Herausforderungen ethischer Embryonendebatten erinnert werden. Ich nenne lediglich vier Aspekte: 1. Embryos bilden einen ethischen Gegenstand, für den es keine Vergleichsgrösse in der gesamten Ethikgeschichte gibt. 2. Die ethische Kategorie «Embryo» sprengt die traditionelle binäre Kategoriendifferenz zwischen Personen und Sachen. Viele bioethische Debatten über den Status von Embryos sind an dieser unterkomplexen Unterscheidung gescheitert und wegen des fehlenden Übergangs von einem embryonalen «Etwas» zum geborenen «Jemand» in den Graben dazwischen gefallen. 3. Der Embryo ist zunächst ein mit feiner biologischer Schere abgetrenntes Entwicklungskonstrukt, von dem nicht klar ist, ob und wie es auf einen ethischen Begriff gebracht werden kann. 4. Der Embryo ist eine hybride Kategorie, die es ohne Biotechnologien allenfalls als Phänomen, nicht aber als eindeutig definierten und hergestellten technologischen Gegenstand gäbe. Diese und weitere Aspekte schlagen unmittelbar auf die Frage nach dem Lebensanfang zurück. Wird der Faden überhaupt erst gesponnen, stellt sich die Frage nach dem Anfang nicht mehr. Der Herstellung des Fadens entspricht die aus Mythos, Religion und Philosophie bekannte Ursprungsmetapher, die der fundamentalen Unterscheidung aufruht: Artefakte haben einen Ursprung, (nicht hergestelltes) Leben hat einen Anfang.

Die biotechnologische Erzeugung von Embryos kappt nicht nur den Faden, sondern lässt darüber hinaus die Frage nach dem Lebensanfang selbst fraglich erscheinen. Natürlich könnte entgegnet werden, dass es gleichgültig sei, wie eine Sache genannt wird – «Anfang» oder «Ursprung» – solange sie unter dem Strich aufgeht. Aber genau das ist nicht der Fall, jedenfalls dann nicht, wenn den sich an dieser Stelle aufdrängenden Fragen nicht ausgewichen wird. Dazu einige abschliessende, aber in der Sache nur einleitende Bemerkungen.

IV. Anfang versus Ursprung – Plädoyer für eine unverzichtbare Differenz

Der Ausdruck Embryo gehört – wie kommunikations- und literaturwissenschaftliche Untersuchungen zeigen – längst zum festen Bestandteil mündlicher und schriftlicher Kommunikation. Wer oder was ist mit dem grammatikalischen Subjekt «Embryo» gemeint? Und wie wird aus dem biowissenschaftlichen Referenzobjekt «Embryo» das ersehnte «Kind», für das seine Eltern oder Mutter die Strapazen fortpflanzungsmedizinischer Behandlungen auf sich nehmen? Durch welchen Transformationsriemen sind die biotechnologischen und bioethischen Sprachspiele mit einer Eltern- bzw. Muttergrammatik verbunden? Entweder hat das eine mit dem anderen nichts zu tun – was eine einigermassen irritierende Behauptung wäre – oder beide Perspektiven sind – in welcher Weise auch immer – aufeinander bezogen, was wiederum neue Fragen aufwirft. Etwa: Haben *Embryonen* Mütter und Väter? Oder umgekehrt: Können *Paare* oder *Frauen* die Eltern bzw. Mütter von Embryonen werden? Natürlich nicht! Aber wie wird aus dem einen das Andere? Das ist alles andere als klar. Die Philosophin und Soziologin Christine Hauskeller fasst die Konfusionen zusammen: «Der frühe Embryo ist ein wissenschaftliches und gesellschaftliches Konstrukt, dessen Status ausgehandelt werden muss. [...] Der technisch vermittelte Blick auf dieses Konstrukt lässt sich ganz offenbar je nach Zugang ausgesprochen unterschiedlich deuten und gibt also keine Richtschnur für eine Statusbestimmung.»[11]

Von dieser auszuhandelnden Statusbestimmung hängen logisch und sachlich auch die Antworten auf die Frage nach dem Lebensanfang ab. Unter den modernen Biotechnologien wird er selbst zu einer prekären Kategorie. Zumindest hat die Vorstellung, den Anfang des menschlichen Lebens einem Aushandlungsprozess – und am Ende dem Mehrheitsvotum bei einer Volksabstimmung – zu überlassen, etwas arg Gewöhnungsbedürftiges. Allerdings ginge es dann – wie schon erwähnt – nicht mehr um den *Lebensanfang*, sondern um seinen *Ursprung*, im Sinne von Leben als Ergebnis einer kausalen Verursachung. Aber kann es einer Person nicht egal sein, was ihre Existenz verursacht hat oder wann ihr Leben angefangen hat, angesichts der Tatsache, dass – wie Peter Sloterdijk bemerkt hat – der Mensch «das Wesen ist, das seinen Anfang nicht hat»?[12]

---

[11] Christine Hauskeller, Stammzellenforschung und Menschenwürde. Plädoyer für einen Blickwechsel: Matthias Kettner (Hg.), Biomedizin und Menschenwürde, Frankfurt a. M. 2004, 145–171 (159).
[12] Peter Sloterdijk, Zur Welt kommen – Zur Sprache kommen. Frankfurter Vorlesungen, Frankfurt a. M. 1988, 39.

IV. Entzogenes

Das ist natürlich eine spekulative Frage, die man auf sich beruhen lassen könnte, solange feststeht, dass das eigene Leben angefangen hat und nicht von Dritten durch einen technologischen Vorgang kausal verursacht wurde. Der Grund, warum die Bioethik kaum Aufmerksamkeit für diese Differenz aufbringt, hängt wesentlich damit zusammen, dass sie selbst eine technologische Schere im Kopf hat. Zwar wird intensiv über die ethischen Rahmenbedingungen biotechnologischen Handelns nachgedacht, aber die fundamentale Differenz zwischen Ursprung und Anfang des Lebens bleibt dabei mehr oder weniger ausblendet. Warum ist es dennoch wichtig, über diese Unterscheidung nachzudenken?

Die Antwort ist einfach und gleichzeitig verblüffend: Es geht um die Freiheit derer, die entscheiden, und die Freiheit derjenigen, die einmal im Bewusstsein leben, das Produkt solcher Entscheidungen gewesen zu sein. Hannah Arendt hat in diesem Zusammenhang den seltsam klingenden Begriff «Gebürtlichkeit» geprägt. Der Philosophin geht es weder um Fortpflanzungsmedizin noch Bioethik, sondern um die Frage nach den Bedingungen politischen Handelns. Was macht das Handeln eines Menschen zu einem freien Handeln? Ihre Kernthese lautet: «Der Neubeginn, der mit jeder Geburt in die Welt kommt, kann sich in der Welt nur darum zur Geltung bringen, weil dem Neuankömmling die Fähigkeit zukommt, selbst einen Anfang zu machen, d. h. zu handeln.»[13] Aufgrund ihrer Natalität sind Menschen selbst das «Prinzip des Anfangs» und «aller Absehbarkeit und Berechenbarkeit» entzogen.[14] Arendt versteht die Geburt als kategorischen Einschnitt in die Welt, der den neuen Menschen – als kausalen Verursacher seiner Handlungen – von allem Vorangegangenen radikal abtrennt. Natürlich ändert dieser Beschluss nichts an dem völligen Angewiesensein des Neugeborenen. Wie schon bei Sterne handelt es sich auch hier um eine kontrafaktische Denkfigur, die ungefähr auf den Imperativ hinausläuft: *Handele so an und gegenüber zukünftigen Menschen, dass ihre Fähigkeit, ihren eigenen Anfang zu machen, nicht beeinträchtigt wird.* Etwas salopper formuliert: Knote einen zukünftigen Menschen nicht am Faden deiner Absichten, Interessen und Vorentscheidungen, die seiner Existenz vorausgingen, fest.

Wichtig ist nicht, *wann* ein Menschenleben angefangen hat, sondern, *dass* es einen Anfang hatte – im Gegensatz zu einem abgesehenen und berechneten Ursprung. Das Insistieren auf den Lebensanfang ist nichts anderes als das Einfordern der eigenen Freiheit. Als die Philosophin 1958 *The Human Condition* veröffentlichte, waren Biotechnologien und Embryos noch kein Thema. Ihre

---

[13] Hannah Arendt, Vita Activa oder Vom tätigen Leben, München ⁶1989, 14.
[14] Arendt, Vita Activa (Anm. 13), 166f.

Überzeugung, dass die Freiheit des Anfangs durch die Tatsache der Natalität garantiert wird, ist längst überholt. Trotzdem werden weiterhin Menschen geboren, die allein, weil sie geboren werden, das moralische Recht auf einen eigenen Anfang besitzen. Weil dieses moralische Recht nicht quasi natürlich gesichert ist, muss es normativ garantiert werden, auch gegen alle damit verbundenen Unbequemlichkeiten für die bereits Geborenen.

Weil es an dieser Stelle im Kern um die menschliche Freiheit geht, ist die Frage des Lebensanfangs notwendig auch eine politische Frage. Anja Karnein hat in diesem Zusammenhang auf eine bemerkenswerte Ironie in den liberalen Bioethikdiskursen hingewiesen. Sie besteht darin, «dass Liberale klassischerweise danach verlangen, von Einmischungen durch ihre Mitmenschen oder Regierungen frei zu sein, insbesondere dann, wenn es um ihre Intimsphäre geht. Doch auf einmal, mit dem Auftauchen der neuen reprogenetischen Technologien, treten viele von ihnen dafür ein, dass gegenwärtig lebende Personen das Recht besitzen, ausgesprochen invasive Eingriffe in die Genome zukünftiger Personen vorzunehmen.»[15] In Tristram's Welt wäre es völlig unverständlich, «weshalb es uns, falls wir es als falsch ansehen, Personen der willkürlichen Herrschaft ihrer Zeitgenossen auszusetzen, gestattet sein sollte, zukünftige Personen der willkürlichen Herrschaft ihrer Vorfahren zu unterwerfen».[16] Deshalb ist es unverzichtbar, über den Lebensanfang zu diskutieren und mehr noch, den Anfang des Lebens als Ermöglichungsbedingung von Freiheit zu schützen.

V. Menschliche Fortpflanzung als Dreiecksgeschichte

Jedes geborene Kind war einmal ein Embryo, der die natürliche Lotterie und/oder die fortpflanzungsmedizinische Begleitung erfolgreich überstanden hat. Aber daraus dürften nach verbreiteter Auffassung keine moralischen Forderungen abgeleitet werden. Weil längst nicht jeder Embryo später als Kind geboren wird, sei es unzulässig, Embryos grundsätzlich als zukünftige Kinder zu betrachten, zu behandeln und zu schützen. Als Konkretisierungen des Würde- und Autonomieprinzips kann das Kindeswohl nicht für *jeden* Embryo antizipierend behauptet werden. Weil der Gesetzgeber die Subjekte reproduktiver Selbstbestimmung und (mögliche) zukünftige Kinder völlig ungleich behandelt, sind normative oder In-

---

15 Karnein, Zukünftige Personen (Anm. 5), 211.
16 Karnein, Zukünftige Personen (Anm. 5), 211.

IV. Entzogenes

teressenkollisionen zwischen beiden weitgehend ausgeschlossen. Das Recht produziert somit einen blinden Fleck, indem es Embryonenschutz und Kindeswohl voneinander abkoppelt. Weil beide Aspekte rückblickend lediglich zwei Phasen im Leben jedes Menschen darstellen, müssen sie in der ethischen Reflexion aufeinander bezogen werden. Zwei Optionen sind denkbar: Entweder wird das ungeborene Leben nicht als objektives Gegenüber «verselbstständigt», sondern mit dem Subjekt der reproduktiven Selbstbestimmung – der Mutter – intrinsisch verbunden.[17] Oder Autonomie wird als dreistellige Relation vorgestellt, bei der die Beziehung zwischen der Mutter resp. den Eltern und dem ungeborenen Leben durch eine dritte Instanz konstituiert wird.

Die radikalste Formulierung einer solchen Dreieckskonstellation bietet der Heidelberger Katechismus von 1561 in seiner Antwort auf die Eingangsfrage: «*Was ist dein einziger Trost im Leben und im Sterben?* Dass ich mit Leib und Seele im Leben und im Sterben [...] nicht mir [...] sondern meinem getreuen Heiland Jesus Christus gehöre.»[18] Behauptet wird, dass sich kein Mensch selbst besitzt, sondern die eigene biografische Existenz der Teilgabe Gottes an seinem Leben verdankt. Dahinter steht ein dreifacher Lebensbegriff: 1. Das *objektive* biologische Leben präsentiert einerseits den naturwissenschaftlichen Blick und bildet andererseits den Gegenstand medizinischen Handelns. 2. Das *subjektive* biografische Leben ist dasjenige, das jeder Mensch führt. Wie die biblischen Genealogien (vgl. Erzelterngeschichten, Chronik oder die Einleitungen des Matthäus- und Lukasevangeliums) verorten das individuelle Leben in einem komplexen horizontalen und vertikalen Beziehungsnetz. 3. Das *eine* geschöpfliche Leben, das in der Teilhabe jedes Geschöpfes am Leben des Schöpfers besteht. Als «das Eine und Selbige, das in der Vielfalt des Lebendigen gegenwärtig ist», markiert es «Gottes verborgene Präsenz im Leben seiner Geschöpfe».[19]

Theologische Ethik hat die Komplementarität der drei Lebensdimensionen gegen die Verabsolutierung einer einzigen (egal welcher) zu verteidigen. Die

---

[17] Dafür plädieren auf verschiedener Grundlage und mit unterschiedlichen Absichten etwa Andrea Büchler, Reproduktive Autonomie und Selbstbestimmung. Dimensionen, Umfang und Grenzen an den Anfängen menschlichen Lebens, Basel 2017; Barbara Bleisch/Andrea Büchler, Kinder wollen. Über Autonomie und Verantwortung, München 2020; Claudia Wiesemann, Natalität und die Ethik von Elternschaft: Zeitschrift für Praktische Philosophie 2, 2015, 213–236.

[18] Zitiert nach Georg Plasger/Matthias Freudenberg (Hg.), Reformierte Bekenntnisschriften. Eine Auswahl von den Anfängen bis zur Gegenwart, Göttingen 2005, 154.

[19] Johannes Fischer, Das christliche Lebensverständnis als Motiv und Kriterium für den Umgang mit Leben: Eilert Herms (Hg.), Leben. Verständnis. Wissenschaft. Technik, Gütersloh 2005, 135–149 (139).

fortpflanzungsmedizinischen Entscheidungen müssen in den Horizont der Freiheit des Schöpfers gerückt werden, die die Dreiecksbeziehung der Geschöpflichkeit allen Lebens begründet. Das führt zu einer theologisch signifikanten Relativierung des Status biologischer Elternschaft. Zugespitzt: Aus biblischer Sicht bedeutsam ist nicht die biologische *Eltern(kind)schaft*, sondern die *Gotteskindschaft* in der umfassenden soteriologisch-eschatologischen *und* ihrer genealogisch-schöpfungstheologischen Bedeutung. Die ethische Frage der Elternschaft lässt sich zumindest mit der Bibel nicht biologisch-genetisch reduzieren. Und der Wille Gottes kann nicht aus biologischen Fakten abgeleitet werden. Gewiss ist die Biologie Ausdruck des göttlichen Schöpferwillens. Aber genauso wenig, wie die Bibel mit dem Buch Genesis aufhört, kann sich die Frage, was Gott mit seinen Geschöpfen vorhat, mit schöpfungstheologisch überhöhten biologischen Antworten zufriedengeben.

Das säkulare Pendant zur Schöpfungsfreiheit bildet die Vorstellung von der Unantastbarkeit – einschliesslich der prinzipiellen Nichtkorrekturbedürftigkeit – des menschlichen Lebens. Die Originalität allen Lebens ist eine Qualität, die weniger die biologische Konstitution betrifft als den sozialen und politischen Status der Menschen, wie Hannah Arendt betont hat. Menschen verfügen nicht über das «Prinzip des Anfangs» und sind durch ihr Auf-die-Welt-Kommen «aller Absehbarkeit und Berechenbarkeit» entzogen.[20] Das «Diktat der Geburt»[21] besteht in der «radikale[n] Kontingenz und radikale[n] Determiniertheit»[22] der menschlichen Existenz. Natalität meint die «existenzielle Situation des Kindes zwischen radikaler Vorher- und Fremdbestimmung einerseits und radikaler Offenheit andererseits».[23]

Theologisch-ethisch ist menschliches Leben immer *auch* Teilgabe des Schöpfers, der – aus biblischer Sicht – *das* Leben ist. Es wäre aber ein Kurzschluss, diese schöpfungstheologische Sicht kategorisch gegen jede Form von Fortpflanzungsmedizin zu richten. So konflikthaft und unbequem es sein mag, der ernsthafte Diskurs in Kirche und Theologie kommt nicht um die folgenden Überlegungen und Fragen herum:

1. Kirchliche und theologische Fundamentalkritik an der Fortpflanzungsmedizin müssen sich fragen lassen, was sie mit ihrer kategorischen Ablehnung ver-

---

[20] Arendt, Vita activa (Anm. 13), 166f.
[21] Ludger Lütkehaus, Natalität. Philosophie der Geburt, Kusterdingen 2006, 66; vgl. Christina Schües, Philosophie des Geborenseins, Freiburg i. Br., München 2008.
[22] Wiesemann, Natalität (Anm. 17), 218.
[23] Wiesemann, Natalität (Anm. 17), 219.

IV. Entzogenes

teidigen: das ungeborene Leben, die heterosexuelle Elternschaft oder die traditionell-patriarchale Ordnung dahinter? Weil damit bestimmte Gruppen aus physiologischen und Krankheitsgründen oder aufgrund ihrer geschlechtlichen Konstellation davon ausgeschlossen sind, Eltern zu werden, ist jede ablehnende Haltung gegenüber fortpflanzungsmedizinischen Massnahmen ihnen gegenüber begründungspflichtig.

2. Bevor wir nicht über solide Belege verfügen, sollten wir zukünftigen Kindern nicht unterstellen, dass es für sie wesentlich wäre, in Familienverhältnissen zu leben, die alternativlos die unseren waren. Wer nichts anderes kennt, als heterosexuelle Familienkonstellationen, kann kein verlässliches Urteil darüber abgeben, wie es ist, wenn es anders wäre.

3. Das Argument, dass ein Kind zwingend heterosexuelle Eltern braucht, geht in zweierlei Hinsicht nicht auf: Erstens stimmt die Behauptung nur dann, wenn wir Kinder auf ihre blosse biologische Existenz reduzieren würden. Tatsächlich geht ein Kind aus einer gelungenen Verschmelzung von Ei- und Samenzelle hervor. Aber ein geborenes Kind sehen wir niemals *nur* als das Produkt jener Zellverschmelzung an. Genauso wenig, wie Eltern das Fotoalbum, das die Entwicklung ihrer Kinder bildhaft dokumentiert, wie ein Biologiebuch anschauen und lesen, können wir die ethische Frage, was für Kinder gut ist, biologisch beantworten. Zweitens unterläuft eine fundamentale Fortpflanzungsmedizinkritik die eigene Behauptung von der menschlichen Entzogenheit in seiner Geburtlichkeit. Denn nun kommt ein Mensch nicht einfach zur Welt, sondern wird in eine gute oder schlechte Welt hineingeboren. Die Welt der oder des Neugeborenen ist dann nicht durch vorgängige reproduktive Entscheidungen der Eltern determiniert, sondern durch das moralische Urteil über das Leben, in das dieser Mensch hineingeboren wird.

4. Das eigentliche Drama des reproduktionsmedizinischen Zeitalters besteht im Verlust der Idee von der Unverfügbarkeit aller Neuankömmlinge in der Welt. Sie sind entweder das Ergebnis fortpflanzungsmedizinischer Entscheidungen oder werden in eine Welt hineingeboren, über die das moralische Urteil schon gefällt wurde. Die technologische Unverfügbarkeit kann nur mit der Behauptung einer moralischen Verfügungsmacht oder umgekehrt verteidigt werden. Dagegen betont die Vorstellung vom Kind als Geschenk Gottes sowohl die technologische als auch moralische Unverfügbarkeit des ungeborenen Lebens.

5. Wir täten gut daran, die Versuche einzustellen, die Bibel als Biologiebuch oder reproduktionsmedizinisches Vademecum zu lesen. Stets kommt das heraus, was wir herauslesen *wollen*. Konstruktiv wäre es, sich ernsthaft und kritisch prüfend der Frage zu stellen, ob Gott, der Geber allen Leben, nicht viel eher auf der

Seite der Neuankömmlinge in der Welt zu suchen ist, als auf der Seite derjenigen, die entweder (nur) *bestimmte Kinder* oder Kinder (nur) für *bestimmte Familien* wollen.

6. Die reformierte Grundüberzeugung, dass Jesus Christus der Herr der Kirche *und* der Herr der Welt ist, schliesst *ipso facto* die Fortpflanzungsmedizin mit ein. Auch dort ist er der Herr, den die Bibel bezeugt und die Kirche verkündigt. Wenn wir Gott nicht den Zutritt verweigern, sondern selbstverständlich von seiner Gegenwart auch in diesem gesellschaftlichen Teilbereich ausgehen, bietet sich aus theologisch-ethischer Sicht eine belastbare fortpflanzungsmedizinische Maxime an: *Biotechnologisches Handeln ist daran zu orientieren, dass sich die Menschen, die daraus hervorgehen, immer und unmittelbar als Geschöpfe Gottes verstehen und erleben und von ihren Mitmenschen als solche wahrgenommen werden können.*

Von Jerusalem nach Athen und zurück über Newark/New Jersey

Philip Roth's Operation Shylock

> «Now, in life as in art, mischief can be a relief from all the prescriptions. [...] The mischief subverts all the strategies that the Jewish predicament imposes, affords immeasurable if transitory relief not only because it is counterprohibitive but because it is counterparanoid as well, indifferent to threat, to enemies, to all the defenses.»
>
> *Philip Roth*[1]

> «If we look in the Greek mirror, or better said, in the mirror of the ideal Greece, the answer is that modern Judaism, namely secular Judaism, inspired by Athens and shaped by the heritage of classical antiquity (and Western values), is a different type of Judaism from the Judaism of previous generations; therefore, the conflict between Athens and Jerusalem *in* Jerusalem was and is inevitable. This conflict is the core of the struggle over the identity and content of modern Judaism in Palestine.»
>
> *Yaacov Shavit*[2]

I. Tertium datur

Newark/New Jersey – die «furchtbare, wüste schmutzige Stadt, eine Stadt der Schwarzen mit der wohl höchsten Kriminalitätsrate im Land, der grössten Kindersterblichkeits- und Tuberkolosequote»[3] – passt auf den ersten Blick so gar nicht zu den geschichtsträchtigen Metropolen Jerusalem und Athen. Zweifellos kann die grösste Stadt des Bundesstaates New Jersey nicht jene «kulturelle Ehrfurcht» und «Relevanz für die Gegenwärtigkeit des Altertums in Europa» für

---

[1] Philip Roth, A Bit of Jewish Mischief: New York Book Review, March 7, 1993, 1.
[2] Yaacov Shavit, Athens in Jerusalem. Classical Antiquity and Hellenism in the Making of the Modern Secular Jew, Oxford, Portland/Oregon 1997, 473f.
[3] Volker Hage, ‹Ich wäre lieber Arzt geworden›. Ein Besuch in Connecticut: ders., Philip Roth. Bücher und Begegnungen, München 2008, 11–28 (15).

IV. Entzogenes

sich behaupten, die den «beiden urban-metonymischen Bezugstopographien» eigen ist.[4] Wer kannte schon Newark, bevor ihr heute wohl berühmtester Sohn die Innenseiten der Stadt nach aussen krempelte und zur Kulisse seiner grossen Romane machte? Gleichzeitig ist Newark, als glanzloses Symbol des verrottenden amerikanischen Traums nicht allzu weit entfernt von dem Jerusalem der Intifadas und des Terrors oder von dem Athen als Sinnbild von europäischer Krise und Staatsbankrott. Auch Newark kannte andere Zeiten in seiner Geschichte. In den 1930er und 1940er Jahren, der Kindheit von Philip Roth, war der 1666 von Auswanderern aus dem englischen Newark gegründete Ort eine «mittelgrosse Industriestadt», angesichts der «vielen ethnischen Enklaven [...] ein kleines Europa [...] richtig ein kleiner Völkerbund».[5] Der jüdische Stadtteil bestand zu 98 % aus Juden:

> «Alle, die ich kannte, waren Juden. Das war sehr bequem. [... N]ie wäre ich auf den Gedanken gekommen, in einem Ghetto zu leben. Ich glaubte, so zu leben wie die Mehrzahl der Amerikaner. Das war das amerikanische Muster: Die Leute, die einen vergleichbaren Hintergrund hatten, lebten in der Nachbarschaft.»[6]

Das mutet fast wie eine vorweggenommene Miniatur jenes Jerusalem an, in das der geschundene Rest der heimatlos gewordenen europäischen Juden nach dem Zweiten Weltkrieg emigrierte – freilich eine abgespeckte Version ohne Zionismus und Verheissung, in Roth'scher Terminologie eine Art *Counter*-Jerusalem. Natürlich klingt dieser Vergleich ebenso absurd, wie die Behauptung, es gäbe irgendwelche Wege, die Newark mit Jerusalem und Athen verbinden würden. Aber genau diese unbestreitbaren Tatsachen beschwören ihr Gegenteil herauf, jedenfalls nach der Logik des Romans *Operation Shylock. Ein Bekenntnis* von 1993, um den sich die folgenden Umwegbemerkungen drehen. Das Werk beginnt mit den Sätzen:

> «Aus juristischen Gründen muss ich eine Reihe von Tatsachen in diesem Buch abändern. [...] Das Buch ist eine genauestmögliche Darstellung tatsächlicher Begebenheiten, die ich im Alter von Mitte Fünfzig erlebt habe».[7]

Und der letzte Satz des Romans lautet:

---

4   Markus Kirchhoff, Text zu Land. Palästina im wissenschaftlichen Diskurs 1865–1920, Göttingen 2005, 40.
5   Hage, Arzt (Anm. 3), 16.
6   Hage, Arzt (Anm. 3), 16f.
7   Philip Roth, Operation Shylock. A Confession, New York 1993, dt. Operation Shylock. Ein Bekenntnis, München/Wien 1994, 9. Der Roman wird im Folgenden im Text mit Seitenangaben in Klammern zitiert.

«Dieses Bekenntnis ist falsch.» (457)[8]

Die verwirrende Rahmung zwischen *facts* und *fiction*, *confession* und *fake* präsentiert den Autor nicht nur ein weiteres Mal als Meister abenteuerlicher Irritationen, sondern ermutigt zugleich dazu, sich von den Negativbefunden in der Welt- und Kulturgeschichte zur Trias Jerusalem – Newark – Athen nicht weiter entmutigen zu lassen. Roth selbst setzt auf diese Pointe, wenn er ausführlich über die Jerusalemreise des Erzählers berichtet und sich zugleich über dessen Athenaufenthalt konsequent ausschweigt.

Die Verbindung zwischen Jerusalem, Newark und Athen ist also eine Tatsache, eben in dem Sinne, wie Philip Roth «Tatsachen» versteht. Die Beziehung zwischen den Städten führt auf direktem Weg zum Thema von *Operation Shylock*: dem Verhältnis zwischen Diaspora und Heimat, zwischen der Heimat «Jerusalem» und den Diasporen «Athen» und «Newark». Im Roman wird diese an sich simple Konstellation durch zwei normativ aufgeladene, gegenläufige Fragestellungen komplex aufgeladen: Erstens ist Israel die jüdische Heimat bzw. kann eine, im Blick auf ihr Zustandekommen, schwierige politische Nationalstaatskonstruktion beanspruchen, das «Gelobte Land» zu sein? Und zweitens kann und darf es angesichts der Existenz des jüdischen Staates Israel noch eine (legitime) jüdische Diaspora geben, bzw. können Jüdinnen und Juden ausserhalb Israels überhaupt behaupten, zu Hause oder daheim zu sein?

Die Crux möglicher Antworten steckt in den mehr oder weniger fraglos vorausgesetzten Prämissen der Fragen selbst. Unterstellt wird die Beziehung zwischen einem aktuell möglichen oder tatsächlichen Aufenthalts- und einem in der Vergangenheit liegenden Herkunftsort. Das entspricht – wie Lévinas bemerkt hat – der Bewegung des Odysseus, der vom «*Anderen*» zum «*Selben* [...] nach Ithaka zurückkehrt».[9] Erkenntniskritisch stellt der Philosoph dem griechischen Denkmodell dasjenige des Abraham gegenüber, «der für immer sein Vaterland verlässt, um nach einem noch unbekannten Land aufzubrechen, und der seinem

---

[8] Vgl. in dem Zusammenhang die «Anmerkung» zu Beginn des Theaterstücks über den ersten Frankfurter Auschwitzprozess von Peter Weiss, Die Ermittlung. Oratorium in elf Gesängen: ders., Werke in sechs Bänden, Bd. V: Dramen 2, Frankfurt a. M. 1991, 7–199, das als «Konzentrat» aus realen Gerichtsaussagen komponiert ist. «Dieses Konzentrat soll nichts anderes enthalten als Fakten, wie sie bei der Gerichtsverhandlung zur Sprache kamen.» (ebd., 8f.); dazu Gerhard Lauer, Erinnerungsverhandlungen. Kollektives Gedächtnis und Literatur fünfzig Jahre nach der Vernichtung europäischer Juden: Deutsche Vierteljahrsschrift für Literaturwissenschaft und Geistesgeschichte 73, 1999, 215–245 (222f.).
[9] Emmanuel Lévinas, Die Spur des Anderen. Untersuchungen zur Phänomenologie und Sozialphilosophie, Freiburg i. Br./München 1983, 215.

IV. Entzogenes

Knecht gebietet, selbst seinen Sohn nicht zu diesem Ausgangspunkt zurückzuführen».[10] Vor dem Hintergrund dieser idealtypischen Differenz liegt der Fall klar. Den Staat Israel als jüdische Heimat erklären zu wollen, würde bedeuten, in die Odysseus-Falle zu tappen und einen Heimatort zu behaupten, den es gemäss der Abraham-Prämisse gar nicht geben kann. In diesem Sinne hat Ephraim Meir im Anschluss an seine Lektüre von Lévinas' *Schwierige Freiheit*[11] den «antitotalisierenden Aufbruch» Abrahams betont. Der biblische Stammvater «geht zur U-topie, zum *non locus* (Nicht-Ort), zu etwas, was noch nie da war, zu etwas Abwesendem und dennoch Annäherbarem».[12]

Der Vorschlag Meirs ist in zwei Hinsichten präzisierungsbedürftig. Gegen die Deklaration als Nicht-Ort sprechen zwei Beobachtungen: Erstens impliziert der Aufbruch zu einem unbekannten Ziel nicht *ipso facto* eine Ortlosigkeit. Der Weg dorthin, einschliesslich möglicher Wüstenwanderungen, Holz- und Umwege, verortet die Wandernden und macht sie so erst als Durchreisende identifizierbar. Auf dem Weg zu sein, bedeutet in jedem Fall, irgendwo *durch*zukommen. An den Durchgangsorten sind Durchreisende anwesend, freilich auf spezifische Weise und anders als Heimische, wie das Präfix «Durch-» signalisiert. Zweitens steht *Utopie* – von Thomas Morus bis Ernst Bloch – als Name für einen Ort, an dem Menschen *noch nicht* sind, den sie aber – durch viele «Durch» hindurch – anstreben. Deshalb müsste korrekter Weise anstelle eines Nicht-Ortes von einem Noch-Nicht-Ort gesprochen werden, weil das utopische «Nicht» sein Gegenteil stets mitbehauptet.

Die Levinas'sche Versuchsanordnung enthält allerdings eine zusätzliche Komplikation durch die Verbindung der Ortsfrage mit der erkenntnistheoretischen Verhältnisbestimmung von Wahrheit und Geschichte. «Die Juden in der Aktualität zu situieren», verlangt nach einer «radikalen Reflexion».[13] Lévinas' Formulierungen sind im Blick auf die Staatlichkeit Israels (notwendig?) mehr-

---

10   Lévinas, Spur (Anm. 9), 215f.
11   Emmanuel Lévinas, Schwierige Freiheit. Versuch über das Judentum, Frankfurt a. M. 1992.
12   Ephraim Meir, Judentum und Philosophie: ders., Differenz und Dialog, Münster u. a. 2011, 19–49 (25). Das erinnert natürlich an Marc Augé, Orte und Nicht-Orte, Frankfurt a. M. 1994, 94: «Ort und Nicht-Ort sind fliehende Pole; der Ort verschwindet niemals vollständig, und der Nicht-Ort stellt sich niemals vollständig her – es sind Palimpseste, auf denen das verworrene Spiel von Identität und Relation ständig aufs neue seine Spiegelung findet.»
13   Emmanuel Lévinas, Judentum und Gegenwart (1960): ders., Freiheit (Anm. 11), 159–168 (159).

deutig. Einerseits spricht er von den Jungen, die sich – wovon eigentlich? – «entwurzelten», um nach Israel zu gehen.[14] Andererseits stehen aus Sicht des Philosophen Zionismus und Staatsgründung für «eine Rückbesinnung in allen Bedeutungen des Wortes sowie das Ende einer Jahrtausende alten Entfremdung [...]. Der Staat Israel ist zu einem Ort geworden, wo der Mensch sich opfert, sich seiner jüngsten Vergangenheit zugunsten einer antiken und prophetischen Vergangenheit entreisst, nach seiner Authentizität sucht».[15] In einer abermaligen Wendung behauptet der Philosoph: «Das Judentum der Diaspora hat kein Innen mehr. Es ist sehr weit in eine Welt eingedrungen, der es sich indes widersetzt. Widersetzt es sich ihr?»[16] Lévinas' Rückfrage gilt der Gegenwärtigkeit des jüdischen Messianismus[17], betrifft aber (damit) zugleich mögliche Ortsbestimmungen des Judentums *in* der Geschichte: Sind die Nachkommen Abrahams inzwischen angekommen oder halten sie ihrem Stammvater weiterhin die Treue? Aber was heisst hier «Treue» und worin sollte sie bestehen? Sind *Ankommen* und *Unterwegssein* heute überhaupt noch Alternativen oder handelt es sich bei dem jeweiligen Gegenspieler lediglich um «ein Double», sodass sich der vermutete Kampf zwischen beiden am Ende als «Umarmung» entpuppt?[18] Eindeutigkeit ist nicht zu gewinnen – «sogar in der Errichtung eines Staates Israel [...] bleibt die erhabene Zweideutigkeit bestehen: will man sich in der modernen Welt behaupten oder seine Ewigkeit in ihr ertränken? Denn es geht um Israels Ewigkeit, ohne die es kein Israel gibt.»[19]

Die Abraham-Odysseus-Alternative ist offensichtlich auch in den Augen ihres Konstrukteurs nicht so eindeutig, wie ihre Gegenüberstellung nahezulegen scheint. Der Messianismus qualifiziert einen Ort, ohne ihn in einem geografischen Koordinatensystem zu lokalisieren. Die Odysseus-Perspektive, nach der es

---

[14] Lévinas, Judentum und Gegenwart (Anm. 13), 159.
[15] Emmanuel Lévinas, Das jüdische Denken heute (1961); ders. Freiheit (Anm. 11), 116–125 (122). Der Staat Israel sei «die erste Gelegenheit, dadurch in die Geschichte einzugreifen, dass er eine gerechte Welt verwirklicht. Er ist also eine Suche nach dem Absoluten und eine Reinheit. [...] Die sozialistischen Träume der Gründer Israels kümmern sich nicht um Weltverhältnisse. [...] Man darf den universalen Sinn nicht aus den Augen verlieren, den dieses Werk in den Augen der Israeli selbst gewinnt, die für die Menschheit zu arbeiten meinen. Der jüdische Universalismus äusserte sich schon immer im Partikularismus. Aber zum erstenmal in seiner Geschichte misst das israelische Judentum seine Aufgabe nur an seinen eigenen Lehren, die in gewisser Weise befreit sind von der Obsession der westlichen und christlichen Welt» (122f.).
[16] Lévinas, Denken (Anm. 15), 161.
[17] Lévinas, Denken (Anm. 15), 162.
[18] Lévinas, Denken (Anm. 15), 162f.
[19] Lévinas, Denken (Anm. 15), 163.

IV. Entzogenes

Diaspora nur *auf Zeit* und die Abraham-Sicht, nach der es keine Nicht-Diaspora *in der Zeit* geben kann, bilden keine Alternative, zwischen der entschieden werden könnte. Entsprechend lässt sich die Israel-Diaspora-Kontroverse nicht auf die Unterscheidung zwischen Heimat und Fremde abbilden. Auch die von Meir vorgeschlagene Kategorie des *non locus* setzt diese Disjunktion voraus und geht damit an der messianischen Pointe vorbei.

Eine Alternative zu solchen antagonistischen Konstruktionen bietet das Konzept der *A-Topie*. *Atopos* nennt Platon das eigenartige Verhalten des Sokrates, der sich erst selbst zum Fest des Agathon einlädt, um dann trotz wiederholter Aufforderung mit grosser Verspätung aufzutauchen, weil er in einem spontanen Gespräch mit dem Nachbarn des Gastgebers hängengeblieben ist.[20] Gegenüber dem utopischen fehlt dem atopischen Denken der Eindruck eines Mangels, den das Bewusstsein, (noch) nicht am richtigen Ort zu sein, provoziert. Atopisch ist eine Wahrnehmung, die sich stets vollständig im Wahrgenommenen befindet. Das unterscheidet die Atopie einerseits von der Utopie, die um den eigentlichen Ort weiss, aber noch nicht dort ist, und andererseits von der Illusion, die einen Ort anstrebt, der immer unerreichbar bleibt. *Atopos* kennzeichnet gewissermassen ein Telos ohne Geschichte, präziser: ein Telos *in den* (Lebens-)Geschichten (im Plural) anstelle eines Telos *der* Geschichte (im Singular).

Eine gesteigerte Variante der Atopie, die teilweise die Grenze zur Dystopie verschwimmen lässt, begegnet in der zeitgenössischen Rede vom «globalen Dorf», das sowohl dem virtuellen Gestus der isländischen Künstlerin Björk – «home is, where my laptop is»[21] – als auch dem handfesten Motto einer bekannten Bierwerbung folgt: «In der Welt zu Hause».[22] Allerdings wusste die Werbe-

---

[20] Platon, Symposion 175a10–b6; 215a2; vgl. Gernot Böhme, Der Typ Sokrates, Frankfurt a. M. 2002, 19: «Sokrates der Ortlose. Sokrates, der merkwürdige Mann, der Fremde, der Befremdliche, der Sonderling. Sokrates, der Auffällige, der Störenfried, der Asoziale. Sokrates, die unangepasste, die paradoxe, die absurde Existenz. Atopos ist sein Epitheton – das heisst der Ortlose. [...] Sokrates ist das Urbild des Philosophen. Wenn das wahr ist, dann ist Philosophie etwas höchst Befremdliches.»

[21] Zitiert nach Rudolf Maresch, Empire Everywhere on the Political Renaissance of Space: www.rudolf-maresch.de/texte/60.pdf (Zugriff 14.08.2015). Vgl. Emmanuel Lévinas, Heidegger, Gagarin und wir: ders., Freiheit (Anm. 11), 173–176 (175): «Die Technik entreisst uns dieser Heideggerschen Welt und dem Aberglauben des *Orts*. Von nun an zeigt sich eine Chance: die Menschen ausserhalb der Situation wahrzunehmen, in der sie sich vorübergehend aufhalten, das menschliche Antlitz in seiner Nacktheit aufleuchten zu lassen. Sokrates zog der Landschaft und den Bäumen die Stadt vor, wo man den Menschen begegnet. Das Judentum ist ein Bruder der sokratischen Botschaft.»

[22] Vgl. www.erdinger.de/dmdocuments/Fanpost-Nr.15.pdf (Zugriff 11.8.2015).

agentur des Weissbierherstellers besser als manche postmodernen Virtualitätsvirtuosinnen und -virtuosen, dass auch diese Medaille eine Rückseite hat. Folgerichtig enthält der Brauereislogan einen Vorspruch: «In Bayern daheim. In der Welt zu Hause». Bemerkenswert ist nicht nur die Unterscheidung zwischen «daheim» und «zu Hause», die die harte Dichotomie von «Heimat» und «Fremde»/«Diaspora» entscheidend abmildert. Die transmigrationstheoretische Pointe der Gegenüberstellung «daheim» – «zu Hause» erschliesst sich erst durch die korrekte Aussprache in der auditiven Version: «In Bayern [dàhoàm]. In der Welt zu Hause.» Unter der Hand transformiert die auditive Variante der Werbekampagne die ursprüngliche Dyade «daheim» – «zu Hause» in die dreistellige hierarchische Kasskade [dàhoàm] – «daheim» – «zu Hause». Entscheidend dabei ist, dass die Bedeutung der Ausdrücke nicht verstanden werden muss, allein ihr Klang verrät, worauf es ankommt: «Zu Hause» kann (fast) jeder Mensch überall sein/sagen, «daheim», sofern sich jemand entsprechend zugehörig fühlt, «[dàhoàm]» dagegen nur, wenn eine Person auch phonetisch inkludiert ist.[23]

Entgegen ihrer alkoholhaltigen Herkunft und einer unbestreitbaren Nähe zur Stammtisch-Rhetorik muss die Differenz hinter der Triade «zu Hause» – «daheim» – «[dàhoàm]» als Erfindung des transnationalen «Zeitalter[s] der Diaspora»[24] und eines inzwischen weit ausdifferenzierten, interdisziplinären Diaspora-Diskurses ernstgenommen werden. Vor allem macht die theoretische Dreierkonstellation die Städte-Trias Jerusalem – Newark – Athen anschlussfähig für die von Roth inszenierte Israel-Palästina-Kontroverse in *Operation Shylock*. Newark unterbricht als ‹Dritte im Bunde› die übliche Antithetik von Jerusalem und Athen. Traditionell wird mit den Antagonismen auf unterschiedliche Disziplinen (Leo Strauss), Epistemologien oder Rationalitätskonzepte (von Tertullian

---

[23] Allen dumpfen, volkstümelnden Intuitionen zum Trotz hat der Werbeslogan eine asyl- resp. migrationspolitische Pointe. Die Flüchtlinge, Asylsuchenden, Migrantinnen und Migranten dieser Welt sind überall zu Hause, aber nirgendwo daheim. Sprechen können, gehört und verstanden zu werden, kommunizieren zu können und an der gesellschaftlichen Kommunikation beteiligt zu werden, sind deshalb für Hannah Arendt der Massstab für das «einzige» Menschenrecht, das Recht, «Rechte zu haben», d. h. das Recht darauf, «in einem Beziehungssystem zu leben», «nach seinen Handlungen und Meinungen beurteilt» zu werden und «einer politisch organisierten Gemeinschaft zuzugehören». Die Verweigerung eines solchen Rechts führt einerseits zum «Verlust der Relevanz und damit der Realität der Sprache» und andererseits zum «Verlust aller menschlichen Beziehungen» (Hannah Arendt, Es gibt nur ein einziges Menschenrecht: Otfried Höffe/Gerd Kadelbach/Gerhard Plumpe [Hg.], Praktische Philosophie/Ethik. Reader, Bd. 2, München 1981, 152–167 [158f.]).
[24] Zygmunt Bauman, Leben in der Diaspora: Isolde Charim/Gertraud Auer Borea (Hg.), Lebensmodell Diaspora. Über moderne Nomaden, Bielefeld 2012, 95–103 (96).

bis Johann Baptist Metz und Jürgen Habermas), Politik- und Ethiktypen (Hauke Brunkhorst, Ephraim Meir), Kulturen (Ya'acov Shavit), Anthropologien (Dietrich Ritschl, Wolfgang Schoberth), Erinnerungs- und Gedächtnisressourcen (Jan Assmann), Perspektiven (Emil L. Fackenheim), Diskursregimes (Alain Badiou), Klischees (Walter Lesch) etc. verwiesen. Es geht nicht um die Städte selbst, sondern darum, wofür sie in der binären Struktur konkurrierender Wahrnehmungs-, Denk-, Identitäts- und Interpretationskonstrukte oder «counter-types»[25] stehen. Jerusalem und Athen markieren Standorte in einem metadiskursiven Koordinatensystem, die für alternative Erkenntnisinteressen stehen und eigentlich keine Orts*kenntnisse,* sondern Orts*bekenntnisse* voraussetzen.

Roth positioniert Newark im Rücken dieser üblichen Städte-Dichotomien, lehnt sich mit einem subversiv grinsenden «*tertium datur*» zurück und fabuliert ausschweifend darüber, was er angerichtet hat. In *Operation Shylock* wird – so die These, die der Schriftsteller zweifellos umgehend zurückweisen würde – eine atopische Diasporakonzeption entfaltet, die keines der bekannten Probleme im Nahostkonflikt löst und alle bisher debattierten Lösungen als Antworten auf Scheinprobleme dekonstruiert.

II. Unterwegs in geheimer Mission

Operation Shylock ist nach *Gegenleben*[26] der zweite Roman, der weitgehend in Israel spielt. Die von einem Vorwort und einem längeren Epilog gerahmten zehn Buchkapitel handeln von dem dreitägigen Aufenthalt des Erzählers in Jerusalem. Ein Interview mit dem israelischen Schriftstellerkollegen Aharon Appelfeld als ursprünglicher Reisegrund[27] wird überschattet von Nachrichten aus Israel, ein Doppelgänger nutze die Popularität des Schriftstellers «Philip Roth» schamlos für die politischen Interessen des sogenannten Diasporismus aus. Beunruhigt durch diese Information bricht der Ich-Erzähler überstürzt nach Israel auf und

---

[25] Vgl. Shavit, Athens (Anm. 2), 9: «Greece and the Greeks of classical antiquity became a model of a human *typos,* a prototype, and an ideal type of society and culture; as a result, from a Jewish point of view, they became a counter-type.» Vgl. auch ders., Das deutsche Griechenideal als aktiver Spiegel in der jüdischen Weltanschauung: Babylon 18, 1998, 70–89.

[26] Philip Roth, Gegenleben, Reinbek 2002.

[27] Das in Teilen im Buch abgedruckte (91–96.125f.239–241) Interview mit Aharon Appelfeld erschien zuerst in der *New York Times* vom 11. März 1988 (deutsch in Philip Roth, Shop Talk. Ein Schriftsteller, seine Kollegen und ihr Werk, Reinbek 2005, 29–54).

findet sich sofort auf der Bühne der Weltgeschichte und -politik wieder. Er begegnet dem Schriftsteller und Holocaust-Überlebenden Aharon Appelfeld, gerät bei einem Besuch seines alten Studienfreundes George Ziad in der West Bank mitten zwischen die Fronten der ersten, Ende 1987 begonnenen Intifada, wohnt dem Demjanjuk-Prozess in Jerusalem und einem Prozess gegen einen palästinensischen Jugendlichen am israelischen Militärgerichtshof in Ramallah bei und soll ein Vorwort zu den – wie sich später herausstellt vom Mossad gefälschten – Tagebüchern des jüdischen US-Amerikaners Leon Klinghoffer verfassen, der bei der Entführung des Kreuzfahrtschiffes *Acille Lauro* 1985 durch die Palästinensische Befreiungsfront (PLF) ermordet worden war. Sein Doppelgänger verhandelt derweil mit der polnischen Solidarność-Bewegung und deren Anführer Lech Wałęsa über die Neuansiedlung von Juden in Polen und identifiziert sich mit dem im Sommer 2015 nach 30 Jahren Haft entlassenen Mossad-Spion in der US-Marine, Jonathan Pollard, den der andere Roth als diasporajüdisches Opfer einer verräterischen israelischen Politik stilisiert.

Die Ereignisse werden – «nicht stichhaltig» und «zu kapriziös ausgedacht», wie der Autor in einer Zusammenfassung mitten im Roman selbst moniert[28] – miteinander verwoben und ihre Protagonisten switchen in verwirrender Weise zwischen den Schauplätzen hin und her. Die Chronologie der drei Tage wird überlagert durch die ausgebreiteten historischen und politischen Geschehnisse und die quer dazu verlaufenden Hauptdialoge, in die der Ich-Erzähler den Schriftsteller Aharon Appelfeld, seinen – wie sich nach und nach herausstellt – Geheimdienstführungsoffizier Louis B. Smilesburger, den alten Studienkollegen George Ziad und natürlich seinen Doppelgänger und dessen Freundin Wanda Jane Possesski verwickelt. Im Zentrum der teilweise etwas langatmigen, aber niemals langweiligen Dispute und Erörterungen steht das alte Identitätsthema des Schriftstellers, das aber kunstvoll und manchmal ins Absurde gesteigert mit der politischen Frage nach der Bedeutung des Staates Israels für die jüdische Identität verbunden und verwoben wird. Die Ausgangsposition des diasporajüdischen Autors und seines diasporistischen Doppelgängers – der Kritiker zionistischer Israelvorstellungen gegen den Anhänger der These von einem zweiten Holocaust, der nur abgewendet werden könne, wenn die Juden an jene Orte zurückkehren würden, von denen sie vor dem historischen Holocaust geflohen waren – verlieren paradoxerweise ihre Konturen in dem Masse, in dem sich der Ich-Erzähler zunehmend als wahrer Philip Roth gegenüber seinem Doppelgänger durchsetzt. Mit der wachsenden Eindeutigkeit des Namensträgers verschwimmt

---

[28] Roth, Operation (Anm. 7), 276.

IV. Entzogenes

gerade die Identifizierbarkeit dessen, wofür dieser Träger steht. Das Lesepublikum wird in diese Identitätswirren hineingezogen, weil ihm das vorenthalten wird, was dem Buch seinen Titel gibt: die Geheimdienstoperation «Shylock», an der Philip Roth – der Ich-Erzähler oder der Autor (oder beide) – natürlich wider Willen beteiligt ist (sind) bzw. genauer behauptet (behaupten), beteiligt gewesen zu sein.

Operation Shylock liefert eine Fortsetzung der exzessiv ausgebreiteten Identitätskonfusionen aus *Gegenleben*. Das Thema wird in *Operation Shylock* auf einen einzigen Namen zugespitzt: *Philip Roth,* «the writer *of* the novel, the writer *in* the novel, and the doppelgänger».[29] Der Konflikt zwischen dem Erzähler und dessen Doppelgänger – einem ehemaligen Chicagoer Privatdetektiv und Gründer der Selbsthilfegruppe «Anonymer Antisemiten», dem der Erzähler den jiddischen Schernamen «Moishe Pipik» – «wörtlich übersetzt Moses Bauchnabel» (130) gibt, geht eindeutig zugunsten des Erzählers aus, ohne dass klar würde, worin sein Sieg über den anderen Philip eigentlich besteht. Auch wenn beide Protagonisten deutlich gegeneinander abgegrenzt erscheinen, ist der «Doppelgänger» eher ein Name als die Bezeichnung für die *alter-ego*-Beziehung. Anders als bei einem Doppelgänger fehlt im Roman die Perspektivität, aus der deutlich hervorginge, wer wessen Double darstellt, wer das eigentliche Subjekt der Geschichte ist und wer diesem bloss imitierend in die Quere kommt. Das Verhältnis zwischen dem Erzähler und Pipik beschreibt der Romanautor mit Begriffen wie «alter ego», «Schatten» oder «Gegenselbst» *(counterself)* (27).[30] Für Derek Parker Royal verweist der Ausdruck *«counterself»* nicht nur auf einen Gegenentwurf des «textual self» zum «authorial self». «Such a designation would suggest the very binary that Roth attempts to discard. The counterself is a self that appears in the text (or written word), but it does not necessarily contradict, erase, or mimic its author. It suggests a fluidity between author and subject, a relationship that is

---

[29] Debra Shostak, The Diaspora Jew and the ‹Instinct for Impersonation›: Philip Roth's ‹Operation Shylock›: Contemporary Literature 38, 1997, 726–754 (727, Fn. 3); vgl. auch Ulla Haselstein, Diasporische Doppelgänger: Philip Roth *Operation Shylock*: Christian Alvarado Leyton/Philipp Erchinger (Hg.), Identität und Unterschied. Zur Theorie von Kultur, Differenz und Transdifferenz, Bielefeld 2010, 201–222.

[30] Zum Phänomen des Doppelgängers vgl. Philip Roth, Was es heisst, sich jüdische Figuren auszudenken (1974): ders., Eigene und fremde Bücher, wiedergelesen, Reinbek 2009, 367–408; Derek Parker Royal, Texts, Lives, and Bellybuttons: Philip Roth's *Operation Shylock* and the Renegotiation of Subjectivity: Shofar 19, 2000, 48–65; Peter L. Rudnytsky, True Confessions in *Operation Shylock*: Philip Roth Studies 3, 2007, 26–43; Elaine B. Safer, The Double, Comic Irony, and Postmodernism in Philip Roth's *Operation Shylock*: Melus 21, 1996, 157–172.

more symbiotic than in traditional narratives. Just as the ‹real› self is socially and personally constructed, the counterself is inscribed upon the page.»[31] Die interpersonale Konstellation zwischen den Brüdern Zuckerman wächst sich zu einem inter- und intrapersonalen «post-subject»-Identitätsmix aus, der durch die Rahmung des Romans noch einmal überboten wird – «Both the author and the text itself serve as case studies in the fluidity of subjectivity.»[32] – und provoziert ein halluzinatorisches und – angesichts der immer deutlicher werdenden geheimdienstlichen Verwicklungen – paranoides Spektakel von weltpolitischem Rang und geradezu biblischen Dimensionen.

Seinem Thema bleibt der Romanautor treu, das – wie der Erzähler fast resignierend feststellt – ihn «von der Wiege bis zum Grabe überschatten soll, ohne dass ich mich erinnern konnte, wirklich eine solche Wahl getroffen zu haben; [...] das Thema, das *die Juden* lautet». (146) Allerdings stellt sich das Thema in Newark, Chicago oder New York anders als in Jerusalem oder Ramallah. Die Diskurs- und Konfliktgeografien – die wiederum untrennbar verbunden sind mit je spezifischen historischen und politischen Geografien – folgen ihren eigenen Regeln, sofern sie überhaupt irgendwelchen Logiken gehorchen.

Operation Shylock ist ein Versuch über jüdische Identitätsgeografie. Die Ausgangsfrage lautet: Wo müssen Juden *leben,* um authentisch als *Juden* leben zu können? Auf den ersten Blick präsentieren der Erzähler und Pipik die antagonistischen Standardantworten, um die der Roman kreist. Während seines Aufenthalts bei seiner Frau in London erfährt der Erzähler von einem hebräischen Zeitungsartikel, in dem er mit den Worten zitiert wird:

> «So grauenvoll Hitler für uns war, mit ihm hat es nur zwölf Jahre gedauert, und was sind für den Juden zwölf Jahre? Es ist die Zeit gekommen, nach jenem Europa zurückzukehren, das jahrhundertelang und bis auf den heutigen Tag das authentischste jüdische Heimatland war, das es je gegeben hat, die Geburtsstätte des rabbinischen Judentums, des jüdischen Säkularismus, des Sozialismus – und so weiter. Gewiss, auch die Geburtsstätte des Zionismus. Die Zeit ist gekommen, in der europäischen Diaspora unsere herausragende geistige und kulturelle Rolle zu erneuern.» (31)

---

[31] Parker Royal, Texts (Anm. 30), 55, FN 18.
[32] Parker Royal, Texts (Anm. 30), 63. Vgl. dazu die Bemerkung des Schriftstellers – oder doch des Erzählers (?) – über den Einfluss des Mossad-Agenten auf ihn: «Es gibt etwas in Smilesburger, das nicht meinen wirklichen Vater evoziert, sondern meinen *phantasierten – der die Initiative ergreift, der sich um mich kümmert!* Ich überwältige den nachgemachten Philip Roth, und Smilesburger überwältigt den echten! Ich mache mich gegen ihn stark, ich wehre mich argumentierend gegen ihn, und am Ende tue ich immer, was er will – am Ende gebe ich nach und tue alles, was er sagt!» (432).

IV. Entzogenes

Und sein Doppelgänger bekräftigt in einem späteren Telefongespräch mit dem Erzähler, dass

> «Israel für die europäischen Juden ein Exil war und nichts anderes, ein Aufenthaltsort, ein zeitweiliges Zwischenspiel in der europäischen Saga, die wiederaufzunehmen jetzt an der Zeit ist. [...] Der Diasporismus hat den Plan *alles* wiederaufzubauen, nicht in einem fremden und bedrohlichen Nahen Osten, sondern in ebenden Ländern, wo einst alles blühte, wobei zugleich die Katastrophe eines zweiten Holocaust abgewendet werden soll, der dadurch heraufbeschworen wird, dass sich der Zionismus als politische und ideologische Kraft erschöpft hat. Der Zionismus hat es unternommen, jüdisches Leben und die hebräische Sprache an einem Ort wiederzubeleben, wo nahezu zweitausend Jahre lang weder das eine noch das andere mit wirklicher Vitalität existiert hat. Der Traum vom Diasporismus ist bescheidener: ein blosses halbes Jahrhundert, nicht mehr trennt uns von dem, was Hitler zerstört hat.» (43.45)

Wie üblich, geht Roth keiner Kontroverse aus dem Weg und setzt alles daran, die Konfliktklimax möglichst turbulent anschwellen zu lassen. Allerdings ahnt der Erzähler nicht, dass die Ereignisse, in die er drei Tage lang verwickelt sein wird, vom Mossad komplett inszeniert sind. So werden sich am Ende der Erzähler und sein Autor auf der Gegenseite des Doppelgängers wiederfinden. Ungeachtet seines notorischen, auf Nichteinmischung zielenden Misstrauens gegenüber jedem und allem gilt auch für den Autor: *Tertium non datur*. Die Geheimdienststrategie läuft darauf hinaus, dass der Erzähler – trotz vehementer Gegenwehr – in geheimer Mission für die zionistische Sache nach Athen reist. Der Mossad hat Hinweise erhalten, dass reiche Juden in Athen die PLO grosszügig sponsern. Um den Erzähler für seine Spionagetätigkeit gefügig zu machen, wird dieser zunächst entführt und muss danach eine ausladende Rechtfertigung vom zuständigen Geheimdienstoffizier Smilesburger über sich ergehen lassen.

Wegen der Reminiszenz des Decknamens «Smilesburger» an die Figur des George Smiley ist *Operation Shylock* mit den Spionageromanen von John le Carré verglichen worden. Allerdings fehlt im Roman von Roth genau das, was einen Spionageroman ausmacht: die Spionagegeschichte. Zwar führt das Buch das Codewort der Geheimdienstaktion im Titel, aber das Lesepublikum erfährt nichts über den Aufenthalt in Athen (ausser dass es ihn gegeben hat, wobei unklar bleibt, ob der Erzähler, sein Autor oder beide dort waren). Die Geheimdiensttätigkeit von «Philip Roth» bleibt geheim und die Begründung für die Geheimnistuerei folgt erst am Ende des Buches bei einem Treffen des Schriftstellers mit dem inzwischen pensionierten Smilesburger in New York. Ganz im Gegensatz zu seiner sonstigen Angewohnheit hat der Autor dem Mossad-Offizier das Buchmanuskript zu lesen gegeben, und dieser rät ihm nun dringend – mit den hintergründigen Schlussworten des Epilogs: «Lassen Sie ihr jüdisches Gewissen Ihren Leitstern sein.» (455) – die 40 Seiten des 11. Kapitels über die Athener Geheimdienstmission ersatzlos zu streichen. Obwohl der Schriftsteller den Ratschlag ebenso vehement zurückweist wie zuvor der Erzähler seine konspirative geheimdienstliche Mitarbeit, fehlt das Kapitel im publizierten Roman. Die Verbindung zwischen Jerusalem und Athen bleibt dubios, einschliesslich der Frage, ob ein «Philip Roth» dort tatsächlich auf jüdische Financiers der PLO gestossen ist.

III. Halluzinatorische Verstrickungen

Operation Shylock geht der psychische Zusammenbruch des Schriftstellers infolge eines Medikamentenabusus nach einer Knieoperation im Jahr 1987 voraus.[33] Das gleiche Schicksal ereilt den Ich-Erzähler und wirkt auf die Figuren im Buch zurück, deren Konturen mitunter so unscharf werden wie die halluzinatorischen Wahrnehmungen von Philip Roth unter dem Einfluss von «Halcion». Die Nebenwirkungen des Benzodiazepins bilden eine Art Referenzgrösse identitätspsychologischer Normabweichungen, an denen die mentalen Zustände und Befindlichkeiten des Romanpersonals – einschliesslich des Autors – gemessen werden. Wer ist eigentlich wer? Diese notorische Frage des Schriftstellers erhält im Zusammenhang etwa des Konflikts zwischen Zionismus und Diasporismus, zwischen dem Mädchen im Roman *Badenheim 1939* und seinem damals etwa gleichaltrigen Autor Aharon Appelfeld, zwischen Israeliten und Palästinensern oder zwischen dem US-Amerikaner John Demjanjuk aus Seven Hills/Ohio und dem ukrainischen Kriegsgefangenen und KZ-Aufseher «Ivan der Schreckliche» aus Treblinka oder Sobibor[34] eine ganz eigene und eminent politische Wendung.[35] «Die Deutschen haben der ganzen Welt endgültig bewiesen, dass die

---

[33] Vgl. Philip Roth, Letters to the Editor. Roth on the Record, June 2012; www.theatlantic.com/magazine/archive/2012/06/letters-to-the-editor/308975/ (Zugriff 15.12.2015).
[34] Interessant wäre ein Vergleich der Darstellung des Jerusalemer Verfahrens mit dem Münchener Demjanjuk-Prozess. Zur deutschen Debatte vgl. Angelika Benz, Der Henkersknecht. Der Prozess gegen John (Iwan) Demjanjuk in München, Berlin 2011; Lauer, Erinnerungsverhandlungen (Anm. 8); Tom Segev, ‹Der Fall ist abgeschlossen, aber unvollendet›. Der Prozess gegen John Demjanjuk in Jerusalem: Einsicht 02, Herbst 2009, 16–23; Rainer Volk, Das letzte Urteil. Die Medien und der Demjanjuk-Prozess, München 2012; Heinrich Wefing, Der Fall Demjanjuk. Der letzte grosse NS-Prozess, München 2011.
[35] Die Bedeutung dieser identitätspsychologischen Konstellation zeigt sich auch darin, dass Roth – wie Shostak, Diaspora (Anm. 29), 728 ausführt – in diversen Vorfassungen

IV. Entzogenes

Aufrechterhaltung zweier radikal divergierender Persönlichkeiten, einer sehr netten und einer nicht so netten, nicht länger allein das Vorrecht von Psychopathen ist.» (68)

Die bekannten, das gesamte Werk von Roth durchziehenden Identitätskonflikte und -krisen werden quasi objektiviert, in Form der extern verursachten Nebenwirkungen des Psychopharmakons und in Gestalt des in reale politische Ereignisse verwickelten Doppelgängers. Die Rothsche Paranoia – «Das ist die Paranoia, die da fragt, wenn ich das sagen darf, nicht Sie» (440) – wird zur unbestreitbaren Wirklichkeit – «Das Universum ist paranoid, doch sollten Sie nicht übertreiben.» (441) Gewiss hat sich Roth mit der Figur des Doppelgängers – mindestens ebenso mit der Kommentatorenrolle des Studienfreundes und PLO-Aktivisten Ziad[36] – einen Freiraum geschaffen, um «Äusserungen zu machen, die selbst für einen unabhängigen und mutigen jüdischen Autor sonst unerlaubt hätten scheinen müssen».[37] Diese Deutung setzt eine Identifikation des Romanautors mit den Romanfiguren – allen voran den beiden Philips und Ziad – voraus, die der Untertitel des Romans «Ein Bekenntnis» auf den ersten Blick zu bestätigen scheint. Aber auch hier ist Eindeutigkeit kaum zu erwarten. Überhaupt, worin besteht das Bekenntnishafte des Romans, in dem die alternativen und konfligierenden Positionen gegenüber dem Judentum und dem Staat Israel einerseits durch die Mehrfachbesetzung der Rolle «Philip Roth» widerspruchsfrei narrativ entfaltet und andererseits durch den politischen Druck auf den Schriftsteller am Ende geschickt neutralisiert werden?

Geht der Erzähler so hart gegen Pipik vor, weil dieser vehement die Sache eines Diasporismus vertritt oder rückt dessen Mission nur deshalb in ein schiefes Licht, weil sie eben vom Doppelgänger vertreten wird? Die zionistische Gegenposition des Erzählers ist dagegen von einer kriminellen Staatsräson erzwungen, die selbst vor Eingriffen in die Meinungsfreiheit des Autors nicht Halt macht.

---

des Romans eine Reihe anderer Titel erwogen hat: «Split», «Duality», «The Other One», «You Are Not Yourself», «Cured of Myself», «A Life Not My Own: A Fable», «Haunted», «Schizo: The Autobiography of an Antithesis» und «Against Itself: The Autobiografy of an Antithesis».

[36] Häufig wird auf die klangliche Nähe von «Ziad» und «Dschihad» hingewiesen, allerdings würde die Anspielung auf den in Jerusalem geborenen Palästinenser Edward W. Said auch sachlich viel mehr Sinn machen, wie ein Vergleich der Überzeugungen von Ziad mit Edward W. Said, Zionismus und palästinensische Selbstbestimmung, Stuttgart 1981, zeigen würde.

[37] Alfred Bodenheimer, Wandernde Schatten. Ahasver, Moses und die Authentizität der jüdischen Moderne, Göttingen 2002, 202, im Anschluss an D. M. Thomas, Face to Face With His Double: The New York Times Book Review, March 7, 1993, 20f. (21).

Aber ist Roth deswegen ein Zionist wider Willen oder sein jüdischer Patriotismus nicht vielmehr – wie Smilesburger nach Lektüre aller Roth-Bücher behauptet – sein «geheimstes Laster» (443)? Schliesslich fällt ausgerechnet dem PLO-Aktivisten Ziad die exklusive Rolle zu, die Romanereignisse in die Geschichte des territorialen Konflikts zwischen Juden und Palästinensern – unter dem Titel «Zyklus jüdischer Korrumpierung» (146) – einzuzeichnen. Sein verbitterter Exkurs wirft die Frage auf, ob der Diasporismus überhaupt ein jüdisches Anliegen und nicht vielmehr eine palästinensische Sache ist. Brauchen die Palästinenser in der West Bank die Juden am Ende genauso, wie Demjanjuk auf der Anklagebank, der gegenüber seinem jüdischen Anwalt bemerkt: «Wenn ich von Anfang an einen jüdischen Anwalt gehabt hätte, dann wäre ich jetzt nicht in diesen Schwierigkeiten.» (389)

Wenn Smilesburger am Schluss des Buches von Roth behauptet, er sei im «Herzen» ein «loyaler Jude» und «bis ins Innerste jüdisch» (443), und wenig später auch noch das Geheimnis über seinen Doppelgänger lüftet, der nur «das Produkt des vielleicht mächtigsten all der sinnlosen Einflüsse auf menschliche Angelegenheiten [sei], und das ist der *Pipikismus,* die antitragische Kraft, die alles folgenlos werden lässt – die alles zu einer Farce macht, alles trivialisiert, alles oberflächlich macht – unser Leiden als Juden nicht ausgeschlossen» (445), fällt die komplexe Versuchsanordnung des Romans um Zionismus und Diasporismus, jüdische Identität und palästinensische Selbstbestimmung komplett auf den Erzähler selbst zurück. Das mag dieser bestreiten, aber seine Gegenüber im Buch und auch die Literaturkritik wissen es besser. Philip Roth ergeht es wie den alttestamentlichen Propheten: Sie sehen häufig widerwillig und gegen den eigenen Widerstand das, was sie sehen und öffentlich machen sollen, und das bringt sie nicht selten in ernsthafte Schwierigkeiten. Entsprechend gerät der Erzähler durch die eigenen Leute – eine Strassensperre der israelischen Armee bei seiner Rückkehr aus Ramallah – in akute Lebensgefahr, erhält die grösste Anerkennung nicht für seine, sondern für die Aktionen seines renitenten Doppelgängers und erntet die lautstärkste Zustimmung – wie könnte es anders sein – von der Gegenseite. Mit einem geradezu biblischen Nimbus versieht ihn der PLO-Aktivist Ziad:

> «Philip, *du bist ein jüdischer Prophet, und du bist es immer gewesen.* Du bist ein jüdischer *Seher,* und mit deiner Reise nach Polen hast du einen visionären, kühnen historischen Schritt getan. [...] Alter Freund, wir brauchen dich, wir alle brauchen dich, die Besetzer ebenso wie die Besetzten brauchen deine Diaspora-Kühnheit und dein Diaspora-Hirn.» (154f.)

IV. Entzogenes

Und Ziads Frau, die eigentlich nichts sehnlicher wünscht, als mit der Familie ins friedliche Boston zurückzukehren, ermutigt ihren Sohn:

> «Jetzt wirst du in der Lage sein, den Rest deines Lebens im wunderbaren Palästina zu verbringen. Die Juden gehen fort. Mr. Roth ist der Anti-Moses, der sie aus Israel führt.» (181)

Das Bild von Ziads Frau mag den Anstoss dafür gegeben haben, dass die New York Times Book Review vom 7. März 1993 anlässlich der Vorstellung von *Operation Shylock* auf der Titelseite und im Innenteil zwei Zeichnungen von Raul Colons abdruckt, auf denen Roth als Moses zu sehen ist.[38] Auf der einen Abbildung teilt Roth das Schilfmeer, in seinem Rücken osteuropäisch aussehende jüdische Flüchtlinge mit Koffern. Auf der anderen Abbildung trägt Roth, mit leger sitzender Krawatte und im Regenmantel vor dem Hintergrund des stilisierten Jerusalem die Bundestafeln. «Statt dem wallenden Bart und der biblischen Kleidung das identifizierbare Gesicht eines Diaspora-Autors, statt der Torarolle die Bundestafeln [...]. Die Richtung ist aber geändert, Roth-Moses führt anscheinend wieder in die Diaspora und versucht nicht, die Tora durch die Diaspora hindurch, sondern durch die Diaspora das Judentum zu retten.»[39] Es ist wohl kein Zufall, das nicht *Abraham*, sondern *Moses* als Identifikationsfigur ins Spiel kommt, der durch die Rezeption von Sigmund Freuds Deutung etwa bei Edward W. Said, Judith Butler oder jüngst in einem nachgelassenen Text von Hans Blumenberg zunehmend zur politisch brisanten Symbolfigur stilisiert wird.[40] In diesem (identitäts-)politischen Streit trägt der Gegenspieler von Moses bezeichnenderweise den gleichen Namen: «Moses der Ägypter» *contra* «Moses der Hebräer» (Jan Assmann) und ebenso wie bei Roth dem Erzähler und Roth dem Doppelgänger stellt sich die Frage nach Original und Double, Selbst und Gegenselbst, Moses und «Anti-Moses».

---

[38] Die Illustrationen finden sich in Bodenheimer, Schatten (Anm. 37), 205.
[39] Bodenheimer, Schatten (Anm. 37), 204.
[40] Vgl. Thomas Böning, Von Odysseus zu Abraham. Eine ethische Lektüre von Novalis' blauer Blume und Kafkas Schloss: Claudia Liebrand/Franziska Schössler (Hg.), Textverkehr. Kafka und die Tradition, Würzburg 2004, 101–127; Edward W. Said, Freud und das Nichteuropäische, Zürich 2004, auf den sich Judith Butler, Am Scheideweg. Judentum und die Kritik am Zionismus, Frankfurt a. M./New York 2013, ausdrücklich beruft. Eine vehemente Kritik an Sigmund Freuds Moses- und gleichzeitig Hannah Arendts Eichmann-Buch formuliert Hans Blumenberg, Rigorismus der Wahrheit. ‹Moses der Ägypter› und weitere Texte zu Freud und Arendt, Berlin 2015.

IV. Diasporakonstellationen

«Keine Koffer mehr [...] keine Juden mehr» (124) warnt Smilesburger den Holocaustüberlebenden und israelischen Staatsbürger Appelfeld, der bestätigt, nach seiner Ankunft in Israel alle Koffer entsorgt zu haben. Auf das naheliegendste Mobilitätsutensil verzichtet nur, wer davon überzeugt ist, angekommen zu sein. Das sei – so der Mossadoffizier – ein für Juden unvorstellbarer Gedanke, selbst auf israelischem Boden. Der Koffer der Exilanten, Flüchtlinge, Vertriebenen, *displaced persons* steht für die entgegengesetzte Richtung und boykottiert jedes Heimatgefühl, das nicht mehr zu bieten hat als den faulen Kompromiss ägyptischer Fleischtöpfe. Am Ausgangspunkt der aktuellen Diasporaforschung stehen – explizit oder implizit – die jüdische Diaspora als Prototyp und die Septuaginta als Begriffsressource. Die griechische Übersetzung des Tanach aus dem dritten vorchristlichen Jahrhundert nimmt bereits die für die heutige Diskussion entscheidende semantische Umdeutung vor – von der ursprünglichen «Zerstreuung von Materie [...] hin zur Bezeichnung der Lebenssituation einer sozialen Gruppe».[41]

---

[41] Matthias Krings, Diaspora: Historische Erfahrung oder wissenschaftliches Konzept? Zur Konjunktur eines Begriffs in den Sozialwissenschaften: Paideuma 49, 2003, 137–156 (138). Der Autor bemängelt die «semantischen Unschärfen» in der Verwendung des Begriffs. Im jüdisch-theologischen Diskurs werde der Ausdruck «(1) sowohl zur Bezeichnung des geographischen Raumes benutzt, über den das Volk Israel verstreut wurde, als auch (2) zur Bezeichnung der verstreut lebenden Menschen sowie (3) für den Prozess der Zerstreuung selbst» (ebd., 140).
Das Substantiv διασπορά (diasporá) begegnet zwölf, das Verb διασπείρειν (diaspeírein) über vierzig Mal. Die griechischen Ausdrücke stehen für verschiedene Substantive und zwölf verschiedene Verben im Hebräischen. Dabei werden die hebräischen Begriffe gôla (Exil) und galûth (Deportation) nicht mit dem Diasporabegriff, sondern entsprechenden griechischen Ausdrücken wiedergegeben. Khachig Tölölyan, Rethinking Diaspora(s): Stateless Power in the Transnational Moment: Diaspora 5, 1996, 3–36 (10f.), unterscheidet drei Phasen jüdischer Diasporaerfahrungen zur Zeit des Alten Testaments: «In the Aeginetan case [...] there is traumatic destruction and the coerced departure of an entire population from the homeland – but there is no productive resettlement. In the Jewish-Babylonian case, the exile is coerced, but – while hugely influential in the history of Judaism – it is limited to a class of priests and scribes associated with the Temple and to the elite of Davidic lineage; there is no uprooting of an entire population or destruction of the homeland. In the hellenophone world, the Jewish ‹diasporan› communities were not formed as the result of coercion, but by the migration of Jews who sought better economic opportunities.» Der griechische Begriff ist im Gegensatz zu den negativen hebräischen Konnotationen zunächst moralisch, politisch und theologisch indifferent. «For the Greeks, ‹diaspeirein› was originally an abrupt but natural process, the fruitful scattering away of seeds from the parent body that both dispersed and reproduced the organism. The proto-Indoeuropean root of the term always contains the triconsantal root spr,

IV. Entzogenes

Und so erhält die bekannte Deuteronomium-Stelle «und ihr werdet herausgerissen werden aus dem Boden, auf den du ziehst, um ihn in Besitz zu nehmen. Und der HERR wird dich unter alle Völker zerstreuen, vom einen Ende der Erde bis zum anderen» (Dtn 28,63b.64a) in LXX – deren Mittelteil Ruth Mayer mit «du sollst eine Diaspora sein»[42] übersetzt – einen entschärften, zumindest weniger eindeutigen Sinn.

Diese Deutung geht von einem – in Politik- und Sozialwissenschaften dominierenden – säkularisierten und konstruktivistischen Diaspora-Paradigma aus. Aktuellen Exil- und Diaspora-Konzepten geht es einerseits um «eine geographische Vertreibung beziehungsweise Entwurzelung von Menschen, Identitäten und Kulturen, die häufig auf die eine oder andere Art zu Widerstand und Hybridität führen», und andererseits um «emotionale beziehungsweise mentale Zustände, die eng verbunden sind mit Fragen von Identität und Zugehörigkeit».[43] Die Kombination von Aspekten traditioneller Diasporavorstellungen mit neuen Konzepten aus der Transnationalismus- und Migrationsforschung zielen auf eine semantische Erweiterung des «starren Konzept[s] von Diaspora als *nation-in-exile*».[44] Im Zentrum steht – wie Mayer betont – «[d]ie Dichotomie von (negativer) Heimatlosigkeit und (positiver) Mobilität», eine moderne Perspektive, die nicht mit dem klassisch-jüdischen Verständnis von der antagonistischen Verbindung zwischen «Unabänderlichkeit» (der Verbannung als Ausdruck des Zorns Gottes, die nicht durchgehend negativ konnotiert sein muss, wie die Geschichte Daniels und seiner drei Freunde am Hof Nebukadnezars und dessen Nachfolger im aramäischen Teil des Danielbuches zeigt) und «Vorläufigkeit» (der Rückkehr in das *promised land*) gleichgesetzt oder verwechselt werden darf. Dabei geht es «nicht darum, die Fremde wesentlich zu verändern, sondern darum, das Wesentliche des Eigenen in der Fremde zu bewahren.»[45]

---

which then takes various forms with the addition of vowels, as in ‹spore, sperm, spread, disperse›, or the Armenian spurk for diaspora. In his history of The Peloponnesian War (II:27), Thucydides applied the Greek term to the destruction of the city of Aegina, to the violent and unnatural uprooting, scattering and exile of its population across the Hellenic world. But a certain ambiguity is inherent even in this earliest usage.» Zur Etymologie des Diasporabegriffs vgl. auch Martin Baumann, Diaspora: Genealogies of Semantics and Transcultural Comparisons: Numen 47, 2000, 313–337 (316–318); Krings, Diaspora (Anm. 41), 138f.; Jenny Kuhlmann, Exil, Diaspora, Transmigration: Aus Politik und Zeitgeschichte 42, 2014, 9–15 (10f.); Ruth Mayer, Diaspora. Eine kritische Begriffsbestimmung, Bielefeld 2005, 36–48.

[42] Mayer, Diaspora (Anm. 41), 37.
[43] Kuhlmann, Exil (Anm. 41), 10.
[44] Kuhlmann, Exil (Anm. 41), 14.
[45] Mayer, Diaspora (Anm. 41), 46f.

In ihrer Ausgangsthese plädiert Mayer für ein kulturwissenschaftliches, auf Selbstvergewisserung abzielendes Diaspora-Verständnis: «Diasporen formieren sich oft erst im Nachhinein, als die Projektionen der Nachgeborenen; und gerade in unseren Tagen entstehen sie oft als Schimären einer Welt, die sich über Nationalstaaten, territoriale Zuordnungen, geografische und biologische Identifizierungen nicht hinlänglich definieren lässt, sich aus diesen Kategorien und Rastern aber nicht lösen kann.»[46] Diaspora-Erzählungen gehören danach zu einem narrativen Programm sekundärer Identitätsstiftung bzw. -bekräftigung in der Fremde, wobei unklar bleibt, worin das Befremdliche der Diasporasituation besteht. Das wirft die Frage auf, ob nicht die Strategie einer solchen kontrollierten Selbstexklusion das Befremden überhaupt erst hervorbringt resp. hervorbringen soll. Dahinter steht – *bairisch* gewendet – die Forderung, dass «[dàhoàm]» anders klingen muss als «daheim» und dass mit der spezifischen Vokalisierung ein exklusiver Status reklamiert wird. Mayer schliesst ihr Diaspora-Verständnis mit der Theorie des kulturellen Gedächtnisses von Jan Assmann kurz, der das Deuteronomium als «Manifest einer Gruppe» betrachtet, «die als Träger dieser neuen, verinnerlichten und vergeistigten Form von Identität hervortritt, einer Identität, die sich nur noch auf die Torah stützt und in diesem einen Fundament alles besitzt, was andere Gesellschaften in Form von Territorien und Institutionen, Machtapparaten und Monumenten aufbauen und sichtbar machen müssen». Dabei sei die im Deuteronomium geforderte Erinnerung das gegenüber der Normalität des Vergessens «Unwahrscheinliche, Paradoxe und nur durch tägliche Übung und Konzentration zu Bewerkstelligende».[47]

Vielleicht würde der Schriftsteller Assmanns These von der Paradoxie der Erinnerung zustimmen, gewiss aber dessen Therapievorschlag widersprechen. So üppig Roth in seinen Büchern die Kraft der Erinnerung bemüht, so konsequent begegnet sie dort als subversive Energie, deren Unberechenbarkeit und Unkontrollierbarkeit sich jeder (identitäts-psychologischen oder -politischen) Funktionalisierung verweigert. Als Gegenentwurf zu einer jüdischen Identität aus der Erinnerung positioniert Roth das Resümee Jonathan Zuckermans am Schluss von *Gegenleben*:

«Die Beschneidung bestätigt, dass es ein Wir gibt, und zwar ein Wir, das nicht allein aus ihm und mir besteht. England hat aus mir in nur acht Wochen einen Juden ge-

---

[46] Mayer, Diaspora (Anm. 41), 31.
[47] Jan Assmann, Das kulturelle Gedächtnis. Schrift, Erinnerung und politische Identität in frühen Hochkulturen, München 1992, 214.

IV. Entzogenes

macht, was bei näherem Nachdenken vielleicht die am wenigsten schmerzhafte Methode ist. Einen Juden ohne Juden, ohne Judentum, ohne Zionismus, ohne jüdische Existenz, ohne Tempel, ohne Armee und selbst ohne Pistole, einen Juden zweifellos ohne Zuhause, zum reinen Gegenstand, wie ein Glas oder ein Apfel.»[48]

Die Passage wird manchmal im Sinne von Jean-Paul Sartres später revidierten These gelesen, dass sich das Judesein externer, antisemitischer Zuschreibungen verdanke.[49] Roth hat die Vorstellung eines solchen Anti-Antisemitismus abgelehnt, nicht weil damit dem Judentum «jegliche Autonomie, bzw. Tradition, Schrifttum und Selbstbestimmung abgesprochen» würde,[50] sondern weil es diese Identitätszuschreibungen zumindest in der westlichen Welt nicht (mehr) gäbe:

«*Juden sind Menschen, die nicht sind, was Antisemiten von ihnen behaupten.* Dies war einmal eine Erklärung, aus der man eine Identität für sich konstatieren könnte; heute funktioniert das nicht mehr so gut, da es schwierig ist, sich anders zu verhalten, als von einem erwartet wird, da einen immer weniger Menschen mit entsprechenden Erwartungen konfrontieren. Gerade der Erfolg des Kampfes gegen Diffamierung jüdischer Charakteristik in diesem Land [USA] verlangt umso dringlicher nach einem jüdischen Selbstbewusstsein, das für das Hier und Jetzt bedeutsam ist, einer Gegenwart, in der weder Verunglimpfung noch Verfolgung das sind, was sie in der Vergangenheit waren.»[51]

Aber womit bekäme es ein solches, gegenwartsbezogenes Selbstbewusstsein zu tun? Mit einem «reinen Gegenstand wie ein Glas oder ein Apfel»?[52] Das liefe auf

---

48   Roth, Gegenleben (Anm. 26), 422.
49   Vgl. Jean Paul Sartre, Überlegungen zur Judenfrage, Reinbek 1994.
50   Vivian Liska, Exil und Exemplarität. Jüdische Wurzellosigkeit als Denkfigur: Doerte Bischoff/Susanne Komfort-Hein (Hg.), Literatur und Exil. Neue Perspektiven, Berlin/Boston 2013, 239–255 (248).
51   Philip Roth, Über Juden schreiben: ders., Bücher (Anm. 30), 286–312 (307f.). Vgl. auch das Bekennerschreiben des Diasporajuden Jimmy in Gegenleben, der mit der Idee «Reissen wir Jad waSchem ab!» ein Flugzeug der ELAL entführt hatte: «Israel braucht keinen Hitler um das Recht zu haben / Israel zu sein! / Juden brauchen keine Nazis um das aussergewöhnliche jüdische Volk zu sein! / Zionismus ohne Auschwitz! / Judentum ohne Opfer! / Die Vergangenheit ist vergangen! Wir leben!» (Roth, Gegenleben [Anm. 26], 216f.).
52   Vgl. in diesem Zusammenhang auch Liska, Exil (Anm. 50), 248. Die Autorin liest Blanchot (L'espace littéraire, Paris 1955; L'entretien infini, Paris 1969) als literarisches Pendant zur Ethik von Lévinas. «In seiner Theorie der literarischen Sprache ist die figurative Rede keiner äusseren Realität verpflichtet. Sie ist gerade insofern authentischer als die begriffliche Sprache der Philosophie, weil sie ihr referentielles Scheitern eingesteht. Die Metapher muss sich keiner historischen Wirklichkeit gegenüber verantworten, denn

eine Art intrapersonales Pendant zur neuesten Erfindung westlicher Migrationspolitiken hinaus: dem «entkoffeinierten Anderen», über den Slavoj Žižek bemerkt: «Heutzutage ist eine ganze Reihe von Produkten auf dem Markt, denen ihre schlechten Eigenschaften entzogen wurden: Kaffee ohne Koffein, Sahne ohne Fett, Bier ohne Alkohol. Und die Liste lässt sich fortführen: Wie wäre es mit virtuellem Sex als Sex ohne Geschlechtsverkehr? Oder mit Colin Powells Doktrin vom Krieg ohne Opfer (auf unserer Seite, natürlich) als Krieg ohne Krieg»[53] Tatsächlich profiliert sich Roth gerne in der Rolle des Normalitätsapostels, sehr – und vor allem – zum Ärger aller möglichen Exklusivitätspropheten. Aber diese Normalität des «wahrhaft befreite[n] Jude[n]», des Juden, «der nicht rechenschaftspflichtig ist [...], der die Welt vollkommen nach seinem Geschmack findet» (402), hat einen Haken. Sie ist *nicht* die Normalität der zionistischen Juden in Israel, sondern die der Diasporajuden vor allem in den USA:

> «‹Es ist ein Jude, für den *Authentizität* als ein Jude darin besteht, in der Diaspora zu leben, für den die Diaspora der Normalzustand ist und der Zionismus das Abnorme – ein Diasporist ist ein Jude, der glaubt, dass die einzigen Juden, die überleben werden, die Juden der Diaspora sind, dass die einzigen Juden, die überhaupt Juden *sind,* die Juden der Diaspora sind›» (193).

Die Normalität erklärt das «daheim» in der Diaspora – entgegen der exklusiv zionistischen Kategorie eines «[dàhoȧm]» in Israel – zum selbstverständlichen, freilich anders ausgesprochenen «[dàhoȧm]». Identitätskritisch egalisiert Roth die Differenz zwischen «[dàhoȧm]» und «daheim» mit der Behauptung, dass der Klang von «[dàhoȧm]» stets davon abhängt, wo jemand *daheim* ist. Ein entkoffeiniertes Judentum ist das Resultat einer Strategie, die der Erzähler dem jüdischen Komponisten von «Easter Parade» und «White Christmas» Irving Berlin gegenüber dem Christentum attestiert: «*Er macht ihre Religion zu Ramsch!*» – Berlin «entchristlicht» die «beiden Feiertage, mit denen die Göttlichkeit Christi begangen wird [...]. Ostern verwandelt er in eine Modenschau und Weihnachten

---

sie ist ein performativer und destabilisierender Akt.» Tatsächlich kann diese Interpretation als Beitrag zur Kontroverse zwischen einer ‹Athenischen› und ‹Jerusalemer› Sicht auf Blanchot – wie sie etwa Emmanuel Lévinas, Maurice Blanchot – Der Blick des Dichters: ders., Eigennamen. Meditationen über Sprache und Literatur, München/Wien 1988, 25–41, vorträgt – gelesen werden. In eine ähnliche Richtung geht auch Judith Butlers Kritik an Lévinas – vgl. Butler, Scheideweg (Anm. 40), 52–64 (60f.); Lévinas, Schwierige Freiheit (Anm. 11) –, dem sie eine «Gleichsetzung des Schicksals Israels und der Juden» vorwirft: «Es ist merkwürdig und problematisch, wie Lévinas hier ‹Verfolgung› von ihren konkreten historischen Erscheinungsformen löst und zum vorgeblich zeitlosen Wesen des Judentums macht.» Vgl. dazu noch einmal kritisch Eva Illouz, Israel, Berlin 2015.
[53] Slavoj Žižek, Der entkoffeinierte Andere: Freitag 40, 2010, 13.

IV. Entzogenes

in einen Schneefeiertag. [...] Wenn ramschgewordenes Christentum ein von Judenhass gereinigtes Christentum ist, dann dreimal Hoch auf den Ramsch.» (178) Der christlichen «Verramschung» von Ostern und Weihnachten entspricht die jüdische «Entkoffeinierung» von *Erez Israel*. Und wenn die Strategie aufgeht, läuft die Beantwortung der Frage, welche Intonation zu welcher Stadt (Jerusalem – Newark – Athen) gehört, auf ein eindeutiges *je nachdem* hinaus.

V. Jerusalem diesseits von Athen

In *Operation Shylock* diffundiert Jerusalem unter den Füssen des Romanpersonals – allen voran dem Trio «Philip Roth» – und wird im Sog ihrer monströsen und mitunter paranoiden Verstrickungen selbst zur – diasporischen oder zionistischen – Pathologie. Die Menschen auf der Jerusalemer Bühne des Schriftstellers misstrauen auf je ihre Weise den mit der Erinnerung verbundenen Ansprüchen. Die Geschichte wird deshalb selbst in die Hand genommen, entweder um sie mit Gewalt zum Ziel zu führen oder um sie mit ebenso viel Energie in eine andere Richtung zu lenken. Und Roth sitzt dazwischen und spielt sein *counter-story* Hütchenspiel: Welche Geschichte wird dort verdeckt flink hin- und hergeschoben – die von Abraham oder Mose, die von Aharon Appelfeld, der Diasporafamilie Roth oder der Familie Ziad im umkämpften Ramallah, die von John Demjanjuk – dem in Jerusalem der Prozess gemacht wird, «um die Mythologie aufrechtzuerhalten, die das Herzblut dieses Landes ist» (151) – oder den israelischen Schülerinnen und Schülern, die ahnungslos und desinteressiert im Gerichtssaal sitzen? «Was hat der Besitz von ausgerechnet *Jerusalem* damit zu tun, dass wir im Jahre 1988 Juden sind? Jerusalem ist inzwischen das *Schlimmste,* das uns überhaupt hat passieren können.» (179)

> «[...] ‹aber es ist *keine* Revolution, was ich vorschlage ist eine *Retroversion,* eine Rückwendung, eben dasselbe, was der Zionismus einst gewesen ist. Du gehst wieder an den Kreuzweg und nimmst *den anderen Weg* zurück. Der Zionismus ist zu weit zurückgegangen, das ist schiefgegangen mit dem Zionismus. Der Zionismus ist bis zum Kreuzweg der Verstreuung zurückgegangen – der Diasporismus geht bis zum Kreuzweg des *Zionismus* zurück.›» (179)

Dieser – im vertrauten Jargon Pipiks, aber paradoxerweise vom Erzähler vorgetragene – Strategievergleich liest sich wie eine Reaktion auf Lévinas' Versuch einer intrinsisch-jüdischen Legitimation des Staates Israel:

«Der Zionismus und die Schaffung des Staates Israel bedeuten für das jüdische Denken eine Rückbesinnung in allen Bedeutungen des Wortes sowie das Ende einer Jahrtausende alten Entfremdung. [...] Das Volk des Buches bemüht sich, ein Volk der Erde zu werden. [...] Der Staat Israel ist zu einem Ort geworden, wo der Mensch sich opfert, sich seiner jüngsten Vergangenheit zugunsten einer antiken und prophetischen Vergangenheit entreisst, nach seiner Authentizität sucht. [...] Der jüdische Universalismus äusserte sich schon immer im Partikularismus. Aber zum erstenmal in seiner Geschichte misst das israelische Judentum seine Aufgabe nur an seinen eigenen Lehren, die in gewisser Weise befreit sind von der Obsession der westlichen und christlichen Welt».[54]

Unabhängig von der weitreichenden Frage, ob die hier behauptete Koinzidenz von Zeit- und messianischer Geschichte nicht auf eine Gegenthese zu Lévinas' Talmudlesungen und Ethik hinausläuft, geraten an dieser Stelle Jerusalem und Athen hart aneinander: Moses mit Anti-Moses, Ahasver mit Shylock,[55] Gershom Scholem mit Hannah Arendt, der Blanchot-Leser Lévinas mit dem politischen Kommentator Lévinas,[56] Eva Illouz und Micha Brumlik mit Edward W. Said und Judith Butler, Aharon Appelfeld mit Philip Roth, Hans Blumenberg mit Sigmund Freud etc. Deren – fiktive oder reale – Debatten bilden den Subtext zu *Operation Shylock* (sofern der Roman nicht einen aktualisierten Subtext für jene Kontro-

---

[54] Lévinas, Denken (Anm. 15), 122f.

[55] Der jüdische Antiquar Supposnik, von dem Roth die Tagebücher Klinghoffers erhalten hatte, bemerkt: «Ich habe diese drei Worte studiert, mit denen der wüste, abstossende und schurkische Jude, entstellt von Hass und Rachegelüsten, als unser Doppelgänger in das Bewusstsein des aufgeklärten Westens getreten ist. Drei Worte, die alles umfassen, was am Juden hassenswert ist, drei Worte, die den Juden zwei christliche Jahrtausende hindurch stigmatisiert haben und das jüdische Schicksal noch bis zum heutigen Tag bestimmen [...] ‹Three thousand ducats.›» (312). «Dreitausend Dukaten» (452) lautete auch Roth's Codewort in Athen und Smilesburger versucht ihn am Ende des Buches mit einer grossen Summe zum Verzicht auf das Athen-Kapitel zu bewegen. Vgl. William Shakespeare, Ordnungstraum und Widerspruchsgeist. Shakespeares Kaufmann von Venedig. In der Übersetzung von Erich Fried, Berlin 1986; Stephan Greenblatt, Shakespeare. Freiheit, Schönheit und die Grenzen des Hasses. Frankfurter Adorno-Vorlesungen 2006, Frankfurt a. M. 2007, 89–122; Sabine Schülting (Hg.), Shylock nach dem Holocaust. Zur Geschichte einer deutschen Erinnerungsfigur, Berlin/New York 2011; Dietrich Schwanitz, Das Shylock-Syndrom oder Die Dramaturgie der Barbarei, Frankfurt a. M. 1997.

[56] In Lévinas, Blanchot (Anm. 52), 37–41, verteidigt der Autor die «Authentizität des Exils» gegen die Heideggersche «Welt der Grossgrundbesitzer»: «Nomadentum ist keine verhinderte Sesshaftigkeit; es ist eine irreduzible Beziehung zur Erde: ein Aufenthalt ohne Ort.» (ebd., 37) Und Lévinas fragt weiter: «Ist denn das Nomadentum nicht Träger eines Sinns, welcher in einem Licht erscheint, das von keinem Marmor zurückgeworfen wird, nur vom Angesicht des Menschen?» (ebd., 38f.)

IV. Entzogenes

versen liefert). Ungeachtet ihrer Vehemenz und Leidenschaft geht es aus der Perspektive von Roth nicht um *contra-*, sondern *counter-*Positionen, also nicht um Gegensätze, sondern um eine Dialektik oder, mit den Worten des Ich-Erzählers, um die Eigenart jüdischer «*twoness*»:

> «Das liegt [...] an Aharons und meiner entschieden radikalen *Zweiheit [twoness]*, eine Befindlichkeit, [...] weil Aharon und ich jeweils die *Umkehrung* der Erfahrung des anderen verkörpern; weil jeder im anderen den Juden erkennt, der er selbst *nicht* ist; wegen der geradezu unvereinbaren Orientierungen, die unser jeweils sehr verschiedenes Leben und unsere sehr unterschiedlichen Bücher prägen und die das Ergebnis *antithetischer* jüdischer Biographien des zwanzigsten Jahrhunderts sind; weil wir die gemeinschaftlichen Erben eines drastischen zwiefältigen Vermächtnisses sind – aufgrund der Summe all dieser jüdischen *Antinomien*, ja, wir müssen über vieles reden und sind intime Freunde.» (226).

Diese *twoness* stellt sich dem Eindeutigkeitsprivileg von Identitätsfragen widerspenstig in den Weg und bemüht jenes Faktum «einer abgründigen, unendlichen Erfahrung der Unentscheidbarkeit»,[57] das für Jacques Derrida das jüdische «Paradox der Exemplarität» ausmacht:

> «Wenn die Identität des Juden oder des Judentums mit sich selbst in solcher Beispielhaftigkeit bestehen *würde*, das heisst in einer gewissen Nicht-Identität mit sich, denn ‹Ich bin dies› bedeutete, ‹ich bin dies *und* das Universelle›, so wäre einer um so jüdischer, je mehr die Selbstidentität aufgelöst würde, je mehr er also sagte, ‹meine Identität besteht darin, nicht mit mir identisch zu sein, fremd zu sein, nicht mit mir übereinzustimmen›! [...] die logische Aussage ‹Ich bin Jude› verliert also jegliche Gewähr, sie wird in eine haltlose Ambition, Anmassung, Überbietung getrieben.»[58]

Genau betrachtet wird damit aber auch das eingangs erwähnte Modell der Atopie revisionsbedürftig. Denn es suggeriert eine Eindeutigkeit der Präsenz und eine

---

[57] Liska, Exil (Anm. 50), 250. Said, Freud (Anm. 40), 56f., hat in seinem brillanten Essay über Freuds Moses-Buch diesen Aspekt stark gemacht: «Ich gehe, glaube ich, recht in der Annahme, dass Freud die nichteuropäische Vergangenheit bemühte, um jedweden doktrinären Versuch zu unterlaufen, jüdische Identität auf eine solide, sei es religiöse oder säkulare Grundlage zu stellen.» Und als in Jerusalem geborener, palästinensischer Zeitgenosse fügt Said hinzu: «Diese andere, nichtjüdische, nichteuropäische Geschichte ist nun ausradiert worden und in der offiziellen jüdischen Identität nicht mehr auffindbar.» Vgl. auch Yosef Yerushalmi, Freuds Moses. Endliches und unendliches Judentum, Berlin 1992, auf den sich Said intensiv bezieht.

[58] Jacques Derrida, Zeugnis, Gabe: Elisabeth Weber (Hg.), Jüdisches Denken in Frankreich, Frankfurt a. M. 1994, 63–90 (65).

methodische Vergessenheit des Anderen, die vertraut sind und trotzdem befremdlich bleiben. Atopisch ist der Blick des Jungen Philip Roth auf die selige Diaspora im multikulturellen «Völkerbund». Die Identität von «[dàhoàm]» und «daheim» verdankt sich einer unreflektierten, kindlichen Sehnsucht (die, weil sie einer kindlichen Wahrnehmung entspringt, genauso berechtigt wie unpassend ist). Sobald Jerusalem im Blickfeld auftaucht, fällt auseinander, was zusammengeht, ohne zusammen zu gehören. Die Pointe des atopischen Prototypen Sokrates, dieser eigentümlich öffentlichen und zugleich asozialen Figur, besteht nicht in seiner oben beschriebenen Unhöflichkeit und Selbstverständlichkeit, mit sozialen Konventionen zu brechen, sondern in seinem Status als Gast. Atopisch ist die Existenzform des Gastes, die die Gastfreundschaft einer Gastgeberin bzw. eines Gastgebers voraussetzt, deren aktuelle Rolle aber nichts an ihrem eigenen Gaststatus ändert. Die Gastfreundschaft liegt nicht in den Händen grosszügiger Gastgeber, sie ist nicht *Geste* der Gebenden, sondern – im ursprünglichen Sinne des Wortes als Recht der und des Einzelnen – *Privileg* des Gastes: Die Anwesenheit des Gastes konstituiert die Gastgeberin.[59]

Aber wenn jede und jeder Gast ist, wer ist dann noch der Gast? Und was folgt daraus für die Verhältnisbestimmung der für unser moralisches, soziales, politisches und rechtliches Denken fundamentalen Unterscheidung zwischen Gast und Gastgebendem? An diesen Fragen (nicht an den Antworten darauf) scheiden sich die Geister von Athen und Jerusalem. Nicht das eigentümliche Verhalten des Sokrates, sondern seine Ignoranz gegenüber der Unterscheidung zwischen Gast und Gastgeberin – modern gesprochen das Unterlaufen der gesellschaftlich konstituierten Exklusionsmacht – stempelt den Athener Bürger zum *outlaw*. Der Zusammenhang lässt sich ins Allgemeine wenden: Die Be- bzw. Missachtung der Frage nach den Gastgebern markiert die Differenz zwischen der Mutterstadt *(metropolis)* Athen[60] und der «Zwillingsstadt» Jerusalem.[61] «Sich retten, sich exilieren: beides.»[62] Das gilt nicht nur für die biblische Institution der Asylstätte in Num 35, sondern gehört zu den Konstruktionsprinzipien unserer Städte in einer globalisierten Welt.

---

[59] Auch in diesem Zusammenhang gilt das Verantwortungsparadox von Georg Picht, Der Begriff der Verantwortung: ders., Wahrheit, Vernunft, Verantwortung. Philosophische Studien. Stuttgart 1969, 318–342 (337): «Nicht das Subjekt setzt sich die Aufgabe, sondern die Aufgabe konstituiert das Subjekt.»
[60] Vgl. Justus Cobet, Babylon, Jerusalem, Athen, Rom. Vier Metropolen: Skizze eines europäischen Diskurses: Historische Zeitschrift 293, 2011, 1–38 (1).
[61] Vgl. Emmanuel Lévinas, Asylstätte: ders., Jenseits des Buchstabens. Bd. 1: Talmud-Lesungen, Zweite Lektion, Frankfurt a. M. 1982, 51–77 (55–58).
[62] Lévinas, Asylstätte (Anm. 61), 59.

IV. Entzogenes

«Sind die Städte, in denen wir uns aufhalten, ist der Schutz, den wir legitimerweise aufgrund unserer subjektiven Unschuld in unserer liberalen Gesellschaft (selbst wenn wir sie heute für ein wenig weniger liberal als früher halten) gegenüber so vielen Rachedrohungen ohne guten Glauben, ohne Rechtsstaatlichkeit, gegenüber so vielen erhitzten Gemütern geniessen, nicht in Wirklichkeit der Schutz einer halben Unschuld bzw. einer halben Schuld, die zwar Unschuld ist, aber eben auch wieder Schuld – sind unsere Städte da nicht auch Asylstädte, Städte der Exilierten? Und unsere Kultur, unsere brillante, humanistische griechisch-römische Kultur, unsere weise Kultur, obwohl sie eine notwendige Abwehr der Barbarei des erhitzten Blutes und gefahrbringender Seelenzustände, eine Abwehr des drohenden Chaos ist, ist diese Kultur nicht auch eine Spur verlogen, eine Spur zu unempfänglich für den heissblütigen Zorn des Bluträchers, und unfähig, das Gleichgewicht wiederherzustellen?»[63]

Diese Fragen erscheinen für ein griechisches Denken ebenso fremd, wie für ein christliches – zumindest – subversiv. Und Roth entlarvt, dass auch die Jerusalemer Bevölkerung den anderen Teil ihrer Stadt schnell vergisst und ihren Heimatort auf einen gewöhnlichen Punkt im geografischen Koordinatensystem reduziert. Auch in Israel hat die rabbinische Weisheit keine Kon–junktur: «Für Israel – oder Israel zufolge – ist ein religiöses Heil nicht möglich ohne Gerechtigkeit in der irdischen Stadt. Keine vertikale Dimension ohne horizontale Gerechtigkeit – unumgängliche Etappe jeder Erhöhung.»[64] Der Kern der Atopie besteht in einem moralischen und existenziellen Paradox: Der Komplementarität der horizontalen und vertikalen Dimension von Jerusalem entspricht der Verzicht auf einen neutralen Ort in der Welt, wie der Ich-Erzähler im Entwurf seines Vorworts zu den Reisetagebüchern Klinghoffers bemerkt:

«*Aber es gibt kein neutrales Territorium.* ‹Sie, Klinghoffer, aus der Diaspora›, kräht der militante Zionist, ‹selbst an dem Punkt, wo Sie dachten, sie wären völlig sicher, waren Sie es nicht. Sie waren ein Jude: nicht einmal auf einer Kreuzfahrt ist ein Jude auf einer Kreuzfahrt.› Der Zionist macht überall Jagd auf den jüdischen Drang zur Normalität, ausser in der Festung Israel.» [...] Der Mittelpunkt jedes jüdischen Traums, was die Glut des Zionismus wie des Diasporismus nährt: die Art, wie Juden Leute wären, wenn sie vergessen könnten, dass sie Juden sind. Gewöhnlichkeit. Freundlichkeit. Ereignislose Eintönigkeit. Unumkämpfte Existenz. Die wiederholungsträchtige Sicherheit der privaten kleinen Kreuzfahrt. Doch so soll es nicht sein. Das unglaubliche Drama, ein Jude zu sein.» (374f.)[65]

---

[63] Lévinas, Asylstätte (Anm. 61), 60f.
[64] Lévinas, Asylstätte (Anm. 61), 57.
[65] Vgl. dazu Jeffrey Rubin-Dorsky, Philip Roth and American Jewish Identity: The Question of Authenticity: American Literary History 13/1, 2001, 79–107 (95).

So gesehen verhandelt *Operation Shylock* auch ein nautisches Problem. Der Grieche Odysseus verstopfte sich und seiner Mannschaft die Ohren und band sich am Mast fest, um an der Insel der Sirenen schadlos vorbei zu kommen. Philip Roth's Juden Klinghoffer hätte das nichts genützt, denn bei ihm waren die Sirenen mit an Bord.

Zwischen Heimweh und Heimat

Theologisch-ethische Exkursionen in die Heimat

I. Vom Heimweh zur Heimat

«[...] da ward es traurig und wusste anfangs nicht, was ihm fehlte, endlich merkte es, dass es Heimweh war; ob es ihm hier gleich viel-tausendmal besser ging als zu Hause, so hatte es doch ein Verlangen dahin. Endlich sagte es zu ihr: ‹Ich habe den Jammer nach Haus kriegt, und wenn es mir auch noch so gut hier unten geht, so kann ich doch nicht länger bleiben, ich muss wieder hinauf zu den Meinigen.›»[1] Der «Jammer nach Haus», den das Mädchen in dem Märchen der Brüder Grimm bei Frau Holle überkommt und den es nicht mehr los wird, beschreibt ein im 17. und 18. Jahrhundert weitverbreitetes Phänomen. Entgegen der üblichen deutschen Sprachgeschichte, die den Heimatbegriff aus dem agrargesellschaftlichen Erbrecht ableitet, das dem ältesten Sohn den als «Heimat» bezeichneten Hof zusicherte,[2] beginnt die schweizerische Heimatetymologie bereits früher und nicht zu Hause, sondern in der Fremde. Heimat ist das, wonach sich eine Person – wie das Mädchen im Märchen – sehnt, wenn sie vom Heimweh gepackt wird. Der Schweizer General Ludwig Pfyffer vermerkt in einem Bericht über die entscheidende Schlacht im dritten Hugenottenkrieg von 1569 den Tod eines Hauptmanns, der nicht im Kampf, sondern «von heimwe» gestorben sei.[3] Lange Zeit galt «Heimweh» ausschliesslich als Schweizer Dialektwort zur Bezeichnung einer tödlich verlaufenden Krankheit, die erst im 17. Jahrhundert auftaucht.[4] An der «Schweizerkrankheit», der «Nostalgia» – von griech. *Nostos* = «Rückkehr» und *algos* = «Schmerz», «Leid» – litten vor allem Söldner, die sich aus ökonomischen Gründen in ausländischen Armeen verdingen mussten. Behauptet wurde, dass das sogenannte Kuhreihen, der Gesang von Hirtenliedern

---

[1] Brüder Grimm, Kinder- und Hausmärchen, Bd. 1, Stuttgart 1980, 151f.
[2] Vgl. etwa Hermann Bausinger, Heimat und Identität: Elisabeth Moosmann (Hg.), Heimat. Sehnsucht nach Identität, Berlin 1980, 13–29; ders., Heimat in einer offenen Gesellschaft. Begriffsgeschichte als Problemgeschichte: Bundeszentrale für politische Bildung (Hg.), Heimat. Analysen, Themen, Perspektiven, Bonn 1990, 76–90.
[3] Zitiert nach Simon Bunke, Heimweh. Studien zur Kultur- und Literaturgeschichte einer tödlichen Krankheit, Freiburg i. Br./Berlin/Wien 2009, 35.
[4] Vgl. Bunke, Heimweh (Anm. 3), bes. 13–44.

IV. Entzogenes

aus dem Alpenraum, um die Kühe zum Melken anzulocken, die Soldaten zur Fahnenflucht animiert hätten.[5] Der Arzt Johann Hofer bemerkt in seiner Schrift *Dissertatio medica de Nostalgia oder Heimwehe* von 1688 über die Symptome: «[S]ie können sich an keine fremden Sitten und Lebensarten gewöhnen, noch der mütterlichen Pflege vergessen.»[6] Wenn heute noch von Heimweh die Rede ist, dann als Abweichung von dem Normalzustand gemeinschaftlicher Integration oder gelungener Heimatzentrierung. Die in der Vergangenheit als Heimweh diagnostizierten psychopathologischen Phänomene wurden dagegen entweder unter die Depressionserkrankungen subsumiert oder vollständig negiert.

Heimweh wird traditionell als räumliche Abweichung von der Heimat gedacht. Die Vorstellung folgt dem Zwiebelschalenmodell, nach dem die Bewegung vom heimatlichen Zentrum nach aussen ein Heimweh erzeugt, das sich mit zunehmender Distanz verstärkt. Das exzentrische Heimwehkonzept beschränkt sich aber nicht auf räumliche Veränderungen – aus den Bergen in die Ebene oder von der Küste ins Landesinnere –, sondern kann grundsätzlich alle sinnlich wahrnehmbaren Abweichungen betreffen: angefangen beim Dialekt, der Sprache und Redensarten über Kleidung, Ess- und Trinkgewohnheiten, Bräuche, Rituale und kulturelle Gepflogenheiten, topografische und architektonische Merkmale bis hin zu typischen Eigenarten, Temperamenten und Verhaltensweisen der jeweiligen Bevölkerung. Heimat sind nach dem Soziologen Hartmut Rosa[7] die positiven Umweltresonanzen, die sich bei einer beheimateten Person einstellen, also jene Umweltreize, für die eine Person in bestimmter Weise empfänglich ist. Heimweh resultiert aus Differenzwahrnehmungen gegenüber oder Abweichungen von vertrauten Selbstverständlichkeiten und Erwartungen in der Heimat. Positiv gewendet ist Heimat dort, wo nicht über Ungewöhnliches und Unvertrautes gestolpert wird, wo die Anerkennung und Akzeptanz der eigenen Person gewiss ist und wo sich eigentlich keine Fragen stellen. Der Gottfried

---

[5] Vgl. Christian Schmid, Heimweh: Historisches Lexikon der Schweiz (HLS), Version vom 31.03.2010, online: https://hls-dhs-dss.ch/de/articles/017439/2010-03-31/ (Zugriff 30.10.2019).

[6] Ina-Maria Greverus, Heimweh und Tradition: Schweizer Archiv für Volkskunde 61, 1965, 1–31; dies, Der territoriale Mensch. Ein literaturanthropologischer Versuch zum Heimatphänomen, Frankfurt a. M. 1972; vgl. auch Christian Schmid-Cadalbert, Heimweh oder Heimmacht. Zur Geschichte einer einst tödlichen Schweizer Krankheit: Schweizerisches Archiv für Volkskunde 89, 1993, 69–85.

[7] Vgl. Hartmut Rosa, Heimat im Zeitalter der Globalisierung: Hans-Gert Pöttering/ Joachim Klose (Hg.), Wir sind Heimat. Annäherungen an einen schwierigen Begriff, St. Augustin/Berlin 2012, 155–164 und grundlegend ders., Resonanz. Eine Soziologie der Weltbeziehung, Berlin 2016.

Wilhelm Herder zugeschriebene Aphorismus bringt es treffend auf den Punkt: «Heimat ist dort, wo man sich nicht erklären muss.»[8] In der Heimat sind Menschen in doppelter Hinsicht fraglos anwesend: Der einzelnen Person stellen sich weder Fragen im Blick auf die anderen, noch ist umgekehrt den anderen die einzelne Person fraglich.

Aber bereits die aktuelle Konjunktur von Heimat ist ein Indiz für ihren fraglichen Status. Beschworen *Simon and Garfunkel* in ihrem Song «Homeward bound» von 1966 noch: «Home where my thought's escaping, / Home where my music's playing, / Home where my love lies waiting silently for me»,[9] reimte *Metallica* knapp zwei Jahrzehnte später: «Anywhere I roam, where I lay my head is home».[10] Und ganz im «global village» angekommen, erklärt die isländische Sängerin *Björk* das Lebensgefühl der Nomadenexistenz im digitalen Raum kurz und knapp: «home is, where my laptop is».[11] Heimat verflüssigt sich und kann kaum noch als Punkt in einem geografischen Koordinatensystem fixiert werden. Damit verliert auch ein nach dem Zwiebelschalenprinzip buchstabiertes Heimweh seinen Haftpunkt. Denn ein exzentrischer Standort auf irgendeiner Schale wird beliebig, sobald das Zentrum selbst beweglich, also die Heimat selbst dezentriert wird. Mit einem Wortwechsel zwischen Emigranten: «‹Wohin wirst du gehen?› – ‹Nach Argentinien.› – ‹Ist das nicht furchtbar weit?› – ‹Weit von wo?›»[12]

---

[8] Zitiert nach Athina Lexutt, «Da, wo man sich nicht erklären muss». Heimat und Rechtfertigung. Historische Bemerkungen zu einem systematischen Zusammenhang: Christian Polke u. a. (Hg.), Niemand ist eine Insel. Menschsein im Schnittpunkt von Anthropologie, Theologie und Ethik. Festschrift für Wilfried Härle zum 70. Geburtstag, Berlin/Boston 2011, 37–64 (38).

[9] Vgl. Frank Thomas Brinkmann, Mit Jesus in den Zwischenräumen, jenseits von outopos und eutopos? Variationen über die Frage nach einem heimatlichen Bleiberecht von Christinnen und Christen: ders./Johanna Hammann (Hg.), Heimatgedanken. Theologische und kulturwissenschaftliche Beiträge, Wiesbaden 2019, 69–84 (69).

[10] James Hetfield/Lars Ulrich, «Wherever I May Roam» aus dem Album «Metallica» von 1992.

[11] Zitiert nach Rudolf Maresch, Empire Everywhere on the Political Renaissance of Space: www.rudolf-maresch.de/texte/60.pdf (Zugriff 30.10.2019).

[12] Jürgen Ebach, Über Freiheit und Heimat. Aspekte der jüdischen Tradition: ders., «... und behutsam mitgehen mit deinem Gott». Theologische Reden 3, Bochum 1995, 142–156 (145).

II. Heimweh als biblisch-theologischer Zentraltopos

Gewöhnlich gilt die «Fremde» als Gegenbegriff zur Heimat, aber das «Fernweh» bildet nicht in analoger Weise das Gegengefühl zum Heimweh. Im Gegenteil, Heim- und Fernweh gehören auf eigentümliche Weise zusammen. Das behauptet jedenfalls die Protagonistin aus Fanny Gräfin zu Reventlows 1912 erschienenem Roman «Von Paul zu Pedro»: «Wissen Sie auch, Doktor, dass es verschiedene Heimwehs gibt? Eines nach der wirklichen Heimat, vorausgesetzt, dass man eine gehabt hat – das ist recht zwecklos und gibt sich auch mit der Zeit. Dann ein Gewohnheitsheimweh, nach dem Ort oder den Orten, wo man länger gelebt hat. Und schliesslich ein ganz starkes nach der Fremde, nach Eisenbahnen, Dampfschiffen, fremden Sprachen, Koffern und Hotels.»[13] Auf den ersten Blick scheint die Heimweh-Taxonomie der exzentrischen Schriftstellerin aus Husum die Existenzweise in spätliberalen Gesellschaften vorwegzunehmen: Menschen haben einen Geburtsort, der immer seltener ihr späterer Wohnort sein wird, der sich wiederum von den Aufenthaltsorten für Arbeit, Freizeit, Urlaub etc. unterscheidet. In funktional ausdifferenzierten Gesellschaften gibt es biografische Lebensorte nur noch im Plural.

Allerdings geht es zu Reventlow nicht um eine Diversifizierung von Heimat, sondern um unterschiedliche Formen von Heimweh. Ihr Plädoyer für ein Heimweh «nach der Fremde» kann als Gegenentwurf zur medizinischen Nostalgie-Diagnose gelesen werden. Emmanuel Lévinas hatte genau an diesem Punkt die Differenz zwischen dem Heimatverständnis von Odysseus und Abraham diagnostiziert. Gegen den homerischen Helden, der vom «*Anderen*» zum «*Selben* [...] nach Ithaka zurückkehrt»,[14] setzt der französische Philosoph den hebräischen Stammvater, «der für immer sein Vaterland verlässt, um nach einem noch unbekannten Land aufzubrechen, und der seinem Knecht gebietet, selbst seinen Sohn nicht zu diesem Ausgangspunkt zurückzuführen».[15] Für den Helden im Mythos bedeutet Heimat das *Bestimmtsein durch die Erinnerung, die er hat,* für den biblischen Stammvater dagegen das *Bestimmtsein durch das göttliche*

---

[13] Franziska zu Reventlow, Von Paul und Pedro: dies., Sämtliche Werke, Briefe und Tagebücher in sechs Bänden, hg. von Michael M. Schardt, Bd. 1: Romane I, Hamburg ²2010, 197; vgl. dazu Ulrike Bail, Heimat als Utopie: neue caritas 22, 2016, 9–13; dies., «... und niemand schreckt sie auf.» (Mi 4,4) Fragmente zu ‹Heimat› aus biblischer Perspektive: www.ulrike-bail.de/Ulrike_Bail/Veroffentlichungen_files/BailUlrike%20Heimat%20AT.pdf (Zugriff 31.10.2019).

[14] Emmanuel Lévinas, Die Spur des Anderen. Untersuchungen zur Phänomenologie und Sozialphilosophie, Freiburg i. Br./München 1983, 215.

[15] Lévinas, Spur (Anm. 14), 215f.

Versprechen, das ihn hat. Der Unterschied besteht weniger darin, dass der eine wusste, was ihn erwarten würde, während dem anderen das Ziel völlig fremd war. Ein Versprechen kann mindestens so konkret sein wie eine Erinnerung. Vielmehr folgte Odysseus seiner Sehnsucht nach dem Bekannten, während Abraham sich einzig auf das Versprechen verliess, das ihm sein Gott gegeben hatte. Der Held des Mythos *wusste*, der Stammvater des Volkes Israel *vertraute*. Heimweh hatten beide, aber während der Grieche das Herkunfts- und Gewohnheitsheimweh in seinem Herz trug, wurde für den Hebräer das Heimweh nach der Ferne zur lebensorientierenden Kraft. Das exzentrische Heimweh der Schriftstellerin kommt dem jüdisch-christlichen Befreiungsprogramm, das sich wie ein roter Faden durch die ganze Bibel zieht, verblüffend nahe.

Ein biblisch-theologischer Blick auf «Heimat» steht vor zwei grundsätzlichen Schwierigkeiten: einer sprachlichen und einer sachlichen. Das Lexem «Heimat» kommt sowohl im hebräischen wie im griechischen Teil der Bibel nicht vor. Üblich sind Umschreibungen wie die hebräischen Ausdrücke bet 'aw «Vaterhaus» (vgl. Gen 41,51; Dtn 22,21); 'ärätz molädät «Land der Verwandtschaft/Nachkommen/Herkunft» (vgl. Gen 24,7; Jer 22,10) oder die durch ihren jeweiligen Kontext spezifizierten Allgemeingriffe 'ärätz «Land» (vgl. Num 35,32; Jer 9,18), 'adamah «Erde» (vgl. 2 Kön 25,21; Jes 14,1) und g^{e}bul «Gebiet» (vgl. Jer 31,17; Joel 4,6). Das Erste Testament hat zwar «eine Vorstellung von der Konzeption eines vertrauten Lebensraumes als ‹Heimat›», aber diese wird weder mit «einem eigenen Begriff als terminus technicus bezeichnet» noch «als eigenständige Grösse thematisiert».[16] Im Zweiten Testament begegnen analoge griechische Umschreibungen, allen voran *oíkos* (Haus), daneben *pátris* «Vaterland» (vgl. Mk 6,1; Lk 4,23 und auf die Zukunft bezogen Hebr 11,14), *políteuma* «Gemeinwesen» (vgl. Phil 3,20) oder die Wendung *eis tà ídia* «in dein Eigenes» (Joh 16,32).[17] Das geringe Interesse an der Heimat wird verstärkt «durch die für die urchristliche Zeit häufige Rede von der ‹Fremde›: Die Christen sind nach dem 1 Petr Fremdlinge (1 Petr 1,1.17; 2,11), haben nach Paulus ihr Gemeinwesen im Himmel (Phil 3,20) und haben als wanderndes Gottesvolk nach dem Hebr ‹... hier keine bleibende Stadt, sondern die künftige suchen› sie (Hebr 13,14).»[18]

---

[16] Andreas Obermann, Fremd im eigenen Land. Die Heimatkonzeption frühchristlicher Gemeinden nach dem 1. Petrusbrief und ihre praktischen Implikationen heute: Kirche und Dogma 51, 2005, 263–289 (268).
[17] Vgl. Obermann, Fremd im eigenen Land (Anm. 16), 269f.
[18] Obermann, Fremd im eigenen Land (Anm. 16), 270.

IV. Entzogenes

Die biblische Zurückhaltung gegenüber der Heimat auf sprachlicher Ebene wird auf inhaltlicher Ebene noch überboten. Die biblischen Geschichten entsprechen kaum den Lebenserfahrungen der heutigen Mehrheitsgesellschaft: Wanderung, Migration, Flucht und Vertreibung bilden dort nicht unglückliche Ausnahmen, sondern den *Normalfall*. Die Menschen der Bibel stehen den derzeit ungefähr 70 Millionen Flüchtlingen ungleich näher als uns Beheimateten. Die biblischen Geschichten sind Migrantinnen und Migranten, Flüchtlingen und Staatenlosen viel unmittelbarer auf den Leib und aus der Seele geschrieben als den etablierten Bürgerinnen und Bürgern. Die mit heimischem Pass Ausgestatteten und durch nationale Rechte Geschützten sind nicht das typische Klientel, das in der Bibel begegnet und das in den Texten angesprochen wird.

Die Bibel liest sich wie ein Vademecum für Heimatlose und ein Logbuch für Heimatsuchende. Sie beginnt mit einer lebensfeindlichen, chaotischen Erde (Gen 1,2), der Gott mit seiner Schöpfung die Welt als Heimat für seine Geschöpfe erst abringen muss. «Heimatlichkeit ist der ursprüngliche, der von Gott intendierte Charakter der Schöpfung. Und damit Ausdruck des ursprünglichen und unwiderruflichen Willens Gottes, Leben zu ermöglichen und gedeihen zu lassen.»[19] Bekanntlich verspielte das erste Menschenpaar, kaum dass es sich eingelebt hatte, seine paradiesische Heimat. Die Menschheitsgeschichte beginnt nicht in der Heimat, sondern in der Fremde, und das Heimweh nach der Ferne war von Anfang an ihr Begleiter.

Obwohl Gott mit der Sintflut den Reset-Knopf gedrückt hatte, ging das Drama von Heimatverlust, Flucht und Migration weiter. Zuerst verlässt der Halbnomade Abram auf Geheiss Gottes seine Heimat: *Läch-l^{e}cha* – «Geh aus deinem Land und aus deiner Verwandtschaft und aus dem Haus deines Vaters in das Land, das ich dir zeigen werde» (Gen 12,1). Wegen einer Hungersnot muss er später nach Ägypten migrieren und dort als «Fremder» leben (Gen 12,10). Auch Jakob floh mit seiner gesamten Sippe vor einer Hungersnot – wir würden heute sagen: als Wirtschaftsflüchtling – nach Ägypten. Später führte Mose die Nachkommen aus der ägyptischen Versklavung, getragen von der Verheissung Gottes auf ein Land, in dem «Milch und Honig fliessen» (Ex 33,3). Wie es weiterging, ist bekannt ... Bemerkenswert an all den Flüchtlingsgeschichten ist, wie notorisch sie in sakralen Texten und Praktiken, aber auch in Selbstwahrnehmungen und Gegenwartsdeutungen des Gottesvolkes wachgehalten werden. Die Präambel der Zehn Gebote formuliert unmissverständlich: «Ich bin der Herr, dein

---

[19] Matthias Zeindler, Zwischen verlorener und erhoffter Heimat. Beheimatung im Kontext von Schöpfung, Versöhnung und Erlösung: Amélé Adamavi-Aho Ekué/Frank Mathwig/ders., Heimat(en)? Beiträge zu einer Theologie der Migration, Zürich 2017, 81–150 (86).

Gott, der dich herausgeführt hat aus dem Land Ägypten, aus einem Sklavenhaus» (Ex 20,2). Dahinter steht der grundlegende Gedanke, den der Philosoph Odo Marquardt auf die knappe Formel gebracht hat: «Zukunft braucht Herkunft»[20] – oder aus biblischer Perspektive: *Heimat kann es ohne die Erinnerung an die eigene Heimatlosigkeit nicht geben.* Dieses Wissen spiegelt sich auch in den bekannten israelitischen Schutzbestimmungen für Fremde (vgl. Ex 23,9; Lev 19,33f.) wider. Heimatverbundenheit wird durch die Erinnerung an die eigene Heimatlosigkeit und das Wissen um die Fragilität von Heimat auf Zeit stabilisiert. Sicher ist nur: *Auch wenn die Heimat verschwindet, bleibt das Heimweh.*

Der jüdische Historiker Yosef Hayim Yerushalmi hat auf zwei Besonderheiten der jüdischen Vätergeschichten aufmerksam gemacht: Erstens stellt sich das biblische und später das jüdische Bewusstsein «Ursprung und Geburt des jüdischen Volkes ausserhalb des Landes Israels» – also jenseits der Heimat – vor. Und zweitens «erfolgt die Androhung des Exils, bevor das Volk das Land in Besitz nimmt. Das ist wie eine Androhung zur Zwangsräumung noch vor dem Einzug ins eigene Haus.»[21] Zwar konnte das auserwählte Volk ein knappes Jahrhundert lang unter Saul, David, Salomo und einer Phase der Reichsteilung im eigenen Land leben. Aber die anschliessende Verschleppung ins babylonische Exil war umso dramatischer. «Zerschlagene Identität – das war die schmerzliche Erfahrung, die Israel machen musste im 6. Jahrhundert v. Chr. Das davidische Reich war erobert worden und aufgelöst, Jerusalem in Trümmern, der Tempel entweiht und zerstört, die Führungsschicht des Volkes deportiert ins Land der Sieger, nach Babylon. Zerschlagene Identität und ein Leben im Exil – das sind zunächst zwei Seiten derselben Schicksalserfahrung. Und wo keine Identität mehr erkennbar ist, da zerfliesst die Gegenwart und da wird die Zukunft zu einem leeren Raum ohne Perspektive.»[22]

Das babylonische Exil wurde aber zugleich zur Quelle für ein intensives Nachdenken über das Selbstverständnis und die Zukunft des Gottesvolkes: Sollten sich die Deportierten mit dem Exil als neuer Heimat arrangieren, also – wie es heute heisst – aktive Integration oder sogar Assimilation anstreben? Oder sollten der Schmerz über den Heimatverlust und die im Heimweh keimende

---

[20] Vgl. Odo Marquard, Zukunft braucht Herkunft. Philosophische Betrachtungen über Modernität und Menschlichkeit: ders., Zukunft braucht Herkunft. Philosophische Essays, Stuttgart 2003, 234–246.
[21] Yosef Hayim Yerushalmi, Exil und Vertreibung in der jüdischen Geschichte: Michael Brenner u. a. (Hg.), Jüdische Geschichte lesen. Texte der jüdischen Geschichtsschreibung im 19. und 20. Jahrhundert, München 2003, 194–206 (195).
[22] Reiner Strunk, Wo Gott ist, da ist Heimat. Israels Hoffnung in Exil und Diaspora: Deutsches Pfarrerblatt 2011/11, 2.

IV. Entzogenes

Hoffnung auf Heimkehr kompromisslos wachgehalten werden? Die Klage des Psalmisten steht für die zweite Strategie:

«An den Strömen Babels, da sassen wir und weinten, als wir an Zion dachten. Unsere Leiern hängten wir an die Weiden im Land. [...] Wie könnten wir Lieder des HERRN singen auf fremdem Boden. Wenn ich dich vergesse, Jerusalem, soll meine Rechte verdorren.» (Ps 137,1f.4f.)

Für die erste Option des Arrangements spricht der Auftrag des Propheten Jeremia an das deportierte Volk:

«So spricht der HERR der Heerscharen, der Gott Israels, zu allen Verbannten, die ich in die Verbannung geführt habe, von Jerusalem nach Babel: Baut Häuser und wohnt darin, pflanzt Gärten und esst ihre Frucht, nehmt Frauen und zeugt Söhne und Töchter, und nehmt Frauen für eure Söhne und gebt eure Töchter Männern, damit sie Söhne und Töchter gebären, damit ihr dort zahlreicher werdet und nicht weniger. Und sucht das Wohl der Stadt, in die ich euch in die Verbannung geführt habe, und betet für sie zum HERRN, denn in ihrem Wohl wird euer Wohl liegen. [...] Erst wenn siebzig Jahre erfüllt sind für Babel, werde ich mich um euch kümmern. Dann werde ich mein gutes Wort an euch einlösen und euch zurückbringen an diese Stätte.» (Jer 29,4–7.10)

Als aber Kyros von Persien nach der Eroberung Babylons 50 Jahre später den Juden die Heimkehr in ihr Land gestattete, nahm nur eine kleine Gruppe das Angebot an. Yerushalmi folgert daraus, dass die Juden bereits damals die Diaspora – die Zerstreuung in der Fremde – als «Wesensmerkmal» ihrer Geschichte» anerkannt hätten. Fundamental für das eigene Geschichtsverständnis sei eine doppelte Dialektik: einerseits die Dialektik von *Exil und Bund*, die in der Bedingtheit des Landbesitzes und der Unbedingtheit des ewigen Gottesbundes zum Ausdruck kommt, und andererseits die Dialektik von *Exil und Domizil* in dem Bewusstsein, «im Exil zu sein und zugleich ein tiefes Zugehörigkeitsgefühl zu dem Land oder Ort zu empfinden, an dem man lebt, sozusagen das Heimatgefühl im Exil».[23]

Die wohl dichteste Beschreibung vom Leben in der Diaspora bietet ausgerechnet die Geschichte einer Ausländerin, der Moabiterin Rut, die in illegaler Weise zur Urgrossmutter Davids und damit zur Vorfahrin Jesu wurde und deren Biografie sich wie die Heimatgeschichte Israels im Kleinen liest.[24] Als verwitwete Schwiegertochter der Judäerin Noomi beschliesst sie, mit dieser aus ihrer Heimat

---

[23] Yerushalmi, Exil und Vertreibung (Anm. 21), 196.
[24] Vgl. Ebach, Freiheit und Heimat (Anm. 12), 152–154.

Moab in deren Heimat nach Bethlehem zurückzukehren. Auf Noomis Widerspruch, dass Israel keine Moabiter im eigenen Land dulde, reagiert Rut mit den – an Trauungen zwar sachlich unpassend, aber häufig zitierten – Sätzen:

> «Dränge mich nicht, dich zu verlassen und zurückzugehen, von dir weg. Denn wohin du gehst, dahin werde auch ich gehen, und wo du übernachtest, da werde auch ich übernachten; dein Volk ist mein Volk, und dein Gott ist mein Gott. Wo du stirbst, da werde auch ich sterben, und dort will ich begraben werden. Der HERR soll mir antun, was immer er will! Nur der Tod soll uns trennen.» (Rut 1,16f.)

Ruts Treue gegenüber Noomi ist subversiv, insofern sie die geltenden Gemeinschaftsnormen unterläuft – heute würde sie als illegale Einwanderin angeklagt und höchstwahrscheinlich abgeschoben. Menschliches Recht ist – damals wie heute – blind gegenüber dem Heimweh nach der Fremde, das Rut dazu veranlasste, *ihre* Heimat zu verlassen, um ihre *Heimat* zu finden. Wenn Recht aber keinen Sinn für Heimweh hat, wie kann dann von Gesetzen erwartet werden, dass sie die Heimat schützen?

III. Das Heimweh und die Kirche

Heimweh ist auch im Neuen Testament eine politisch subversive Kategorie. Die Heimattheologie des Paulus ist geprägt von der Umkehr *(metanoia)*. Der Apostel bezeichnet sein gesamtes vorangegangenes Leben «als Dreck», «wenn ich nur Christus gewinne und in ihm meine Heimat finde» (Phil 3,8f.). «Wenn unser irdisches Haus, das Zelt, abgebrochen wird, dann haben wir eine Wohnstatt bei Gott, ein nicht von Menschenhand gemachtes, unvergängliches Haus im Himmel» (2 Kor 5,1). Das ist kein Aufruf zur Weltflucht, sondern die präzise Beschreibung christlicher Doppelbürgerschaft[25] in der Welt: Christenmenschen sind «in der Welt» (Joh 17,11), aber «nicht von der Welt» (Joh 17,14). Folgerichtig adressiert der Verfasser des Ersten Petrusbriefs sein Schreiben «an die Auserwählten, die als Fremdlinge in der Diaspora leben» (1 Petr 1,1). Der Ausdruck «Fremdlinge» (griech. *paroikoi*) dient hier als «zentrale [...] Selbstbezeichnung» der christlichen Gemeinschaft. Darin spiegeln sich einerseits die «negativen Er-

---

[25] Christoph Niemand, Von fremden Göttern und Menschen. Erfahrungen des Fremdseins in der Bibel: Severin J. Lederhilger (Hg.), Auch Gott ist ein Fremder. Fremdsein – Toleranz – Solidarität, Frankfurt a. M. 2012, 23–38 (37).

IV. Entzogenes

fahrungen von Nicht-Identität» in der damaligen Gesellschaft wider, und andererseits das eschatische Bewusstsein von der Nicht-Identität mit dieser Welt überhaupt.[26]

Aber wie können Fremdlinge in der Fremde zu Hause sein? Die Antwort des Paulus würde auch heute noch jedes politische Seminar kräftig aufmischen: «Ihr seid also nicht mehr Fremde ohne Bürgerrecht *[xénoi kaì pároikoi]*, ihr seid vielmehr Mitbürger *[sympolîtai]* der Heiligen und Hausgenossen *[oikeîoi]* Gottes.» (Eph 2,19) Paulus benutzt zwar die damals gängige politische Terminologie, stellt aber ihre Bedeutung in doppelter Weise auf den Kopf: Einerseits erklärt er die Fremden in der *irdischen* Polis gleichzeitig zu Bürgerinnen und Bürgern der *himmlischen* Polis. Andererseits unterläuft er die kategorische Trennung zwischen öffentlicher Politik *(pólis)* und privatem Haushalt *(oîkos)*, indem er die himmlische *Bürgerschaft* als Zugehörigkeit zum *Haushalt* Gottes präzisiert.[27] Paulus widerspricht mit seiner Neujustierung der gesellschaftlichen Ebenen der heute gängigen liberalen Auffassung, dass die Moral und das Gute in das *Haus*, also die Privatsphäre gehören und deshalb in der politischen Öffentlichkeit nichts zu suchen hätten.[28] Der Apostel protestiert aber auch gegen aktuelle Deutungen der Zwei-Reiche-Lehre, die das staatliche Handeln vor kirchlicher Kritik schützen, indem sie die kirchlichen Hinweise auf Gottes Gebot zur gesinnungsethischen Privatmoral erklären, die in einer an den Folgen orientierten politischen Verantwortungsethik nichts zu suchen habe.[29]

Natürlich geht das eschatische Sein, das sich die weltweite Kirche mit der Unservater-Bitte «Dein Reich komme» immer neu in Erinnerung ruft, in den

---

[26] Reinhard Feldmeier, Die Christen als Fremde. Die Metapher der Fremde in der antiken Welt, im Urchristentum und im 1. Petrusbrief, Tübingen, 1992, zitiert nach Arnulf von Scheliha, Migration in ethisch-religiöser Reflexion. Theologiegeschichtliche und ethische Erwägungen zu einem aktuellen Thema: Zeitschrift für Theologie und Kirche 113, 2016, 78–98 (93); zum Heimatverständnis in 1 Petr vgl. insgesamt Obermann, Fremd im eigenen Land (Anm. 16), 271–285.

[27] Zur Begrifflichkeit vgl. Karl Ludwig Schmidt/Martin Anton Schmidt, *pároikos, paroikía, paroikéo*: THWNT V, Stuttgart 1954, 840–852. Die philosophische Entdeckung des Paulus als eines politischen Denkers ist recht neu, vgl. einleitend Dominik Finkelde, Politische Eschatologie nach Paulus. Badiou – Agamben – Žižek – Santner, Wien 2007.

[28] Dieser Quintessenz aus John Rawls' *Theory of Justice* von 1975 ist der Liberalismus weitgehend gefolgt und liess sich auch durch die prominente Kritik etwa von Jürgen Habermas nicht beeindrucken; vgl. ders., Zwischen Naturalismus und Religion. Philosophische Aufsätze, Frankfurt a. M. 2005; Michael Reder/Josef Schmidt (Hg.), Ein Bewusstsein von dem, was fehlt. Eine Diskussion mit Jürgen Habermas, Frankfurt a. M. 2008.

[29] Vgl. exemplarisch Ulrich H. J. Körtner, Gesinnungs- und Verantwortungsethik in der Flüchtlingspolitik: Zeitschrift für evangelische Ethik 60, 2016, 282–296.

menschengemachten politischen Strukturen nicht auf. Aber gerade weil die Kirche um den Überschuss weiss, darf ihr Engagement nicht auf eine Privat- oder Minderheitengruppenüberzeugung zurechtgestutzt werden. Die eschatische Existenz «zwischen den Zeiten» reklamiert einen genuinen politischen Status von Christenmenschen, den Stanley Hauerwas und William Willimon einmal treffend als «resident aliens», Fremde mit Aufenthaltsbewilligung, beschrieben haben.[30] An dieser Stelle muss die Beschreibung aus Joh 17 rückwärts gelesen werden: Die christliche Kirche ist nicht von, aber doch voll und ganz in der Welt:

> «Gottes Heilsökonomie erfordert es, dass die Kirche sich einerseits als spezifische Öffentlichkeit in Analogie zur Polis verstehen muss, andererseits zugleich aber genau darin der Haushalt Gottes bleibt. Denn in Analogie zum Oikos ist sie durch ein besonders Pathos konstituiert. Der dreieinige Gott bleibt ihr ‹Hausherr›, der auferstandene Christus bleibt das ‹Haupt› seines Leibes in einer Einseitigkeit und Unumkehrbarkeit, wie dies die Polis für das Verhältnis freier Bürger untereinander gerade nicht vorsieht. [...] Der höchst eigentümliche Charakter dieser Öffentlichkeit ist ganz und gar von ihrem soteriologischen Telos her zu verstehen [...] Dieses Telos bewahrt davor, die Kirche gemäss der rein räumlichen und ganz auf ‹Grenzen› – und deren Überwindung! – fixierten Logik des modernen politischen Denkens zu beschreiben».[31]

Tatsächlich wird die biblisch-theologische Heimatvorstellung – bzw. ihre Leerstelle – zum Elchtest für unsere Ekklesiologien und Kirchenvorstellungen. Der Genfer Reformator Johannes Calvin hat diesen Zusammenhang – nicht zuletzt aus biografischen Gründen – wohl am klarsten gesehen und theologisch durchbuchstabiert. Als Flüchtling aus Frankreich hatte er die beinahe Verdoppelung der Bevölkerung in Genf zwischen 1550 und 1560 durch französische Glaubensflüchtlinge hautnah erlebt. Zuvor war er selbst aus seiner Asylstadt vertrieben worden und dort auch nach seiner Rückkehr nicht wirklich heimisch geworden. Das zeigt sich exemplarisch in seiner Identifikation mit David im Exil: «aus seinem Vaterland verbannt, seiner Frau beraubt, getrennt von seiner Familie und ohne finanzielle Mittel»[32] verstand sich der Genfer Reformator als «exilierter

---

[30] Vgl. Stanley M. Hauerwas/William H. Willimon, Resident Aliens. Life in the Christian Colony, Nashville 1989.
[31] Reinhard Hütter, Theologie als kirchliche Praktik. Zur Verhältnisbestimmung von Kirche, Lehre und Theologie, Gütersloh 1997, 227–229.
[32] Hans J. Selderhuis, Singende Asylanten. Calvins Theologie der Psalmen: ders. (Hg.), Johannes Calvin. Neue Wege der Forschung, Darmstadt 2010, 65–83 (77).

IV. Entzogenes

Prophet für die Exilierten».[33] In einer Predigt zum jüdischen Laubhüttenfest beschreibt er die christliche Existenz als eine von «Reisenden»:[34] Er fordert die Gemeinde auf «unser ganzes Leben lang» das jüdische Fest zur Erinnerung an die Wüstenwanderung Israels zu feiern. Gott lässt seine Gemeinde zwar in der Welt leben, er will aber nicht, «dass wir uns hier einnisten, uns von ihr einfangen lassen, um uns hier unten einen dauerhaften Ruheort zu schaffen, sondern dass wir nach oben streben und hier wie Vögel auf dem Zweige sind».[35] Deshalb betont auch Calvin die doppelte Staatsbürgerschaft von Christinnen und Christen: «Dies beides, dass wir in Christus alles haben, was zur Vollkommenheit himmlischen Lebens gehört – und dass der Glaube doch ein Schauen von Gütern ist, die man nicht sieht (vgl. Hebr 11,1), passt nicht schlecht zusammen.»[36]

Die reformierte Ekklesiologie zeigt sich in ihrer Betonung des Wandermotivs als Erbin des Genfer Reformators. «Christus ist nicht Besitz der Kirche, sondern die Versöhnung der Welt, die Gemeinde ist nicht schon zu Hause, sondern auf dem Weg. [...] Sie ist Christus darin treu, dass sie sich aufmacht.»[37] Im Bild des wandernden Gottesvolks (communio viatorum) auf ihrer irdischen Pilgerschaft *(peregrinari super terram)*, verbindet sich die christliche Hoffnung der Vollendung des anbrechenden Gottesreichs mit den realen Erfahrungen der frühchristlichen Gemeinden als marginalisierte, diskriminierte oder verfolgte gesellschaftliche Minderheiten. Vor diesem Hintergrund ist ein kirchliches Selbstverständnis, wie es etwa im Titel der dritten EKD-Erhebung zur Kirchenmitgliedschaft «Fremde Heimat Kirche»[38] von 1993 anklingt, zumindest missverständlich. Denn wären mit dem Titel die Mitglieder gemeint, denen die Kirche keine Heimat mehr bedeutet, entspräche ihre kirchliche Entfremdung viel eher dem biblischen Zeugnis als ein kirchliches Selbstverständnis, das sich selbst als Heimat versteht.

---

[33] Barbara Pitkin, Exil im Spiegel der Geschichte. Calvins Jesajakommentar: Irene Dingel/Hermann J. Selderhuis (Hg.), Calvin und Calvinismus. Europäische Perspektiven, Göttingen 2011, 215–228 (226).

[34] Johannes Calvin, Predigt über Deuteronomium 16,13–17: ders., Predigten über das Deuteronomium und den 1. Timotheusbrief (1555–1556). Eine Auswahl, bearbeitet von Eberhard Busch u. a., Neukirchen-Vluyn 2009, 81–95 (89).

[35] Calvin, Predigt (Anm. 34), 89f.

[36] Calvin, Inst II, 9,3.

[37] Ingrid Schoberth, «Du stellst meine Füsse auf weiten Raum» – Raummetaphern und leibhaftiges Leben: Reinhold Bernhardt/Ulrike Link-Wieczorek (Hg.), Metapher und Wirklichkeit. Die Logik der Bildhaftigkeit im Reden von Gott, Mensch und Natur, Festschrift für Dietrich Ritschl, Göttingen 1999, 240–251 (251).

[38] Vgl. dazu Joachim Matthes (Hg.), Fremde Heimat Kirche – Erkundungsgänge. Beiträge und Kommentare zur dritten EKD-Untersuchung über Kirchenmitgliedschaft, Gütersloh 2000.

Die Gefahr der Kirche in der Gegenwart besteht nach Miroslav Volf darin, «*die ihr eigentümliche Distanz* [gegenüber der Welt, FM] *in eine falsche Präsenz auflösen zu wollen*».[39] Biblisch angemessen wäre es, Kirche weder soziologisch noch theologisch als Heimat zu begreifen,[40] sondern als Heimwehgemeinschaft auf dem Heimweg in die Fremde. *Kirche muss – paradox formuliert – sich selbst fremd bleiben, um das Heimweh wach- und die christliche Nachfolgegemeinschaft auf Kurs zu halten.*

IV. Geschichten bewohnen

Fanny zu Reventlow beendet ihren Exkurs über das Heimweh mit einem Selbstbekenntnis: «Ich glaube, mir kommt alles im Leben immer zu provisorisch vor, und ich nehme es dann auch zu sehr in diesem Sinne. Vielleicht bin ich selbst eben nur provisorisch gedacht, nur entworfen. Es will mir manchmal so scheinen.»[41] Was ist das Provisorische in der autobiografischen Wahrnehmung der Schriftstellerin? Gewiss nicht die Orte, die sie aufsuchte, die Menschen, denen sie dort begegnete, die Ideen, die sie hatte und aufschrieb, oder das Glück und Unglück, das sie heimsuchten. Provisorisch erscheint ihr aber offensichtlich der biografische *Status* ihrer Erlebnisse, Eindrücke und Prägungen: Wie war das Erlebte mit der Fanny, die es erlebt hatte, verbunden? Spiegelten umgekehrt ihre Erlebnisse tatsächlich das Erlebte wider oder nur das, was der Filter des Fanny-

---

[39] Miroslav Volf, Christliche Identität und Differenz. Zur Eigenart der christlichen Präsenz in den modernen Gesellschaften: Zeitschrift für Theologie und Kirche 92, 1995, 357–375 (370).

[40] Obermann, Fremd im eigenen Land (Anm. 16), 280, vertritt vor dem Hintergrund seiner exegetischen Befunde zum 1 Petr die These, «dass die ersten Christen sehr wohl eine reale Heimat gefunden hatten, und zwar in der Gemeinschaft der Gemeinde als Hausgemeinschaft», um dann später zu relativieren: «Zuhause und doch nicht heimisch – dieser Gedanke gibt die Spannbreite der Heimatkonzeption des 1 Petr treffend wieder.» (284). Die Inkohärenz der Äusserungen ist einer unklaren Verortung des Heimatbegriffs geschuldet, der das Verhältnis von *oíkos* und *pólis* betrifft. Die These von der christlichen Heimat in der Gemeinde unterstellt eine eigenständige *oíkos*-Heimat und folgt darin der liberalen Trennung von *oíkos* und *pólis*. Heimat erscheint als eine der Öffentlichkeit konsequent entzogene Privatangelegenheit. Diese dualistische Prämisse widerspricht aber sowohl dem Selbstverständnis von Kirche als öffentlich-einladender Verkündigungs- und Praxisgemeinschaft als auch einem Heimatbegriff, dessen Pointe darin besteht, *oíkos* und *pólis* in spezifischer Hinsicht als Einheit zu denken. Obermanns Analysen ist also vollumfänglich zuzustimmen, sofern deutlich wird, dass er nicht von Heimat, sondern von der urchristlichen Nachfolgegemeinschaft spricht.

[41] Reventlow, Paul (Anm. 13), 197.

Entwurfs durchgelassen hatte? Und schliesslich: Wer ist eigentlich das Subjekt, das jene Fanny als Provisorium denkt und entwirft? Da zu Reventlow diese Gedanken im Kontext ihrer Bemerkungen zum Heimweh äussert, liegt es nahe, das Provisorische als Merkmal dem Heimweh selbst zuzurechnen. Heimweh wäre dann nicht nur ein dynamischer Zustand, der – nach vorne gerichtet – offen und unbestimmt bleibt, sondern viel grundsätzlicher ein Bestimmtsein der Person, das diese selbst in der Schwebe hält. Das Heimweh wäre dann nicht nur die beständige Sehnsucht nach qualifizierter Zukunft, sondern der Überschuss, der zwar in der Zukunft liegt, aber die Menschen bereits im Hier und Jetzt bestimmt. Die Person «weiss», dass sie mehr und anders ist, als sie von sich in der Gegenwart wahrnimmt, ohne sagen zu können, wer sie sein wird. Aber in dem Bewusstsein, dass das, was sie ist, nicht alles ist, «ist» in ihr bereits etwas davon «da», was sie einmal sein wird.

Dieser zeitlichen Sicht auf das Heimweh steht freilich eine Theologie im Wege, die sich traditionell auf den Raum konzentriert. Deshalb hat Dietrich Ritschl dafür plädiert, Gott zeitlich zu denken. «Die Zeit, die ist Gottes Heimat, Gottes Raum, Gottes Dimension.»[42] «Gott wohnt in der Zeit, er bewegt sich nicht im Raum, weil er der Raum ist, in dem wir uns bewegen.»[43] Die zeittheologische Perspektive überwindet nicht nur die Statik und Starrheit traditioneller Heimatverständnisse, sondern rückt die Zeitmodi von Vergangenheit und Zukunft in ein dialektisches Verhältnis. Ritschl hat eine solche Sicht pointiert skizziert: «‹Hoffen in die Vergangenheit› hinein, das ist Vergebung, d. h., dass nicht alles aus der Vergangenheit meine Zukunft kaputt macht; und ‹Erinnerung in die Zukunft›, das ist Hoffnung auf die Verheissung Gottes, dass er dann auch noch da sein wird.»[44] Verblüffend an dieser Bemerkung ist die Iteration der Zeitdimension der Handlungsvollzüge: Erinnerung ist normalerweise auf Vergangenes, Hoffnung auf Zukünftiges gerichtet. Natürlich hebt der Theologe diese Zeitbezüge nicht auf, sondern komplettiert sie durch entsprechende Gegenbewegungen: Das Erinnerte aus der Vergangenheit reicht als Grund der Hoffnung in die Zukunft und das Erhoffte holt umgekehrt die Vergangenheit in die Zukunft hinein. Die Verschränkung der Zeitmodi des Handelns klingt viel komplizierter, als

---

[42] Dietrich Ritschl, Gott wohnt in der Zeit. Auf der Suche nach dem verlorenen Gott: Hermann Deuser/Gerhard Marcel Martin (Hg.), Gottes Zukunft – Zukunft der Welt. Festschrift für Jürgen Moltmann, München 1986, 250–261 (257).
[43] Dietrich Ritschl, Gottes Wohnung in der Zeit. Eine Anwendung der Metaphorik der Zeit auf Gottes Präsenz und auf gelingendes Leben: Ökumenische Rundschau 49, 2000, 149–160 (155).
[44] Ritschl, Gott wohnt in der Zeit (Anm. 42), 257.

sie ist. Schwierigkeiten bereitet sie einem Denken, das Erlebtes in seiner räumlichen Verortung an die strenge chronologische Ordnung von früher und später kettet. Weil niemand an zwei Orten gleichzeitig sein kann, kann es nur ein Nacheinander von Anwesenheit an unterschiedlichen Orten geben. Dass diese Tatsache nicht bestritten werden kann, wissen alle, die schon einmal zu spät gekommen sind.

Aber Heimweh bereitet keine physikalischen Probleme, weil es nicht in den Kosmos der empirisch-naturwissenschaftlichen Phänomene, sondern in die Welt der Geschichten gehört. Heimweh wächst aus und in Geschichten, wird durch Geschichten thematisiert, erlitten, geteilt und wachgehalten. Es geht nicht nur um die eigenen Geschichten, sondern wesentlich um die Erzählungen, die im wechselseitigen Austausch der eigenen mit den Geschichten der anderen entstehen. Heimweh nach der Fremde ist aus theologischer Sicht kein passives Erdulden, sondern das aktive Bewohnen gemeinsamer Heimwehgeschichten. Allerdings geht dieses Wohnen in Geschichten – wie Ritschl beklagt – auch in den Kirchen zunehmend verloren: «Unsere heutigen Mitmenschen ‹bewohnen› die biblischen Geschichten vielfach nicht mehr. Sie sind wie leere, unbewohnte Strassenzüge in der Stadt, in der wir leben. Jemand hat noch die alten Stadtpläne – die Theologen vielleicht – aber die Häuser sind leer, und wir kennen die Strassen nicht mehr. Das ist eine Tragik, nicht nur der Sprache, sondern der Kirche.»[45] Die biblischen Geschichten zu bewohnen, bedeutet, sich in ihren «Sprachstrom» zu stellen und die eigenen Lebensgeschichten im Horizont der biblischen Geschichten neu und anders anschauen zu lernen. Zugespitzt: Die biblischen Geschichten gehören nicht den Lesenden, sondern die Lesenden gehören dem Gelesenen und in das Gelesene. Die biblischen Geschichten werden zu den Geschichten derer, die sie hören und lesen. Wie Abraham und Rut werden die Lesenden und Hörenden Teil der einen Geschichte Gottes mit seiner Schöpfung. Und mit Paulus und dem Verfasser des Petrusbriefes teilen sie das Heimweh nach Gottes Reich.

Nun könnte eingewendet werden, dass das Bewohnen der biblischen Geschichten doch nur ein Rückzug aus der Welt wäre. Damit würde aber einerseits übersehen, dass die Welt selbst in diesen Geschichten steckt, sogar viel klarer und radikaler, als sie ausserhalb davon erkannt und erlebt werden kann. Andererseits würde ausgeblendet, dass Geschichten der Raum für die Hoffnung sind, die die Fremdheit des eigenen Standorts sichtbar macht. Wo Hoffnung ist, kann

---

[45] Dietrich Ritschl, Die Protestanten und das Wort: ders., Theorie und Konkretion in der Ökumenischen Theologie. Kann es eine Hermeneutik des Vertrauens inmitten differenter semiotischer Systeme geben?, Münster 2005, 159–163 (163).

IV. Entzogenes

nur Diaspora sein, denn solange Hoffnung besteht, ist ihr Ziel noch nicht da. Und zuletzt: Der Kritik, dass Heimweh das Heimatliche in der Welt kleinreden oder bestreiten würde, hat der jüdische Dichter und Literaturnobelpreisträger Joseph Brodsky ein Dorfleben entgegengesetzt, in dem sich Heimweh und Heimat beinahe berühren:

> «Im Dorf wohnt Gott nicht in den Zimmerecken nur,
> wie Spötter meinen, sondern überall.
> Er heiligt Dächer, Teller, Schüsseln, Pfannen,
> teilt ehrlich jede Doppeltür in Hälften.
> Im Dorf ist Gott im Überfluss vorhanden.
> Im Eisentopf kocht er am Samstag Linsen,
> er tänzelt leicht verschlafen überm Feuer
> und winkt mir als dem Augenzeugen zu.
> Er setzt die Zäune, gibt ein junges Mädchen
> dem Försterssohn zur Frau, und spasseshalber
> lässt er schier tausendmal den Wildhüter
> nicht treffen, wenn er auf die Ente anlegt.
> Die Möglichkeit, dies alles wahrzunehmen
> – beim Lauschen auf des Herzens Töne –,
> ist übrigens die einzige Gnade, die
> im Dorf dem Atheisten offen steht.»[46]

---

[46] Zitiert nach Ulrich Schoenborn, Sakralität – Herausforderung der Spätmoderne oder: Heilig ist das Gegenteil von egal: Latvijas Zinātņu Akadēmijas Vēstis, 70, 2016, 32–49 (44); vgl. Frank Mathwig, Die Kirche im Dorf. Zur Säkularisierungsdiskussion in der Kirche: Magdalene L. Frettlöh/ders. (Hg.), Kirche als Passion. Festschrift für Matthias Zeindler, Zürich 2018, 477–498.

V. Nachweis der Erstveröffentlichungen

Der Mensch – die Menschen – die Menschheit. Zur Rede über den Menschen zwischen Sein und Sollen: Michael Graf/Frank Mathwig/Matthias Zeindler (Hg.): «Was ist der Mensch?» Theologische Anthropologie im interdisziplinären Kontext, Stuttgart 2004, 17–42.

Norma normans – norma normata? Zur Frage nach der Autorität kirchlicher Bekenntnisse aus reformierter Sicht: Paolo Becchi u. a. (Hg.), Texte und Autoritäten. Autorität der Texte, Basel 2012, 153–179.

«... als ob wir ohne ihn etwas wären». Zur Aktualität von Zwinglis Gerechtigkeitsverständnis: Matthias Freudenberg/Achim Detmers (Hg.), Die andere Reformation. Beiträge zum Schweizer Jubiläumsjahr 2019, Solingen 2020, 41–60.

Diesseits der Projektion: Aus dem Alltag religionspolitischer Konflikte am Beispiel der religionspolitischen Kontroverse um das Minarettverbot in der Schweiz: Ethik und Gesellschaft 2/2011: Religionsprojektionen – https://ethik-und-gesellschaft.de/ojs/index.php/eug/article/view/2-2011-art-6/88 (5.10.2021).

Kirchenschiffe. Zur biblisch-theologischen Begründung der Seenotrettung aus aktuellem Anlass: www.ekbo.de/fileadmin/ekbo/mandant/ekbo.de/3._THEMEN/Kirche_und_Politik/Mathwig_Kirchenschiffe.pdf (5.10.2021).

Rationalität, Vergessen und Demenz. Über ein komplexes Verhältnis: Melanie Werren/Frank Mathwig/Torsten Meireis (Hg.), Demenz als Hölle im Kopf? Theologische, philosophische und ethische Perspektiven, Zürich 2017, 31–50.

«Das ist mein Leib». Zum Verhältnis von Würde und Leiblichkeit: Torsten Meireis (Hg.), Altern in Würde. Das Konzept der Würde im vierten Lebensalter, Zürich 2013, 59–75.

All inclusive? Inklusion und Menschenwürde mit einem Seitenblick auf die Gehörlosenseelsorge: ET-Studies 4/1, 2013, 29–47.

Das Kind beim Namen nennen?! Zur metaphorischen Sprache in der Bioethik: Marco Hofheinz/Michael Coors (Hg.), Die Moral von der Geschicht' ... Ethik und Erzählung in Medizin und Pflege, Leipzig 2016, 127–147.

Lächeln bitte! Dem Tod ins Gesicht sehen: Jaret Muralt/Balts Nill, Totentanz? Bern/Berlin 2016, 7–13.

V. Nachweis der Erstveröffentlichungen

«... damit man die Sterne sehen kann». Zum schwierigen Verhältnis von Eschatologie und Ethik (unveröffentlicht).

Lebensbeginn zwischen Biologie und Biographie. Vortrag anlässlich der 109. NEK-Plenarsitzung, Bern, 9. Dezember 2016 (erweiterte Fassung, unveröffentlicht).

Von Jerusalem nach Athen und zurück über Newark/New Jersey. Philip Roth' Operation Shylock (unveröffentlicht).

Zwischen Heimweh und Heimat. Theologisch-ethische Exkursionen in die Heimat: Zeitschrift für Theologie und Gemeinde 25, 2020, 283–304.

VI. Bibliografie

I. Monografien

- Technikethik – Ethiktechnik. Was leistet Angewandte Ethik? (Forum Systematik. Beiträge zur Dogmatik, Ethik und ökumenischen Theologie, Bd. 3), Stuttgart 2000.
- (Mit Gerd Schulte-Körne) Das Marburger Rechtschreibtraining. Ein regelgeleitetes Förderprogramm für rechtschreibschwache Kinder, Bochum 2001 (6. Aufl. 2019).
- (Mit Christoph Stückelberger) Grundwerte. Eine theologisch-ethische Orientierung (Beiträge zu Theologie, Ethik und Kirche, Bd. 3), Zürich 2007.
- Zwischen Leben und Tod. Die Suizidhilfediskussion in der Schweiz aus theologisch-ethischer Sicht (Beiträge zu Theologie, Ethik und Kirche, Bd. 5), Zürich 2010.
- (Mit Amélé Adamavi-Aho Ekué, Matthias Zeindler) Heimat(en)? Beiträge zu einer Theologie der Migration, Zürich 2017.
- (Mit Matthias Zeindler) Gott trifft Mensch. Themen der Theologie Karl Barths, Bern 2019.

II. Herausgegebene Bücher

- (Mit Jutta Engelage, Werner Krämer-Kranz, Vincent C. Müller), Bücher zum Studium der evangelischen Theologie, Marburg 1992–1998 (jährliches Erscheinen).
- (Mit Michael Graf, Matthias Zeindler) «Was ist der Mensch?» Theologische Anthropologie im interdisziplinären Kontext. Wolfgang Lienemann zum 60. Geburtstag, Stuttgart 2004.
- (Mit Wolfgang Lienemann) Schweizer Ethiker im 20. Jahrhundert. Der Beitrag theologischer Denker, Zürich 2005.
- (Mit Marco Hofheinz, Matthias Zeindler) Ethik und Erzählung. Theologische und philosophische Beiträge zur narrativen Ethik, Zürich 2009.
- (Mit Mathias Tanner, Felix Müller, Wolfgang Lienemann) Streit um das Minarett. Zusammenleben in der religiös pluralistischen Gesellschaft, Zürich 2009.

VI. Bibliografie

- (Mit Thomas Flügge, Martin Hirzel, Peter Schmid) Wo Gottes Wort ist. Zur gesellschaftlichen Relevanz von Kirche in der pluralen Welt. Festgabe für Thomas Wipf (Beiträge zu Theologie, Ethik und Kirche, Bd. 6), Zürich 2010.
- (Mit Marco Hofheinz, Matthias Zeindler) Wie kommt die Bibel in die Ethik? Beiträge zu einer Grundfrage theologischer Ethik, Zürich 2011.
- (Mit Thomas Flügge, Martin Hirzel, Hella Hoppe, Otto Schäfer) Grenzen respektieren – überschreiten – verschieben. Festschrift zum 60. Geburtstag von Christoph Stückelberger, Beihefte zur Ökumenischen Rundschau Nr. 93, Leipzig 2012.
- (Mit Martin Ernst Hirzel, Matthias Zeindler) Der Heidelberger Katechismus – ein reformierter Schlüsseltext (reformiert! Bd. 1), Zürich 2013.
- (Mit Marco Hofheinz, Matthias Zeindler) Freundschaft. Zur Aktualität eines traditionsreichen Begriffs, Zürich 2014.
- (Mit Torsten Meireis, Rouven Porz, Markus Zimmermann) Macht der Fürsorge? Moral und Macht im Kontext von Medizin und Pflege, Zürich 2015.
- (Mit Torsten Meireis, Rouven Porz) Fehlbarkeit und Nichtschadensprinzip. Ein Dilemma im Gesundheitswesen, Zürich 2017.
- (Mit Torsten Meireis, Melanie Werren) Demenz als Hölle im Kopf? Theologische, philosophische und ethische Perspektiven, Zürich 2017.
- (Mit Martin Hirzel) Amy Nelson Burnett/Emidio Campi (Hg.), Die schweizerische Reformation. Ein Handbuch, Zürich 2017 (deutschsprachige, vollständig überarbeitete Ausgabe).
- (Mit Magdalene L. Frettlöh) Kirche als Passion. Festschrift für Matthias Zeindler zum 60. Geburtstag (reformiert! Bd. 6), Zürich 2018.
- (Mit Torsten Mereis, Melanie Werren) Zwischen Ungleichheit und Gerechtigkeit. Grundlagen und Konkretionen im Gesundheitswesen, Zürich 2019.
- (Mit Matthias Zeindler) Der Gott der Sinne. Reformierte Blicke auf Kunst der Gegenwart. Festgabe für Magdalene L. Frettlöh (reformiert! Bd. 7), Zürich 2019.
- (Mit Matthias Felder) Credo! Das Apostolikum. Reformiert gelesen – ökumenisch akzentuiert (reformiert! Bd. 9), Zürich 2020.
- (Mit Martin Hirzel) «... zu dieser dauernden Reformation berufen». Das Zweite Helvetische Bekenntnis: Geschichte und Aktualität (reformiert! Bd. 8), Zürich 2020.

III. Aufsätze

- «In Geschichte(n)verstrickt». Das Story-Konzept als gelebtes Einüben der Ars Moriendi: Praxis 49, 2001, 2157–2162.
- Über die Zurechenbarkeit der Welt: Reformatio 50, 2001, 278–284.
- Die Ethik der Gesundheitswirtschaft. Das Gesundheitswesen zwischen Rationierung und sozialer Gerechtigkeit: Sozialmedizinisches Zentrum Liebenau (Hg.), Die (Miss)Wirtschaft mit der Gesundheit – Rationierungsdiskussionen im Gesundheitswesen, Graz 2002, 3–25.
- Der Mensch – die Menschen – die Menschheit. Zur Rede über den Menschen zwischen Sein und Sollen: Michael Graf/Frank Mathwig/Matthias Zeindler (Hg.): «Was ist der Mensch?» Theologische Anthropologie im interdisziplinären Kontext. Wolfgang Lienemann zum 60. Geburtstag, Stuttgart 2004, 17–42.
- Behinderten Seelsorge – oder behindert Seelsorge? Bemerkungen zum theologisch-ethischen Verständnis von Menschen mit Behinderung, Zürich 2005 (wieder abgedruckt: Behinderung und Pastoral 07/2006, 14–23).
- (Mit Wolfgang Lienemann): Kirchen als zivilgesellschaftliche Akteure in aktuellen politischen Transformationsprozessen. Überlegungen zu einer Typologie: Christine Lienemann-Perrin/Wolfgang Lienemann (Hg.), Kirche und Öffentlichkeit in Transformationsgesellschaften, Stuttgart 2006, 85–121.
- Sterben – Zur professionellen Abwicklung sozialer Vereinsamung: Bioethica Forum 50/2006, 21–24.
- Ethische Rationierung. Sozialethische Überlegungen zur Rationierungsdiskussion im Gesundheitswesen: Hans Halter/Markus Zimmermann-Acklin (Hg.), Rationierung im Gesundheitswesen. Beiträge zur Debatte in der Schweiz, Basel 2007, 80–91.
- Ethik in einer «Welt ohne Letztbegründungen». Bemerkungen zum Verhältnis von angewandter und narrativer Ethik: Marco Hofheinz/Frank Mathwig/Matthias Zeindler (Hg.): Ethik und Erzählung. Theologische und philosophische Beiträge zur narrativen Ethik, Zürich 2008, 345–381.
- Was meint «menschenwürdige» Gesundheitsversorgung? Zu ethischen Aspekten gerechter Verteilung im Gesundheitswesen: Norbert Klusen/Andreas Meusch (Hg.), Informiert und selbstbestimmt: Der mündige Bürger als mündiger Patient. Beiträge zum Gesundheitsmanagement 27, Baden-Baden 2009, 265–283.
- Taugt religiöse «Toleranz» als bioethisches Prinzip? Biopolitik in pluralistischen Gesellschaften: Béatrice Acklin Zimmermann/Ulrich Siegrist/Hanspeter

VI. Bibliografie

Uster (Hg.), Ist mit Religion ein Staat zu machen? Zu den Wechselbeziehungen von Religion und Politik, Zürich 2009, 55–67.
- Das Kreuz mit den Minaretten. Theologische Bemerkungen zur Rolle der Kirchen in der Minarett-Diskussion: Mathias Tanner/Felix Müller/Frank Mathwig/ Wolfgang Lienemann (Hg.), Streit um das Minarett. Zusammenleben in der religiös pluralistischen Gesellschaft, Zürich 2009, 141–187.
- «auf der Höhe unserer Sache». Zur möglichen Fortsetzung eines begonnenen Briefwechsels: Thomas Flügge/Martin Hirzel/Frank Mathwig/Peter Schmid (Hg.), Der Christ als Bürger – die Bürgerin als Christin. Zur gesellschaftlichen Relevanz von Kirche in der pluralen Welt. Festgabe für Thomas Wipf, Zürich 2010, 63–81.
- «Den Raum deines Zeltes mach weit». Zur Topographie der Frage nach der Funktion des Kirchenraumes: Christoph Sigrist (Hg.), Kirchen Macht Raum. Beiträge zu einer kontroversen Debatte, Zürich 2010, 103–120.
- Konfliktfall Bibel – Wie kommt die Bibel in die ethische Praxis: Marco Hofheinz/ Frank Mathwig/Matthias Zeindler (Hg.), Wie kommt die Bibel in die Ethik? Beiträge zu einer Grundfrage theologischer Ethik, Zürich 2011, 285–322.
- Diesseits der Projektion: Aus dem Alltag religionspolitischer Konflikte am Beispiel der religionspolitischen Kontroverse um das Minarettverbot in der Schweiz: Ethik und Gesellschaft, 2/2011: Religionsprojektionen – https://ethik-und-gesellschaft.de/ojs/index.php/eug/article/view/2-2011-art-6/88 (5.10.2021).
- Zwischen Himmel und Politik. Die Minarett-Diskussion in der Schweiz aus theologischer Sicht: Christian Danz/André Ritter (Hg.), Zwischen Kruzifix und Minarett. Religion im Fokus der Öffentlichkeit, Münster u. a. 2012, 113–129.
- Theologische Ethik – Motor oder Sand im Getriebe der Ökumene? Anmerkungen zu einer Diskussion mit Schweizer Beteiligung: Thomas Flügge, Martin Hirzel, Hella Hoppe, Frank Mathwig, Otto Schäfer (Hg.), Grenzen respektieren – überschreiten – verschieben. FS für Christoph Stückelberger, Leipzig 2012, 111–119.
- Norma normans – norma normata? Zur Frage nach der Autorität kirchlicher Bekenntnisse aus reformierter Sicht: Paolo Becchi u. a. (Hg.), Texte und Autoritäten. Autorität der Texte, Basel 2012, 153–179.
- All inclusive? Inklusion und Menschenwürde mit einem Seitenblick auf die Gehörlosenseelsorge: ET-Studies 4/1, 2013, 29–47.
- «Das ist mein Leib». Zum Verhältnis von Würde und Leiblichkeit: Torsten Meireis (Hg.), Altern in Würde. Das Konzept der Würde im vierten Lebensalter, Zürich 2013, 59–75.
- «Teil der ärztlichen Tätigkeit». Ethische Bemerkungen zu einer umstrittenen Formulierung: Schweizerische Gesellschaft für Biomedizinische Ethik, SGBE

- (Hg.), Suizidhilfe in der Schweiz – zur Kontroverse um eine angemesse ärztliche Rolle. Beiträge von Samia A. Hurst und Frank Mathwig, mit einem Editorial von Christian Kind (Folia Bioethica 38), Basel 2013, 13–33.
- Ist Gott politisch? – Bemerkungen zur politischen Dimension des christlichen Gottesdienstes: Katrin Kusmierz/David Plüss (Hg.), Politischer Gottesdienst?!, Zürich 2013, 119–133.
- Wo sind wir, wenn wir fragen? Annäherungen an das Frage-Antwort-Ereignis im Heidelberger Katechismus: Martin Ernst Hirzel/Frank Mathwig/Matthias Zeindler (Hg.), Der Heidelberger Katechismus – ein reformierter Schlüsseltext (reformiert! Bd. 1), Zürich 2013, 245–283.
- Worum sorgt sich Spiritual Care? Bemerkungen und Anfragen aus theologisch-ethischer Sicht: Isabelle Noth/Claudia Kohli-Reichenbach (Hg.), Palliative und Spiritual Care. Aktuelle Perspektiven in Medizin und Theologie, Zürich 2014, 23–41.
- «Will you still need me, will you still feed me ...?» Bedeutung haben – auch in Krankheit und Sterben: Isabelle Noth/Claudia Kohli-Reichenbach (Hg.), Palliative und Spiritual Care. Aktuelle Perspektiven in Medizin und Theologie, Zürich 2014, 85–101.
- (mit Hella Hoppe) Money for nothing? Bedingungsloses Grundeinkommen – ein Blick auf die Schweiz und darüber hinaus: Jahrbuch Sozialer Protestantismus, Bd. 7, Soziales Europa, Gütersloh 2014, 246–257.
- (mit Gottfried Locher) Liturgie als Heimat?: Luca Baschera/Angela Berlis/Ralph Kunz (Hg.), Gemeinsames Gebet. Form und Wirkung als Gottesdienst, Zürich 2014, 99–119.
- Riskante Freundschaft. Zur Rolle der Freundschaft in der Ethik: Marco Hofheinz/Frank Mathwig/Matthias Zeindler (Hg.): Freundschaft. Zur Aktualität eines traditionsreichen Begriffs, Zürich 2014, 263–277.
- Fürsorge als gesellschaftliche Aufgabe. Die politische Perspektive: Frank Mathwig/Torsten Meireis/Rouven Porz/Markus Zimmermann (Hg.), Macht der Fürsorge? Moral und Macht im Kontext von Medizin und Pflege, Zürich 2015, 53–65.
- Vorbild Schweiz? Was Deutschland vom Nachbarland lernen kann: Claudia Lücking-Michel (Hg.), Sterben dürfen? Sterben helfen? In Gottes und der Menschen Hand, Paderborn/Leipzig 2015, 145–153
- Das Kind beim Namen nennen?! Zur metaphorischen Sprache in der Bioethik: Marco Hofheinz/Michael Coors (Hg.), Die Moral von der Geschicht' ... Ethik und Erzählung in Medizin und Pflege, Leipzig 2016, 127–147.

VI. Bibliografie

- Offenheit und Grenzen. Volkskirche zwischen Konfessionalisierung und Ökumenizität: David Plüss/Matthias D. Wüthrich/Matthias Zeindler (Hg.), Ekklesiologie der Volkskirche. Theologische Zugänge in reformierter Perspektive, Zürich 2016, 348–362.
- (Mit Matthias Felder) Pfingsten. Das Erscheinen des Dritten: David Plüss/Matthias Zeindler (Hg.), «In Deiner Hand meine Zeiten ...» Das Kirchenjahr in reformierter Perspektive mit ökumenischen Akzenten (reformiert! Bd. 4), Zürich 2018, 159–186.
- Fehler als Chance und Risiko: Frank Mathwig/Torsten Meireis/Rouven Porz (Hg.), Fehlbarkeit und Nichtschadensprinzip. Ein Dilemma im Gesundheitswesen, Zürich 2017, 15–33.
- Rationalität, Vergessen und Demenz. Über ein komplexes Verhältnis: Melanie Werren/Frank Mathwig/Torsten Meireis (Hg.), Demenz als Hölle im Kopf? Theologische, philosophische und ethische Perspektiven, Zürich 2017, 31–50.
- «Das wahre Wesen der Kirche Jesu Christi». Kirchenpolitik und politische Ethik zwischen Bern und Barmen: Magdalene L. Frettlöh (Hg.), «Gottes kräftiger Anspruch». Die Barmer Theologische Erklärung als reformierter Schlüsseltext (reformiert! Bd. 3), Zürich 2017, 237–266.
- Die Kirche im Dorf. Zur Säkularisierungsdiskussion in der Kirche: Magdalene L. Frettlöh/Frank Mathwig (Hg.), Kirche als Passion. Festschrift für Matthias Zeindler zum 60. Geburtstag (reformiert! Bd. 6), Zürich 2018, 477–498.
- (Mit Matthias Felder) Bekennen und Säkularisierung. Zur gesellschaftlichen Verortung der Kirche aus reformierter Sicht: Irene Dingel/Christiane Tietz (Hg.), Säkularisierung und Religion. Europäische Wechselwirkungen, Göttingen 2019, 165–182.
- Wie viel Segen für welche Ehe? Die aktuelle Ehediskussion in der Schweiz aus reformiert-kirchlicher Sicht: ThZ 75, 2019, 210–239 (leicht überarbeitete Fassung: Michael U. Braunschweig/Isabelle Noth/Mathias Tanner (Hg.), Gleichgeschlechtliche Liebe und die Kirchen. Zum Umgang mit homosexuellen Partnerschaften, Zürich 2021, 143–185.
- Kirchenschiffe. Zur biblisch-theologischen Begründung der Seenotrettung aus aktuellem Anlass: www.ekbo.de/fileadmin/ekbo/mandant/ekbo.de/3._THEMEN/Kirche_und_Politik/Mathwig_Kirchenschiffe.pdf (September 2019).
- Ahnungen von Transzendenz. Eschatologische Hermeneutik in den Bildwelten von M. S. Bastian/Isabelle L.: Frank Mathwig/Matthias Zeindler, Der Gott der Sinne. Reformierte Blicke auf Kunst der Gegenwart. Festgabe für Magdalene L. Frettlöh (reformiert! Bd. 7), Zürich 2019, 41–64.

- Zwischen Zickzack und Zimzum. Unterwegs zwischen den Linien von Daniel Libeskind: Frank Mathwig/Matthias Zeindler, Der Gott der Sinne. Reformierte Blicke auf Kunst der Gegenwart. Festgabe für Magdalene L. Frettlöh (reformiert! Bd. 7), Zürich 2019, 85–106.
- (Mit Matthias Felder) Glaubensaussichten. «... Auferstehung der Toten und das ewige Leben»: Matthias Felder/Frank Mathwig (Hg.), Credo! Das Apostolikum. Reformiert gelesen – ökumenisch akzentuiert (reformiert! Bd. 9), Zürich 2020, 291–315.
- «... als ob wir ohne ihn etwas wären». Zur Aktualität von Zwinglis Gerechtigkeitsverständnis: Matthias Freudenberg/Achim Detmers (Hg.), Die andere Reformation. Beiträge zum Schweizer Jubiläumsjahr 2019, Solingen 2020, 41–60.
- (Mit Martin Hirzel) Die Confessio Helvetica posterior im Gegenwind. Heinrich Bullingers Bekenntnis im Horizont der reformierten Bekenntnisdiskussion in der Schweiz: Martin Ernst Hirzel/Frank Mathwig (Hg.), «... zu dieser dauernden Reformation berufen». Das Zweite Helvetische Bekenntnis: Geschichte und Aktualität (reformiert! Bd. 8), Zürich 2020, 17–43.
- «Heart of Darkness» or Special Case («Sonderfall»)? Religion and (neo-)nationalism in Switzerland: Florian Höhne/Torsten Meireis (Hg.), Religion and Neo-Nationalism in Europe, Baden-Baden 2020, 233–254.
- Zwischen Heimweh und Heimat. Theologisch-ethische Exkursionen in die Heimat: Zeitschrift für Theologie und Gemeinde 25/2020, 283–304.
- Menschenrechte in der Krise: Marco Hofheinz/Cornelia Johnsdorf (Hg.), The Grand International Challenges. Theologisch-ethische Perspektiven, Stuttgart 2021, 133–178.
- Zur theologisch-ethischen Orientierung in der Suizidhilfe-Diskussion. Ein evangelisch-reformierter Blick aus der Schweiz und darüber hinaus: Michael Coors/Sebastian Farr (Hg.), Seelsorge bei assistiertem Suizid. Ethik, Theorie und Praxis der Seelsorge an den Grenzen des Lebens, Zürich 2021 (i. Ersch.).
- «Da sein, wo was los ist.» Fotografische Blicke in kontaminierte(n) Räume(n): Jutta Engelage, CORONA im Herbst 2020 (i. Ersch.).
- No body is perfect ... und die Diskurse darüber auch nicht: Matthias Felder/Magdalene L. Frettlöh, (Hg.), Unsere grossen Wörter. Reformatorische ReVisionen (reformiert! Bd. 11), Zürich 2021 (i. Ersch.).

IV. (Wissenschaftliche) Essays

- Die Macht des Definierens: Reformatio 50, 2001, 194–195.

VI. Bibliografie

- Über die Zurechenbarkeit der Welt: Reformatio 50, 2001, 278–284.
- Rationierung und Ethik. Das Gesundheitswesen zwischen Ökonomie und sozialer Gerechtigkeit: Unipress 112/2002, 31–33.
- (Mit Wolfgang Lienemann) Theologische Ethik im Kontext der Academia, Universität Bern, Bern 2002, 12.
- Wie weit reicht «grenzenlose Liebe»?: Bulletin sek-feps 1/2005, 14–17.
- Ausser Konkurrenz? Zur Diskussion um den Sonntag: Bulletin sek-feps 3/2005, 22–25.
- Case Management – ein Fall für Ethik und Recht: Managed Care 2/2005, 24–26.
- Vom Verschwinden des Selbstverständlichen. Zum Verhältnis von Menschenwürde und Forschungsfreiheit: Bulletin sek-feps 2/2006, 22–24.
- Der Stachel im Fleisch der Gewohnheit. Zur Aktualität der Menschenrechte und ihrer theologischen Begründung: Bulletin sek-feps 4/2006, 3–6.
- Der Turm im Recht. Zum Menschenrecht auf Religionsfreiheit: Bulletin sek-feps 4/2006, 10–13.
- Empowerment und Lebenswelt: Managed Care 2/2007, 27–29.
- Was sind Werte wert? Theologie und Kirche zwischen Wert und Wahrheit: Bulletin sek-feps 2/2007, 10–13.
- Zwischen Sein und Bewusstsein. Narrative Aspekte Angewandter Ethik mit einem Seitenblick auf die Sterbehilfediskussion: Konstruktiv. Theologisches aus Bern 40/2007, 5–7.
- Diesseits von Eden. Ist unerträgliches Leiden ein moralischer Grund für das Töten?: Bulletin sek-feps 3/2007, 3–6.
- Quo vadis Humanforschung? Zum Stand des geplanten Verfassungsartikels über die Forschung am Menschen: Bulletin sek-feps 4/2007, 21.
- Suizidbeihilfe und Moral: Reformatio 57, 2008, 144–146.
- Das Kreuz mit den Menschenrechten. 60 Jahre Menschenrechtserklärung aus kirchlicher Perspektive: reformierte presse 49/2008, 6–7.
- Rigide Regelung. Die EKD kritisiert die Schweizer Protestanten zu Unrecht: zeitzeichen 10/3, 2009, 12–13.
- Weniger ist mehr. Zur Kritik an der GEKE-Antwort auf die Menschenrechtsgrundsätze der russischen orthodoxen Kirche: SKZ 33–34, 2009, 563–566.
- «Das unerträgliche Leiden bewältigen – Entscheidungen am Sterbebett». Thesen aus theologisch-ethischer Perspektive: Frank Worbs (Hg.), Ganz Mensch bis zum Tod. Beiträge zum Umgang mit Sterben und Tod in der modernen Gesellschaft, Zürich 2009, 69–71.

VI. Bibliografie

- Kirchturm und Minarett, eine babylonische Verwirrung: bulletin. Schweizerische Gesellschaft Mittlerer Osten und Islamische Kulturen (SGMOIK/SSMOCI). Das Minarett/Le minaret, Nr. 28 – Frühjahr 2009, 16–19.
- Menschenrechte und Ökumene. Zur Diskussion zwischen ROK und GEKE: G2W Nr. 37/10, 2009, 22–24.
- Engineering – Technology – Responsibility. Anmerkungen zur Ingenieurethik: VSH/AEU Bulletin 39/2013, Nr. 2, 36–42.
- Zwischen Heil und Heilung. Zur theologisch-kirchlichen Diskussion über Spiritual Care: Bulletin sek-feps 2/2013, 34–37.
- Die Gerechtigkeit der Anderen. Von der Ungleichzeitigkeit der Gerechtigkeit, Bern 2013.
- Niemand glaubt für sich allein: Bulletin sek-feps 1/2014, 28–31.
- Gott hat nicht auf sein Recht verzichtet. Ein Blick auf die Verfassungsrevision des Kirchenbundes aus theologischer Perspektive: Bulletin sek-feps 1/2014, 49–51.
- Weiter schlafen? 80 Jahre Berner Erklärung des Kirchenbundes: Bulletin sek-feps 1/2014, 54–57.
- «... um Gottes willen». Evangelisch wachsam: Bulletin sek-feps 2/2014, 31–33.
- No-Body is Perfect!? Zur bioethischen Diskussion über die Verbesserung des Menschen: Soziale Sicherheit CHSS 1/2015, 26–28.
- «Krankheit ist ohne Politik nicht heilbar»: Peter Tschudi/Bernhard Stricker (Hg.), Mut zur Wut. Die Geschichte der Volksinitiative «Ja zur Hausarztmedizin» 2006–2014, Basel 2015, 26–28.
- ... und das ist gut so! Über die Schwierigkeiten des Guten in den Wissenschaften: VSH/AEU-Bulletin Nr. 1, April 2016, 9–15.
- Gott hat nicht auf sein Recht verzichtet. Die Todesstrafe aus reformierter Sicht: doppelpunkt 45/2016, 10–13.
- Lächeln bitte! Dem Tod ins Gesicht sehen: Jaret Muralt/Balts Nill, Totentanz? Bern, Berlin 2016, 7–13.
- Über wichtige und unwichtige Fragen in der Suizidhilfediskussion: Schweizer Krebsbulletin 01/2017, 23–24.
- (Mit) Gott auf den Barrikaden? Der Landesstreik von 1918 und die Kirchen: Kirche heute 33/2018, 3.
- Solidarität – Politisch-ethische Anmerkungen zu einer umkämpften Ressource: Asyl. Schweizerische Zeitschrift für Asylrecht und -praxis. Sondernummer: Solidarität im Flüchtlingsschutz – Von der globalen Verantwortung zum konkreten Auftrag. Tagungsbericht zum 7. Schweizer Asylsymposium vom 30. und 31. Januar 2018, Bern 2018, 24–27.

VI. Bibliografie

- Kinderwünsche. Was Eltern wünschen und was Kindern zu wünschen wäre, Bern 2020: www.evref.ch/wp-content/uploads/2020/10/Mathwig-Kinderwuensche-LANG.pdf (5.10.2021).

V. Lexikonartikel

- Art. Bioethik: Erwin Carigiet/Ueli Mäder/Jean-Michel Bonvin (Hg.), Wörterbuch der Sozialpolitik, Zürich 2003, 57–58.
- Art. Grundrechte: Erwin Carigiet/Ueli Mäder/Jean-Michel Bonvin (Hg.), Wörterbuch der Sozialpolitik, Zürich 2003, 136.
- Menschenwürde: Erwin Carigiet/Ueli Mäder/Jean-Michel Bonvin (Hg.), Wörterbuch der Sozialpolitik, Zürich 2003, 203.
- Hannah Arendt: Rolf Gröschner/Antje Kapust/Oliver W. Lembcke (Hg.), Wörterbuch der Würde, München 2012, 103–105.

VI. Publikationen für den Schweizerischen Evangelischen Kirchenbund (SEK)/Evangelisch-reformierte Kirche Schweiz (EKS)

- Gleichgeschlechtliche Paare. Ethische Orientierung zum «Bundesgesetz über die eingetragene Partnerschaft gleichgeschlechtlicher Paare», Bern 2005.
- (u. a.) Sonntag schützen, Gemeinschaft stärken. Ein ökumenischer Beitrag der Kirchen zur Revision des Arbeitsgesetzes, hg. von SBK und SEK, Bern 2005.
- Selbstbestimmt Leben – und Sterben? Zur aktuellen Debatte um «Dignitas» in Deutschland, Bern 2005.
- Palliative Care. Medizinisch-ethische Richtlinien und Empfehlungen. Vernehmlassungsantwort des Rates SEK an die Schweizerische Akademie der Medizinischen Wissenschaften SAMW, Bern 2006.
- Forschung am Menschen. Zwischen Menschenwürdeschutz und Forschungsfreiheit, Bern 200.
- Forschung am Menschen. Medizinische und biotechnologische Forschung zwischen Forschungsfreiheit und Menschenwürdeschutz. Vernehmlassungsantwort des Rates SEK. Teil 1: Konkretionen, Bern 2006.
- Forschung am Menschen. Medizinische und biotechnologische Forschung zwischen Forschungsfreiheit und Menschenwürdeschutz. Vernehmlassungsantwort des Rates SEK. Teil 2: Begründungen, Bern 2006.

VI. Bibliografie

- (Mit Justitia et Pax) Religionsfreiheit und interreligiöser Dialog. Verlautbarung der drei Landeskirchen zum internationalen Menschenrechtstag am 10. Dezember 2006, hg. von SBK, SEK und CKS, Bern 2006.
- Den Menschen ins Recht setzen. Menschenrechte und Menschenwürde aus theologisch-ethischer Perspektive, Bern 3. Aufl. 2007.
- (Mit Christoph Stückelberger) Grundwerte aus evangelischer Sicht, hg. von SEK, Bern 2007.
- Das Sterben leben. Entscheidungen am Lebensende aus evangelischer Perspektive, hg. von SEK, Bern 2007 (wieder abgedruckt: epd-Dokumentation 51, 2007, 4–20).
- (Mit Justitia et Pax): Gewalt erfahren – Gewalt überwinden. Jugendliche und Gewalt. Verlautbarung der drei Landeskirchen zum internationalen Menschenrechtstag am 10. Dezember 2007, hg. von SBK, SEK und CKS, Bern 2007.
- Zwischen Glockenturm und Minarett. Argumentarium des Rates des Schweizerischen Evangelischen Kirchenbundes (SEK) zur Volksinitative «Gegen den Bau von Minaretten», Bern 2008.
- Gewaltprävention – Zwischen individueller Freiheit und staatlicher Regelung. Argumentarium des Rates des Schweizerischen Evangelischen Kirchenbundes (SEK) zur Volksinitiative «Für den Schutz vor Waffengewalt», Bern 2009.
- (Mit Justitia et Pax) Solidarität in der Krise. Zur gemeinsamen Verantwortung für soziale Gerechtigkeit. Verlautbarung der drei Landeskirchen zum internationalen Menschenrechtstag am 10. Dezember 2009, hg. von SBK, SEK und CKS, Bern 2009.
- Präimplantationsdiagnostik. Vernehmlassungsantwort des Rates des Schweizerischen Evangelischen Kirchenbundes zur Änderung des Fortpflanzungsmedizingesetzes, Bern 2009.
- Perspektiven am Lebensende. Vernehmlassungsantwort des Rates des Schweizerischen Evangelischen Kirchenbundes SEK zur Änderung des Strafgesetzbuches und des Militärgesetzes betreffend die organisierte Suizidhilfe, Bern 2010.
- Für die Würde der Opfer. Vernehmlassungsantwort des Rates des Schweizerischen Evangelischen Kirchenbundes SEK zum Bundesbeschluss über die Genehmigung und die Umsetzung des Übereinkommens des Europarats zur Bekämpfung des Menschenhandels und zum Vorentwurf zu einem Bundesgesetz über den ausserprozessualen Zeugenschutz (Zeugenschutzgesetz, ZeugSG), Bern 2010.
- Von der Rechtsgleichheit zur Chancengleichheit. Vernehmlassungsantwort des Schweizerischen Evangelischen Kirchenbundes SEK zum Übereinkommen über die Rechte von Menschen mit Behinderungen, Bern 2011.

VI. Bibliografie

- Ausverkauf? Vernehmlassungsantwort des Schweizerischen Evangelischen Kirchenbundes zur Parlamentarischen Initiative Liberalisierung der Öffnungszeiten von Tankstellenshops, Bern 2011.
- Organspende. Ein Akt der Barmherzigkeit und keine Pflicht. Antwort des Schweizerischen Evangelischen Kirchenbundes SEK zur Änderung des Bundesgesetzes über die Transplantation von Organen, Geweben Zellen (Transplantationsgesetz), Bern 20. Oktober 2011.
- Forschung am Menschen. Stellungnahme des Schweizerischen Evangelischen Kirchenbundes im Rahmen des Anhörungsverfahrens über die Verordnungen zum Bundesgesetz, Bern, 30. Oktober 2012.
- «Alles hat seine Stunde» (Koh 3,1). Von der Würde des Alter(n)s. Verlautbarung der Römisch-katholischen, Evangelisch-reformierten und Christkatholischen Kirche in der Schweiz zum Menschenrechtstag 2012, Bern 2012.
- (Mit Hella Hoppe) Das Menschenrecht stärken, nicht gewaltsam zu verschwinden. Antwort des Schweizerischen Evangelischen Kirchenbundes SEK auf die Vernehmlassung zum Übereinkommen der Vereinten Nationen zum Schutz aller Personen vor dem Verschwindenlassen vom 20. Dezember 2006, Bern 2013.
- (mit Simon Röthlisberger) «Ich war fremd, und ihr habt mich aufgenommen» (Mt 25,35). 10 Fragen – 10 Antworten zu den dringlichen Änderungen des Asylgesetzes. Volksabstimmung vom 9. Juni 2013, Bern 2013.
- Leben testen? 10 Fragen – 10 Antworten zu neuen pränatalen Tests aus theologisch-ethischer Sicht, Bern 2013.
- Konfliktsituation oder Handlungsoption? Die neuen pränatalen Tests aus ethischer und theologischer Sicht. Stellungnahme des Schweizerischen Evangelischen Kirchenbundes zur Einführung des Praena- und PrenDia-Tests in der Schweiz, Bern 2013.
- (mit Otto Schäfer) Wer braucht schon den Sonntag …? 10 Fragen und Antworten zum Stolperstein des Alltags, Bern 2013.
- Aufruf der christlichen Kirchen und der jüdischen Gemeinschaft zum Flüchtlingssonntag und Flüchtlingssabbat vom 14./15. Juni 2014.
- «… zu einer neuen gemeinsamen Besinnung». Die sechs Themen der Verfassungsrevision. Thesenpapier anlässlich der Sommer-Abgeordnetenversammlung des Kirchenbundes 2014, Bern 2014.
- Gnade vor Recht? Zur Unbedingtheit des Folterverbots. Verlautbarung der Römisch-katholischen, Evangelisch-reformierten und Christkatholischen Kirche in der Schweiz zum Menschenrechtstag 2012, Bern 2014.

- Kinder wählt man sich nicht aus. Stellungnahme des Kirchenbundes zur Verfassungsrevision von Artikel 119 Bundesverfassung, Bern 2015.
- ... und das ist sehr gut so! Jeder Mensch – ein Spiegelbild von Gottes guter Schöpfung, Bern 2015.
- (mit Felix Frey) «Sorgt für das Recht!» Über das Verhältnis von Demokratie und Menschenrechten, Herbst-Abgeordnetenversammlung 2015, Bern 2015.
- (mit Felix Frey) «Sorgt für das Recht!» Über das Verhältnis von Demokratie und Menschenrechten, hg. vom Schweizerischen Evangelischen Kirchenbund, Basel 2015.
- Fortpflanzungsmedizin um der Kinder willen. Nein zum Fortpflanzungsmedizingesetz. 10 Fragen – 10 Antworten zur Volksinitiative vom 5. Juni 2016, Bern 2016.
- Hiobsbotschaften. Aufruf der christlichen Kirchen und der jüdischen Gemeinschaft zum Flüchtlingssonntag und Flüchtlingssabbat vom 18./19. Juni 2016.
- Zufluchtsraum Kirche. Eine Entscheidungshilfe des Schweizerischen Evangelischen Kirchenbundes zur aktuellen Diskussion um «Kirchenasyl», Bern 15. August 2016.
- Sorgt für das Recht! (Jesaja 1,17) Über das Verhältnis von Demokratie und Menschenrechten (Zusammenfassung). 10 Fragen – 10 Antworten, Bern 2016.
- Zwischen Machen und Lassen. Zur Unverfügbarkeit der menschlichen Würde. Verlautbarung der drei Landeskirchen zum Menschenrechtstag 2016, Bern 2016.
- «... im Interesse der Lebensdienlichkeit». Die Unternehmenssteuerreform III (USR III) aus theologisch-ethischer Sicht, Bern 15. Dezember 2016.
- Passwörter über Leben und Tod. Anregungen der drei Landeskirchen der Schweiz für den Gottesdienst zum Menschenrechtstag 2017, Bern 2017.
- (u. a.) Gegenüber ist immer ein Mensch. Interreligiöse Erklärung zu Flüchtlingsfragen, hg. vom Schweizerischen Rat der Religionen SCR, Bern 2018.
- 70 Jahre Menschenrechte –Ein himmlischer Rückblick. Beitrag der drei Landeskirchen und der Freikirchen der Schweiz zum Menschenrechtstag 2018, Bern 2018.
- Warum das Gesicht unverzichtbar ist, Bern 2019.
- Achtsam Kirche Sein mit Leib und Seele. Reformiert-kirchliche Botschaften zu Grenzverletzungen und sexuellen Übergriffen, Bern 2019.
- «Es ist nicht gut, dass der Mensch allein ist» (Gen 2,18). 13.468 n Pa.Iv. Fraktion GL. Ehe für alle. Vernehmlassungsantwort Rat des Schweizerischen Evangelischen Kirchenbundes, Bern 2019.

VI. Bibliografie

- (Mit Luca Baschera) Ehe für alle. Ehe, Sexualität, Elternschaft und Kindswohl aus evangelisch-reformierter Sicht. Abgeordnetenversammlung vom 4.–5. November 2019 in Bern, Traktandum 10, Bern 2019.
- (Mit Christian Tappenbeck) Hilfestellung für die Kirchgemeinden zum Corona-Virus (Covid-19), Bern 2020.
- (Mit Luca Baschera) Zankapfel Ehe. Ehe und Trauung für alle aus evangelisch-reformierter Sicht, Bern 2020.
- (Mit Luca Baschera) Une pomme de discorde nommée mariage. Le mariage pour tous et le mariage religieux dans une perspective évangélique réformée, Berne 2020.
- Keine verlorene Generation. Aufruf der christlichen Kirchen und der jüdischen Gemeinschaft zum Flüchtlingssonntag und Flüchtlingsschabbat 2020, Bern 2020.
- (mit Luca Baschera und Bettina Beer) Ansteckungen. Die Corona-Pandemie aus theologischer Sicht, Bern 2020.
- (mit Luca Baschera und Bettina Beer) Contaminations. La pandémie du coronavirus d'un point de vue théologique, Berne 2020.
- Wirtschaft braucht Menschenrechte. Grundsätzliche Überlegungen der römisch-katholischen und der Evangelisch-reformierten Kirchen der Schweiz zur Konzernverantwortungsinitiative, Bern 2020.
- (mit Luca Baschera) Die Kirche in der Präambel. Die Verfassungspräambel der Evangelisch-reformierten Kirche Schweiz EKS aus theologischer Sicht, Bern 2020.
- Aus Unglück darf nicht Ungerechtigkeit werden. Intensivmedizinische Triage in der Covid-19-Pandemie aus ethischer Sicht. 10 Fragen – 10 Antworten, Bern 2020.
- Gottes Schöpfung bewohnen. Menschenrechte und Ökologie aus kirchlicher Sicht. Beitrag der Christkatholischen Kirche der Schweiz, der Evangelisch-reformierten Kirche Schweiz und der Freikirchen der Schweiz zum Menschenrechtstag 2020, Bern 2020.
- Menschenwürde in der Krise. Ein Plädoyer an Politik und Gesellschaft zum Umgang mit Menschen in Langzeitinstitutionen in der Coronapandemie, Bern 2021.
- Covid-19-Impfung. Konkretionen aus kirchlicher Sicht, Bern 2021.

VII. Unterrichtsmaterialien

- (Mit Verena Gut-Reuleaux u. a.) Grundwerte. Zehn Einheiten für die Erwachsenenbildung, hg. vom SEK, Bern 2007.
- Sterbehilfe: wtb (Hg.), Evangelischer Theologiekurs. Ethik. Sachfragen Angewandte Ethik, Zürich 2014, 195–226.
- Gerechtigkeit im Gesundheitswesen: wtb (Hg.), Evangelischer Theologiekurs. Ethik. Sachfragen Angewandte Ethik, Zürich 2014, 227–264.

VIII. Rezensionen und kleinere Beiträge

- Rückkehr der Tugenden. Alasdair MacIntyre, Die Anerkennung der Abhängigkeit: Reformatio 50, 2001, 377–380.
- Partnerschaftsgesetz – für und wider: saemann 5/2005, II.
- «Menschenrechte sind Zuspruch und Anspruch», Interview: Leben und Glauben 81/49, 2006, 8–11.
- «Wieso züchtet die christliche Kirche ihre eigene Konkurrenz heran?», Interview: reformierte presse 48/2006, 6–8.
- Sterbebegleitung jenseits von Entweder-oder: Leben und Glauben 83/2, 2008, 14.
- «Jede Vergöttlichung des Lebens ist der Bibel fremd». Interview: Kirchenbote 1/2008, Zürich 2008, 4.
- Sterbehilfe für alle: Viel Lärm um nichts? Zur zweifelhaften Technisierung des Suizids: reformierte presse 20/2008, 5.
- 60 Jahre Menschenrechtserklärung – (k)ein Grund zum Feiern: bulletin sek-feps 3/2008, 22–23.
- «To be or not to be: that is (not) the question»: Tangram 22, 2008, 47–51.
- Das Kreuz mit den Menschenrechten. 60 Jahre Menschenrechtserklärung aus kirchlicher Perspektive: reformierte presse 49/2008, 6–7.
- Auf Holzwegen. Zur Zukunft von Theologie und Ethik: vice-versa Sondernummer 2008, 8.
- Take Care. Palliative Care reicht weiter: bulletin sek-feps 1/2009, 16–17.
- Zweierlei Moral für Nahostkonflikt und Minarettdiskussion?: reformierte presse 4/2009, 2.
- The human rights debate in the ecumenical field of tension: GEKE focus 7/2009, 4–5.

VI. Bibliografie

- Wieviel Differenz verträgt's? Ein ethnologischer Blick auf Parallelgesellschaften und sozialen Zusammenhalt. Rez. von Werner Schiffauer, Parallelgesellschaften. Wie viel Wertekonsens braucht unsere Gesellschaft? Für eine kluge Politik der Differenz, Bielefeld 2008: reformierte Presse 2010.
- Wie freiwillig ist der freie Wille zum Suizid?: SEK-Kolloquium: Suizidhilfe im Fokus von Recht, Ethik und Seelsorge, Bern 2010, 35–37.
- Christus oder Mohammed? Muslimfeindlichkeit im Horizont der Geschichte des Christentums: Tangram 25, 2010, 47–49.
- Zur Gegenseitigkeit von Anthropologie und Ethik in der Medizin. Rezension von Klaus Gahl/Peter Achilles/Rainer-M. E. Jacobi (Hg.), Gegenseitigkeit. Grundfragen medizinischer Ethik. Beiträge zur Medizinischen Anthropologie, Bd. 5 im Auftrag der Victor von Weizsäcker Gesellschaft, Würzburg 2008: Ethik in der Medizin 22, 2010, 365–366.
- Burn-out. Individualisierung kollektiver Risiken: bulletin sek-feps 1/2011, 23–24.
- Suizidhilfe? Bemerkungen aus schweizerischer Sicht: GEKE focus 1/2011, 18–20.
- Die Gedanken sind frei – wovon? Bemerkungen zum Grundrecht auf Meinungsfreiheit: Tangram 27, 2011, 56–58.
- Palliative Care zwischen Medizin, Theologie und Ethik. Rezension zu Lea Siegmann-Würth, Ethik in der Palliative Care. Theologische und medizinische Erkundungen, Bern 2011: Folia Bioethica 5, 2012, No. 1, 33–34.
- «Wo bist du, Adam?» Zur Diskussion der Menschenwürde aus ökumenischer Sicht: bulletin sek-feps 1/2012, 36–40.
- Sterbehilfe: Ideelle 04/2012, 19.
- Radio Eriwan über Suizidhilfe: reformierte presse 38/2012, 2.
- Rezension Sigrid Graumann (2011), Assistierte Freiheit. Von einer Behindertenpolitik der Wohltätigkeit zu einer Politik der Menschenrechte: Ethik Med 25, 2013, 83–84.
- Option Leben. Über die Gefahren, ein Embryo zu sein: bulletin sek-feps 1/2013, 20–23.
- Nie Beethoven hören können – Leben mit Behinderung zwischen «Mangel» und «Merkmal»: sonos 107, 2013, Nr. 3, 20–23.
- Der Fremde ist immer der Andere: Tangram 31, 2013, 61–64.
- Rezension Peter Dabrock, Befähigungsgerechtigkeit. Eine Grundkonzeption konkreter Ethik in fundamentaltheologischer Perspektive, Gütersloh 2012: zeitzeichen 14/9, 2013, 63.
- Grundwerte aus reformierter Sicht: Auf dem Weg/En Chemin, Dezember 2013, 5–7.

- Rezension Giovanni Maio/Tobias Eichinger/Claudia Bozzaro (Hg.), Kinderwunsch und Reproduktionsmedizin. Ethische Herausforderungen der technisierten Fortpflanzung, Freiburg 2013: Bioethica Forum 7/2, 2014, 75.
- Rezension Wolfgang Huber, Von der Freiheit. Perspektiven für eine solidarische Welt, München 2012: reformierte presse 28–29/2014, 11.
- Rezension Ingrid Schoberth (Hg.), Urteilen lernen. Grundlegung und Kontexte ethischer Urteilsbildung. Göttingen 2012: ThLZ 139, 2014, 1507–1509.
- Das ist nicht fair: Wendekreis 2/2015, 8.
- Rezension Konrad Hilpert (Hg.), Christliche Ethik im Portrait. Leben und Werk bedeutender Moraltheologen, Freiburg i. Br. 2012: ThLZ 140, 2015, 285–287.
- Schiffsverkehr. Theologisch-ethische Begründung für das Engagement der Kirchen für Flüchtlinge: vice-versa 1/2015, 6–7.
- Hat Würde eine Halbwertszeit? Über Menschenwürde nicht nur im Alter: Ensemble 6/2016, 4–9.
- Meine Zeit liegt in meinen Händen: doppelpunkt 8/2016, 18–22.
- Mit Kanonen auf Spatzen schiessen: NZZ 10.05.2016, 10.
- Für Embryonen gibt es keine Selektionsgründe: NZZ 27.04.2017, 10.
- Rezension Daniel Bogner, Cornelia Mügge (Hg.) (2015). Natur des Menschen. Brauchen die Menschenrechte ein Menschenbild?: Bioethica Forum 10/1, 2017, 31.
- Freiheit feiern?!: Ensemble 22/2017, 16.
- Weiss sehen: bref 6/2019, 15.
- Die Not mit der Nothilfe: Ensemble 56/2021, 18–19.
- Gewissensfreiheit und Recht: SKZ 189/2021, 126–127.

Nicht aufgeführt sind Kolumnen, online publizierte Texte, Artikel und Vorträge sowie Interviews und tagespolitische Beiträge.